Vergemeinschaftung in Zeiten der Zombie-Apokalypse

Michael Dellwing
Martin Harbusch (Hrsg.)

Vergemeinschaftung in Zeiten der Zombie-Apokalypse

Gesellschaftskonstruktionen am fantastischen Anderen

 Springer VS

Herausgeber
Michael Dellwing
Universität Kassel
Kassel, Deutschland

Martin Harbusch
Universität Kassel
Kassel, Deutschland

ISBN 978-3-658-01721-7   ISBN 978-3-658-01722-4 (eBook)
DOI 10.1007/978-3-658-01722-4

Die Deutsche Nationalbibliothek verzeichnet diese Publikation in der Deutschen Natio-
nalbibliografie; detaillierte bibliografische Daten sind im Internet über http://dnb.d-nb.de
abrufbar.

Springer VS
© Springer Fachmedien Wiesbaden 2015

Lektorat: Cori Antonia Mackrodt, Monika Kabas

Gedruckt auf säurefreiem und chlorfrei gebleichtem Papier

Springer VS ist eine Marke von Springer DE. Springer DE ist Teil der Fachverlagsgruppe
Springer Science+Business Media.
www.springer-vs.de

Inhalt

Vergemeinschaftung in Zeiten der Distinktion: Fantastische Andere und transgressives Fernsehen[1]

Michael Dellwing und Martin Harbusch

Die Fernsehserie ist in den letzten zehn Jahren zum Leitmedium eines „kultivierten" Publikums geworden: Die großen Geschichten unserer Zeit finden sich heute in *Breaking Bad, The Wire, Battlestar Galactica, Mad Men* und anderen seriell konzipierten, ästhetisch reichen, narrativ komplexen und transgressiven seriellen Formaten. Während diese Entwicklung häufig auf *The Sopranos* und die Serienaktivität des Pay-TV-Senders HBO zurückgeführt wird, ist die Tradition des reichhaltigen, seriellen und anspruchsvollen Fernsehens viel älter: Die Saaten liegen vor *The Sopranos* in fantastischen Formaten wie *The Twilight Zone*, das lange vor der Erschaffung des Begriffes mit Rod Serling einen showrunner hatte und so als Pionier des auktorialen Fernsehens gelten kann, *Star Trek*, das in den sechziger Jahren mehrfach der Absetzung entgehen konnte und später zum stetig wachsenden Popkulturreich wuchs, weil die Serie ein gebildetes Publikum mit sozialkritischen Inhalten ansprach. *Buffy the Vampire Slayer* ist die Serie, die weiterhin die Rolle des Formats hält, das die meiste wissenschaftliche Aufmerksamkeit hervorgerufen hat, und *The X-Files*, das als Pionier der „arc-Serialisierung" gilt, die episodische Geschichten mit übergreifenden Narrativen verwoben hat. Neben der Sitcom sind fantastische Formate immer solche gewesen, die einen Deckmantel zur Verfügung hatten, hinter denen das thematisiert werden konnte, was im Mainstream-Fernsehen sonst problematisch oder skandalös gewesen wäre. Das moderne „Qualitätsfernsehen", das putativ mit *The Sopranos* Form annahm, kann die Transgressionen, die hinter diesen Deckmänteln etabliert wurden, nun als selbstverständlich ansehen und offen verfolgen (das hängt mit einer wesentlichen Verschiebung im Fernsehmarkt zusammen, die hier nicht Thema sein soll; vgl. Dellwing 2014).

Der vorliegende Band beschäftigt sich mit *Othering*, der Konstruktion von Kategorien als „Andere" unter dem Deckmantel des Fantastischen. Wir sind dabei

---

1   Wir danken besonders Judith Schmelz für die engagierte Mitarbeit an diesem Band.

besonders interessiert daran, die hier vorliegenden Analysen in das gegenwärtige Interesse an Serialität und Serialisierung einzubetten, an „Qualitäts"- und „Kult(ur) fernsehen", das dieses *Othering* zugleich aufnimmt und offen damit aufspielt. Fernsehen war schon seit jeher eine Form der „Befremdung der eigenen Kultur" (Hirschauer und Amann 1997), und im fantastischen Fernsehen nimmt diese Befremdung des Eigenen den Umweg über die schmale Brücke der Befremdung eines putativ fantastischen Anderen. Mit der Konstruktion einer fantastischen Kategorie als „Anderes", das Platzhalter für Ziele ist, die nicht direkt angesprochen werden, geht mit dem *Othering* des Eigenen, der Verschiebung dieses Eigenen jenseits der Grenzen dessen, was wir für einen Teil der eigenen Gruppe halten, einher.

1   Kult(ur)fernsehen und Distinktionsfernsehen

Das Fernsehen hat in den letzten Jahren eine bemerkenswerte Evolution vollzogen. War es bis in die achtziger Jahre hinein noch das Schmuddelkind der Massen, die statusniedrige, einfach gestrickte Alternative gegenüber dem kulturell weitaus respektierteren Film, hat sich dieses Verhältnis in den letzten Jahrzehnten graduell gewandelt und letztlich gar umgekehrt. Das liegt unter anderem daran, dass das Fernsehen im digitalen Zeitalter ein solches Breitenwachstum erfahren hat, dass sein altes Modell nicht mehr haltbar wurde. In den siebziger Jahren, als die USA noch von de facto drei nationalen Networks bedient wurden (wenn man PBS und die unverbundenen Lokalsender nicht zählt), nannte NBC-Präsident Paul Klein dieses alte Modell „least objectionable programming" (Gitlin 1984: 61): Inhalte, die niemanden vor den Kopf stoßen, damit die Zuschauerin[2] nicht umschaltet. Neben diesem nivellierten, kantenlosen Massenfernsehen konnte der Film die Nischen bedienen und Programm für distinguierte Zuschauergruppen produzieren, die auf die Massenware des Fernsehens als einfache Reproduktion von Alltagsmoralen herabschauen konnten und auch sollten. Dieser kulturelle Konsens – oder vielmehr: die Fassadenversion dieses Konsenses zu Zwecken des öffentlichen Konsums, wobei Öffentlichkeit im Sinne von Goffmans Vorderbühnen (1959) als der Raum verstanden werden kann, in dem unberechenbare oder nicht zur Loyalität verpflichtete Andere Darstellungen herausfordern und damit „Ärger" machen können – musste bis in die siebziger Jahre zumindest pro forma im Fernsehen aufrechterhalten werden. Ab den Achtzigern bröckelt das Oligopol der drei Anbieter jedoch, und mit ihm

---

2 Zur Vermeidung der Verallgemeinerung der männlichen Form verwenden wir männliche und weibliche Formen gemischt und durcheinander, wo immer die Gesamtmenge aller Geschlechter gemeint ist.

die Programmgestaltung für den kleinsten gemeinsamen Nenner moralischer Reproduktion. Seitdem die Senderlandschaft sich jedoch verbreitert und vertieft hat, ist „least objectionable programming" nicht länger eine Option: Es reichte nicht mehr, Zuschauerinnen vom Umschalten abzuhalten, sie mussten aktiv zum Einschalten gebracht werden. Networks können nicht länger nur unaufmerksame Nebenbei-Fernsehzuschauer kultivieren, sie benötigen aktive Zuschauerinnen, Multiplikatoren, die das Format nicht nur nicht aktiv genug hassen, um wegzuschalten, sondern aktive Fans sind. Daneben steht ein Kino, das sich vor allem formelhaften Blockbustern verschrieben hat; hat früher die Kinoproduktion Nischen bedient, ist es im Zeitalter des digitalen Vertriebs das Fernsehen, das keine andere Wahl mehr hat, als die nicht mehr existierende Masse durch eine Sammlung von Nischen zu ersetzen. In diesem Umfeld ist Fernsehen die neue Distinktionsunterhaltung, die vor allem mit Formaten wie *The Wire, Breaking Bad, Mad Men, The Sopranos, Game of Thrones* etc. ein akademisches Abgrenzungspublikum um sich sammelt; dieses Publikum ist in der akademischen Betrachtung als „Quality TV" konzeptionalisiert worden (Abbott 2010; McCabe and Akass 2007).

Betrachtungen, die die Ästhetik in den Vordergrund stellen, sammeln hier Formmerkmale des Qualitätsfernsehens: Dieses zeichnet sich durch langfristige Entwicklung komplexer Narrative („story arcs"), elaborierte Charakterentwicklung und hohe Produktionsqualität aus, aber vor allem auch dadurch, dass es von einem (relevanten) Publikum als Qualitätsfernsehen angesehen wird.[3] Ein Hauptmerkmal von „Qualitätsformaten" ist dabei ihr transgressiver Antrieb: Sie nehmen die Alltagsnormalitäten unserer Wirklichkeit auf, um sich gegen sie aufzulehnen oder sie zumindest zu irritieren. Es handelt sich um Formate, die mit sozialen und

---

3 Dabei ist eine wissenschaftliche Definition oder Kategorisierung von „Qualitätsfernsehen" größtenteils eine Spielerei und pragmatisch gesehen Makulatur. In der Lebenswelt der beteiligten Akteure handelt es sich um Qualitätsfernsehen, wenn Kritiker es erfolgreich als solches bezeichnen, wenn ein Publikum mit dem Inhalt als „Qualitätsinhalt" interagiert oder, aus Sicht der Produktion, wenn es „Qualitätspublikum" anlockt – also ein überdurchschnittlich gebildetes, sozialstrukturell höherstehendes junges Publikum mit hohem verfügbaren Einkommen. Wissenschaftliche Einordnungen auf der Basis kalter Kriterienkataloge sind hier völlig nebensächlich, da sie diese realweltlichen Einschätzungen in der Regel nicht beeinflussen, und auch die Produktion von Formaten auf Basis solcher Kriterienkataloge können spektakulär scheitern, wenn Kritik und Publikum diesen Formaten nicht als Qualitätsformaten entgegentreten. Ein gutes Beispiel hierzu ist *Low Winter Sun*, das Format, das AMC auf den Sendeplatz direkt nach seinem kritischen- und Publikumshit *Breaking Bad* gesetzt hatte. Das Format spielt auf allen „Qualitäts"-Merkmalen: hin- und hergerissene, komplexe, moralisch graue Charaktere, ein zynisches Porträt von Institutionen, hohe Produktionskosten, dunkle Farbtöne. Es floppte nicht nur in Zahlen, sondern auch kritisch: Es sah in seiner Erfüllung aller Kriterien für „Qualitätsfernsehen" aus wie eine Satire des Formats.

ästhetischen Regeln spielen oder diese Regeln brechen (Thompson 1996: 13) und die in diesem Spiel aus dem Rahmen der Reproduktion der wohligen Wärme des sozialen Fassadenredens über sich selbst hinaustreten. Den „Kult(ur)serien" (Dellwing 2014) ist eine Form der „Dunkelheit" gemein, die als „grittiness" thematisiert wird; „grit" ist der Schmutz in der Maschine, öliger Dreck. Die moderne Kult(ur)-serie verlässt die klassisch schwarz-weiße Idealismusform der Serie, in der die Gesellschaft letztlich genauso funktioniert, wie sie vorgibt zu funktionieren, die Institutionen genau das tun, was sie nach außen als Ziel kommunizieren, und die Personen in ihnen aufrichtig und ehrenhaft sind – und wenn nicht, sind es Schurken. Stattdessen erhalten wir die Welt unklarer Linien von *The Wire*, die Wanderung der Zuschaueridentifikation von *Breaking Bad*, die pluralen Loyalitäten von *The Sopranos*. Die in modernen Qualitätsformaten üblich gewordene Strategie des „gritty realism" besteht darin, gerade die *Herausforderung* des sozialen Selbst-Redens zu einem der Hauptdesiderate des Formats zu erklären.

Von Seiten der Produktion ist „Quality" derweil ein Zielgruppenbegriff: Qualitätsfernsehen ist für Produktion und Vertrieb einfach das Format, das gebildete und gutverdienende Zuschauerinnen um sich sammelt, zwei Kategorien, die selbstverständlich ineinanderlaufen. In einem Umfeld der Produktion für Nischen ist diese Transgressivität nichts weiter als das Angebot an eine Nische, dieses Format als Identifikationsanker anzunehmen. An diesem Punkt wird dann jedoch klar, dass es sich nicht um eine Entwicklung handelt, die erst mit den neunziger Jahren aufkam; Fernsehen, das mit einem Auge auf gebildetere und damit oft verbunden besser verdienende Zielgruppen produziert, gibt es bereits seit den sechziger Jahren (und vornehmlich bei demjenigen der drei Networks, der sich gerade nicht auf dem ersten Platz des Massenpublikums wieder findet Dellwing 2014). Auch zur Zeit des Massenfernsehens wurden Distinktionsformate hergestellt, die anspruchsvollere Zuschauer erreichen sollten, und das geschah teils in Comedyformaten: In den siebziger Jahren übernahm das Comedyformat einen Teil dieser Rolle über Inhalte wie *M.A.S.H.* und *The Mary Tyler Moore Show*, in denen die „dunklen" Themen ihrer Gegenwart hinter der Fassade der Comedy angesprochen wurden; ab den achtziger Jahren flossen diese Herausforderungen langsam auch in dramatische Serien wie *Hill Street Blues* und *St. Elsewhere*. Neben der Comedyserie ist es das Fantasy-Format, das den schützenden Mantel der fiktiven Erzählung, der Zukunft und des als irreal Markierten, über die Transgression hielt und so Ausdrucksmöglichkeiten für das schuf, was in der direkten Darstellung problematisch war.

2   Fantastisches Fernsehen

Die Distinktion über Fernsehprodukte und die Infragestellung der sozialen Regeln der Vorderbühnenwelt (Goffman 1959) ist damit älter als die gegenwärtigen Qualitätsformate. Der Vorläufer des heute ubiquitären Nischenfernsehens, das das Qualitätsfernsehen als eines seiner Nischen hervorgebracht hat, ist das Science-Fiction- und Fantasyformat, das früh als Zielgruppe Publikum jenseits der Masse auserkoren hat. Fantasyformate laufen im Duktus der Anbieter in der Regel unter dem Überbegriff des „Kultfernsehens" („cult tv"). Zwar sind nicht alle Kultformate Fantasyformate; aber Kultformate sind jene, die ein Publikum jenseits der Masse zum aktiven und leidenschaftlichen Engagement bringen, und das sind sehr häufig science fiction- und Fantasyformate. Fantastische Formate waren die ersten der Angebote, die nicht die klassische Fernsehmasse mobilisierten, als es diese noch gab, die jedoch dennoch im Programm verblieben sind, weil ihre Zuschauerinnen für Werbetreibende besonders wertvoll waren. „Quality was cult, since it lay outside the mainstream programming by the networks and was designed to attract a niche audience, but a very different one to that traditionally seen in the cult arena" (Akass and McCabe 2007).

Während die gegenwärtige Kulturserie die idealistischen Fassaden der Gesellschaft offen angreift und als Illusion entlarven möchte, haben Fantasyformate das im Zeitalter der Produktion für die Masse versteckt getan, indem sie fantastische Platzhalter konstruierten, an denen ähnliche Kritik nur geringfügig versteckt artikuliert werden konnte. Es sind Kultformate, die zunächst die Elemente aufgreifen, die später als Teil des Qualitätsfernsehens gelten werden: Serialisierung der Narrative, transgressive Inhalte und nicht zuletzt die Programmgestaltung für eine eingegrenzte Zielgruppe. Das Publikum des Kultfernsehens organisiert sich, tauscht sich über „seine" Inhalte aus und gibt den auserwählten Formaten ein Leben jenseits der Stunde im Programmraster, die es vom Sender erhält. Kultserien sind die ersten Distinktionsformate und die Vorgänger der gegenwärtigen Kulturserien. Schon im frühen Fernsehen galten Science Fiction und Fantasy als Formen der Programmgestaltung, die die Masse verfehlten. Es sind damit auch die ersten Formate, die wissenschaftlich ausgiebig besprochen wurden. Über Joss Whedon wurden nicht nur über dreißig Bücher geschrieben, eine ganze Gesellschaft, die *Whedon Studies Association* (WSA), beschäftigt sich mit seinem Werk. Andere Kultformate, die große Aufmerksamkeit in der akademischen Welt erfahren haben, sind neben *Star Trek The X Files*, und *Battlestar Galactica* (2003). Es ist gerade das Fantasy-Genre, das im Vertrauen auf ein loyales, stetiges Publikum episodenüberspannende Narrative normalisiert hat. Damit sind es Fantasyformate, die die Grundlage für das gegenwärtig kritisch gelobte Serienfernsehen gelegt hatten; eine Herausforderung, die bekanntermaßen im Harmoniefernsehen der sechziger Jahre nicht offen möglich war. *Star Trek* konnte in den sechziger Jahren den Vietnamkrieg und Rassentrennung thematisieren, *The Twilight Zone* die Paranoia des Kalten Krieges unter dem Deckmantel des Fantastischen. Die Transgression des Quality wird zu dem, was wir eine „doppelt reflektierende Thematisierung" nennen möchten: im Gewand des Fantastischen, Außerirdischen und Zukünftigen versteckt, also über diese Bande reflektiert und umgeleitet, werden Andersartigkeiten und Abweichungen besprochen, Kritik geübt und Normalitäten in Frage gestellt und (nun im zweiten Sinne) reflektiert. Im Massenfernsehen waren diese Thematisierungslinien noch problematisch. Nun jedoch ist die Herausforderung der idealisierten Selbstverständlichkeiten in Fernsehformaten nicht nur akzeptabel geworden, es ist eine der Hauptvoraussetzungen dafür, dass ein Format als Qualitätsformat anerkannt wird; das nimmt fantastischen Formaten ihre alten Sonderstellungen und ersetzt diese durch eine neue.

3   *Stories* über das Andere

Dass das soziale Leben über Geschichten funktioniert und auch die Individuen sowohl in ihrem Reden über die soziale Welt als auch im Reden über sich selbst auf Geschichten verwiesen sind (Schapp 2012), ist sozialwissenschaftlich gesehen kein neuer Gedanke: Unsere Narrative über die Welt sind sozial produziert, tradiert, werden situational verstärkt und geschwächt, verhandelt und modifiziert, und unser Verständnis dessen, was uns im Alltag begegnet, ist nur durch diese sozialen Narrative möglich. Auch die Sozialwissenschaft selbst ist (ebenso wie alle anderen Wissenschaften) nicht nur ein Hort von Narrativen, sondern in ihrer Ausdeutung konstitutiv auf diese Narrative angewiesen; ja, sie ist selbst ein einziges Konglomerat ineinander gefächerter Geschichten. Hayden White bemerkt über die Geschichtswissenschaft: „Rein als sprachliche Kunstwerke gesehen sind Geschichtswerke und Romane nicht voneinander unterscheidbar" (White 1986: 145), da sie sich allein durch den Bezug auf das Medium der Sprache den Formen und Regeln eben dieser Sprache unterwerfen müssen.

> „Romanautoren mögen sich nur mit vorgestellten Ereignissen befassen, während Historiker sich mit realen befassen, aber der Prozess ihres Zusammenfügens, seien sie real oder vorgestellt, zu einer verständlichen Totalität, die als Gegenstand einer Darstellung dienen kann, ist ein dichterischer Prozess" (White 1986: 149).

Geschichtsschreibung, und diese Deutung ist ebenso auf politische oder sozialwissenschaftliche Zeitdiagnosen zu übertragen, muss Perspektiven einnehmen, Charaktere aussuchen und tragische, komische, ironische, komödiantische Erzählfiguren konstruieren, entlang derer sich ein zeitlicher, sozialer, politischer Kontext erst zu einem solchen verklumpen kann (vgl. White 1991). So zeigt sich jede Wissenschaft als durchzogen von einer Poetik, ist gekennzeichnet durch ihre Abhängigkeit von sprachlichen Verwendungen, die immer schon eine gewisse Struktur impliziert und ist von einer fiktionalen Darstellung allein dadurch zu unterscheiden, dass ihr im Lichte dieser Konstruktionsmechanismen zusehends zerfließender Gegenstand öffentlich für „wahr" erzählt und für „wirklich" geglaubt wird.

Dass das Fernsehen unsere öffentlichen, versteckten, verschütteten, tabuisierten Narrative wesentlich aufgreift, reproduziert und kreativ mit ihnen spielt, und dabei weder als reines Einflussmedium, noch als rein reaktives Medium, sondern vor allem auch als reflexives wie kreatives Medium gesehen werden kann, ist ebenso als Selbstverständlichkeit zu betrachten: John Fiske und John Hartley beschreiben es als die „bardische Rolle des Fernsehens" dass Fernsehformate „articulate the main lines of the established cultural consensus about the nature of reality" (2003: 66).[4]

Wir haben es in diesem Band zunächst mit Darstellungen des Anderen in seinen vielen Permutationen zu tun. Die Konstruktion des Anderen ist die Konstruktion des Interessanten, und das Interessante formuliert sich selbstverständlich in der narrativen Produktion von Gegensätzen.

Die konstruierte Natur sozialer Bedeutung zwischen zuvor als gegensätzlich entworfenen, ebenfalls konstruierten Polen ist für Sozialwissenschaften basal und banal gleichermaßen und daher zunächst unspektakulär (vor allem, weil sich aus ihr keine „Irrealität" des Konstruierten ableiten lässt (vgl. Bude und Dellwing 2011; Fish, 2013; Blumer 2013; Dellwing und Prus 2012). Statt es als soziologische Aufgabe zu betrachten, Konstruktionen zu destruieren oder diese durch Neuthematisierungen zu ersetzen – eine Aufgabenstellung die in einen Teufelskreis hineinführen würde – ist es viel spannender festzustellen, in welchen Prozessen und Praktiken diese Konstruktion von statten geht, in welchen Kontexten und Situationen, und mit welchen Konsequenzen dies geschieht. Das alleine wäre eine Aufgabe für die Art, wie in seriellen Formaten das „Andere" konstruiert wird.

---

4   Der Begriff des „kulturellen Konsenses" ist bereits fürs Massenfernsehen fragwürdig; die „Masse" war selbst immer eine Konstruktion, die nicht ohne Ausschlüsse produziert werden konnte. Bekanntermaßen war die klassische „Masse" ein Ort, an dem weder Minderheiten noch abweichende Lebensstile sonderlich willkommen waren. Für Distinktionsfernsehen ist jede Idee des „kulturellen Konsenses" vollends zerschlagen und kann bestenfalls durch einen Szene- oder Segmentkonsens ersetzt werden.

Alle Protagonistinnen und Antagonisten sind konstruierte Andere, ob in medialen Formaten oder in alltäglichen Selbstverständnissen (wenn diese denn so einfach zu unterscheiden wären), ob nun in fiktiven Formaten (die Fernsehindustrie spricht von „geskripteten" Formaten) oder in den Nachrichten. Sie kommen in einem Kontext auf, in dem ein Narrativ mit ihnen und über sie entwickelt wird, und ihre Identitätszuschreibung kommt im Rahmen dieser kontingenten und kontextualen Betrachtung auf, wird nicht einfach repräsentiert. Spannend ist das fantastische Format im Hinblick auf die untersuchten Serienformate deshalb, da das Bild des fantastischen Anderen eben vor allem eines ist: fantastisch. Was fantastische Formate von der Comedy unterscheidet ist die Form, die der Deckmantel einnimmt, unter dem diese Herausforderungen stattfinden (während im *Quality TV* oft überhaupt kein Deckmantel mehr angezogen wird). Die „Anderen" der Fantasy sind Andere, deren Konstrukthaftigkeit – oder „Erfindung", wenn man will – deutlich mitkonstruiert wird. Die hier als das „Andere" konstruierten Antagonisten (oder, in komplexeren Formaten, auch Protagonisten oder unklare Parteigänger) werden im Rahmen des Formats als fiktiv konstruiert, und zwar auf eine umfassendere und striktere Art, als das bei „fiktiven" Anderen wie erfundenen Mörderinnen, erfundenen Konglomera-ten oder erfundenen Militärorganisationen der Fall ist, die als Antagonisten (oder, wieder, unklare Protagonisten) herhalten müssen. Es sind nicht mehr die *Anderen*, denen begegnet werden könnte, sondern ihre Überhöhungen zum Übernatürlichen, Außerirdischen und dem ganz klassischen Monster. Foucault bemerkt, dass

> „der Begriff des Monsters ist im Wesentlichen ein Rechtsbegriff [...], denn das Monster ist durch die Tatsache definiert, daß es qua Existenz und Form nicht nur eine Ver-letzung der gesellschaftlichen Gesetze darstellt, sondern auch eine Verletzung der Gesetze der Natur [...] Das Monster ist das, was das Unmögliche und das Verbotene kombiniert" (2003: 76, 77).

Fantastische Formate verschieben ihre „Anderen" in die mitkonstruierte Fiktionali-tät, was ihnen einerseits die Naturalisierung des mit ihm hergestellten Gegensatzes erleichtert ebenso wie es andererseits die Idee der Kontingenz sozialer Kontexte für Selbstverständnisprozesse herausstellt.

Während Naturalisierung von Kategorien üblicherweise zur Folge hat, dass so-ziale Diskurse über die Erwünschtheit oder Unerwünschtheit von Verhalten oder Sein mit einem Hinweis auf Natürlichkeit abgeschnitten werden können (denn was natürlich so ist, darüber müssen, ja können wir nicht reden), ist diese Konstruktion von konstruierten Unmöglichkeiten in Fantasyformaten gerade ein Weg, das Reden über sie zu erleichtern; fantastische Konstruktionen lösen die vermeintliche Un-ausweichbarkeit einer bedrängenden Realität nicht nur auf und nehmen ihr damit die Gefährlichkeit. Der Deckmantel, der die erste Form der Reflexion im Sinne der

Umleitung erlaubt, besteht aus einer offenen Darstellung des Anderen, gegen das sich abgegrenzt wird, als fantastisch und erfunden. Das wiederum erlaubt es, diesen Anderen in einem Licht darzustellen, der risikoloser und deutlicher sein kann, als eine direktere Darstellung eines Anderen das sein könnte, der von Zuschauerinnen als „real existierender Anderer" dargestellt wird. Über die tyrannische Regierung eines intergalaktischen Imperiums können Dinge gesagt werden, die über die eigene Regierung nicht gesagt werden können, ohne eine ganz andere Form von Widerstand von jenen zu provozieren, die tatsächlich angesprochen sind. Über Außerirdische lassen sich Dinge sagen, die über Vertreter einer anderen Nation aus eben denselben Gründen nicht gesagt werden können. (Daher wird bei vielen Formaten, ein fiktiver Staat gewählt, um keine diplomatischen Zwischenfälle zu produzieren wie *The West Wing*, das Proteste aus dem Libanon provozierte, als in der Serie ein fiktionaler US-Jet vom fiktionalisierten Libanon abgeschossen wurde; aber auch ein „fiktiver Staat im Mittleren Osten" spielt weiterhin mit echten Stereotypen über eine echte Weltregion und kann bei Bewohnern und Auswanderern dieser Region Widerstand auslösen, wie das aktuelle FX-Format Tyrant gerade bemerkt, das im erfundenen Staat Abuddin spielt). Fantastische Formate liefern Geschichten über das Andere, mit denen eine Vergemeinschaftung gegenüber (und mit) fiktionalisierten Anderen möglich ist. Dieses Spiel liefert ein (nur) teilweise befreites Spiel, indem die Anderen nicht völlig benannt werden, was eine Deutlichkeit erlaubt, die eine direkte Nennung begrenzen würde; da die Andeutungen jedoch meist offensichtlich gehalten werden, ist diese Begrenzung jedoch weiterhin als Schatten vorhanden. Befreit ist es daher, indem es, sich immer im Schatten des Fantastischen bewegend, um die scharfen Konturen einer political correctness herumschleichen kann. Angebunden an diese bleibt es dennoch, da das Format immer noch im Rahmen enger sozialer Grenzen entsteht, nicht zuletzt den Kontrollabteilungen der Sender, die ihre Autorinnen an die Leine legen, wo Konflikte mit Werbepartnern zu erwarten sein könnten (ein Problem, das in nicht-werbefinanzierten Umfeldern wie HBO geringer ausfällt, aber nicht wegfällt, da es sich weiterhin um Teile eines Großkonzerns handelt – im Fall von HBO TimeWarner –, dessen öffentliches Image durchaus skandalisiert werden kann). Keine Unterhaltungsproduktion, und auch keine Kunstproduktion, wo auch immer die Linie zwischen beiden erfunden wird, ist „freie" Kunst. Vielmehr nehmen diese Formate uns zudem auch den Druck, eigene Geschichten und Selbstverständnisse vor dem Hintergrund eben dieser *einen, wirklichen* Realität erzählen zu müssen. Denn ebenso wie sich im Lichte der Fiktion die Frage nach der Fiktionalität von Realität oder zumindest die Frage nach dem Verschwimmen fiktionaler und realer Inhalte neu stellen kann/muss, muss sich das an diesen Fiktionen entlang kommunizierende „Selbst" eben auch als fiktionales, kontingentes und so auch fantastisches „Selbst" verstehen.

4 Der Band

Die Beiträge in diesem Band nehmen sich diesem teilbefreiten Spiel mit der Anderen an; dabei sind die meisten der hier versammelten Texte Texte zu Fernsehformaten, mit einer kleinen Zahl von Ausnahmen, die die Regel des Bandes bestätigen. Teil 1 beschäftigt sich mit den Darstellungen von Figuren des Monsters, des Anderen und des Fantastischen. Florian Schuhmacher begreift die Darstellungen des Anderen in der jeweiligen Epoche als „ästhetische Rebellion" gegen herrschende Normen der bürgerlichen Gesellschaft. Ideen von Monsterrollen, die fingierten Lebenswelten dieses „Anderen" und auch der monströse Körper selbst markieren den Punkt sozialer Grenzen und deren Überschreitung. Indem am Ende der Geschichte mit dem Sieg über oder der Unterwerfung von der Monsterfigur die Norm wieder hergestellt wird, haben fantastische Andere eine konstitutive Funktion für die Darstellung, Aushandlung und Verfestigung sozialer Werte.

Arno Meteling nimmt sich zunächst des Fantasygenres an und fragt nach einer einleitenden, breit informierten Darstellung desselben, welche typischen Merkmale als Kristallisationspunkte einer Welt der „Anderen" erkannt werden können. Konstitutiv erscheinen ihm für Fantasyformate besonders eposorientierte Kriegsdarstellungen und die kontextschaffenden Ergänzung der Geschichte durch eine eigene Kartographie; Darstellungsformen, die uns mehr über uns selbst und unsere Lust am realistischen Anderen verraten, als dass sie etwas über eine Lust am fantastischen Anderen aussagen könnten oder gar eine Lust an romantisierender Literatur bedeuten würden.

Alexander I. Stingl und Sabrina M. Weiss beschäftigen sich zunächst im Rückgriff auf die klassisch philosophische Frage nach den Möglichkeiten des Entwurfs eines einheitlichen Selbstbildes mit der konstitutiven Bedeutung einer dieses Selbstbild komplettierenden außerhalb liegenden Abgrenzungsfigur: der Figur des „Anderen". Daraufhin werden bekannte Fantasyformate auf unterschiedliche Darstellungen dieser Abgrenzungsfiguren detailreich vorgestellt und analysiert. Deutlich wird, dass die Darstellungsweisen von Zombies, Aliens und Cyborgs nicht unbedacht gewählt und auch nicht isoliert betrachtet werden können. Stattdessen bereiten sie mit ihren spezifischen Erscheinungen eine Bühne für die Handlungen des Hauptdarstellers, der erst durch sie die im Format vermittelten Ideen des „Eigenen" an die Zuschauer herantragen kann.

Teil 2 greift diese Grundlagen auf und bewegt sich mit ihnen über die Grenzen des Diesseitigen und Sicheren hin zum Reich des fantastischen Anderen, hin zu *Game of Thrones, True Blood, Battlestar Galactica, Pirates of the Caribbean* und *The Walking Dead*. Michael Toggweiler beschäftigt sich mit der Darstellung der „wilden Leute" in *Game of Thrones*, die er als Neuthematisierung der im abendländischen

Humanismus längst bekannten idealtypischen Figur des „Wilden Mannes" erkennt. Kontrastiert mit Darstellungen anderer „wilder" Figuren vor dem Hintergrund einer langen ideengeschichtlichen Tradition und im Hinblick auf weitere zeitgenössische TV-Formaten arbeitet Toggweiler in einer „kleinen Ethnographie der wilden Leute" detailreich und graphisch unterlegt zunächst typische Darstellungsweisen und imaginierte Verhaltensweisen dieser Figuren heraus. Daraufhin beschäftigt er sich mit der Funktion der „wilden Leute" als tragendes Symbol in einem beständig geführten und höchst instabilen Kampf um Identifikation.

Sabrina Weiss verfolgt in ihrer Beschäftigung mit der Serie *Battlestar Galactica* zwei Linien für die Konstruktion der Darstellung menschlicher Identität im Kontrast zu kybernetischen Gegenspielern; den „Cylons". Erstens bemerkt sie eine visuelle, durch Farbgebung in Scene gesetzte Inszenierung unterschiedlicher Akteursebenen. Zweitens erkennt sie in der beständig wiederkehrenden und Transformationen unterworfenen Auseinandersetzung von Ideen des Lebens und des Todes ein tragendes Narrativ, entlang dessen die Einordnung des „Eigenen" und des „Fremden" stattfindet. Sowohl für die Charaktere als auch für die Zuschauerinnen lässt das Format unterschiedliche, komplexe Narrative zusammenfließen, die das Reden über Wahrheiten und Inhalte als kontingenzdurchzogen und die Beschäftigung mit dem „Anderen" als Bereicherung für Verständnisse von uns selbst erscheinen lassen.

Bernhard Unterholzner untersucht Darstellungen, Wandlungen, Chancen und Gefahren von gefährlicher Sexualität und Liebe in unterschiedlichen Vampirdarstellungen; hauptsächlich in der Serie *True Blood*. Dabei erscheint Liebe als Symbol einer Logik der Begierde und als Chance der gefährlichen und unbeständigen Konstitutionen sozialer Bindungen und Allianzen in einer Welt, die jederzeit kurz „vor dem Kollaps steht".

Ursula Ganz-Blättler und Franziska Lienert erkennen in den Kinoproduktionen des Mehrteilers *Pirates of the Caribbean* einen neuen Trend im Verständnis des alten wie zentralen kulturwissenschaftlichen Konzeptes von „Same" und „Other". In einer sehr lebhaften und detailreich unterlegten Beschreibung des Entstehungshintergrundes, der Hauptfiguren (besonders der Darstellung der Figur Tia Dalma), einiger Linien der sehr komplexen Erzählstruktur und kontrastiert zu anderen anschließbaren Formaten kommen die Autorinnen zu dem Schluss, dass „Same" und „Other" weniger als feste, abgrenzbare Größe innerhalb der Geschichte oder als durch feste Charaktere verkörperbare Größen gedacht werden können. Stattdessen werden die komplex angelegten Figuren kontextabhängig zu „zeitweiligen Zeitgenossen", mit denen eigene Perspektiven herausgefordert und weiterentwickelt werden können.

Petra Schrackmann beschäftigt sich im Hinblick auf die Serien *In the Flesh* und *The Fades* mit der festzustellenden Neuaushandlung medialer Zombiedarstellun-

gen; ihren Erscheinungsformen und den Bedeutungszusammenhängen, in denen
diese aufkommen. Waren Zombies im Vergleich zu anderen, zuweilen auch als
Heldenfiguren dargestellten Monstern immer ein besonders gutes Sinnbild für
kulturelle Konflikte, schwierige soziale Verhältnisse und Ängste der jeweiligen
Zeit, lässt sich in neueren TV-Formaten ein Wandel dieser stereotypen Zombie-
konzeptionen erkennen. Nach einer einführenden Darstellung der Zombiefigur
entlang exemplarisch ausgewählter cineastischer Darstellungen und den mit diesen
einhergehenden wandelnden Implikationen und Bedeutungsebenen, widmet sich
die Autorin Inhaltsbeschreibungen und Sequenzanalysen der untersuchten Formate. Dabei entdeckt sie auch in neuen Zombiefiguren eine vielseitig einsetzbare
Metapher für sozio-kulturelle Prozesse und soziale Phänomene, die selbst dann
noch als hervorragender erkenntnisgenerierender Spiegel verwendet werden kann,
wenn der klassische Zombie – heute als denkende sprechende, und empfindende
Figur inszeniert – sich von seinen popkulturellen Wurzeln längst gelöst hat.

Dass nicht nur die Soziologie selbst, sondern auch der Mensch in seinen Selbst-
verständnisprozessen auf ein Denken in Alternativen und damit zusammenhängend
auf ein Aushalten von Kontingenzen verwiesen bleibt, auch oder gerade wenn es
eine soziale Ordnung festzulegen oder ein Statement zu treffen gilt, ist der Ausgangspunkt der Überlegungen von Gerrit Retterath und Alessandro Tietz. Entlang
dreier Darstellungsformen des „Anders-Seins" und der „Anders-Werdung" in der
Serie *The Walking Dead* untersuchen die Autoren das Verhältnis von Sozialität
und gedachter Umwelt an unterschiedlichen narrativen Wendepunkten der Serie.
Immer als kontextabhängiges, situational ausgehandeltes Verhältnis verstanden
erscheinen besonders in Momenten des Umbruchs sowohl die Grenzen des „Eigenen" als auch die Ideen des „Anderen" fließend und das „Eigene" wird ebenso im
„Anderen" erkenntlich, wie sich das „Andere" im „Eigenen" selbst entgegentritt.

Teil 3 treibt diese Suche nach dem fantastischen Anderen aus den konkreten
Welten einzelner Formate und in neue Genres heraus. Floris Bernhardt zeigt in
einer historischen Herleitung von der Antike über die Aufklärung bis in die Gegenwart hinein, inwiefern sich Ideen und Darstellungen des jeweiligen sozialen
Selbstverständnisses in epochalen Erscheinungsformen über ein gedachtes Anderes
widerspiegeln. Die Lust an der Distinktion entlang medial in Szene gesetzter fantastischer Gegenspieler und die mit dieser einhergehenden idealisierten Darstellung
von Alltag und Wirklichkeit überwirft sich insofern mit vergangenen Bildern der
Welt, indem sie mit der Idee einer einheitlichen vernunftorientierten sozialen Realität bricht. Als konstitutiv für den Umgang der Gegenwartsgesellschaft mit ihren
Mythen und idealen Gegenfiguren hebt der Autor hervor, dass im Lichte dieser
unterschiedlichen medialen Referenz- und Dinstinktionspunkte auch die Möglichkeiten individueller Selbstentwürfe vielschichtiger werden und dass sich mit dem

fantastischen Anderen auch jedes Selbst immer als fantastisches Selbst verstehen muss. Insofern bedeuten Bilder des „Anderen" für den Zuschauer ebenso neue Selbstgestaltungsmöglichkeiten, wie sie eine „Maschinerie des Zweifels" anwerfen.

Mary Manjikian widmet sich anhand der Serie *Revolution* einer verbreiteten Figur in apokalyptischen Formaten, die in den zumeist eingeübten, feststehenden Analyseansätzen und Perspektiven bestehender Auseinandersetzungen zum Thema nicht vorkommt. Es geht ihr um einen „sekundären" Gegenspieler, der seinen narrativen Ort und seine Bühne opportunistisch zwischen Helden und Monstern findet, indem er derjenige ist, der von der apokalyptischen Regellosigkeit und/oder den veränderten Spielregeln einer neuen sozialen Ordnung zu profitieren versucht. Entlang neu aufkommender Märkte für überlebenswichtige Güter befindet er sich in einer Machtposition durch eine monopolistische Stellung, und fragt den Zuschauer aus dieser Position heraus einerseits Fragen nach der Richtigkeit von Monopolen, Ressourcenkontrollen und der Gültigkeit einer evolutionären Logik in sozialen und für soziale Zusammenhänge der Not. Andererseits fragt er damit einhergehend nach der Notwendigkeit grundlegender moralischer Normen auch oder eben gerade in Zeiten der Regellosigkeit.

Dass es sich bei jeder sozialen Situation – klassisch soziologisch – immer um eine Aushandlungssituation handelt, in der nicht nur soziale Normen über die situationale Bestimmung von Entsprechung und Abweichung, sondern damit zusammenhängend auch die Zugehörigkeiten aller teilnehmender Individuen ausgehandelt werden, lässt sich in fantastischen Formaten besonders eindrücklich nachvollziehen. Marc-André Vreca und Nina Schad beschäftigen sich in ihrem Text vor allem entlang der interaktionistischen Beschreibungen Goffmans mit dieser Aushandlungssituation und zeigen entlang ausgewählter Sequenzen der Serie *True Blood*, dass sich jeder Teilnehmer einer sozialen Situation, die *immer* – auch im Schweigen – eine interaktive Situation ist, mit seiner Gegenwart unvermeidlich in einem gruppenorientierten Umfeld positioniert. So verrät er nicht nur etwas über die für ihn als richtig erscheinenden Normen und damit zusammenhängend auch über seine Ideen sozialer Zugehörigkeit. Er zeigt auch, wie fragil jede soziale Situation erscheint und welche kommunikativen Strategien zu ihrer Verfestigung und „Kittung" verwendet werden können.

Max Pechmann beschäftigt sich mit Horrorformaten aus Südkorea und Japan, K-Horror- und J-Horror-Filme. Entlang der Störungen hervorrufenden exogen wie endogen in Szene gesetzten Narrative beleuchtet der Autor individuelle, soziale und politische Selbstverständnisirritationen des jeweiligen Landes, indem er sich über die in den Formaten transportierten typischen Ängste und deren Darstellungen nähert. Die Formate werden derart als Bühne erkannt, auf der sich über die Thematisierung sozialer Ängste kapitalismuskritische Gesellschaftsideen ebenso aufführen lassen, wie die Kritik an traditionellen Werten oder der damit zusammenhängende Wunsch nach einer Transformation der sozialen Welt.

Dass fantastische Formate auch in der westlichen Welt Orte der Aushandlung und Beschäftigung mit gesellschaftlichen Problemen sind, zeigt Jimmie Cain, der sich mit Darstellungen von Veteranen in der amerikanischen Literatur und US-amerikanischen Serienformaten beschäftigt.

Literatur

Abbot, Stacey. 2010. The Cult TV Book. London: I.B. Tauris.

Amann, Klaus und Stefan Hirschauer. 1997. Die Befremdung der eigenen Kultur. Zur ethnographischen Herausforderung soziologischer Empirie. Frankfurt am Main: Suhrkamp.

Blumer, Herbert. 2013. Symbolischer Interaktionismus. Berlin: Suhrkamp.

Bude, Heinz und Michael Dellwing. 2011. Stanley Fish: Das Recht möchte formal sein. Essays. Frankfurt am Main: Suhrkamp

Dellwing, Michael 2014. Kult(ur)serien: Soziologische Serienforschung zwischen Produktion, Rezeption und Inhalt. Unv. Man.

Dellwing, Michael und Robert Prus. 2012. Einführung in die Interaktionistische Ethnografie: Soziologie im Außendienst, Wiesbaden: VS Verlag für Sozialwissenschaften.

Fish, Stanley. 2011. Das Recht möchte formal sein. Berlin: Suhrkamp.

Fiske, J. und J. Hartley. 2003. Reading Television. New York/London: Routledge.

Foucault, Michel. 2003. Die Anormalen. Frankfurt am Main: Suhrkamp Verlag.

Gitlin, Todd. 1984. Inside prime time. New York: Pantheon Books.

Goffman, Erving. 1959. The Presentation of Self in Everyday Life. New York: Anchor Books, Doubleday.

McCabe, Janette und Kim Akass. 2007. Quality TV: Contemporary American Television and Beyond. London: I.B. Tauris.

Schapp, Wilhelm. 2012. In Geschichten verstrickt. Zum Sein von Mensch und Ding. Hamburg: Klostermann, Vittorio.

Thompson, R. J. 1996. Television's Second Golden Age. From Hill Street Blues to ER. Syracuse/New York: Syracuse University Press.

White Hayden. 1986. Auch Klio dichtet oder die Fiktion des Faktischen. Studien zur Tropologie des historischen Diskurses. Stuttgart : Klett-Cotta.

White, Hayden. 1991. Metahistory : Die historische Einbildungskraft im 19. Jahrhundert in Europa. Frankfurt am Main : Fischer.

Teil I

Monströse Gestalten als das fantastische Andere: Von den Rändern der Welt ins Zentrum der bürgerlichen Gesellschaft

Florian Schumacher

1 Einleitung

Das fantastische Andere hat in den Diskursen der westlichen Zivilisation eine lange Tradition. Die Idee des ‚Anderen' beinhaltet zwangsläufig auch die Vorstellung des ‚Eigenen' (Davis/Santos 2010: X). Damit bedingen sich beide Vorstellungen offensichtlich gegenseitig. Wenn man dieses ‚Eigene' nun mit dem Alltäglichen und Allgemeinen oder auch mit dem Normalen und damit mit der Vernunft assoziiert, dann verweist das ‚Andere' auf die andere Seite der Vernunft – auf das Außergewöhnliche, das Abnormale und das Unvernünftige.

Konkret erfassen lässt sich das phantastische Andere in den imaginären Verkörperungen der Monstren. Dabei fallen einem zu allererst die fiktionalen Gestalten des klassischen Horrorgenres wie der Riesenaffe King Kong, der Vampir Dracula, Werwölfe oder Frankensteins Monster ein. Unabhängig davon mit welcher monströsen Gestalt man sich beschäftigt, offenkundig ist, dass im Horror das Andere ein Gesicht bekommt, eine manifeste Form aufweist und damit für uns greifbar und folglich auch analysierbar wird.

Die monströsen Körper aller Arten markieren immer einen Punkt der sozialen Überschreitung – ob kulturell, politisch, technisch oder sexuell: „The monster is transgressive, too sexual, perversely erotic, a lawbreaker; and so the monster and all that it embodies must be exiled or destroyed." (Cohen 1996: 16) Die Zerstörung oder Unterwerfung des Monsters am Ende der Geschichte stellt die sozialen Normen wieder her. Das Abnormale ist damit gebannt und das Normale bestätigt – zumindest bis es im nächsten Schauerroman oder Horrorfilm wieder zum Leben erwacht.

Diese heute bekanntesten Monstren entstanden im 17. und 18. Jahrhundert, also während der Anfänge der bürgerlichen Gesellschaft bzw. während der Fasen des Übergangs zur bürgerlichen Gesellschaft. Die Monstren stehen deshalb in einem spezifischen Verhältnis zur Aufklärung und zur Rationalität in der bürgerlichen

Gesellschaft. In den Monstren – so die zentrale These dieses Beitrags – spiegeln sich die äußeren und inneren Grenzen der bürgerlichen Gesellschaft wider. Die Ungeheuer sind häufig Verkörperungen der Außenseite oder der Unterschicht gesellschaftlicher Diskurse: „The monster polices the borders of the possible." (Cohen 1996: 12) Das Monster markiert also die Grenze zwischen der Sphäre des ‚wahren' Diskurses und dessen Überschreitung, eines diffusen Außen also.

Der Beitrag fokussiert dabei keine literaturwissenschaftliche Perspektive, welche die Interpretation künstlerischer Werke zum Ziel hat, sondern hat eine soziologische Ausrichtung, bei der Gesellschaft interpretiert werden soll. Die Beschäftigung mit den monströsen Verkörperungen des ‚Anderen' verweist demnach direkt auf soziale Zusammenhänge. Anders ausgedrückt könnte man sagen, dass sich Kulturen durch ihre Monstren lesen lassen. Der monströse Körper ist demzufolge reine Kultur und existiert als unsere Konstruktion und Projektion ausschließlich dazu, als Zeichen des ‚Anderen' gelesen zu werden (Cohen 1996: 4). Über die Gestalten des Monströsen lässt sich ein Licht auf die Diskurse über gesellschaftliche und kulturelle Ordnungen werfen, denn sie sind verkörperte Überschreitungen von Ordnungen und verweisen damit auf die andere Seite sozialer Normen.

Dieses Verhältnis von monströsen Gestalten und gesellschaftlichen bzw. kulturellen Ordnungen soll in diesem Beitrag analysiert werden. Im ersten Abschnitt werden die Monstren an den Rändern der Welt im Schema des klassischen Abenteuerromans betrachtet. Dabei sind menschliche Gesellschaft und ‚wilde' Natur klar voneinander getrennte Sphären. Monströse Gestalten tauchen in weiter Entfernung von der menschlichen Zivilisation in noch nicht erforschten Weltreligionen oder wie in der Science Fiction sogar auf fremden Planeten auf. In darauffolgenden zweiten Abschnitt wird gezeigt, wie sich dies ab dem 17. und 18. Jahrhunderts in den Genres des Schauerromans und des fantastischen Horrors ändert. Nun erscheinen die monströsen Gestalten plötzlich inmitten der bürgerlichen Gesellschaft. Der dritte Abschnitt zeigt anhand theoretischer Konzepte von Norbert Elias und Pierre Bourdieu, inwiefern das Auftauchen der Monstren auch auf soziale Differenzen innerhalb der bürgerlichen Gesellschaft bezogen werden kann. Im darauffolgenden vierten Abschnitt wird argumentiert, dass die Monstren des Horrorgenres als ästhetische Rebellion gegen die Normen der bürgerlichen Gesellschaft interpretiert werden können, bevor in einem Schlussteil die Ergebnisse kurz zusammengefasst werden.

2 Die Monstren an den Rändern der Welt

Die klassischen Monstren der Aufklärung tauchen vor allem im Genre des Abenteuerromans auf, aus dem sich im später im 19. Jahrhundert auch die Science Fiction entwickelte. Diese beiden Genres stehen von Anfang an in enger Verbindung mit dem Konzept der Aufklärung, denn sie beinhalten wesentlich den Versuch einer Entdeckung, Erforschung und damit Überwindung alles natürlichen Unbekannten (Asma 2011: 164ff.). Zentrales Moment ist dabei eine Entdeckungsreise oder Expedition an die Ränder der Welt. Auf dieser anderen Seite, die zugleich die Außenseite der rationalen und geordneten westlichen Gesellschaft, also das Jenseits der Vernunft, präsentiert, befinden sich die Monstren, die scheinbar nur darauf zu warten scheinen, vom männlichen, weißen Abenteurer entdeckt, katalogisiert und damit als unbekannte Naturphänomene überwunden zu werden. Dabei soll das Geheimnisvolle und Unerklärte aus der Welt geschafft werden, damit der Mensch seiner selbst gewiss und nach klaren Grundsätzen der Vernunft frei sein kann. Forscher, Philosophen und Literaten machten sich zur Aufgabe, „der Herausforderung des Sinnlichen durch die Anwendung der Vernunft zu begegnen; profaner gesagt: der unendlich suggestiven Natur mit ihrer konjunktivischen Erzählweise die Lektion der rationalen, kapitalistischen und wissenschaftlichen Welterzählung zu erteilen" (Seeßlen/Jung 2003: 1). Im Abenteuerroman und auch in der Science Fiction wohnt also ein tiefer Glaube an das Prinzip einer alles durchdringenden Ratio, an die historische Kraft der Vernunft, mit deren Hilfe jedes Problem gelöst werden kann. Die polymorphe Welt des Fremden an den Rändern der Welt oder später auf fernen Planeten muss der Herrschaft der Vernunft unterworfen werden:

> „Die Voraussetzung dafür war die Klarheit der Welt. Es musste einmal aufgeräumt werden mit all dem Dunklen, Geheimnisvollen, Magischen, Mystischen; ein für alle Mal musste das Unerklärliche aus der Welt geschafft werden [...] Die Vernunft musste herrschen, mit solch absolutem Machtanspruch wie vordem die Könige und Götter, und so musste die Eroberung in ihrem Namen, die Forschung, zum zentralen Wunschtraum und zur einzigen völligen mythischen Befriedigung werden." (Seeßlen/Jung 2003: 1)

Der Abenteuerroman imaginiert demzufolge ein Szenario, in dem die Vernunft einen Kampf mit der Natur führt. Nicht nur die Dominanz menschlicher Vernunft über wilde Natur wird dabei paradigmatisch durchexerziert, sondern auch die Ablehnung jeglicher natürlicher und göttlicher Bestimmungen: Die Reise an die Ränder der Welt bis hin zum Weltraum „ist ein philosophischer Akt, in dem der Natur ihr Geheimnis entrissen und das Vakuum mit vernünftiger, menschlicher und ökonomischer Herrschaft gefüllt wird" (Seeßlen/Jung 2003: 2). Die Unvernunft bzw. Irrationalität, solange sie noch nicht völlig aus der Welt geschafft ist, wird an die Ränder der Welt gedrängt. Nur noch dort, wo nie zuvor ein (europäischer, weißer) Mensch gewesen ist und wo die Fackeln der Vernunft noch nicht brennen, treiben die Monstren ihr Unwesen.

Die Entdeckungen an den irrationalen Außenseiten hatten vor allem auch eine stabilisierende Funktion, denn sie dienten der Selbstvergewisserung der Ratio. Die Erfahrungen und Entdeckungen einer fremden Welt, anderer Menschen, Sitten und Gebräuche lassen den aufgeklärten Menschen keineswegs an seinem Weltbild zweifeln, sondern bereichern im Gegenteil sein Wissen und stimulieren Entdeckungssehnsucht sowie Aufklärungsmission (Asma 2011: 42f.; Burghartz 2006) Die weißen Flecken auf der Karte der bis dato unbekannten Welt werden beschriftet, jedes Monstrum aufgespürt, beobachtet und kartographiert, bis es in der Welt der Ratio seinen Platz gefunden hat: Die Zoologie wird zur exemplarischen Wissenschaft. Der Ausnahmestatus dieser leibhaftigen Kreaturen, die Tatsache, dass es sie wirklich gibt oder (glaubwürdigen Augenzeugen- und Reiseberichten zufolge) zumindest geben soll, macht sie zur Herausforderung einer sich immer weiter ausbreitenden Aufklärung.

3   Von der Entdeckung zur Heimsuchung

Wesentliche Veränderungen im Verhältnis von Vernunft und Natur und folglich in der Position des Monsters fallen in die Zeit um 1800, d. h. in die Epoche der bürgerlichen Aufklärung. Nach wie vor ist das Fremde eines der zentralen Themen der Zeit, jedoch tauchen beim Projekt der gänzlichen Beseitigung aller Unvernunft immer mehr Probleme auf, denn das Andere der Vernunft, so muss man erkennen, nimmt mit dem fortschreitenden Prozess der Aufklärung und der Expansion wissenschaftlicher Erkenntnisse nicht ab, sondern zu, und weist mehr und mehr Autonomien auf: Die Antworten auf Fragen schaffen weniger Klarheit als dass sie neue Fragen aufwerfen und neue wissenschaftliche Forschungen erfordern.

Diesen Zusammenhang zeigt Michel Foucault auch in seinen Analysen über den Wahnsinn (vgl. insb. Foucault 1969 [1961]). Der Wahnsinn, das absolute Gegenteil der Vernunft, wechselt in der Moderne aus dem Raum reiner Abweichung in denjenigen seiner eigenen Wahrheit, die eng mit der Wahrheit der Vernunft verbunden ist. So durchkreuzen die Befragungen der Wahnsinnigen, der Wilden, der Kinder und aller übrigen nicht Vernünftigen die Suche des Menschen nach seiner Positivität (vgl. Metz/Seeßlen 2012: 39-41):

„Der Zweifel der Aufklärung, ob die Zivilisation eine Denaturierung, eine grandiose Verzerrung und Verdeckung des Natürlichen sei, lenkt die Aufmerksamkeit der Philosophen, Anthropologen und Pädagogen auf die Kerker der Irrenhäuser, die Südseeinseln und die Kinderstuben, wo sie eine entfesselte Vernunft, einen natürlichen Gesellschaftszustand und unverfälschte Bedürfnisse zu finden hoffen. Diese stammelnden, singenden und plappernden Stimmen, die so lange Zeit unbeachtet geblieben waren, vermischen sich jetzt mit dem hoministischen Diskurs und pluralisieren die Vorstellung vom Menschen." (Japp zitiert nach Seeßlen/Jung 2003: 4)

Die Konfrontation mit dem Wahnsinn jedoch brachte diesen nicht zur Vernunft, sondern im Gegenteil die Idee einer absoluten Herrschaft der Ratio ins Wanken. Zwar machten sich die Abgesandten der Aufklärung auf, den Wahnsinn zu beschreiben, zu studieren und zu katalogisieren, um schließlich alle Geister gänzlich zu bannen, doch musste man schmerzlich feststellen, dass sich das Herrschaftssystem der Ratio bereits mit seiner Errichtung innerlich zu zersetzten begann, da es zu endlosen Spaltungen und Spiegelungen führte: Die Welt der Imagination, der Alpträume, der Projektionen war geboren. Bald erkannte man die Bedrohlichkeit der Situation, denn die Realitäten der Wilden und der Wahnsinnigen lässt sich mit den Mitteln der Ratio weder deuten noch ertragen. Dies spiegelt sich nirgendwo sonst deutlicher wider als in den monströsen Imaginationen des 18. und 19. Jahrhunderts.

„Der Schlaf der Vernunft gebiert die Ungeheuer" – so die einfache, dafür umso berühmtere Formel auf einer Radierung Francisco de Goyas aus dem Jahre 1797. Im 18. Jahrhundert bricht dieses Unheimliche vor allem in Form der literarischen Gattung der Schauergeschichte des gotischen Horrors in die bürgerliche Normalität ein. Dieses von Goya veranschaulichte Modell vom Schlaf der Vernunft, der ihre andere Seite sozusagen durch Unachtsamkeit wieder zum Vorschein bringt, kann jedoch nur funktionieren, wenn wir uns sicher sind, wie das Erwachsene, das Vernünftige und Gegenwärtige überhaupt definiert ist, das sich hier eine träumerische Auszeit nimmt. Gerade das jedoch scheint offensichtlich schwierig zu sein: Immer wenn die unheimlichen Monstren wieder in der normalen bürgerlichen Gesellschaft auftreten, wenn das Fantastische ins Alltägliche einbricht, ist ein weiterer Nachweis für die Unvollkommenheiten dieses Normalen und Alltäglichen erbracht.

Das Grauenhafte und Unklare des gotischen wie auch des modernen Horrors erinnert uns daran, dass wir die Welt in ihrer Komplexität eben nicht vollständig erklären, vollständig beherrschen können. In dieser Perspektive ist der Horror das illegitime Kind der Aufklärung. Folgerichtig verdanken wir die großen Mythen des Horrorgenres, wie jenen vom Menschenbastler Victor Frankenstein und seinem Monster aus dem gleichnamigen Roman von Mary Shelley, nicht etwa einem Unwissen, sondern einem allzu rasch und allzu falsch verarbeiteten Wissen: „Horror entsteht, organisch gleichsam, wenn sich die alte Form des Mythos in den Rissen des neuen Wissens ausbreitet." (Seeßlen 2006: 14) Weniger aus dem Fremden und Unerforschten an den Rändern der Welt tritt der Schrecken, sondern plötzlich aus dem Vertrauten. Alle populären, den Diskurs bestimmenden Texte der Zeit des gotischen Horrors sind keine Abenteuer- oder Reiseromane mehr: In der Konzeption des Abenteuerromans mussten die schrecklichen Monstren und wilden Ungeheuer nach einer langen fantastischen Reise am Rande der Welt aufgespürt werden; nun aber – und das ist die entscheidende Veränderung – taucht das Böse in der Mitte der Gesellschaft auf. Nicht mehr ein unbändiger Forscherdrang oder eine unerschöpfliche Abenteuerlust stehen im Vordergrund, sondern Akte der Heimsuchung (Asma 2011: 237ff.). Der Weg hat sich umgekehrt: Frankensteins Wahnsinn ist derjenige der Gesellschaft. Das Alter Ego Mr. Hyde aus Stevensons berühmter Erzählung (Stevenson 1992 [1886]) entsteht direkt aus den Deformationen des überzivilisierten Subjekts Dr. Jekyll und auch Stokers Schattenwesen Graf Dracula (Stoker 1967 [1897]) bleibt nicht auf seiner einsamen transsilvanischen Burg in der Einöde der Karpaten, sondern siedelt – und mit ihm der Schrecken – symbolisch vom archaischen Rumänien ins zivilisierte England über. Die zivilisierte Kultur selbst wird zum Ort des Unheimlichen. Darauf verweisen die Einbrüche der Monstren in die viktorianische Gesellschaft des 18. Jahrhunderts in der klassischen Horrorliteratur ebenso wie etwa die Alien-Invasion-Storys der Science Fiction oder das Auftauchen psychopathischer Killer im ‚zivilisierten' Alltag amerikanischer Vororte und Kleinstädte in den amerikanischen Horror-Filmen in der zweiten Hälfte des 20. Jahrhunderts.

Der Soziologe Stephen Arata bezeichnet den Prozess, der sich in den spätviktorianischen Schauererzählungen, die nun nicht mehr örtlich und zeitlich deplatziert sind, sondern nunmehr inmitten der modernen Welt des zivilisierten England spielen, als Angst vor der „reverse colonisation" (Arata 1990: 621, vgl. auch Schumacher 2008: 42-44). Die ‚reverse colonisation' ist die monströse Widerspiegelung der eigenen imperialen Praxis als deren Umkehrung: Kolonisierer werden kolonisiert, Ausbeuter ausgebeutet und Sieger besiegt.

Auf Schritt und Tritt begegnen die bürgerlichen ‚Helden' nun weniger der äußeren, sondern vielmehr ihrer eigenen inneren Natur, also sich selbst und damit symbolisch der kollektiven bedrohlichen Vergangenheit der westlichen Zivilisation, von der sie eingeholt werden. Der Protagonist der Horror- und Schauergeschichten begegnet seinen eigenen Visionen äußerst ambivalent. Er ist im Gegensatz zum abenteuerlustigen Helden des philosophischen und utopischen Reise- und Abenteuerromans nun nicht mehr Vertreter einer definitiven Weltsicht, sondern Opfer ihrer Widersprüche: Der Reisende wird zum Umhergetriebenen, zum romantischen Außenseiter, zum bedrohten Subjekt (Seeßlen/Jung 2003: 10). Diese Charakterisierung setzt sich im modernen Science Fiction-Film fort, dessen Reisen oft den

Charakter der Flucht aufweisen. Als paradigmatisch für diesen Umschlag lässt sich Bram Stokers berühmter Dracula-Roman von 1897 anführen:

> „Dracula enacts the period's most important and pervasive narrative of decline, a narrative of reverse colonization. Versions of this story recur with remarkable frequency in both fiction and nonfiction texts throughout the last decades of the century. In whatever guise, this narrative expresses both fear and guilt. The fear is that what has been represented as the ‚civilised' world is on the point of being colonized by ‚primitive' forces." (Arata 1990: 623)

Der Angriff des dunklen Grafen auf den modernen Menschen und die moderne Zivilisation erfolgt symbolisch über eine Kolonisation der Körper. Dracula transformiert menschliche Körper in einen Zustand zwischen Leben und Tod und zerstört durch das Aussaugen des Blutes die moderne soziale Identität seiner Opfer. Seinesgleichen steht dabei noch in engem Kontakt zur wilden ursprünglichen Natur und ist nicht wie die englische Zivilisation durch den fortschreitenden Prozess der Dekadenz gefährdet. Damit steht der untote Graf für einen archaischen Rückfall in die animalischen Vorzeiten des Menschen. Die moderne Zivilisation wird im Horrorgenre mit einem bereits überwunden geglaubten früheren Naturzustand konfrontiert.

4   Innersoziale Differenzierung und Ästhetik

Durch diese Verschiebung des Ortes, an welchem die Monstren auftauchen, erscheint also eine neue Möglichkeit der Interpretation. Denn wenn die Monstren nicht mehr an den Rändern der Welt ihr Unwesen treiben, sondern in den belebten Zentren der westlichen Welt auftauchen, dann liegt ein Bezug auch zur sozialen Differenzierung innerhalb moderner Gesellschaften nahe. Das Interpretationsschema vom ‚Eigenen' und dem ‚Anderen' – so die These – lässt sich nicht nur auf den Gegensatz von aufgeklärter sozialer Sphäre und asozialer Natur beziehen, sondern auch auf soziale Gegensätze zwischen legitimen und illegitimen Gruppen innerhalb bürgerlicher Gesellschaften.

Norbert Elias betrachtet in seinen Schriften die Konkurrenzkämpfe zwischen sozialen Gruppen (so etwa die Dominanz der herrschenden Klassen über die unteren Klassen in der bürgerlichen Gesellschaft oder das Machtverhältnis zwischen der Aristokratie und dem aufstrebenden Bürgertum im 17. Jahrhundert) als Motor eines fortschreitenden Zivilisationsprozesses. Dabei stellt er eine stufenweise Verfeinerung der Verhaltensweisen fest. Dieses grundlegende Prinzip veranschaulicht er in seiner Analyse exemplarisch anhand der „Verhöflichung des Adels" (Elias 1969, 1997a [1939], 1997b [1939]). So beschreibt er den historischen Prozess innerhalb dessen der traditionelle kriegerische Adelsstand innerhalb des europäischen Zivilisationsprozesses nach und nach zu einem gezähmten und zivilisierten höfischen Adel transformiert (vgl. Jurt 1995: 364; dazu auch Chartier 1989). Die Entwicklung hin zur höfischen Etikette, zu welcher eine Reihe von Verhaltensnormen etwa bei Tisch oder gegenüber Frauen gehörten (vgl. Elias 1997a [1939]: 297) brachte in der Folge den zivilisierteren Courtoise-Ritter hervor, der sich durch vergleichsweise feine Verhaltensweisen auszeichnete. Die zivilisiertere Form des höfischen Adels entstand jedoch erst durch die Konkurrenz des aufstrebenden Bürgertums (vgl. Baumgart/Eichener 1991: 126-129). Denn mit dem sozialen Aufstieg der bürgerlichen Gesellschaft musste die Aristokratie um ihre soziale Position fürchten, da ihre Stellung als oberste soziale Schicht nicht mehr unangefochten war. Aus dieser gesellschaftlichen Konstellation entwickelte sich Elias zufolge die höfische Lebensweise: Die feine höfische Etikette stellte – um es mit Bourdieu auszudrücken – einen Akt der Distinktion dar. Die Aristokratie war gezwungen, sich vom ökonomisch aufsteigenden Bürgertum in kultureller Hinsicht zu distanzieren (vgl. Jurt 1995: 375f.). Durch Affektregulierung und die Entwicklung distinktiver sozialer Praktiken entwickelte die Gruppe der Aristokraten eine „feine Kultur". Bis heute haftet der Vorstellung von zivilisiertem Verhalten (Höflichkeit, gutes Benehmen) etwas Aristokratisches an (Elias 1997a [1939]: 136).

In seinen Untersuchungen zur bürgerlichen Klassengesellschaft schreibt Pierre Bourdieu diese Differenzierung auf einer anderen Ebene fort. Der von Bourdieu beschriebene Habitus der französischen Bourgeoisie in „Die feinen Unterschiede" besteht zu einem nicht unwesentlichen Teil aus den von Elias beschriebenen sozialen Praktiken der höfischen Etikette (vgl. Bourdieu 1982 [1979]: 132). Bei Bourdieu stellt der Lebensstil des Bürgertums mit seinen feinen und regulierten Verhaltensregeln ein Mittel dar, sich von den niederen Volksklassen zu unterscheiden. In den bürgerlichen Vorstellungen von Ästhetik und ihren Ausdrucksformen ‚hoher' Kultur spiegelt sich so auch eine innersoziale Distanz zu den unteren sozialen Schichten im Bereich des Kulturellen und Ästhetischen wider. Dies zeigt sich vor allem in Bourdieus Differenzierung von reinem und barbarischem Geschmack, die auf Immanuel Kant zurückgeht. Während eine Bewertung der reinen Ästhetik auf dem „interesselosen Wohlgefallen" (Bourdieu 1982 [1979]: 24) basiert, das heißt eine Betrachtung vornimmt, die sich alleine auf den Bereich des Ästhetischen selbst bezieht, basiert die populäre Ästhetik und damit der barbarische Geschmack auf der Idee, zwischen Kunst und Leben einen Zusammenhang herzustellen. Die zentrale Differenz ist dabei diejenige zwischen Kunst und Leben, zwischen Form und Inhalt bzw. zwischen Geist und Materie. In der ‚hohen' bürgerlichen Kunst kommt der Kunst ein ästhetischer Eigenwert zu, Kunst ist im Wesentlichen dann Kunst, wenn sie zur Lebenswelt in einer gewissen Distanz steht (Bourdieu 1982 [1979]: 24). Damit rückt die bürgerliche Kunst formale Experimente und geistige Diskurse in den Mittelpunkt und schließt auf der anderen Seite die physische und materielle Ebene weitgehend aus.

5   Die Ästhetik des Horrors

Um vor diesem Hintergrund die ästhetische Bedeutung der Gestalten des Horror erfassen zu können, lohnt sich ein Blick auf die Ideale der bürgerlichen Ästhetik des 18. Jahrhunderts, deren Paradigmen sich prominent in den Ausführungen des deutschen Kunstgelehrten Johann Joachim Winckelmann (1717 – 1768) finden. Winckelmann philosophierte nicht nur über die Verdrängung der Natur aus den Künsten, sondern hob auch den antik-apollinischen Männerkörper aus Marmor zum klassischen Stilideal empor. Die Kunsttheorie Winckelmanns vollzog damit auch eine Abkehr von der (auch körperlichen) Üppigkeit barocker Provenienz, wie sie sich paradigmatisch bei Rubens findet: „Statt des naturwüchsigen Herkules, der allegorisch das Schloss so manches Kriegsherren schmückte, tritt nun Apoll, der griechische Gott des Maßes, der Schönheit, der Klarheit und der Künste in den Mittelpunkt des Interesses." (Füllmann 1999: 80f.) In seiner Beschreibung des *Apollo im Belvedere* von 1768 formuliert Winckelmann sein Schönheitsideal am eindringlichsten dort, wo er die Statue aus den Vatikanischen Sammlungen verherrlicht:

> „Die Statue des Apollo ist das höchste Ideal der Kunst unter allen Werken des Altertums, welche der Zerstörung entgangen sind. Der Künstler derselben hat dieses Werk gänzlich auf das Ideal gebaut, und er hat nur eben so viel von der Materie dazu genommen, als nötig war, seine Absicht auszuführen und sichtbar zu machen. [...] Gehe mit deinem Geiste in das Reich unkörperlicher Schönheiten und versuche, ein Schöpfer einer himmlischen Natur zu werden, um den Geist mit Schönheiten, die sich über die Natur erheben, zu erfüllen; denn hier ist nichts Sterbliches, noch was die menschliche Dürftigkeit erfordert. Keine Adern noch Sehnen erhitzen und regen diesen Körper, sondern ein himmlischer Geist." (Winckelmann 1986 [1768]: 61)

Hoch erhaben über materielle Notdurft und Trieb wird dieser Körper zum Ideal an sich stilisiert. Er erscheint als unwirklich kühler Körper aus reinem Marmor nicht nur von Schweiß und Anstrengungen, sondern auch von Verfall und Tod gänzlich befreit. Mit dem *Apollo von Belvedere* wurde ein Bild körperlicher Harmonie entworfen, das in symbolischer Form auf eine entsprechende geistige und gesellschaftliche Harmonie verweisen soll (vgl. Füllmann 1999: 81). Die Kunstwissenschaftlerin Margaret Walters stellt in ihrer grundlegenden Studie „Der männliche Akt" (1979) heraus, dass die Kunst aus der klassizistischen Periode, die in der zweiten Hälfte des 18. Jahrhunderts entsteht, Nacktheit zwar präsentiert, diese aber weitgehend ‚entkörperlicht' und ‚entsexualisiert'. Der Akt wurde nur akzeptiert, wenn er so weit als nur möglich vom natürlichen nackten menschlichen Körper entfernt war: „Alle Zeichen des organischen Lebens, Adern und Sehnen, werden ängstlich ausgelöscht; in weißem Marmor erstarrt, züchtig mit moralischer Bedeutung bekleidet, wird der Akt fast tödlicher Idealität anheimgegeben." (Walters 1979: 170) Da sie körperlos war, erscheint diese Nacktheit als organisch tot. Der neoklassischen Idealkörper präsentierte den Menschen über den größtmöglichen Abstand zur Animalität. Der Mensch war also wesentlich dort Mensch, wo er sich vom Tier fundamental unterschied.

In der Schauerliteratur der Epoche findet sich nun das Gegenteil dieses bürgerlichen kunstwissenschaftlichen Diskurses: Hier drängen die Monstren als animalische Missgestalten und dämonische Nachtkreaturen aus dem dunklen Untergrund an die Oberfläche. In Shelleys Frankenstein-Roman von 1818 etwa beschreibt der Wissenschaftler sein Monster folgendermaßen:

> „Wohl waren die Gliedmaßen in der rechten Proportion, und auch die Züge hatte ich nach dem Kanon der Schönheit gebildet. Schönheit! – Allmächtiger! Die gelbliche Haut verdeckte nur notdürftig das Spiel der Muskeln und das Pulsieren der Adern. Das Haupthaar war freilich von schimmernder Schwärze. Doch standen solche Vortrefflichkeiten im schaurigen Kontraste zu den wässrigen Augen, welche nahezu von derselben Farbe schienen wie die schmutzigweißen Höhlen, darein sie gebettet waren, sowie zu dem runzeligen Antlitz und den schwarzen, aller Modellierung entbehrenden Lippen." (Shelley 1970 [1818]: 71)

Hier bricht also die Hässlichkeit des Körperlichen ungebremst herein. Das Monstrum verkörpert ein elementares und leibliches, ein ausschließlich physisches Dasein: „Im Monstrum wird der Alptraum wahr, dass der Mensch seine mühsam errungene, spirituelle Überlegenheit verliert, von seiner Natürlichkeit überwältigt wird." (Brittnacher 1994: 197) Oder anders ausgedrückt: Die Hässlichkeit der Kreatur – etwa diejenige von Frankensteins Monster, von bestialischen Werwölfen oder blutsaugenden Vampiren – lässt exakt dasjenige wiederkehren, was im bürgerlichen Kunstdiskurs ausgeschlossen werden sollte: Natur und Körperlichkeit. An die Stelle eines edlen Idealkörpers aus Marmor ist im Subdiskurs des Horrors eine physiologische Einstellung getreten, denn „die Utopie eines von Natur gereinigten, überlegenen künstlichen Wesens ist in den Alptraum kreatürlicher Hässlichkeit umgeschlagen" (Brittnacher 1988: 108). Dieser Versuch, die Natur aus dem Lebenszusammenhang zu exorzieren, findet sich nicht nur in der Hässlichkeit des künstlichen Menschen-Monsters, sondern paradigmatisch auch in seiner Nähe zum Animalischen. In ihm kehrt die niedrige Natur und Körperlichkeit in entstellter und gewalttätiger Form zurück. Das Auftreten der fiktiven Monstren ist dieser Interpretation zufolge sozusagen die Reaktion auf die rein formalen und rein geistigen künstlerischen Ideale der bürgerlichen Gesellschaft. Das Hereinbrechen des Monströsen symbolisiert die Rebellion gegen diese Verdrängung des Lebens aus der Ästhetik.

Winckelmanns weitestgehend ‚entkörperlichte' und blutleere Vorstellungen eines Körpers in der Kunst entsprechen weitestgehend den Idealen einer ‚reinen Ästhetik' in Bourdieus Sinne, während sich die Monstren aus dem gotischen Horror in weitest möglicher Distanz zu dieser idealen Vorstellung befinden. Im Rahmen der formalen Gesuchtheit der reinen Ästhetik stellt der Körper ein rein ästhetisches Prinzip dar, das nicht auf den realen menschlichen Körper verweist, sondern alleine auf einen Kunstdiskurs. Diese Präferenz der Form gegenüber dem realen und physischen Inhalt der Darstellung interpretiert Bourdieu als „Aggression gegen das Dargestellte, gegen die natürliche Ordnung und nicht zuletzt gegen die menschliche Gestalt" (Bourdieu 1982 [1979]: 85). Die reine Ästhetik weist damit einen distanzierten, abgetrennten und trennenden Charakter gegenüber der Lebenswelt auf: Während die genuin bürgerliche Ästhetik eine Verdrängung natürlicher Gefühle und realer Körperlichkeit zur Voraussetzung hat, wendet sich die Gegenästhetik des Horrorgenres explizit gegen diese Zensur und Verdrängung. Der Horror setzt dieser distanzierten rein geistigen Haltung Monstren und Ungeheuer entgegen, die durch ihre rein physische Gestalt und Präsenz wirken. Der Einbruch des Monströsen in der Schauerliteratur des gotischen Horrors im 18. und 19. Jahrhundert sowie die Weiterführung insbesondere im Horrorfilm des 20. Jahrhunderts verweisen somit nicht nur auf die Schattenseite der Vernunft, sondern stellt darüber hinaus auch eine Rebellion gegen die ‚hohe' bürgerliche Ästhetik dar. Die Imaginationen der Monstren – unabhängig davon ob es sich um Vampire, Werwölfe, weiße Haie, Killerkrokodile oder wahnsinnige Killer handelt – sind in erster Linie Imaginationen reiner Körperlichkeit. Ihr Verhaltenskodex ist derjenige der Natur: Sie sind instinktgesteuert und nicht vernunftgeleitet. Die Wuchtigkeit und Hässlichkeit ihrer Körper sowie ihre Tendenz zu unmittelbarer Bedürfnisbefriedigung verweisen auf die Unterdrückung alles Körperlichen in der hohen bürgerlichen Ästhetik und auf die Triebsublimierung im Zivilisationsprozess. Ihr Auftreten steht immer in schroffem Gegensatz zur idealisierten bürgerlichen Ästhetik. Das Monster ist aus dieser Perspektive somit vor allem ein Akt des Widerstandes gegen die zivilisierte Lebensweise der bürgerlichen Gesellschaft, ein Plädoyer für das natürliches unverkrampfte, nicht zivilisierte und nicht reflektierte natürliche Leben, das im Prozess der Zivilisation und im Prozess einer voranschreitenden bürgerlichen Lebensweise verloren ging bzw. verdrängt wurde.

Elias' Zivilisationsprozess ist als ein Prozess der Verinnerlichung und der inneren Anpassung konzipiert, als Triebregulierung und Triebsublimierung (vgl. Fröhlich 2000: 13). Der Zivilisationsprozess erscheint auf der Ebene des sozialen Verhaltens als „Veränderung des psychischen Apparats" (Jurt 1995: 328). Dem Einzelnen wird von Kindesbeinen an eine „differenziertere und stabilere Regelung des Verhaltens" als „Automatismus angezüchtet" (Jurt 1995: 328). Elias spricht dabei von einer „blind arbeitenden Selbstkontrollapparatur" beziehungsweise einer „psychischen Apparatur" oder „Prägeapparatur des Verhaltens" (Jurt 1995: 328, 336; vgl. dazu auch Baumgart/Eichener 1991: 60-63). Damit geht Elias zufolge von „der Kulisse des Alltags ... ein beständiger, gleichmäßiger Druck auf das Leben des Einzelnen aus" und zwingt ihn zu einem höheren Maß an Selbstbeherrschung (Jurt 1995: 336). Der Mensch ist von dieser sozialen Prägeapparatur, die Fremdzwänge in Selbstzwänge verwandelte, erst zu einem „zivilisierten Wesen" im Sinne eines fortgeschrittenen Zivilisationsprozesses modelliert worden (Jurt 1995: 343). Elias geht dabei im Rahmen seiner sozio-historischen Konzeption des Zivilisationsprozesses von einer Art psycho-sozialem Ur- bzw. Naturzustand des Menschen aus, der vor dem Beginn des Zivilisationsprozesses herrschte. Damit erscheint der Prozess der Zivilisation als eine Domestizierung der ‚wilden' Natur des Menschen. Gewalt und rohe Körperlichkeit sind jedoch mit der bürgerlichen Gesellschaft nicht verschwunden, sondern werden vielmehr verdrängt, das heißt im wörtlichen und metaphorischen Sinne „einkaserniert": Sie treten nur noch in Kriegszeiten offen hervor und werden ansonsten in die Fiktion und damit ins Innenreich der Fantasie des Menschen verbannt, wo sie in den monströsen Alpträumen, bedrohlichen Bildern, Büchern und Filmen des Horrorgenres auftauchen (vgl. Elias 1997b [1939]: 336, 341).

6   Schluss

In einem sozio-historischen Überblick ist der Weg, den die monströsen Gestalten zurückgelegt haben, eine Reise von den Rändern und Außenseiten der Welt in die Zentren der modernen westlichen Zivilisation. Während das Auftauchen und vor allem die Bewältigung in Form von der Unterwerfung des Monsters im Abenteuerroman noch auf die Überwindung des Naturzustands und auf die menschliche Fähigkeit der Naturbeherrschung verweisen, spiegelt sich im plötzlichen Erscheinen des Monsters in den Zentren der westlichen Zivilisation eine fundamentale Unsicherheit wider. Wenn in Horrorfilmen psychopathische Mörder mit Fleischermessern in der Hand auf Teenagerjagd gehen oder King Kong und Gozilla amerikanische Metropolen verwüsten, dann ist das unbekannte fantastische Andere nicht nur physisch, sondern auch psychisch im Inneren der Gesellschaft angekommen. Das Grauen ist nicht mehr nur äußerlich, sondern die Zivilisation selbst ist zu ihrem Ort geworden.

Vor dem Hintergrund der Normen der reinen bürgerlichen Ästhetik erscheinen die Monstern jedoch auch als barbarisch und proletarisch, denn ihre Ästhetik ist nicht diejenige des feinen Geistes, sondern diejenige des körperlichen Ausbruchs. Damit stellen die Monstren innerhalb des bürgerlichen Diskurses immer auch eine Rebellion gegen den guten Geschmack und die feinen Sitten dar. Sie sind eine Provokation für das (selbst-)kontrollierte zivilisierte bürgerliche Subjekt, denn sie verweisen auf die barbarische und wilde Urnatur des Menschen, die im Prozess der Zivilisation nur scheinbar vollständig überwunden wurde. Elias zufolge lässt die psycho-soziale Prägeapparatur des sozialen Habitus im Zivilisationsprozess Narben zurück (Elias 1997b [1939]: 344), die in den Verkörperungen der Monstren immer wieder zu offenen Wunden aufbrechen.

Literatur

Arata, Stephen D. 1990. The occidental tourist: Dracula and the anxiety of reverse colonisation. S. 621-645 in: Victorian Studies 33. Heft 4. 1989-1990,.

Asma, Stephen T. 2011. Monster, Mörder und Mutanten. Eine Geschichte unserer schönsten Alpträume. Berlin: Ullstein.

Baumgart, Ralf und Volker Eichener. 1991. Norbert Elias zur Einführung. Hamburg: Junius.

Bourdieu, Pierre .1982 [1979]. Die feinen Unterschiede. Kritik der gesellschaftlichen Urteilskraft. Frankfurt am Main: Suhrkamp.

Brittnacher, Hans R. 1988. Die zweite Generation der Monstren. Biochemische Wissenschaft und literarischer Horror. Ästhetik und Kommunikation 18, 69:105-112.

Brittnacher, Hans .1994. Ästhetik des Horrors. Gespenster, Vampire, Monster, Teufel und künstliche Menschen in der fantastischen Literatur. Frankfurt am Main: Suhrkamp.

Burghartz, Susanna 2006. Bedrohung und Sehnsucht. Die wunderbaren Welten der europäischen Expansion. iz3w, 291 (März 2006):23-26.

Cohen, Jeffrey J. 1996. Monster Culture (Seven Theses). S.3-25 in: Ders. (Hg.), Monster Theory. Reading Culture. Minneapolis: University Press.

Chartier, Roger. 1989. Gesellschaftliche Figuration und Habitus. Norbert Elias und ,Die höfische Gesellschaft'. S. 37-57 in: Roger Chartier (Hg.): Die unvollendete Vergangenheit. Geschichte und die Macht der Weltauslegung. Berlin: Wagenbach,.

Davis, Laura K. und Cristina Santos 2010. Introduction. S. IX-XIX in: Dies., The Monster Imagined. Humanity's Re-Creation of Monsters and Monstrosity. Oxford: Inter-Disciplinary Press.

Elias, Norbert. 1969. Die höfische Gesellschaft. Untersuchungen zur Soziologie des König-tums und der höfischen Aristokratie; mit einer Einleitung: Soziologie und Geschichtswissen-schaft. Neuwied: Luchterhand.

Elias, Norbert. 1997a [1939]. Über den Prozeß der Zivilisation. Soziogenetische und psychogeneti-sche Untersuchungen. Erster Band. Wandlungen des Verhaltens in den weltlichen Oberschichten des Abendlandes (20., neu durchges. und erw. Aufl., 1. Aufl. dieser Ausg.). Frankfurt am Main: Suhrkamp.

Elias, Norbert. 1997b [1939]. Über den Prozess der Zivilisation. Soziogenetische und Psychogeneti-sche Untersuchungen. Zweiter Band. Wandlungen der Gesellschaft. Entwurf zu einer Theorie der Zivilisation (21., neu durchges. und erw. Aufl., 1. Aufl. dieser Ausg). Frankfurt am Main: Suhrkamp.

Foucault, Michel. 1969 [1961]. Wahnsinn und Gesellschaft: eine Geschichte des Wahns im Zeitalter der Vernunft. Frankfurt am Main: Suhrkamp.

Fröhlich, Gerhard. 2000. Die Einverleibung der Schätze und Zwänge. (Elias, Bourdieu). Linz, S. 1-53. Online verfügbar unter: http://www.iwp.jku.at/lxe/wt2k/pdf/Frohlich EINVERLEIBUNG%281%29.pdf, zuletzt geprüft am 23.09.2013.

Füllmann, Rolf. 1999. Manns-Bilder. Apollinische Variationen von der klassischen Statue über den klassischen Anzug zum künstlichen Körper. S.79-99 in: Rudolf Drux (Hg.): Der Frankenstein-Komplex. Kulturgeschichtliche Aspekte des Traums vom künstlichen Menschen. Frankfurt am Main: Suhrkamp.

Jurt, Joseph. 1995. Das literarische Feld. Das Konzept Pierre Bourdieus in Theorie und Praxis. Darmstadt: Wissenschaftliche Buchgesellschaft.

Metz, Markus und Georg Seeßlen. 2012. Wir Untote! Über Posthumane, Zombies, Botox-Monster und andere Über- und Unterlebensformen in Life Science und Pulp Fiction. Berlin: Matthes & Seitz.

Schumacher, Florian. 2008. Das Ich und der andere Körper. Eine Kulturgeschichte des Monsters und des künstlichen Menschen. Marburg: Tectum.

Seeßlen, Georg und Fernand Jung. 2003. Science Fiction. Geschichte und Mythologie des Science-Fiction-Films. 2 Bde. Marburg: Schüren.

Seeßlen, Georg .2006. Horror. Geschichte und Mythologie des Horrorfilms. Marburg: Schüren.

Shelley, Mary W. 1970 [1818]. Frankenstein. Roman. München: Hanser.

Stevenson, Robert L. 1992 [1886]. Der seltsame Fall des Dr. Jekyll und Mr. Hyde. München: DTV.

Stoker, Bram .1967 [1897]. Dracula. Ein Vampirroman. übers. von Stasi Kull. München: Hanser.

Walters, Margaret. 1979. Der männliche Akt. Ideal und Verdrängung in der europäischen Kunstgeschichte. Berlin: Medusa.

Winckelmann, Johann J. 1986. Gedanken über die Nachahmung der griechischen Werke in der Malerei und Bildhauerkunst. S.1-36 in: Winckelmanns Werke in einem Band. Berlin/Weimar: Aufbau.

Krieg und Kartographie
Einführung in die epische Fantasy

Arno Meteling

1 Einleitung: Was ist Fantasy?

J. R. R. Tolkiens *The Lord of the Rings* ist der populärste Roman der Welt. J. K. Rowlings *Harry Potter*-Bücher und George R. R. Martins Fantasyreihe *A Song of Ice and Fire* sind seit vielen Jahren auf den Bestsellerlisten vertreten. Die Verfilmungen von *The Lord of the Rings* und *The Hobbit*, der *Harry Potter*-Reihe sowie von C. S. Lewis' *Narnia*-Romanen, die Rückkehr von Robert E. Howards *Conan the Barbarian* und die überaus erfolgreiche Fernsehserie *Game of Thrones* lassen keinen Zweifel daran, dass Fantasy zu Beginn des 21. Jahrhunderts Hochkonjunktur hat. Was aber ist Fantasy? Was zeichnet es vor anderen Genres aus?

Eine Kürzestdefinition für Fantasy findet sich bei Gary K. Wolfe: „A fictional narrative describing events that the reader believes to be impossible."[1] Auch John Clutes Definition ist überschaubar: Er bestimmt wechselseitig exklusiv eine unmögliche Geschichte oder eine unmögliche Anderswelt als grundlegendes Kriterium: „A fantasy text is a self-coherent narrative. When set in this world, it tells a story which is impossible in the world as we perceive it; when set in an otherworld, that otherworld will be impossible, though stories set there may be possible in its terms."[2] Helmut W. Pesch hingegen entzieht sich nach vielen genauen Beschreibungen einer eindeutigen Definition und verweist stattdessen auf dominante Inhalte, Funktionen und Strukturen, um dann mit einer etwas apologetischen Geste die Fantasy ganz allgemein als Literatur zu erklären: „So erfährt die Fantasy ihre innere Legitima-

---

1 Wolfe, Gary K.. 1986. Fantasy. S. 38-40, hier S. 38. In: Ders.: Critical Terms for Science Fiction and Fantasy. A Glossary and Guide to Scholarship. New York/Westport, Connecticut/London.

2 Clute, John. 1999. Fantasy. In: John Clute und John Grant (Hg.): Encyclopedia of Fantasy. URL: http://sf-encyclopedia.co.uk/fe.php?nm=fantasy (01.06.2013). (= Digitale Ausgabe von John Clute/John Grant (Hg.). 1997. The Encyclopedia of Fantasy. London.)

tion letztlich daraus, daß sie keine alternative Realität darstellt, sondern Fiktion, Literatur ist, mit allen sich daraus ergebenden Konsequenzen."[3] Frank Weinreich distanziert sich ausdrücklich sowohl von erkenntnistheoretischen als auch von formalen Kriterien und benennt, ausgehend von drei Textbeispielen, bestimmte Topoi als gattungsdefinierend: „Es bietet sich also an, eine inhaltliche Bestimmung des Genres zu suchen. [...] Im Einzelnen sind dies die folgenden Elemente: erstens die Heldin, der Held oder die Heldengruppe, zweitens die imaginäre Welt und drittens die Magie."[4]

Für die meisten Bestimmungen von Fantasy – wenn sie nicht zu allgemein ausfallen – werden also zwei außerliterarische Kriterien herangezogen: nämlich erstens der Gegensatz von möglich beziehungsweise real und unmöglich beziehungsweise übernatürlich oder wunderbar. Zweitens geht es um den deutlichen Gegensatz zwischen einer möglichen oder realen Welt, die irgendwie als unsere identifizierbar ist, und einer unmöglichen anderen Welt, die Übernatürliches beziehungsweise Wunderbares beinhaltet. Der implizite Maßstab dieser Definitionen ist der Grad an Referenzialität des literarischen Textes als wiedererkennbare Darstellung der außerliterarischen Welt – unserer Realität. Epistemologische und narratologische Perspektiven, ob Text und audiovisuelles Material die Welt abbilden und wie sie diese aus bestimmten Materialien und Erzählweisen konstruieren, sind gewöhnlich der blinde Fleck dieser Bestimmungen.[5] Ergänzend könnte man deshalb auch die Frage stellen, wie eine Geschichte (*histoire*) überhaupt entweder als real oder als unmöglich wahrgenommen werden kann. Dann richtet sich der Blick unweigerlich auf ihre spezifische Umsetzung (*discours*) – also etwas, das sich mit Form, Erzählhaltung, Stil oder Tonfall entweder des Realismus' oder des Wunderbaren beziehungsweise des Fantastischen beschreiben lässt. In dieser Hinsicht wäre der Genrebegriff der Fantasy nicht mehr an ontologische oder epistemologische Fragen gebunden, sondern an narratologische und rhetorische – mithin: literarische.

---

3   Pesch, Helmut W. 2009. Fantasy. Theorie und Geschichte einer literarischen Gattung. E-Book-Ausgabe. Köln, S. 16-79, hier S. 79. URL: http://www.helmutwpesch.de/index_htm_files/Pesch_Fantasy_Theorie-und-Geschichte.pdf (01.06.2013).

4   Weinreich, Frank. 2007. Fantasy. Einführung. Essen, S. 20-22.

5   Allenfalls könnte man für photographische Verfahren – chemisch oder digital – ein metonymisches Abbildungsverfahren von Welt formulieren. (Vgl. Kittler, Friedrich. 1993. Romantik – Psychoanalyse – Film: eine Doppelgängergeschichte. S. 81-104. In: Ders.: Draculas Vermächtnis. Technische Schriften. Leipzig.) Allerdings muss schon spätestens bei der Auswahl von Zeit, Raum, Ausschnitt und Linse eines photographischen Bildes von einem Kunstakt gesprochen werden. Kommt dazu noch die syntaktische Ebene der Narration – zum Beispiel in Form der filmischen Montage – hinzu, kann es allein noch um Inszenierung gehen.

In der Fantastiktheorie,[6] die sich mit dem komplizierten Verhältnis der beiden Realitätssysteme von „regulärer Realität" und Wunderbarem beschäftigt,[7] scheint die Fantasy allerdings von allen Genres am einfachsten zu bestimmen zu sein. Denn sie führt eine klare Tradition des Übernatürlichen als Wunderbares fort und fällt deshalb in den meisten Bestimmungen unter die Kategorie des Märchens. Tzvetan Todorov formuliert beispielsweise zu diesem „unvermischt Wunderbaren" in seiner *Einführung in die fantastische Literatur*: „Beim Wunderbaren rufen die übernatürlichen Elemente weder bei den Personen noch beim impliziten Leser eine besondere Reaktion hervor. Nicht die Haltung gegenüber den berichteten Ereignissen charakterisiert das Wunderbare, sondern die Natur dieser Ereignisse selbst. [...] Das Märchen ist in Wirklichkeit nur eine der Spielarten des Wunderbaren, und die übernatürlichen Ereignisse lösen hier keinerlei Überraschung aus [...]."[8]

Theoretische Bestimmungen des Wunderbaren finden sich schon in antiken Rhetoriken und Poetiken, in denen das Wunderbare zwar noch nicht zwingend übernatürlich sein muss, seine Funktion allerdings schon dieselbe ist: Denn es geht zuallererst um die Aufmerksamkeit des Zuhörers beziehungsweise des Lesers und – zum Beispiel als Teil einer Poetik des Erhabenen – um seine Überwältigung. So stellt Pseudo-Longinos in seiner für die Neuzeit wirkmächtigen Schrift *Über das Erhabene* fest: „Das Großartige nämlich überzeugt die Hörer nicht, sondern verzückt sie; immer und überall wirkt ja das Erstaunliche mit seiner erschütternden Kraft mächtiger als das, was nur überredet oder gefällt, hängt doch die Wirkung des Überzeugenden meist von uns ab, während das Großartige unwiderstehliche Macht und Gewalt ausübt und jeglichen Hörer überwältigt."[9] Abseits der rationalen

---

6   Vgl. Vax, Louis. 1974. Die Phantastik. S. 11-43. In: Rein A. Zondergeld (Hg.): Phaïcon 1. Almanach der phantastischen Literatur. Frankfurt am Main; Caillois, Roger. 1974. Das Bild des Phantastischen. Vom Märchen bis zur Science Fiction. S. 44-83. In: Rein A. Zondergeld (Hg.): Phaïcon 1. Almanach der phantastischen Literatur. Frankfurt am Main; Todorov, Tzvetan. 1972 (1970). Einführung in die fantastische Literatur. München/Wien. Zu einer formalen und rhetorischen Bestimmung des Fantastischen siehe: Lachmann, Renate. 2002. Erzählte Phantastik. Zu Phantasiegeschichte und Semantik phantastischer Texte. Frankfurt am Main. Kritisch ergänzend dazu siehe: Meteling, Arno. 2008. Formalisierung des Schreckens. Zu einer Theorie der phantastischen Literatur mit E.T.A. Hoffmann, H. P. Lovecraft und Paul de Man. S. 239-257. In: Claudio Biedermann und Christian Stiegler (Hg.): Horror und Ästhetik. Konstanz,.

7   Das Realitätssystem wäre in diesem Sinne als Effekt einer spezifischen Erzählweise zu verstehen. Zu diesem Begriff als innerliterarische Fortführung der Konzepte Tzvetan Todorovs siehe: Durst, Uwe. 2007. Theorie der phantastischen Literatur. Berlin.

8   Todorov, Tzvetan. 1972 (1970). Einführung in die fantastische Literatur. München/Wien, S. 51.

9   Longinus. 2002. Vom Erhabenen. Übersetzt und herausgegeben von Otto Schönberger. Stuttgart 2002, S. 4-7. (= 1, 4) In einigen Übersetzungen wird der griechische Begriff auch

und mitunter willkürlichen Rezeptionshaltung, die eine gewöhnliche Rede beim
Hörer hervorruft, gibt es also Schilderungen des Großartigen, Erstaunlichen und
Wunderbaren, die dem Hörer die freie Wahl der Reaktion abnehmen und keine
andere zulassen als eben Verzückung, Erschütterung und Überwältigung.[10]
Auch in den Poetiken des 18. Jahrhunderts – am prominentesten bei Johann
Christoph Gottsched, Johann Jakob Breitinger und Johann Jakob Bodmer[11] – bleibt
die antike Funktion der Erregung von Aufmerksamkeit erhalten. Neu ist allerdings
die – häufig religiös markierte – Identifizierung des Wunderbaren mit dem Übernatürlichen. Auffällig geht mit dieser Neuausrichtung die Diskussion über Rationalität
und Realismus literarischer Texte einher. Die Poetik hat dabei inzwischen eine
Art Maßstab an das Erstaunliche und Wunderbare angelegt – und dieser bezieht
sich im Wesentlichen auf den Grad der Wahrscheinlichkeit, ist also wie moderne
Fantasytheorien auf das Maß an außerliterarischer Referenzialität eingestellt.

In der modernen Fantastiktheorie Todorovs schließlich steht das Wunderbare
als Gegenpol einem Realismus gegenüber, der das „Unheimliche" im Sinne eines
Rätselhaften und Ungeklärten – beispielsweise in einer Kriminalerzählung – letztlich
rational zu erklären vermag. Außen vor – so lassen sich sämtliche Bestimmungen
des Wunderbaren und damit das definierende Merkmal von Fantasy zusammenfassen – bleibt zuletzt die Diskussion über allegorische oder interpretatorische
Lesarten fantastischer Texte, denn die epistemische Bestimmung von Realität und
Wunderbarem bezieht sich allein auf den Literalsinn und lässt keine Rückschlüsse
auf eine figurale Bedeutung zu.[12]

---

als das „Wunderbare" übersetzt – so bei Stahl, Karl-Heinz. 1975. Das Wunderbare als
Problem und Gegenstand der deutschen Poetik des 17. und 18. Jahrhunderts. Frankfurt
am Main, S. 285.

10 Man könnte für dieses Rhetorikverständnis das Modell der Oszillation eines literarischen Textes zwischen „Struktur" und „Ereignis" heranziehen. Vgl. Kremer, Detlef.
1992. Ereignis und Struktur. S. 517-532. In: Helmut Brackert und Jörn Stückrath (Hg.):
Literaturwissenschaft. Ein Grundkurs. Reinbek bei Hamburg.

11 Vgl. Bodmer, Johann Jacob. 1966. Critische Abhandlung von dem Wunderbaren in
der Poesie. Faksimiledruck nach der Ausgabe von 1740. Stuttgart; Werber, Niels. 2006.
Phantasmen der Macht. Funktionen des Phantastischen – nach Todorov. S. 53-66. In:
Clemens Ruthner, Ursula Reber und Markus May (Hg.): Nach Todorov. Beiträge zu einer
Definition des Phantastischen in der Literatur. Tübingen.

12 „Wenn der Leser aus der Welt der handelnden Personen heraustritt und zu seiner eigenen
Praxis (der des Lesers) zurückkehrt, tut sich eine neue Gefahr für das Fantastische auf.
Eine Gefahr, die auf der Ebene der *Interpretation* angesiedelt ist." Todorov Tzvetan.
1972 (1970). Einführung in die fantastische Literatur. München/Wien, S. 32. Allerdings
vermutet Todorov auch genau in dem bestimmten Gebrauch eines bildhaften Diskurses
den Ursprung des Fantastischen – wenn nämlich eine übertragene Bedeutung wörtlich
genommen wird: „Das Übernatürliche erscheint hier als eine Verlängerung der rheto-

2   Die Merkmale der Fantasy

Abgeleitet oder auch unabhängig von diesen Definitionen der Fantasy und des Wunderbaren lassen sich allerdings gut einige typische Genremerkmale benennen: Erstens ist das Wunderbare in der Fantasy meistens auffällig begrenzt und stereotyp. Minimalvariationen und Schemata bestimmen einen äußerst kleinen Kanon wunderbarer Figuren und Motive, so dass eine der Hauptfunktionen von Genrebestimmungen, nämlich die Steuerung der Erwartungshaltung der Leser und Zuschauer, auf ein sehr überschaubares Feld an Strukturen und Ereignissen gerichtet ist. Am offensichtlichsten wird das Wunderbare beispielsweise in einer rassisch markierten Bevölkerung der diegetischen Welt, die von fabelhaften und mythischen Wesen wie Elfen, Zwergen, Drachen oder Tiermenschen, zum Beispiel den Orks bei Tolkien, bewohnt wird. Ein wichtiges Merkmal ist auch die Existenz von Magie – in Gestalt von Zauberern oder magischen Gegenständen in Nachfolge von Motiven aus Mythologien oder Artusromanen oder in Form von schicksalhaften Prophezeiungen, die das Geschehen der Fantasywelt determinieren.

Damit ist auch der zweite entscheidende Aspekt benannt – das *worldbuilding*. Denn der Schöpfung einer wunderbaren *secondary world* gilt in der Fantasy die größte Aufmerksamkeit. Sie folgt einer Poetik der Widerspruchsfreiheit und Kohärenz sowie der festen Werte und Normen, mithin des Totalitären. So gibt es in den meisten Fantasyromanen als Effekt des Wunderbaren eine klare und unbefragte Markierung von Figuren und Handlungen als gut oder böse. Politisches System sowie Gesellschafts- und Technikstand der Fantasywelt sind abzüglich der wunderbaren Elemente dabei der sehr vage Extrakt eines märchenhaft und romantisiert verbrämten europäischen Mittelalters, also ein Produkt des 19. Jahrhunderts. Deutlich beeinflusst ist diese mittelalterlich anmutende Welt durch die Artusromane und eine Mythopoetik, wie sie in der Romantik beispielsweise unter dem Stichwort der „Neuen Mythologie" aufscheint, also etwas, das für die Romantik allein im Imaginären der Kunst, mithin der Literatur, realisiert werden kann.[13]

Ein wichtiges sozialpolitisches Element der Fantasywelt ist die Existenz eines Feudalsystems, meist mit angeschlossener Ritterschaft. Der Religionshintergrund der meisten Fantasyromane spiegelt – auch hier ganz dem Mythensynkretismus

---

rischen Figur." Todorov Tzvetan. 1972 (1970). Einführung in die fantastische Literatur. München/Wien, S. 70.

13 Vgl. Frank, Manfred. 1982. Der kommende Gott. Vorlesungen über die Neue Mythologie, I. Teil. Frankfurt am Main; Frank, Manfred. 1988. Gott im Exil. Vorlesungen über die Neue Mythologie, II. Teil. Frankfurt am Main, sowie Frank, Manfred. 1989. Kaltes Herz – Unendliche Fahrt – Neue Mythologie. Motiv-Untersuchungen zur Pathogenese der Moderne. Frankfurt am Main.

der romantischen Literatur folgend – allerdings nicht das Christentum des europäischen Mittelalters, sondern bevorzugt verklärte Versionen antiker polytheistischer Pantheons, wie sie in nordisch-germanischer oder griechisch-römischer Mythologie auftreten. In der Tradition antiker Mythologien und Epen wie Homers *Ilias* und *Odyssee* oder auch der Nibelungensaga greifen die Götter dabei durchaus aktiv in das Weltgeschehen ein.

Der dritte Aspekt betrifft die weitgehend formelhafte Handlungsstruktur. Spätestens seit dem entscheidenden *take off* des Genres durch *The Lord of the Rings* ist diese wesentlich durch zwei Elemente bestimmt: Das eine ist die Heldenreise im Sinne des Monomythos, wie er von Joseph Campbell formuliert wird.[14] Sie rekurriert literaturhistorisch dabei auf antike Questen wie die zwölf Arbeiten des Herakles oder die Abenteuer von Theseus und Jason sowie auf die mittelalterliche *âventiure* – zum Beispiel in den Artusromanen, die vom Auszug und den Bewährungsproben fahrender Ritter (*knight-errant*) berichten, die meist episodische Begegnungen mit wunderbaren Wesen haben oder Zweikämpfe mit anderen Rittern ausfechten. Formelhaft ist der Held eine Parzivalsfigur – ein junger Mann, meist etwas naiver und unzivilisierter als andere, der eines Tages bemerkt, dass er etwas Besonderes ist und ihn das Schicksal erwartet, die Welt zu retten. Er muss dazu seiner räumlichen wie kognitiven Beschränktheit entkommen, seinen Heimatort verlassen sowie einen Lehrmeister und seine Bestimmung finden. Mitunter begleiten ihn treue Gefährten, und eine Frau steht am Ende der Reise – meist eine Rückkehr – als Belohnung.

In der jüngsten epischen Fantasy spätestens seit der Romanreihe *The Song of Ice and Fire* kommen Strukturelemente der Soap Opera hinzu, wie man sie aus Radio- und Fernsehserien kennt. Ein wesentliches Merkmal des Seifenoper ist die Zopfstruktur der Handlung, die gleich mehrere Erzählfäden aufnimmt (*pen*), den einen dann unterbricht, um zu einem anderen zu wechseln (*cliff*), und dann den ersten wieder aufnimmt und unter Umständen – vorläufig – beendet (*wash up*).[15] In einem Rotationsmodell dieser Erzählfadenstrategie ist die Struktur der Soap Opera auf Aufschub und prinzipiell auf Unendlichkeit ausgerichtet. Für den Fantasyroman bedeutet dieses Modell eine enorme Steigerung der Komplexität der Handlung durch eine zunehmende Verflechtung der Figuren. Ein vierter und noch junger Aspekt der Fantasy ist deshalb die Tendenz zur Serialität. Kaum ein Fantasyroman kommt inzwischen ohne den Hinweis im Untertitel aus, Teil einer „Trilogie", eines „Zyklus'" oder einer „Saga" zu sein. Schon *The Lord of the Rings*

---

14   Vgl. Campbell, Joseph. 1999. Der Heros in tausend Gestalten. Frankfurt am Main.
15   Vgl. Kerstin Stutterheim und Silke Kaiser. 2011. Handbuch der Filmdramaturgie. Das
      Bauchgefühl und seine Ursachen. Frankfurt am Main u. a.

wurde vom Allen & Unwin-Verlag in drei Bände aufgeteilt – die Urszene einer Reihe zahlloser Fantasytriptycha.[16] Was bedeutet aber Serialität für die jüngste Fantasy?[17] Der Begriff der Serie meint zunächst eine Reihe von Gegenständen, deren Zusammengehörigkeit durch ihre Ähnlichkeit sichtbar ist. Eine Romanserie zeichnet sich beispielsweise durch eine periodische Publikationsweise sowie die Rekurrenz von Figuren, Setting und Erzählweise aus. Serialität ist also in mehrfacher Hinsicht auf das Prinzip der Wiederholung bezogen und kann als Effekt von technisch-industrieller Reproduzierbarkeit und Massenanfertigung verstanden werden. Sie ist deshalb immer auch Ausdruck eines ökonomischen Systems, das heißt, es geht grundsätzlich um die mechanische und damit technisch standardisierte Art und Weise, hohe Stückzahlen mit möglichst identischer Qualität zu produzieren.[18]

---

16 Mitunter mit der Variation einer erweiterten Trilogie, wenn der letzte Band aufgrund des großen Erfolges noch einmal so lang wird, dass er gesplittet wird. So neigen zum Beispiel Tad Williams' Trilogien zu Tetralogien – zum Teil als solche angekündigt, zum Teil nicht (*Memory, Sorrow, and Thorn* 1-4, *Otherland* 1-4, *Shadowmarch* 1-4). Der letzte Roman der überlangen *Wheel of Time*-Reihe des verstorbenen Robert Jordan, übernommen von Brandon Sanderson, wird in nicht weniger als drei Bänden veröffentlicht (*The Gathering Storm, Towers of Midnight, A Memory of Light*). Für die Fantasy im Film lässt sich sagen, dass der Fan-Diskurs einerseits von dem Wunsch nach einer möglichst langen Version eines Films getragen wird – etwas, dem zum Beispiel die Extended Versions von *The Lord of the Rings* und *The Hobbit* Rechnung tragen, – andererseits aber ein Splitting des Materials, wie zum Beispiel des letzten Harry Potter-Romans *The Deathly Hallows* in zwei Filme oder des *Hobbit* in drei Filme, in die Kritik gerät.

17 Die Tendenz zur Serialität in der Fantasy verändert sichtlich auch die Erwartungshaltung einer Leserschaft, die zunehmend eine Anspruchshaltung auf Fortsetzung entwickelt. Bekannte Beispiele sind die äußerst populären Fantasyautoren Patrick Rothfuss und George R. R. Martin, die auf eine wachsende Aggressivität bei Lesern stoßen, die darauf beharren, mit dem Kauf des ersten Bandes einer Reihe eine Form des Abonnements erworben zu haben und damit auch das Recht auf ein schnelles Erscheinen des zweiten Bandes. Dieser Mentalitätswandel lässt sich an zahlreichen Stellen im Internet gut am Beispiel der Diskussion zur sechsjährigen Produktionsdauer des fünften Bandes von Martins *A Song of Ice and Fire*-Reihe – *A Dance with Dragons* (2011) – nachvollziehen. Welchen Effekt gerade Serientexte auf Leser haben können und welches Ausmaß eine Leserintervention annehmen kann, zeigt sich beispielhaft an der bekannten Wiederbelebung des Seriendetektivs Sherlock Holmes. Nachdem dieser in der Geschichte *The Final Problem* (1893) stirbt, gibt Arthur Conan Doyle acht Jahre später dem Drängen der Leser nach und veröffentlicht zum einen den Roman *The Hound of the Baskervilles* (1901), der noch vor dem Tode Holmes' spielt, zum andern folgt 1903 aber auch die Erzählung *The Adventure of the Empty House* (1903), in der Holmes 1894 seinen Tod als Täuschungsmanöver offenbart.

18 Vgl. Giesenfeld, Günter. 1994. Endlose Geschichten. Serialität in den Medien. Hildesheim/Zürich/New York; Parr, Rolf. 2004. >Wiederholen<. Ein Strukturelement von

Narrative Serialität, ob als Roman, Comic, als Radio- oder Fernsehserie, setzt diese ökonomische Logik in eine Ästhetik der Ähnlichkeit und mitunter der Redundanz um und etabliert damit ein Konzept der Kopie gegen ein Denken des Originals und somit in jeder Hinsicht auch gegen eine auratisch verstandene Kunst der Singularität.[19] Mit der Annäherung an die Serialität geht für die Fantasy vor allem das Moment des Umfangs einher. So werden Fantasyromane zunehmend den voluminösen Unterhaltungsromanen des späten 18. und des 19. Jahrhunderts ähnlich.[20]

Seriengeschichten schwanken zwischen Wiederholung und Differenz genauso wie zwischen Einfachheit und Komplexität. Oberflächlich ließe sich dies zwar unter dem kritischen Schlagwort einer kulturindustriellen Wiederholung oder „Umkleidung des Immergleichen"[21] formulieren. Allerdings gibt es bislang für die meisten – in erhabener Weise „schlechthin groß[en]"[22] Fantasyromanserien – doch ein zu irgendeinem Zeitpunkt geplantes Ende, so dass man von einer begrenzten Serialität und damit auch noch von dem Wirken einer wie auch immer aufgeschobenen und exzentrisch geratenen dramatischen Struktur sprechen muss. Es stellt sich deshalb auch die Frage, ob für Fantasyreihen Umberto Ecos Klassifizierung einer neobarocken „Schema-Variation"[23] gilt, für die Originalität nicht höher zu bewerten sei als das Schema. Festhalten lässt sich, dass Fantasyromane sowohl Merkmale des romanhaft begrenzten als auch des seriellen Erzählens aufweisen.

Film, Fernsehen und neuen Medien im Fokus der Medientheorien. kultuRRevolution 47. S. 33-39.

19 Vgl. Benjamin, Walter. 1977. Das Kunstwerk im Zeitalter seiner technischen Reproduzierbarkeit. Frankfurt am Main, S. 7-44.

20 Beispiele dafür sind Christian August Vulpius' Räuberromane *Rinaldo Rinaldini* (1799-1801), Fortsetzungsromane wie Charles Dickens' *Oliver Twist* (1816) oder *David Copperfield* (1849-1850), Eugène Sues *Les Mystères de Paris* (1843), Alexandre Dumas' *Le Comte de Monte-Cristo* (1844-1846), Karl Ferdinand Gutzkows *Die Ritter im Geiste* (1850/51) oder auch Karl Mays *Der Schatz im Silbersee* (1890).

21 Vgl. Adorno, Theodor W.. 1972. Résumé über Kulturindustrie (1967). S. 347-354. In: Dieter Prokop (Hg.): Massenkommunikationsforschung 1: Produktion. Frankfurt am Main, hier S. 349.

22 Kant, Immanuel. 1979. Kritik der Urteilskraft. Werkausgabe Band X. Hg. von Wilhelm Weischedel. Frankfurt am Main, S. 169 (§ 25) (B 81/A 80).

23 Eco, Umberto. 1990. Serialität im Universum der Kunst und der Massenmedien. S. 301-324. In: Ders., Im Labyrinth der Vernunft. Texte über Kunst und Zeichen. Leipzig, hier S. 320.

Man kommt deshalb nicht umhin, sie – zumindest systemtheoretisch – zwischen den exklusiven Systemen der Kunst und der Massenmedien einzuordnen.[24] Mit dem wachsenden Umfang des Romans scheint allerdings in jedem Fall auch ein Ansteigen der Serienelemente wie Minimalveränderungen, die kontinuierliche Einführung neuer Figuren oder Nebenhandlungen (*subplot/B story*) sowie andere Aufschubmechanismen – beispielsweise das Format der Zopfstruktur – unvermeidbar. Mit dieser Logik der Addition von Details bilden umfangreiche Fantasyserien wie zum Beispiel Terry Brooks' *Shannara*-Serie (bislang 24 Bände, 1977-), Raymond Feists *Riftwar Cycle* (bislang 29 Bände, 1982-), Robert Jordans *The Wheel of Time* (14 Bände, 1990-2013), Steven Eriksons *The Malazan Book of the Fallen* (10 Bände, 1999-2011), Jacqueline Careys *Kushiel's Legacy*-Serie (neun Bände, 2001-2011) oder auch *A Song of Ice and Fire* (geplante sieben voluminöse Bände, 1996-) für ihr jeweiliges Fantasyuniversum auf jeden Fall nicht nur ein eigenes und immer größer werdendes Gedächtnis aus, sondern damit geht auch eine Form der Lesererziehung einher. Denn der Leser soll im besten Falle die Wiederaufnahme oder Anspielung auf frühere Ereignisse und Figuren verstehen oder sich zumindest dafür interessieren. Notwendig werden deswegen – wie in modernen Fernsehserien – sowohl Recaps zu Beginn der Romane als auch supplementäre Übersichten über Figuren, Orte und Ereignisse, die den Romanen meist nachgestellt sind.[25]

3   Die Traditionen der Fantasy

Kaum eine Fantasygeschichte lässt es sich nehmen, mehr oder weniger ausführlich vom Ursprung, von Kosmo- und Theogonie der ausgedachten Welt zu berichten und die Geschichte somit mythopoetisch aufzuladen. Im Gegenzug ist ein Beginn des Genres Fantasy – wie bei den meisten Ursprungsdeutungen – nicht auszumachen. Allenfalls lässt sich die moderne Fantasy als Akkumulationsgeschichte bestimmter

---

24 Vgl. Bachleitner, Norbert. 1999. Kleine Geschichte des deutschen Feuilletonromans. Tübingen, S. 10-23. Eine Betrachtungsweise sowohl von Serienliteratur als auch von Soap Operas, die diesen Gegensatz ausführt, findet sich in Maye, Harun. 2010. Übersetzungsfabriken. Kolportageliteratur und Soap Opera. S. 135-156. In: Arno Meteling und Isabell Otto und Gabriele Schabacher (Hg.): „Previously on ...". Zur Ästhetik der Zeitlichkeit neuerer TV-Serien. München.

25 Der jüngste Roman in der Reihe *A Song of Ice and Fire*, *A Dance with Dragons*, hat beispielsweise in der amerikanischen Hardcover-Ausgabe einen 54-seitigen Anhang, der ausschließlich aus einer erläuternden Namensliste besteht. Siehe Martin, George R. R.. 2011. A Dance with Dragons. Book Five of A Song of Ice and Fire. New York, S. 963-1016.

Figuren, Motive und narrativer Verfahren verstehen, die wiederum mehrere bedeutende Initialzündungen und Entwicklungsschübe erfahren hat. Einflüsse sind dabei in antiken Mythologien genauso zu finden wie in literarischen Texten zu Beginn der westlichen Literaturgeschichte – namentlich der *Ilias* und der *Odyssee* – sowie den mittelalterlichen Artusromanen. Als direkte Vorläufer müssen die Ritter-, Abenteuer- und Schauerromane des 18. Jahrhunderts sowie die Volks- und auch die romantischen Kunstmärchen des frühen 19. Jahrhunderts gelten. Vor allem die Einbindung des Wunderbaren in der romantischen Literatur einerseits und des realistischen Erzählens im historischen Roman andererseits, etwas, das vielleicht mit Walter Scott beginnt, bestimmen die Erzählformen der Fantasy.[26]

Wie in jedem Genre lassen sich für die Fantasy weiterhin Subgenres – oder „literarische Reihen" im Sinne des russischen Formalismus'[27] – mit mehr oder weniger klaren Grenzen benennen. Fünf gut identifizierbare und bis heute erfolgreiche literarische Traditionen oder Reihen sind folgende:

1. Eine eher schmale Reihe – ausgehend von antiken mythischen Stoffen, mittelalterlichen Artusromanen, Märchen und dem überaus erfolgreichen Versepos *The Faerie Queene* (1590/1596) von Edmund Spenser – besteht aus Geschichten über die Beziehungen zwischen Menschen und Feenwesen. Der entscheidende moderne Prosatext für diese Tradition ist Hope Mirrlees' Roman *Lud-in-the-Mist* aus dem Jahr 1926 über die titelgebende Stadt, die am Rande der Feenwelt verortet ist und deren Bewohner sich mit entsprechenden Problemen beschäftigen müssen. Nachdem C. J. Cherryh mit *Dreamstone* (1983) und *The Tree of Swords and Jewels* (1983) das Feenthema weiter verfolgt, lassen sich aktuell drei erfolgreiche Romane dieser Reihe ausmachen: Keith Donohues *The Stolen Child* (2007), Neil Gaimans auch im Jahr 2007 von Matthew Vaughn verfilmter Roman *Stardust* (1999), der deutlich Anleihen an *Lud-in-the-Mist* macht, und vor allem Susanna Clarkes Roman *Jonathan Strange & Mr. Norrell* (2004), dessen

---

26 Ein wichtiger früher Autor für die Fantasy als modernes literarisches Genre ist allerdings William Morris. Seine Romane *The Wood beyond the World* (1894) und *The Well at World's End* (1896) sind vermutlich als erste Texte – wenn auch noch stark in der Tradition des Ritterromans – in einer eigenen Fantasywelt situiert. Der Einfluss von Morris auf Fantasyautoren wie Lord Dunsany, E. R. Eddison, C. S. Lewis oder Tolkien ist nachweisbar. In *The Well at World's End* finden sich beispielsweise schon ein Pferd namens „Silverfax", das allerdings einer geheimnisvollen Lady gehört, der der Held Ralph of Upmeads begegnet, und auch eine Figur namens „Gandolf", „Lord of Utterbol", wieder.

27 Vgl. Striedter, Jurij. 1971. *Russischer Formalismus. Texte zur allgemeinen Literaturtheorie und zur Theorie der Prosa*. München; Erlich, Victor. 1987. *Russischer Formalismus*. Frankfurt am Main.

Themen in der Erzählsammlung *The Ladies of Grace Adieu and Other Stories* (2006) weiter verfolgt werden.

2. Als zweite Tradition lässt sich die Sword- & Sorcery-Literatur (auch: *low fantasy*) benennen, die vornehmlich aus Erzählungen besteht, die in Pulp-Magazinen der 1920er und 1930er Jahre erscheinen und – sehr schematisch gesprochen – vitalistisch von den Abenteuern schwerttragender barbarischer Figuren berichten, die gegen Ungeheuer und böse Zauberer angehen. Ein wichtiges Element dieser Texte ist die Dekadenz zeitgenössischer Zivilisationen vor dem Hintergrund – und häufig ganz buchstäblich inmitten der Ruinen – untergegangener Hochkulturen. Die prägenden Autoren dieser Reihe sind Robert E. Howard, Fritz Leiber, Karl Edward Wagner, Henry Kuttner und Clark Ashton Smith mit Figuren wie *Conan the Barbarian*, Fafhrd und dem Gray Mouser oder *Kane, The Mystic Swordsman*. Autoren wie Lin Carter und L. Sprague de Camp sind vor allem in den 1960er bis 1980er Jahren für die Fortsetzung dieser Tradition verantwortlich.[28] Die Brücke zwischen Sword & Sorcery und der epischen Fantasy bildet der nach Tolkien wahrscheinlich populärste Fantasyautor der 1970er und 1980er Jahre, nämlich Michael Moorcock mit seinem zahlreiche Romane und Erzählungen umfassenden Konzept des Multiversums, in dem der Eternal Champion, sei es in Gestalt von Elric von Melniboné, Corum Jhaelen Irsei oder Dorian Hawkmoon, Duke of Köln, die Balance zwischen Ordnung und Chaos aufrecht zu erhalten sucht.

3. Als drittes ist die Tierfantasy zu nennen, die graduell anthropomorphisierte Tiere zu Helden fantastischer Geschichten macht. Wichtige Autoren sind Richard Adams – vor allem sein erfolgreicher und auch verfilmter Roman *Watership Down* (1972) über eine Gruppe Kaninchen – und Kenneth Grahame mit seinem Kinderklassiker *The Wind in the Willows* (1908). William Horwood hat nicht nur vier Fortsetzungen zu *The Wind in the Willows* (1993-1999) geschrieben, sondern ist mit den Romanen *The Stonor Eagles* (1982) und *Callanish* (1984) über Adler, dem Zweiteiler *The Wolves of Time* (1995-1997) über Wolfsrudel und vor allem mit der sechsteiligen Reihe über die Maulwürfe am *Duncton Stone* (1980-1993) wohl der wichtigste Gegenwartsautor der Tierfantasy.[29]

---

28 Eine Variante der Sword & Sorcery ist die Sword & Planet-Fantasy, die Science Fiction-Elemente einflicht und Abenteuergeschichten auf bewohnbaren Versionen fremder Planeten wie Mars oder Venus erzählt. Paradigmatisch dafür sind die Barsoom-Abenteuer von Edgar Rice Burroughs, die jüngst von Andrew Stanton unter dem Titel *John Carter* (2012) verfilmt worden sind.

29 Anthropomorphisierte Tiere im Comic – beispielsweise in Stan Sakais *Usagi Yojimbo* (1984-) – folgen inzwischen auch den Mustern der epischen Fantasy: so David Peter-

4. Die vierte Tradition ist die Weird, Contemporary oder Urban Fantasy, eine lose genreübergreifende Mischung verschiedener Traditionen und Stile, in der meistens eine moderne hochtechnisierte – als unsere markierte – Welt auf eine Fantasywelt stößt. Am populärsten sind unzweifelhaft die *Harry Potter*-Romane (1997-2007). Auch die Romane Neil Gaimans (*Neverwhere, American Gods, Anansi Boys*) und China Miévilles (*King Rat, Perdido Street Station, The Scar, Iron Council*) gehören wie beispielsweise *The Talisman* (1984) und *Black House* (2001) von Stephen King und Peter Straub dazu. Clive Barkers Romane *Weaveworld* (1987), *Imajica* (1991) oder die *Abarat*-Reihe (2002-) lassen sich ebenfalls in diese Tradition einordnen. Ein Klassiker der Urban Fantasy ist die *Borribles Trilogy* (1976-1986) von Michael de Larrabeiti über von zu Hause ausgerissene und verwandelte Kinder im Kampf gegen ein London der Erwachsenen und gegen die rattenhaften Rumbles.

5. Sieht man sowohl von der *all age*- oder *young adult*-Fantasy mit der *Harry Potter*-Reihe als paradigmatischem Beispiel[30] als auch von den Mädchenliebesromanen ab, in denen der Märchenprinz durch ein domestiziertes Monster aus dem Schauerroman verkörpert wird, ist die fünfte und erfolgreichste Strömung der Fantasy die sogenannte epische Fantasy (*epic fantasy*) (auch: *high fantasy*). Das berühmteste Beispiel dafür ist unzweifelhaft J. R. R. Tolkiens Roman *The Lord of the Rings* (1954-1955). Ein wichtiger Vorläufer ist E. R. Eddisons *The Worm Ouroboros* (1922). Aktuell wird die epische Fantasy am prominentesten von George R. R. Martin, Tad Williams, Steven Erikson, R. Scott Bakker, Anthony David Durham, Peter V. Brett oder Joe Abercrombie vertreten. Entscheidende Wegbereiter sind dabei unter anderem Jack Vance, Stephen R. Donaldson, Ursula K. LeGuin, Glen Cook, David Gemmell, Raymond E. Feist, David Eddings, J. V. Jones, Jacqueline Carey oder Guy Gavriel Kay, die den allzu nahen Epigonen von *The Lord of the Rings* – beispielsweise Terry Brooks oder Dennis L. McKiernan – neue Erzählelemente hinzugefügt und diese für das Genre etabliert haben.

Epische Fantasy als Teil der modernen Fantasy ist ein Genre des modernen Romans. Er verweist aber nachdrücklich auch auf eine andere und ältere literarische Gattung zurück. Denn obwohl das Epitheton „episch" alltagssprachlich inzwischen inflationär verwendet wird und dabei derart abgeschliffen ist, dass es allenfalls

---

sens *Mouse Guard*- (2006-) sowie Bryan J. L. Glass' und Michael Avon Oemings *Mice Templar*-Serien (2007-).

30 Eine schöne Einführung findet sich in Maar, Michael. 2003. Warum Nabokov Harry Potter gemocht hätte. Der Schlüssel zu Harry Potter. Berlin, sowie Maar, Michael. 2008. Hilfe für die Hufflepuffs. Kleines Handbuch zu Harry Potter. München.

noch eine sehr vage Erfahrung des Erhabenen beschreibt,[31] gibt es doch gerade für die Fantasy deutliche Bezüge zur älteren Gattung des Epos. Zwar ist dieses nicht mehr an bestimmte formale Strukturen – wie etwa den Hexameter der *Ilias* – gebunden, verhandelt aber durchaus epische Sujets und Topoi und nimmt damit eine Vermischung der Gattungen Epos und Roman vor. Kurz gefasst, geht es um eine geordnete und geschlossene Welt, vor deren Hintergrund nicht nur Helden und Götter, sondern vor allem politische Gemeinschaften entscheidende Rollen spielen. So gehört zu den Hauptthemen des Epos der Krieg. Dieser ist kein Bürgerkrieg, keine Auseinandersetzung von Ebenbürtigen innerhalb einer Gesellschaft, sondern er wird zwischen souveränen Staaten, Nationen oder Völkern – letztlich zwischen zwei verfeindeten und klar unterscheidbaren Gemeinschaften ausgefochten.[32] So dient das Epos im Sinne eines Nationalepos immer auch der Identitätsstiftung und der exemplarischen Heroisierung einer Gemeinschaft. Beispiele für westliche Nationalepen sind das deutsche *Nibelungenlied*, der englische *Beowulf*, die finnische *Kalevala*, die isländische *Edda*, das französische *Rolandslied*, die römische *Aeneis* und für Griechenland die *Ilias* und die *Odyssee*.

In der epischen Fantasy werden die Positionen der einander gegenüberstehenden Parteien häufig biopolitisch umgesetzt und durch verfeindete „Rassen" – so der archaisierend unbefangene Jargon des Fantasydiskurses – wie beispielsweise Elfen gegen Zwerge oder Menschen gegen Orks oder noch abstrakter: Kräfte des Guten gegen die Kräfte des Bösen verkörpert. Den epischen Fantasyroman könnte man dahingehend als Versuch lesen, die poetologischen Differenzen zwischen Epos und Roman am Beispiel der Inszenierung politischer Gemeinschaften, verbunden zum Beispiel mit einem Heroismus im Krieg, aufzulösen. Ein Grund dafür wäre die Sehnsucht des Fantasyromans nicht nur nach einem von Heroismus geleiteten Krieg, sondern auch nach einer geordneten, kontrollierten und von Göttern überwachten Welt und damit nach der Verbindlichkeit und der mythopoetisch identitäts- wie gemeinschaftsstiftenden Macht des Epos.[33]

---

31 Siehe zum Konzept des Erhabenen: Burke, Edmund. 1989. Philosophische Untersuchung über den Ursprung unserer Ideen vom Erhabenen und Schönen. Hg. von Werner Strube. Hamburg; Kant, Immanuel. 1979. Kritik der Urteilskraft. Werkausgabe Band X. Hg. von Wilhelm Weischedel. Frankfurt am Main sowie Pries, Christine (Hg.): 1989. Das Erhabene. Zwischen Grenzerfahrung und Größenwahn. Weinheim.

32 Zum Konzept Gemeinschaft im Gegensatz zur Gesellschaft siehe Tönnies, Ferdinand. 2005. Gemeinschaft und Gesellschaft. Grundbegriffe der reinen Soziologie. Darmstadt, sowie Plessner, Helmuth. 2002. Grenzen der Gemeinschaft. Eine Kritik des sozialen Radikalismus. Frankfurt am Main.

33 Genauer und ausführlich über den Bezug des politischen Romans zum Epos siehe Christians, Heiko. 2004. Der Traum vom Epos. Romankritik und politische Poetik in Deutschland (1750-2000). Freiburg im Breisgau.

4   Die Kriege der Fantasy

Genauso wie das mittelalterliche Formular der Queste oder der *âventiure* als Heldenreise findet sich im epischen Fantasyroman in der Nachfolge des Epos deshalb – analog zu Abenteuerromanen, historischen Romanen und Kriegsromanen – das Sujet des Krieges. Nicht erst mit Glen Cooks Romanen über die *Black Company* (1984-2000), die Kriegsgeschehnisse der Fantasywelt aus der Perspektive eines Söldnerhaufens darlegen, ist der Krieg zentral für die Fantasy. Schon *The Lord of the Rings* berichtet über den großen und entscheidenden Krieg des Dritten Zeitalters, und *The Worm Ouroboros* erhebt den Krieg zwischen den Völkern aus Demonland und Witchland, die zum Teil Helden und Göttern der nordischen und griechischen Mythologie nachempfunden sind, zum zyklischen Prinzip der Welt. So endet der Roman mit dem Sieg der Demon Lords über die Witches, allerdings wünschen sich die Demons direkt danach wieder den Krieg zurück, um weitere Helden- und Großtaten begehen zu können – ein Wunsch, der ihnen von den Göttern auch ohne Umschweife erfüllt wird.

Der Krieg der Fantasy ist der des Epos'. Die Beschreibung von moderner Materialschlacht und Stellungskrieg im Schützengraben, wie sie seit dem Ersten Weltkrieg auch für literarische Darstellungen gültig ist, findet in der Fantasy nicht statt. Es geht zwar im Fantasykrieg auch um Strategie und Taktik – aber vor allem um die Darstellung der Zweikämpfe zwischen Held und Schurke, um die überwältigende Wirkung in der Darstellung von Ungeheuern im Kriegsdienst oder um das Erhabene vernichtender Zauberei.[34] Die *Ilias*, der Ritterroman und auch die frühneuzeitliche Tradition der Schlachtengemälde liefern das Bildarchiv für die Kriegsdarstellung im Fantasyroman. Neben den bekannten Schlachten in *The Lord of the Rings* – vor der Hornburg in Helm's Deep und auf den Pelennor Fields vor Minas Tirith – sind es vor allem zwei Romane, die hier hervorzuheben sind: David Gemmells *Legend* (1984) berichtet fast ausschließlich von der Belagerung der Festung Dros Delnoch gegen eine Horde von 500.000 Krieger der Nadir-Stämme, Joe Abercrombies Roman *The Heroes* (2011) einzig von den Erlebnissen während einer dreitägigen Schlacht zwischen dem zivilisierten Reich der Union und barbarischen Nordmännern.

---

34 Ein weiteres Zeichen dafür, dass Fantasyromane den Vorgaben des Epos – speziell der *Ilias* – folgen, ist, dass mitunter die Götterwelt oder auch die erdachte Fantasywelt selbst Handlungsmacht erhalten und in die Kriege eingreifen: so zum Beispiel der Fluss Bruinen, der Frodo und Glorfindel (im Film: Frodo und Arwen – hier allerdings mit Arwen als zaubernde Akteurin, die den Fluss beschwört) vor der Ergreifung durch die Nazgûl, die schwarzen Reiter Saurons, schützt. Vgl. Werber, Niels. 2007. Die Geopolitik der Literatur. Eine Vermessung der medialen Weltraumordnung. München, S. 226-236.

Kriege in der Fantasy sind – gemäß dem Modell des Epos – keine Bürgerkriege, sondern Konflikte zwischen zwei souveränen Parteien, mithin Nationen. Mehr noch als um Staaten und Gesellschaften geht es dabei aber um die Freund-Feind-Konstellation von Gemeinschaften, deren Identität im Fantasyroman immer leicht bestimmbar ist: nämlich phänotypisch an einem Modell der Rasse. Der Krieg ist sowohl geopolitisch motiviert – es geht um Territorien, um Lebensraum, – als auch biopolitisch. So lässt sich für die Welt von *The Lord of the Rings* beispielsweise festhalten, dass die Orks, die Uruk-hai, die Trolle und die Olog-hai nicht natürliche Geschöpfe Mittelerdes sind, sondern aus anderen Rassen wie Elfen und Ents eigens für den Krieg gezüchtet worden sind. Die Verfilmung des Romans zeigt exemplarisch die Züchtung der Uruk-hai durch den Zauberer Saruman als Teil einer technikkritisch dargestellten Industrialisierung Mittelerdes, die Dammbau, Waffenproduktion, Waldrodung und die Erfindung des Schießpulvers umfasst.

Dass die Verquickung von Krieg und Biopolitik in vielen Fantasyromanen am Thema der Rasse verhandelt wird, zeigt sich auch gut am Beispiel von David Anthony Durhams *Acacia*-Romantrilogie (2007-2011). Diese diskutiert vor einer deutlich von *A Song of Ice and Fire* inspirierten Fantasygeschichte die Themen von Identität, Schuld und Sklaverei. Sie folgt dabei einem für die Fantasy typischen Essentialismusdiskurs einer Identität von Innerem und Äußerem, macht diesen allerdings strikt an der Hautfarbe der Figuren fest und erfüllt damit eine Vorstellung, wie sie Claudia Benthien als einen von zwei Hauptdiskursen der Haut formuliert: „Die ‚Essenz' liegt hier nicht unter der Haut, im Inneren verborgen, sondern ist die Haut, welche metonymisch für den ganzen Menschen steht."[35]

Eine Passage im ersten Roman *Acacia. Book One: The War with the Mein* (2007) über die wilden barbarischen Numrek, die den nördlichen Mein helfen, das zivilisierte Imperium Acacia zu stürzen, verdeutlicht dies: „Many had surmised that the Numrek would not be able to fight outside the northern regions. They had seemed ill suited to even the mild warmth of Aushenia. But on arriving in sunbaked Talay they stripped of their furs and cloaks and stepped out as grotesquely white creatures. [...] From their first day exposed to the undiluted sun, their skin blistered and peeled as meat does above coals. During the first battles they looked like they had walked through flames. [...] Within a few weeks they began to recover. Their skin grew back shades darker, taut against their muscles. [...] To the dismay of the retreating Talayans, the Numrek had never looked healthier and stronger than in coppered nudity. [...] A new conjecture spread. The Numrek were not the creatures of the

---

35 Benthien, Claudia. 1999. Haut. Literaturgeschichte – Körperbilder – Grenzdiskurse. Reinbek bei Hamburg, S. 25.

north everyone thought them to be. They must have once been a tropical race."[36] Auffällig an der Charakterisierung der Numrek ist die Bindung von Vitalität und Kampfkraft an eine dunklere, gebräunte Hautfarbe, die sich in dieser Szene offenbart, so dass diese sich durchaus als Allegorie auf eine der bekanntesten Fantasyfiguren verstehen lassen: den unbesiegbaren nördlichen Barbaren Conan, eine Erfindung von Robert E. Howard. Die Szene wäre damit überdies als Kontrapunkt zu jeder Form von *whitewashing* in der Fantasy zu verstehen.

Auch die Entscheidungsschlacht gegen Ende des ersten Romans zeigt die Identität von Kriegsgeschick und Hautfarbe. So wird der Kampf zunächst von den Antoks dominiert, monströsen und unbesiegbaren Riesenschweinen, die gegen die zivilisierte akaranische Armee ins Feld geführt werden. Das Heer scheint auch verloren, bis die Helden erkennen, dass es die grellbunte Kampftracht der Akaraner ist, die die Antoks reizt und zum Töten provoziert. So kommt es in der Schlacht schließlich zu der eindrucksvollen Szene, dass sich die Armee ihrer Kleidung entledigt, um in neutralen – bräunlichen – Hauttönen für die Antoks unsichtbar zu sein, die sich stattdessen auf die liegengelassene bunte Kleidung stürzen und dadurch besiegt werden können: „The way to calm the bloody hogs and then, perhaps, to kill them. To begin with you must strip."[37] Der entscheidende Hinweis kommt dabei von den Vumuanern, „brown-skinned, black-haired people",[38] die ohnehin nackt in den Kampf ziehen. Während der Entkleidung sind überdies Nacktheit und Scham zwar kein Thema, wohl aber die noch weißen Hautstellen der Akaraner, die als defizitäre Relikte eines zivilisierten und dekadenten Lebens in Erscheinung treten: „As she rebuckled her scabbard she looked at herself. She was brown on the chest, arms, and legs, tanned a rich tone. Her upper thighs and pelvis were lighter. It made her wonder. ‚I'm thinking the same thing,' Leeka said, studying her. His own naked chest and pelvis were pale from having long been covered."[39]

Nicht umhin kommt man, festzustellen, dass der Krieg in der epischen Fantasy in vielerlei Hinsicht determiniert ist – und zwar aufgrund von ethischen Markierungen, die auf substantialistischen beziehungsweise essentialistischen Begründungskomplexen aufruhen. Kurz gefasst: In der Fantasy geht es um einen Krieg der Rassen, der fast ausnahmslos als Vertreterkampf zwischen Gut und Böse funktioniert. In seinem Aufsatz über geheime Kriege in historischen Romanen des 18. und 19. Jahrhunderts, beispielsweise in Achim von Arnims *Die Kronenwächter* (1817) und

---

36 Durham, David A.. 2007. Acacia. Book One: The War with the Mein. New York, S. 257-258.

37 Ebd., S. 645.

38 Ebd., S. 645.

39 Ebd., S. 646-647.

Walter Scotts *Waverly* (1814), referiert Heiko Christians in dieser Hinsicht auf Michel Foucault: „Er nennt als die stärkste diskursive Kraft dieses Jahrhunderts [des 19. Jahrhunderts, A. M.] die *populäre* Umdeutung des Historischen, *der Geschichte* in einen *Krieg der Rassen*, man müsste genauer sagen: die Vorstellung eines Krieges zwischen zwei sich absolut entgegen gesetzten Parteiungen."[40] Die Existenz einer absoluten Freund-Feind-Konstellation, wie sie am populärsten wohl die politische Theorie Carl Schmitts definiert,[41] ist bei Foucault im Sinne des Krieges also die latente Dynamik aller politischen Machtverhältnisse. In der Inversion der bekannten Sentenz von Carl von Clausewitz' in der Abhandlung *Vom Kriege* (1832/34), der Krieg sei die Fortsetzung der Politik, formuliert Foucault deshalb: „Die Politik ist der mit anderen Mitteln fortgesetzte Krieg."[42]

Der Verdacht des historisch-politischen Diskurses spätestens seit den Religions- und Bürgerkriegen des 16. und 17. Jahrhunderts lautet deshalb in Frageform, „muß man unterhalb von Frieden, Ordnung, Reichtum, Autorität, unterhalb der ruhigen Ordnung der Unterordnungen, unterhalb des Staats und der Staatsapparate, unterhalb der Gesetze usw. eine Art primitiven Kriegs hören und wiederentdecken?"[43]. Krieg ist in dieser Vorstellung also nicht nur die chthonische Kraft allen politischen Handelns, sondern sie wird in der Unterhaltungsliteratur, wie dem historischen Roman des 19. Jahrhunderts und eben auch dem Fantasyroman des 20. und 21. Jahrhunderts, zu einer Geschichte, in der, so Christians für den ersten Fall, „eine bedrohte *edle* Rasse und eine untergründig immer schon arbeitende, *wühlende, Vermischung* anstrebende *unreine* Rasse"[44] einander bekämpfen. In Fantasyromanen fallen zwar aufgrund der wirkmächtigen Strukturen des Epos' die Themen des geheimen Krieges und des Bürgerkrieges zugunsten einer offenen und heroischen Schlacht zweier deutlich unterschiedener Gemeinschaften weg. Es verbleibt allerdings die im historischen Roman vorgezeichnete Idee, dass alle politischen Verhältnisse als Kriegsverhältnisse zu deuten sind und diese Kriegs-

---

40 Christians, Heiko. 2011. Verschwörung oder Krieg der Rassen? Überlegungen zur Logik des Imaginativen zwischen Gesellschaft und Roman. S. 171-181. In: Marcus Krause, Arno Meteling und Markus Stauff (Hg.): The Parallax View. Zur Mediologie der Verschwörung. München, hier S. 173.

41 Vgl. Schmitt, Carl. 2009. Der Begriff des Politischen. Text von 1932 mit einem Vorwort und drei Corollarien. Berlin.

42 Foucault, Michel. 1999. In Verteidigung der Gesellschaft. Vorlesungen am Collège de France (1975-76). Frankfurt am Main, S. 63.

43 Ebd., S. 62.

44 Christians, Heiko. 2011. Verschwörung oder Krieg der Rassen? Überlegungen zur Logik des Imaginativen zwischen Gesellschaft und Roman. S. 171-181. In: Marcus Krause, Arno Meteling und Markus Stauff (Hg.): The Parallax View. Zur Mediologie der Verschwörung. München, hier S. 174.

verhältnisse auf der Basis einer Freund-Feind-Konstellation existieren. Mehr noch wird diese Konstellation durch die Feindschaft zweier biologisch differenter Rassen verkörpert, die spätestens mit *The Lord of the Rings* auch ethisch markiert sind, so dass eine Identität von Äußerem, Innerem und mitunter sogar dem Schicksal der jeweiligen Figur vorherrscht.

Diesem biopolitischen Zug im Kriegsnarrativ entziehen sich auch die jüngsten Vertreter der epischen Fantasy nicht ganz. So ist die Welt von *A Song of Ice and Fire* – bis auf wenige Ausnahmen – zwar eine Welt der Menschen. Oberflächlich handeln die Romane deshalb von menschlichen – und damit auch gut in der außerliterarischen Menschheitsgeschichte auffindbaren – Konflikten wie zwischen den verschiedenen Adelshäusern. Es geht also um gesellschaftliche und politische Themen. Dennoch lauert unter diesem kontraktualistischen Gesellschaftsmodell der Handlung die Prämisse des Hobbesschen Leviathans verborgen: dass der Mensch nämlich als Wolf allenfalls seinem Rudel – und damit seiner meist familiär definierten – Gemeinschaft treu ist, nicht aber seinen Vertragspartnern oder dem Souverän, an den er seine Macht abgegeben hat. So ist die jüngstvergangene Geschichte durch einen Staatsstreich bestimmt und wird durch einen Weltkrieg fortgeführt. Der „War of the Five Kings" ist deshalb keiner zwischen verschiedenen politischen Parteien und Programmen für die Zukunft der Welt, sondern einer zwischen biopolitisch gedachten und rassisch definierten Gemeinschaften. Auch in der kulturellen Verbrämung dieser Gemeinschaften ist die Bedeutung des Familiären und Clanhaften noch sichtbar – an den Wappen und an den Motti der verschiedenen Adelshäuser.

Der Rassendiskurs, der die meisten Fantasyromane durchzieht und zum Beispiel ätherische Elfen gegen erdverbundene Zwerge oder in *The Lord of the Rings* auch innerhalb der menschlichen Völker die zum Herrschen geborenen, großgewachsenen und langlebigen numenórischen Dúnedain gegen dunländische Untermenschen antreten lässt, findet bei Martin vorwiegend zwischen Menschengruppen statt. Dennoch ist eine wesentliche Einheit von Aussehen und Charakter zu vermerken, die zum Beispiel die Mitglieder eines Adelshauses identifizierbar machen. So sind die Mitglieder des Hauses der Lannister „blonde Bestien" im populären Schlagwort Friedrich Nietzsches: blond und attraktiv, arrogant und hinterlistig und mit einem unbeugsamen Willen zur Macht ausgestattet. Das Animalische und Freiheitliche des Barbarischen entgeht ihnen allerdings. Die Stadt King's Landing, die sie beherrschen, die Hauptstadt der Seven Kingdoms, entspricht eher dem Dekadenzklischee des oströmischen Byzanz/Konstantinopel als Relikt einer ehemaligen Weltmacht. Die Mitglieder des nordmännischen Hauses Stark hingegen sind dunkelhaarig sowie ehrenhaft, melancholisch und naturverbunden – und damit den cimmerischen Barbaren in Howards *Conan*-Erzählungen nicht ganz unähnlich. An der Haarfarbe werden auch – so der zentrale Plot des ersten Romans *A Game of Thrones* (1996) –

zum einen die unehelichen Kinder des Königs Robert Baratheons identifiziert und zum anderen die allesamt blonden Kinder seiner Königin Cersei, als deren Vater sich ihr Zwillingsbruder Jaime Lannister entpuppt.

5   Die Medien der Fantasy

Wunderbares und Fantastisches sind seit den Anfängen des Kinos – paradigmatisch mit den Filmen des Bühnenmagiers Georges Méliès – essentielle Teile der Filmgeschichte. Mit Fritz Langs Umsetzung der Nibelungensage (1922/1924) beginnt auch nachhaltig der Einzug von Mythologie und Epos in den Film – mit einem Akzent auf der Umsetzung griechisch-römischer Sagen, wie zum Beispiel Desmond Davis' *Clash of the Titans* (1981) oder die zahlreichen meist italienischen Herakles-/Herkules-Einträge im Monumental- und Sandalengenre.[45] Ritter- und Artusromane haben ebenfalls ihren Weg ins Kino gefunden – so Richard Thorpes *Ivanhoe* (1952) und *Knights of the Round Table* (1953) sowie John Boormans *Excalibur* (1981). Die Verfilmung moderner Fantasy beginnt schließlich Ende der 1970er Jahre, kurz nach der ersten Hochphase der Tolkien-Rezeption, mit der ersten Verfilmung von *The Lord of the Rings* (1978) durch Ralph Bakshi, der eine Mischung aus Zeichentrick und Rotoskopie einsetzt.[46] Es folgen *Conan the Barbarian* (1982) von John Milius, die beiden Jim-Henson-Puppenfilme *The Dark Crystal* (1982) und *Labyrinth* (1986), Ridley Scotts *Legend* (1985) sowie Ron Howards *Willow* (1988), der im Zuge des erfolgreichen Science Fiction-Ritter-Fantasy-Genremixes *Star Wars* (1977-1984) produziert wird.

Warum Fantasy zu Beginn des 21. Jahrhunderts Hochkonjunktur auch im Kino hat – mit erfolgreichen Filmen wie *The Lord of the Rings* und *The Hobbit* und weniger erfolgreichen wie *Eragon* (2006), *The Golden Compass* (2007), *Inkheart* (2008) oder das Remake *Conan the Barbarian* (2011) – ist wie die zeitgleiche Karriere des Superheldenfilms sichtlich eine Frage von Technik und damit des Budgets. Denn vor allem die epische Fantasy erfordert sowohl die realistische – also: glaubwürdige – Darstellung einer fremden Welt mit einem mittelalterlichen Technikstand als auch die genauso realistische Darstellung von Magie und Geschöpfen wie Elfen, Orks

---

45 Mit dem Remake *Clash of the Titans* (2010) von Louis Leterrier, der Fortsetzung *Wrath of the Titans* (2012) von Jonathan Liebesman und Tarsem Singhs *Immortals* (2011) wird diese Tradition derzeit neu aufgelegt.

46 Vgl. Meteling, Arno. 2014. Bilder zwischen Raum und Zeit. Der Comic im/als Film. In: Kay Kirchmann und Jens Ruchatz (Hg.): Medienreflexion im Film. Ein Handbuch, S. 123-134. Bielefeld.

und Drachen. Was im abstrakten Medium der Literatur leicht behauptet werden kann, nämlich die Existenz von Rittern, Burgen, Drachen, Zauberern oder Monsterheeren, muss im Film eine Gestalt bekommen – realisiert durch Schauspieler und eine Tricktechnik, deren Realismus gegenwärtig nur ab einem bestimmten Stand visueller Simulation durch Computer Generated Imagery (CGI) gewährleistet ist.

Zu beachten ist, dass das Wunderbare der Fantasy – wie schon die Fantastiktheorie wiederholt formuliert – im ersten Schritt keine Allegorie, keine rhetorische Trope ist und nicht figural gelesen werden darf. Ein zweiter Schritt der Allegorisierung oder Interpretation im hermeneutischen Sinne ist deshalb zwar möglich. Die Drachen in *A Song of Ice and Fire* können beispielsweise, so auch Denis Scheck und Martin in einem Interview, zwar für Atombomben einstehen und damit für eine überwältigende Vernichtungskraft, die in dem politischen Intrigenspiel, von dem die Bücher handeln, allerdings nur wenig hilfreich ist.[47] Aber zuvor müssen die fantastischen Wesen und auch die Magie dem Genrevertrag der Fantasy entsprechend *at face value* genommen, als wahr und existent akzeptiert werden – und zwar auch ohne direkte außerliterarische Referenzen beispielsweise auf zeitgenössische politische Figuren oder Ereignisse.[48]

Während im Kino spätestens seit *Star Wars* fantastische B-Movie-Themen im Kontext des neuen Blockbuster-Konzepts der 1970er Jahre zu gut finanzierten A-Movies aufrücken und diesen Realismusanspruch erfüllen können,[49] ist das mit weit weniger Budget ausgestattete Fernsehen zögerlicher in der Darstellung fantastischer Figuren und Ereignisse.[50] Eine Szene in Episode 9 (*Baelor*) der ersten Staffel der Fernsehserie *Game of Thrones* (2011-) des Pay TV-Senders Home Box Office (HBO) verweist auf das anspruchsvolle visuelle Regime des Fantasyrealismus: So wird eine der Hauptfiguren, der kleinwüchsige Tyrion Lannister, direkt vor der Schlacht

---

47 Das Interview führt der deutsche Literaturkritiker Denis Scheck im Rahmen der ARD-Sendung *Druckfrisch*. URL: http://www.daserste.de/information/wissen-kultur/druckfrisch/sendung/2012/23092012-george-r-r-martin-100.html, zuletzt geprüft am 31.08.2013.

48 Fällt diese Hermetik der Diegese, die Abstinenz von der direkten Referenzialität, vor allem in der epischen Fantasy weg, schlägt das Genre beinahe umstandslos in Satire um und kann nur noch mühsam den genretypisch ernsthaften bis erhabenen Tonfall aufrecht erhalten. Populäre Beispiele für dieses Format parodistischer und satirischer Fantasy sind die *Discworld*-Romane von Terry Pratchett und die *Xanth*-Romane von Piers Anthony.

49 Vgl. Blanchet, Robert. 2003. Blockbuster. Ästhetik, Ökonomie und Geschichte des postklassischen Hollywoodkinos. Marburg.

50 Ein erster Höhepunkt für moderne Fantasy im Fernsehen ist die amerikanisch-britische Miniserie *Merlin* (1998) von Hallmark Entertainment und den NBC Studios, die traditionelle Special Effects mit CGI kombiniert.

zwischen den Armeen des Hauses Lannister und des Hauses Stark von den eigenen Leuten bewusstlos niedergetrampelt. Als er wieder erwacht, ist der Kampf vorbei. In der Buchvorlage hingegen gilt ein ganzes Kapitel der ereignisreichen Schlacht, an der Tyrion als Befehlshaber einer Gruppe von Barbaren aktiv teilnimmt und sich sogar im Nahkampf bewährt.[51] Der Krieg mit mehreren tausend Teilnehmern wird im Fernsehen also eskamotiert – und zwar vermutlich wegen der fehlenden Möglichkeiten einer angemessen realistischen Darstellung.[52]

Nichtsdestotrotz ist *Game of Thrones* zweifellos das aufwändigste und erfolgreichste Fantasyformat im Fernsehen weltweit.[53] Die beiden Showrunner und Drehbuchautoren David Benioff und D. W. Weiss haben bislang drei zehnteilige Staffeln produziert. Die erste gibt den ersten Band der *A Song of Ice and Fire*-Reihe *A Game of Thrones* (1996) wieder, die zweite *A Clash of Kings* (1998) und die dritte ungefähr die Hälfte des voluminösen *A Storm of Swords* (2000). Die Ausgangslage der Serie ist folgende: Nach einem Coup d'État gegen das Königshaus Targaryen,

---

51 Vgl. Martin, George R. R.. 2005. A Game of Thrones. Book One of A Song of Ice and Fire. New York, S. 675-693.

52 Dass der Realismus von *A Song of Ice and Fire* Programm ist, zeigt sich an der Nähe der Romane zum Genre des historischen Romans – etwas, auf das Martin selbst nachdrücklich verweist. Er bezeichnet vor allem die englischen Rosenkriege des 15. Jahrhunderts als historisches Vorbild – mit House York als Vorbild für House Stark und House Lancaster für das House Lannister. Der brutalen Episode der „red wedding" in *A Storm of Swords* als historisches Vorbild dient dabei das „black dinner", bei dem 1440 in Schottland die Chiefs des Douglas Clans heimtückisch vom Clan der Crichtons getötet werden. Martin betont in Interviews und auf seiner Website www.georgerrmartin.com mit dem angeschlossenen Weblog „Not a Blog" auch stets die Verwandtschaft zwischen der epischen Fantasy und dem historischen Roman. Seine literarischen Vorbilder sind ausdrücklich die Romane Bernard Cornwells, der unter anderem durch die *Sharpe*-Reihe (1981-2007) über die Napoleonischen Kriege und durch eine dreibändige Neufassung der Artussage, die *Warlord Chronicles* (1995-1997), bekannt geworden ist. Als weiteren Einfluss benennt Martin die siebenteilige Reihe *Les Rois Maudits (Die unseligen Könige)* (1955-1977) von Maurice Druon, historische Romane, die die Herrschaftsgeschichte Frankreichs im 14. Jahrhundert nachzeichnen. Martin fungiert derzeit auch als Herausgeber der britischen Neuauflage des ersten Romans dieser Reihe *The Iron King* – mit dem Claim „This is the original ‚Game of Thrones'".

53 Nach der britischen *Robin of Sherwood*-Serie (1984-1986) und *Legend of the Seeker* (2008-2010), einer freien Umsetzung der *The Sword of Truth*-Romanserie von Terry Goodkind, sowie zahlreichen Trash-Formaten wie beispielsweise *Hercules: The Legendary Journeys* (1995-1999) und das Spin-Off *Xena: Warrior Princess* (1995-2001), die eher zu einer Camp-Rezeption einladen, ist *Game of Thrones* sicherlich die ambitionierteste Umsetzung epischer Fantasy für das Fernsehen. Siehe zum Camp-Begriff Sontag, Susan, 2003. Anmerkungen zu ‚Camp' (Notes on ‚Camp'). S. 322-341. In: Dies., Kunst und Antikunst. 24 literarische Analysen. Frankfurt am Main.

dem ein Bürgerkrieg vorausgegangen ist, wird Robert Baratheon mit Hilfe anderer Adelshäuser, den Starks, Arryns und Tullys, sowie nach einem überraschenden Angriff des Lannister-Hauses auf die Hauptstadt King's Landing, zum König auf dem Kontinent Westeros gekrönt. Fünfzehn Jahre später kämpfen und intrigieren die Adelshäuser wieder gegeneinander, und nachdem Robert Baratheon stirbt, bricht der kontinentweite „War of the Five Kings" aus, in dem fünf verschiedene Anwärter auf den eisernen Thron und auf die Reiche im Norden gegeneinander kämpfen. Unter den vielen Hauptfiguren werden besonders die Kinder des nördlichen Hauses Stark, die in alle Bereiche Westeros' verstreut werden, verfolgt. Eine Außenperspektive bekommt der Krieg einerseits durch Geschehnisse auf dem östlichen Kontinent Essos, wo die letzte Erbin des ehemaligen Königshauses Targaryen plant, Westeros zurückzuerobern. Andererseits rücken schon im Prolog übernatürliche und scheinbar unbesiegbare Wesen, die White Walkers, die Menschen in Zombies (*wights*) verwandeln, nach Süden vor.

Die literarische Vorlage ist auf sieben Bände angelegt, von denen bisher fünf Bände realisiert sind. Auffällig sind diese selbst schon nach der seriellen Erzählform moderner Fernsehserien konzipiert. Ein besonderes Merkmal ist dabei die Gliederung, die mit der Perspektivierung der Geschichte einhergeht. Die Kapitel der Bände tragen den Namen der jeweils fokalisierten Figur. So verfolgen beispielsweise die Kapitel – mit einem heterodiegetischen wie personalen Erzähler – mit dem Titel „Eddard" die Erlebnisse von Eddard Stark. Ein halbes bis ein ganzes Dutzend titelgebende Hauptfiguren gibt es pro Roman, die eine stark perspektivierte Orientierung zwischen den ungefähr 1000 handelnden Figuren schaffen. Die meisten Kapitel enden mit einem für Fernsehserien und andere serielle Formate wie Heftchenromane und Comicserien typischen Cliffhanger. Zusammen mit dem Figurengeflecht einer Soap Opera ergibt sich somit eine Spannungspoetik des kontinuierlichen Aufschubs, und der Leser wird von einem Spannungshöhepunkt zum nächsten getragen.

Um der Komplexität der Geschichte Herr zu werden, gibt es – ähnlich wie in *The Lord of the Rings* – Anhänge, die allerdings exklusiv aus Übersichten über die Figuren bestehen, zugeordnet zu den Adelshäusern und politischen Parteien. Den DVD- und BluRay-Fassungen der Fernsehserie sind entsprechend Booklets beigegeben, die Übersicht verschaffen. Diese zeigen auf der einen Seite die Karte von Westeros und Essos und enthalten auf der anderen Seite einen Episodenführer sowie die Familienstammbäume der großen Adelshäuser der Serie – hier mit den Gesichtern der Schauspieler über ihren Figurennamen.

Ein wichtiger Aspekt jeder Fantasygeschichte ist der Grad des Wunderbaren. In *A Song of Ice and Fire* gibt es Riesen, Elfen (*children of the forest*), die White Walkers, Drachen und Magie. Aber von all diesen Elementen sind zu Beginn der

Geschichte nur noch Schwundstufen übrig – Restexemplare, die von einem vergangenen Zeitalter der Magie vor der erzählten Gegenwart zeugen, das erst nach
und nach mit dem kommenden Winter zurückzukehren scheint. Die fantastischen
Elemente werden also gegenüber den politischen, sozialen und militärischen
Themen auf ein Minimum reduziert. Dem Tenor der Bücher entsprechend, ist
weiterhin der Diskurs über die Fernsehserie stark von der Diskussion über die
explizite Darstellung von Nacktheit, Sex und Gewalt bestimmt. So ist der Begriff
der „sexposition" für *Game of Thrones* entwickelt worden, da viele Sequenzen und
Episoden mit einer Sexszene beginnen. Nacktheit, Sex- und Gewaltdarstellungen
dienen dabei – genau wie der Tod von Hauptfiguren – sichtlich einer Poetik des
Realismus, mithin des Naturalismus.

Man könnte zusammenfassend sagen, dass die Serie kontrafaktisch beispielsweise zu *The Lord of the Rings*, der exemplarisch für die epische Fantasy steht, das
Realitätsprinzip in die Fantasy einbringt und damit eine neue Perspektive für das
Genre aufzeigt – und zwar eine, die sichtlich am Maßstab aktueller Fernsehserien
orientiert ist, einem Fernsehen also, wie es paradigmatisch von HBO vertreten wird.
Game of Thrones wäre in dieser Hinsicht also die HBO-Fernsehadaption einer Romanserie, die ihrerseits vom aktuellen Stand des Erzählens in HBO-Fernsehserien
beeinflusst ist. Vermittelt wird dieses betont realistische Erzählen überdies – so die
Pointe – durch ein Genre, das bis heute ja als dessen Gegenpol verstanden wird.
Die intertextuellen Referenzen, die im Umfeld der Serie geäußert werden, stützen
diesen Zusammenhang. Der Showrunner Benioff hat *Game of Thrones* beispielsweise
medienwirksam als „The Sopranos in Middle Earth" bezeichnet.

Zuletzt entspricht dem Serienkonzept der Geschichte eine multimediale Aus-
wertung des Stoffes bis hin zur Transmedialität im Sinne von Henry Jenkins: „A
transmedia story unfolds across multiple media platforms with each new text
making a distinctive and valuable contribution to the whole."[54] Neben zahlreichen
Internetkanälen sowie obligatorischen Werbe- und Merchandising-Produkten wie
T-Shirts, Musik-CDs, Posterkarten und einer Kartensammlung, einem Kochbuch,
Zinnfiguren oder Replica-Waffen gibt es neben der Romanreihe drei Erzählungen,
die 89 Jahre vor den Ereignissen aus *The Song of Ice and Fire* spielen und kommende
Konflikte andeuten. Sowohl diese drei *Tales of Dunk and Egg* (*The Hedge Knight*,
1998; *The Sworn Sword*, 2003; *The Mystery Knight*, 2010) als auch die Romanreihe
erscheinen überdies als Comic. Weiterhin gibt es das Strategiebrettspiel *A Game of
Thrones* (2003) mit den Erweiterungen *A Clash of Kings* (2004) und *A Storm of Swords*
(2006), die beiden Pen & Paper-Rollenspiele *A Game of Thrones D20 RPG* (2005)

---

54 Jenkins, Henry. 2006. Convergence Culture. Where Old and New Media Collide. New
York, S. 95-96.

und *A Song of Ice and Fire Roleplaying* (2009) mit Erweiterungen, das Kartenspiel *A Game of Thrones: The Card Game* (2002), das Strategiecomputerspiel *A Game of Thrones: Genesis* (2011), das Action-Roleplaying-Computerspiel *Game of Thrones* (2012) sowie das geplante Browser-MMORPG *Game of Thrones: Seven Kingdoms.* Was bedeutet transmediales Erzählen? Kurz gefasst: Es liefert zusätzliches Material, Geschichten, die in demselben diegetischen Rahmen, der Welt des jeweiligen Franchises spielen. Dies können Vor- oder Hintergrundgeschichten über bestimmte Figuren und Organisationen sein sowie begleitende Kommentare oder Abenteuer, die in in den Romanen oder der Fernsehserie nicht thematisiert, aber dort mitunter kurz angesprochen werden können. Das Versprechen dieser Form des Erzählens ist ein umfassenderes und immersiveres Erlebnis des jeweiligen Stoffes oder genauer: der jeweiligen fiktionalen Welt, von deren Geschichten und Figuren der Konsument im Idealfall so viel wie möglich erfahren möchte. Primär geht es um die Etablierung einer Marke, eines Franchising, um Kundenbindung und um die Möglichkeit einer ökonomischen Mehr- und Wiederverwertung derselben Figuren und Grundgeschichte – und zwar nicht mehr gebunden an einen linearen Erzählstrang, sondern an eine fiktionale Welt. Narrativ können sich dabei, so die Aussicht der Transmedia-Forschung, Effekte eines neuen Erzählens ergeben, die mehr bedeuten als den horizontalen Produktverbund einer Marke und damit die Wiederholung des Immergleichen.[55]

Das bedeutet, dass neben dem Hauptstrang, der in der Fernsehserie *Game of Thrones* erzählt wird und der in Teilen mitunter auch von der Geschichte in der Romanreihe abweicht, viele andere Geschichten in der Fantasywelt möglich sind. Zwar ist das Schicksal der Fernseh- und Romanfiguren determiniert, mithin kanonisiert, aber es ist vielleicht genau der Fokus der epischen Fantasy auf das *worldbuilding*, der es in besonderer Weise erlaubt, diese Welt auch für Geschichten

---

55 Interessant ist, dass ausgerechnet in der Transmedia-Theorie, die auf die Dezentralität eines narrativen Netzwerks als Effekt eines horizontalen Produktverbunds setzt, eine Rückkehr der *auteur*-Figur erfolgt – mit nicht unerheblichen Anklängen an das Geniekonzept und einem angeschlossenen Diskurs über das Gesamtkunstwerk. In die *auteur*-Kategorie lassen sich bestimmte Fernsehmacher (zum Beispiel Joss Whedon oder J. J. Abrams) einordnen, die als Showrunner und damit häufig als Autor, Regisseur und Produzent in Personalunion auftreten. In dem unübersichtlichen Geflecht eines *transmedia franchise* scheint der Konsument Haltepunkte zu benötigen, um Autoren – oder im Jargon: *storytellers* – identifizieren zu können. Siehe dazu die bei Henry Jenkins geschriebene und von einer deutlichen Fan-Haltung getragene Abschlussarbeit von Long, Geoffrey A.. 2007. Transmedia Storytelling. Business, Aesthetics and Production at the Jim Henson Company. Cambridge, S. 151 und S. 159. URL: http://www.geoffreylong.com/downloads/geoffreylong_transmediastorytelling.pdf, zuletzt geprüft am 14.11.2013.

auf anderen Plattformen, für andere Autoren und vor allem für jeden Konsumenten nutzbar zu machen.[56]

6 Fazit: Die Kartographie der Fantasy

Woran erkennt man einen Fantasyroman und allemal epische Fantasy? Die Frage ist leicht zu beantworten: an den mehreren hundert Seiten Text, dem Untertitel, der auf eine Reihe hinweist, dem kitschigen Covermotiv mit erhabenem Prägedruck des Titels, aber vor allem – wenn man ein oder zwei Seiten weiterblättert – an der beigefügten Landkarte. George R. R. Martin schreibt über den Einfluss J. R. R. Tolkiens dazu Folgendes: „J. R. R. Tolkien war der Erste, der ein bis in alle Einzelheiten ausgeführtes sekundäres Universum schuf, eine ganze Welt mit eigener Geographie, eigener Geschichte und eigenen Sagen, eine Welt, die mit der unsrigen nicht das Geringste zu tun hat und erstaunlicherweise dennoch genauso real ist. In den Sechzigern gab es zwar Buttons mit der Aufschrift ‚Frodo lebt‘, doch was sich

---

56 Zu überlegen wären dazu mindestens noch zwei Dinge: Erstens folgt die narrative Erweiterung und Öffnung einer Fantasywelt deutlich einem ökonomischen Impetus. Es stellt sich also die Frage, ob beispielsweise Lizenzromane zu erfolgreichen Filmen, die Einbindung interaktiver Medien wie Brett- oder Computerspiele (oder auch Fan-Fiction) tatsächlich Bereicherungen des Narrativs darstellen oder Auswüchse eines Produkts der Kulturindustrie sind? Hat diese Logik der Supplementarität Auswirkungen auf das Narrativ und seine Qualität? Oder sind dies obsolete Fragen für ein Projekt, dem es nicht mehr auf das syntagmatische und lineare Narrativ, sondern auf die panoramatische und mitunter enzyklopädische Erfahrung einer sekundären Welt ankommt? Zweitens stellt sich die Frage, ob es nicht doch ein privilegiertes Medium, eine dominante Plattform in dem Netzwerk der Geschichten gibt, wie es die Transmedialität im Idealfall vorsieht, und das sowohl das Gedächtnis als auch das visuelle Regime der *shared world* bestimmt? Ist diese weiterhin an das Original, also an das zeitlich erste Medium im Produktverbund gebunden? In transmedialen Projekten wie beispielsweise *Star Wars* oder *Matrix* sind die Filme nicht nur die populärsten Äußerungen, sondern sie bestimmen auch den Kanon des Wissens um diese Welten sowie die Gestalt ihres Imaginären. Bei der Fernsehserie *Game of Thrones* und der Buchreihe *A Song of Ice and Fire* ist die Sachlage etwas komplizierter: Das Informationsgefälle zwischen Roman- und Fernsehserie bestimmt zum einen die Bücher als Quelle des kanonischen Wissen um die Welt, wie es beispielsweise im Internet, in Blogs, Foren oder Wikis, aufbereitet wird. Zum anderen fallen die Computerspiele und auch der Großteil des Merchandising unter das visuelle Regime der Fernsehserie: neben der Verwendung von Logo, Typographie und Farbgestaltung sind auch die Figuren untrennbar an ihre Verkörperung durch Schauspieler geknüpft, und die Welt sieht eben so aus wie die Welt in der Fernsehserie Game of Thrones.

Tolkiens Leser damals in den Studentenwohnheimen an die Wände ihrer Zimmer klebten, war kein Bild von Frodo, sondern eine Karte."[57]

Ob bei Martin, Tad Williams, David Eddings, Ursula K. LeGuin, Guy Gavriel Kay, Raymond E. Feist, David Anthony Durham, Steven Erikson, R. Scott Bakker, E. R. Eddison und vor allem Tolkien – vor jedem der meist mehrbändigen Romane gibt es mindestens eine mehr oder weniger detaillierte Karte, die über Geographie und Geopolitik der Fantasywelt Auskunft erteilt. Seit geraumer Zeit gibt es auch separate Kartenwerke zu Fantasywelten: einzelne Weltkarten im Posterformat – dutzendfach für Tolkiens Mittelerde –, Landkartensammlungen wie *The Lands of Ice and Fire. Maps from King's Landing to across the Narrow Sea* (2012) oder ganze Atlanten, beispielsweise von Karen Wynn Fonstad, wie *The Atlas of Middle-Earth* (1981), *The Atlas of Pern* (1984) über die Drachenreiterwelt von Anne McCaffrey oder *The Atlas of the Land* (1985) über Stephen R. Donaldsons gleichnamige Fantasywelt.

Auffällig hat sich dieses spezielle Format der Paratextualität und Parapikturalität auch auf Film und Fernsehen übertragen. Landkarten von Mittelerde werden immer wieder in den *The Lord of the Rings*-Filmen eingeblendet. So recherchiert der Zauberer Gandalf in *The Fellowship of the Ring* (2001) in der Bibliothek von Minas Tirith mit Hilfe von Isildurs Aufzeichnungen und Landkarten, und Faramir, Heerführer Gondors, verschafft sich in *The Two Towers* (2002) Übersicht über die Kriegslage und visualisiert mit dem Finger über die Karte fahrend die Stellungen der Armeen. Auch die obligatorische Karte zu Beginn eines Fantasyromans findet im Film ihr Pendant: So zeigt der Prolog des ersten Films *The Fellowship of the Ring* – erzählt im Voiceover von der Elfe Galadriel[58] – die animierte Einblendung der Landkarte von Mittelerde, die auf die Region Mordor fokussiert. Dieser Einstellung folgen dann in Überblende Bilder von Mordor, dem Orodruin und Sauron. Die nun den Westen in den Mittelpunkt rückende Karte erscheint wieder, und durch Überblende werden erst Szenen der Verfolgung von Menschen durch Orks und dann die Schlacht des Letzten Bündnisses aus Elfen und Menschen gegen Sauron gezeigt. Der Prolog schließt mit einer Kamerafahrt über die Karte, die in einem Zoom über dem Dorf Hobbiton Halt macht und sich dann entfernt, um die Karte als Teil der Sammlung des dort wohnenden Hobbits Bilbo Baggins zu identifizieren. Das Voiceover wird währenddessen von Baggins übernommen, der – so auch der

---

57 Martin, George R. R.. 2006. Einleitung. S. 25-28. In: Karen Haber (Hg.): Tolkiens Zauber. Von Hobbits, Zwergen und Magiern [Meditations on Middle-Earth]. München, hier S. 28.

58 Auf J. R. R. Tolkiens Anweisungen für eine Übersetzung des *Lord of the Rings* (*Guide to the Names in ‚The Lord of the Rings'*) hin, hat die Erstübersetzerin des Romans, Margaret Carroux, das englische „elf/elves" allerdings mit „Elb/Elben" übersetzt – etwas, das im Fan-Diskurs zu einem beliebten Diskussionsthema geworden ist.

Beginn von *The Hobbit. An Unexpected Journey* (2012) – an seiner Hobbit's Tale, dem Red Book of the Westmarch, arbeitet.

Auch für die Fernsehserie *Game of Thrones* ist die animierte Karteneinblendung, unterlegt von der Titelmusik der Serie, zu Beginn ikonisch geworden, wie die zahlreichen Pastiches und Parodien im Internet zeigen. Eine animierte Karte des Kontinents Westeros zeigt dabei mit einer simulierten Kamerafahrt die Stammburgen der einander bekriegenden Adelshäuser und andere wichtige Orte der Geschichte, wie zum Beispiel den Eiswall im Norden. Die Gebäude werden dabei dreidimensional in die Höhe geschraubt, sichtbar durch Zahnräder bewegt, die auf die Intrigen und Machinationen der Adelshäuser in der Geschichte verweisen. Landkarten als Paratext und Parabild für Fantasyromane sind weiterhin Teil der Buchwerdung von Film und Fernsehserie geworden und in die DVD- und BluRay-Fassungen von Film und Fernsehserie gewandert: So sind die DVD-Boxen der Extended Version-Fassungen der *Lord of the Rings*-Filme mit den Karten von Mittelerde bedruckt, und auch den DVD-Boxen von *Game of Thrones* liegt jeweils ein Poster mit einer Landkarte der beiden Kontinente bei.

Wie aber ist die Landkarte zum notwendigen Supplement epischer Fantasy geworden? Im Gegensatz zur fantastischen Literatur in der Theorie Louis Vax', Roger Caillois' oder Tzvetan Todorovs, die einen Riss, einen Einbruch zwischen zwei Welten und damit auf jeden Fall *obscuritas*, Unschärfe und Unklarheit zwischen einer real und einer wunderbar gezeichneten Welt konstatieren, sind die Welten der Fantasy immer klar voneinander getrennt und identifizierbar. Die Rhetorik von Fantasy, im Buch genau wie im Film oder in der Fernsehserie, ist eine der *perspicuitas*, der Transparenz und Übersicht. Ganz genau soll die Reise des Helden durch die verschiedenen Länder und Regionen der Fantasywelt nachvollziehbar sein – und genauso deutlich müssen auch die Heeresaufstellungen in der Darstellung des Fantasykrieges sein. So formuliert Niels Werber exemplarisch für *The Lord of the Rings*: „Daß die Rettung für Mittelerde aber immer wieder in Gestalt von Interventionstruppen von den Inseln im Westen kommt, bindet die britische Geopolitik des 20. Jahrhunderts zusätzlich an die politische Geographie Mittelerdes, deren Landkarten mit Flüssen und Pässen, Festungen und Furten, Häfen und Straßen dem Buch seit der Erstausgabe beiliegen."[59]

---

59 Werber, Niels. 2007. Die Geopolitik der Literatur. Eine Vermessung der medialen Weltraumordnung. München, S. 222. Übersichtskarten verweisen in dieser Hinsicht auch auf Kriegsdarstellungen, wie sie im strategischen Kriegsspiel zu finden sind– von preußischen *tabletop*-Simulationen bis zum *realtime*-Computer- oder Videostrategiespiel. Vgl. Hilgers, Philipp von. 2008. Kriegsspiele. Eine Geschichte der Ausnahmezustände und Unberechenbarkeiten. München.

Das Phänomen der beigefügten Landkarte gibt es allerdings auch in anderen Genres. Man findet Karten außerhalb von Atlanten und Sachbüchern im Abenteuerroman, im historischen Roman und im Kriegsroman. Dem deutschsprachigen Leser drängen sich dabei vielleicht die grüngoldenen Leinenbände der *Gesammelten Werke* des Bamberger und Radebeuler Karl-May-Verlags auf. Denn gerahmt werden die Reiseromane Karl Mays stets von Landkarten im Einband – einschließlich einer Eintragung der Reiserouten des Erzählerhelden mit den wichtigsten Abenteuerorten. Englischsprachige Leser werden vielleicht an T. E. Lawrences populären autobiographischen Bericht *Seven Pillars of Wisdom. A Triumph*[60] oder auch an die nostalgischen *Age of Sails*-Romane über den Napoleonischen Seekrieg denken. Am populärsten sind in diesem Fall wohl C. S. Forresters elf Romane über den britischen Marineoffizier Horatio Hornblower, von denen kein Band ohne Karte auskommt.

Der Grund dafür, dass diese Bücher Landkarten enthalten, die Übersicht verschaffen, ist sichtlich eine Rhetorik der Authentifizierung. Es geht um Realismus, um die historiographische Verifizierung der Ereignisse. Robert Stockhammers Hinweis auf die kindliche Lust an Karten als Ausdruck von Allmachtsfantasien, die in der Fiktion eingeübt werden, verweist überdies darauf, dass dem Leser totaler Überblick gewährt wird. Man könnte ergänzen, dass der Leser vom Feldherrenhügel oder vom Olymp auf eine begrenzte und dadurch kontrollierbar scheinende Welt im Sinne eines Sandkastens blicken soll: „Seine Funktion [des ernsten Kinder-Spiels, A. M.] besteht darin, reale oder fiktive Welten ‚unter totale Kontrolle' zu bringen, um ‚eine unerhörte Sicherheit' zu erlangen [...]."[61]

Dass Landkarten und vor allem Weltkarten für die epische Fantasy unverzichtbar sind, ist ein Zeichen des Realismus' und nicht der Referenzialität. Tolkien hat sich bekanntlich gegen eine allegorische Lesart von *Lord of the Rings* ausgesprochen und formuliert im Vorwort des Buches: „As for any inner meaning or ‚message', it has in the intention of the author none. It is neither allegorical nor topical."[62] Vehement

---

60 In der aktuellen deutschen Übersetzung *Die sieben Säulen der Weisheit. Lawrence von Arabien* (1998) fehlt merkwürdigerweise das Kartenwerk – allerdings nicht in der Kurzfassung *Aufstand in der Wüste* (1957). Im deutschen Abenteuerroman *Emir Dynamit* (1931) von Fritz Steuben, der die Geschichte von T. E. Lawrence für ein jugendliches Publikum aufbereitet, findet sich – neben Fotos und Zeichnungen – im ersten Kapitel des Fließtextes eine Landkarte „Arabien[s] zur Zeit des Weltkriegs".

61 Stockhammer, Robert. 2007. Kartierung der Erde. Macht und Lust in Karten und Literatur. München, S. 62. Siehe zu der Kopplung von Literatur und Karte auch Stockhammer, Robert. 2005. TopoGraphien der Moderne. Medien zur Repräsentation und Konstruktion von Räumen. München.

62 Tolkien, J. R. R.. 1991. Foreword. S. 9-12. In: Ders., The Lord of the Rings. London, hier S. 10.

argumentiert er dagegen, im Ringkrieg beispielsweise eine Allegorie realer Kriege, nämlich der beiden Weltkriege, zu sehen. Aber in der epischen Fantasy geht es auch nicht um direkte Verweise, um Referenzen an eine Welt außerhalb der Geschichte. Der große Krieg jeder Fantasygeschichte ist nicht als Erster oder Zweiter Weltkrieg zu deuten, sondern als ausschließlich selbstbezügliche sprachliche Figuration eines Krieges als Kunstgebilde. Fantasyromane sind nicht postmodern wie beispielsweise die Romane Umberto Ecos, der in *Der Name der Rose* (1980) ein Mittelalterbild inszeniert, aber nur, um es kontinuierlich mit Modernismen und spielerischen Referenzen zu unterlaufen und dabei den diegetischen Realitätsstatus zu befragen.[63] Epische Fantasy ist nicht metafiktional wie noch die Erzählungen und Romane der Romantik. Das *worldbuilding* und die Mythopoetik der Fantasy müssen ganz naiv und ernsthaft als solche verstanden werden – genauso wie Todorov für die Fantastik bestimmt, dass es nicht um Interpretation gehen darf.

Epische Fantasy ist somit – obwohl sie die Stoffe sichtlich einer romantischen Mittelalter- und Mythenzeption verdankt – das Gegenteil von romantischer Literatur. Sie ist nicht ironisch, sie spielt nicht mit der Andeutung und der Verrätselung und sie erzieht keine Hermeneutiker und melancholischen Allegoriker. Stattdessen erteilt sie jeder direkten Referenzialität eine Absage, um das eigene Universum, die eigene Welt, umso hermetischer und kohärenter zu gestalten. Entscheidend ist also nicht die Realität, sondern der Realismus der Welt, eine Erzählweise, die auf Authentizität setzt. Dass diese Welten häufig stereotyp und formelhaft ausfallen, mag an dieser kontrollierten Ordnung und an einem Gestus der Totalität liegen. Letztlich lässt sich zusammenfassen, dass die epische Fantasy, also das Genre, das den geringsten Grad an Referenzialität aufweist und definitorisch allein auf das *building* einer wunderbaren Fantasywelt zu beziehen ist, nicht einer Lust am fantastischen Anderen entspricht. Sondern im Gegenteil: Die epische Fantasy entspricht einer Lust am realistischen Anderen.

---

63 Um nur die bekanntesten Beispiele zu nennen: Die Hauptfiguren William von Baskerville und sein Adlatus Adson von Melk sind Sherlock Holmes und sein Gehilfe Dr. John Watson. Ihr Gegenspieler, der blinde Klosterbibliothekar Jorge von Burgos, ist Jorge Luis Borges, der blinde Bibliothekar von Buenos Aires, der als Schriftsteller einer der Väter der literarischen Postmoderne ist.

Literatur

Adorno, Theodor W.. 1972. Résumé über Kulturindustrie (1967). S. 347-354. In: Dieter Prokop (Hg.): Massenkommunikationsforschung 1: Produktion. Frankfurt am Main: Fischer.

Bachleitner, Norbert. 1999. Kleine Geschichte des deutschen Feuilletonromans. Tübingen: G. Narr.

Benjamin, Walter. 1977. Das Kunstwerk im Zeitalter seiner technischen Reproduzierbarkeit. Frankfurt am Main: Suhrkamp.

Benthien, Claudia. 1999. Haut. Literaturgeschichte – Körperbilder – Grenzdiskurse. Reinbek bei Hamburg: Rowohlt.

Blanchet, Robert. 2003. Blockbuster. Ästhetik, Ökonomie und Geschichte des postklassischen Hollywoodkinos. Marburg: Schüren.

Bodmer, Johann Jacob Bodmer. Critische Abhandlung von dem Wunderbaren in der Poesie. Faksimiledruck nach der Ausgabe von 1740. Stuttgart: Metzler 1966.

Burke, Edmund. 1989. Philosophische Untersuchung über den Ursprung unserer Ideen vom Erhabenen und Schönen. Hg. von Werner Strube. Hamburg: Meiner.

Caillois, Roger. 1974. Das Bild des Phantastischen. Vom Märchen bis zur Science Fiction. S. 44-83. In: Rein A. Zondergeld (Hg.): Phaïcon 1. Almanach der phantastischen Literatur. Frankfurt am Main: Insel.

Campbell, Joseph. 1999. Der Heros in tausend Gestalten. Frankfurt am Main: Suhrkamp.

Christians, Heiko. 2004. Der Traum vom Epos. Romankritik und politische Poetik in Deutschland (1750-2000). Freiburg im Breisgau: Rombach.

Christians, Heiko. 2011. Verschwörung oder Krieg der Rassen? Überlegungen zur Logik des Imaginativen zwischen Gesellschaft und Roman. S. 171-181. In: Marcus Krause/Arno Meteling/Markus Stauff (Hg.): The Parallax View. Zur Mediologie der Verschwörung. München: Wilhelm Fink.

Clute, John. 1999. Fantasy. In: Ders./John Grant (Hg.): Encyclopedia of Fantasy. URL: http://sf-encyclopedia.co.uk/fe.php?nm=fantasy (01.06.2013). (= Digitale Ausgabe von John Clute/John Grant (Hg.). 1997. The Encyclopedia of Fantasy. London: Orbit Books.)

Durham, David Anthony. 2007. Acacia. Book One. The War with the Mein. New York: Anchor.

Durst, Uwe. 2007. Theorie der phantastischen Literatur. Berlin: Lit.

Eco, Umberto. 1990. Serialität im Universum der Kunst und der Massenmedien. S. 301-324. In: Ders.: Im Labyrinth der Vernunft. Texte über Kunst und Zeichen. Leipzig: Reclam.

Erlich, Victor. 1987. Russischer Formalismus. Frankfurt am Main: Fischer.

Foucault, Michel. 1999. In Verteidigung der Gesellschaft. Vorlesungen am Collège de France (1975-76). Frankfurt am Main: Suhrkamp.

Frank, Manfred. 1982. Der kommende Gott. Vorlesungen über die Neue Mythologie, I. Teil. Frankfurt am Main: Suhrkamp.

Frank, Manfred. 1988. Gott im Exil. Vorlesungen über die Neue Mythologie, II. Teil. Frankfurt am Main: Suhrkamp.

Frank, Manfred. 1989. Kaltes Herz – Unendliche Fahrt – Neue Mythologie. Motiv-Untersuchungen zur Pathogenese der Moderne. Frankfurt am Main: Suhrkamp.

Giesenfeld, Günter (Hg.). 1994. Endlose Geschichten. Serialität in den Medien. Hildesheim/ Zürich/New York: Olms.

Hilgers, Philipp von. 2008. Kriegsspiele. Eine Geschichte der Ausnahmezustände und Unberechenbarkeiten. München: Wilhelm Fink.

Jenkins, Henry. 2006. Convergence Culture. Where Old and New Media Collide. New York: New York University Press.

Long, Geoffrey A.. 2007. Transmedia Storytelling. Business, Aesthetics and Production at the Jim Henson Company. URL: http://www.geoffreylong.com/downloads/geoffreylong_transmediastorytelling.pdf (14.11.2013).

Longinus. 2002. Vom Erhabenen. Übersetzt und herausgegeben von Otto Schönberger. Stuttgart: Reclam.

Kant, Immanuel. 1979. Kritik der Urteilskraft. Werkausgabe Band X. Hg. von Wilhelm Weischedel. Frankfurt am Main: Suhrkamp.

Kittler, Friedrich. 1993. Romantik – Psychoanalyse – Film: eine Doppelgängergeschichte. S. 81-104. In: Ders., Draculas Vermächtnis. Technische Schriften. Leipzig: Reclam.

Kremer, Detlef. 1992. Ereignis und Struktur. S. 517-532. In: Helmut Brackert/Jörn Stückrath (Hg.): Literaturwissenschaft. Ein Grundkurs. Reinbek bei Hamburg: Rowohlt.

Lachmann, Renate. 2002. Erzählte Phantastik. Zu Phantasiegeschichte und Semantik phantastischer Texte. Frankfurt am Main: Suhrkamp.

Maar, Michael. 2003. Warum Nabokov Harry Potter gemocht hätte. Der Schlüssel zu Harry Potter. Berlin: Berlin Verlag.

Maar, Michael. 2008. Hilfe für die Hufflepuffs. Kleines Handbuch zu Harry Potter. München: Hanser.

Martin, George R. R.. 2005. A Game of Thrones. Book One of A Song of Ice and Fire. New York: Bantam.

Martin, George R. R.. 2006. Einleitung. S. 25-28. In: Karen Haber (Hg.): Tolkiens Zauber. Von Hobbits, Zwergen und Magiern. München: Piper.

Martin, George R. R.. 2011. A Dance with Dragons. Book Five of A Song of Ice and Fire. New York: Bantam.

Maye, Harun. 2010. Übersetzungsfabriken. Kolportageliteratur und Soap Opera. S. 135-156. In: Arno Meteling/Isabell Otto/Gabriele Schabacher (Hg.): „Previously on …“. Zur Ästhetik der Zeitlichkeit neuerer TV-Serien. München: Wilhelm Fink.

Meteling, Arno. 2008. Formalisierung des Schreckens. Zu einer Theorie der phantastischen Literatur mit E.T.A. Hoffmann, H. P. Lovecraft und Paul de Man. S. 239-257. In: Claudio Biedermann/Christian Stiegler (Hg.): Horror und Ästhetik. Konstanz: UVK.

Meteling, Arno. 2014. Bilder zwischen Raum und Zeit. Der Comic im/als Film. S. 123-133. In: Kay Kirchmann/Jens Ruchatz (Hg.): Medienreflexion im Film. Ein Handbuch. Bielefeld: Transcript.

Parr, Rolf. 2004. >Wiederholen<. Ein Strukturelement von Film, Fernsehen und neuen Medien im Fokus der Medientheorien. S. 33-39. In: kultuRRevolution 47.

Pesch, Helmut W.. 2009. Fantasy. Theorie und Geschichte einer literarischen Gattung. Köln: E-Book-Ausgabe. URL: http://www.helmutwpesch.de/index_htm_files/Pesch_Fantasy_Theorie-und-Geschichte.pdf (01.06.2013).

Plessner, Helmuth. 2002. Grenzen der Gemeinschaft. Eine Kritik des sozialen Radikalismus. Frankfurt am Main: Suhrkamp.

Pries, Christine (Hg.). 1989. Das Erhabene. Zwischen Grenzerfahrung und Größenwahn. Weinheim: VCH.

Scheck, Denis. 2012. Interview im Rahmen der ARD-Sendung Druckfrisch. URL: http://www.daserste.de/information/wissen-kultur/druckfrisch/sendung/2012/23092012-george-r-r-martin-100.html (31.08.2013).

Schmitt, Carl. 2009. Der Begriff des Politischen. Text von 1932 mit einem Vorwort und drei Corollarien. Berlin: Duncker & Humblot.

Sontag, Susan. 2003. Anmerkungen zu ‚Camp' (Notes on ‚Camp'). S. 322-341. In: Dies.: Kunst und Antikunst. 24 literarische Analysen. Frankfurt am Main: Fischer.

Stahl, Karl-Heinz: Das Wunderbare als Problem und Gegenstand der deutschen Poetik des 17. und 18. Jahrhunderts. Frankfurt am Main: Athenaion 1975.

Stockhammer, Robert. 2007. Kartierung der Erde. Macht und Lust in Karten und Literatur. München: Wilhelm Fink.

Stockhammer, Robert (Hg.). 2005. TopoGraphien der Moderne. Medien zur Repräsentation und Konstruktion von Räumen. München: Wilhelm Fink.

Striedter, Jurij (Hg.). 1971. Russischer Formalismus. Texte zur allgemeinen Literaturtheorie und zur Theorie der Prosa. München: Wilhelm Fink.

Stutterheim, Kerstin, und Silke Kaiser. 2011. Handbuch der Filmdramaturgie. Das Bauchgefühl und seine Ursachen. Frankfurt am Main u. a.: Peter Lang.

Todorov, Tzvetan. 1972. Einführung in die fantastische Literatur. München/Wien: Hanser.

Tolkien, J. R. R.. 1991. Foreword. S. 9-12. In: Ders.: The Lord of the Rings. London: Grafton.

Tönnies, Ferdinand. 2005. Gemeinschaft und Gesellschaft. Grundbegriffe der reinen Soziologie. Darmstadt: Wissenschaftliche Buchgesellschaft.

Vax, Louis. 1974. Die Phantastik. S. 11-43. In: Rein A. Zondergeld (Hg.): Phaïcon 1. Almanach der phantastischen Literatur. Frankfurt am Main: Insel.

Weinreich, Frank. 2007. Fantasy. Einführung. Essen: Oldib.

Werber, Niels. 2006. Phantasmen der Macht. Funktionen des Phantastischen – nach Todorov. S. 53-66. In: Clemens Ruthner/Ursula Reber/Markus May (Hg.): Nach Todorov. Beiträge zu einer Definition des Phantastischen in der Literatur. Tübingen: Francke.

Werber, Niels. 2007. Die Geopolitik der Literatur. Eine Vermessung der medialen Weltraumordnung. München: Hanser.

Wolfe, Gary K.. 1986. Fantasy. S. 38-40. In: Ders.: Critical Terms for Science Fiction and Fantasy. A Glossary and Guide to Scholarship. New York/Westport, Connecticut/London: Greenwood.

Between Shell and Ghost: A Hauntology of Zombies in the Social Imaginary

Alexander I. Stingl and Sabrina M. Weiss

In respectful memory of Iain M. Banks (1954 – 2013)

"Our body is not in space like things; it inhabits or haunts space".
Merleau-Ponty, 'Prospectus', 5

1 Into The Matrix
The Uncanny Other of Contact Zones, Disruptive Engagements, and the Political Imagination

We begin with a 'zombie paragraph': a preamble that contains at once almost everything this chapter is about, albeit in the very condensed and difficult form of what resembles a philosophical origami made from folding words into language.... or was it folding space into bodily shapes?

We will leave to the reader to decide, after reading this chapter, whether the monstrous opening paragraph is about zombies, whether it is a zombie itself, or if it is just plain weird. For the reader to be enabled and empowered to make this choice is the task we have set before ourselves, regardless of what alternative is chosen; moreover, to understand the importance of the word 'regardless' here, is what makes this chapter tick, and it should be remembered that each tick is followed by a tock: The state of the zombie, what *kinds* of a state is it? (Natural kinds, made-up kinds ...) Finitude and the existence of a being in time and its sentient perception of temporalities is an extremely important issue: the zombie, the undead, they are a line of critical inquiry into finitude, temporalities, and their relation to vitality, materiality, and agency.

This chapter and its preamble are very much about what forms of existence we are able to imagine, how imagining existence other than our own is important and at the same time part of popular culture, and, finally, how philosophical figurations are an integral part of both 'popular culture' and the 'forms of thinking otherness'.

First of all, theory and philosophy are two names for the same matter of concern. Most recently, Elisabeth Grosz has re-emphasized (2011) this insight. Theory aka philosophy is an important aspect of our imagination and for our imagination. Simmel (1916, 1917) made this insightful point about how it is possible that we think of our life as a whole, i.e. as a totality. Namely, our lives are fragmented, their comprehension to form a totality as life is something that we decide to add – that is why lives are vital. Otherness is an important aspect here: We need to imagine biological, political, social, and cultural otherness to complete the fragment that is (our) singular life. Life is also material, and matter is, as Merleau-Ponty famously put it, 'pregnant with its form'.

Philosophy as an academic discipline is an examination and a *reflector-figure* (see also: Stanzel 1995) of this constellation of 'how to think the other' between the imagination and the popular, between theory and society/culture, in particular in the form of the philosophical (sub-) disciplines in the West, the so-called developed/ (post-)industrial societies. The philosophy of mind, political philosophy, and the philosophy of (popular and techno-scientific) culture can be viewed individually and as connected in this discourse, but they are, and this is a notion we ask you to entertain along with us, interdependent on the basis of the imagination they share, which we claim must be inherently enactive, embodied, and empowering. With regard to popular culture and philosophy, they have become connected in the imagination of the other through the figuration of the *fantastic Other*, and, we claim, philosophy of mind – and as a consequence philosophy as an academic discipline and as the reflector figure – has become absorbed by its fetishization of the zombie and a particular construct of the zombie as mindless, soulless, brain-eating 'walking (un) dead'. The zombie is a trace of *a popular culture discourse past*, however; a specter that haunts academic philosophy, a figuration that holds back philosophy's – and therefore our Western culture's – progress and innovation, where popular culture and the cultural imagination may have potentially developed avenues to move on thinking Otherness differently. We argue that in exercising *epistemic disobedience*, in critiquing the Western colonial matrix of power both from the inside and the outside in establishing a position of emerging *thirdness* (rather than a Hegelian trinity), the discourse of the fantastic Other beginning a critique and hauntology of the zombie is a productive and fertile exploration.

This ride on a dragon's back we presume to undertake here, is an invitation to our readers to partake in the dragon's eye view with us.

1.1   Overview

In this chapter, we address Otherness in the philosophy of mind where the construction of the Other in Western philosophy of mind follows either one of two models: The alien aka inverted model, or the zombie model. But there is, we argue, a third approach, the embodied-enactive approach, is currently emerging.

The construction of the Other in science fiction is not only about the Other as an alien or inverted mind; instead, it is also 'haunted' by the zombie trope. We introduce the tension in popular culture depictions of the fantastic Other between the invert and the zombie by challenging whether or not the idea of the cyborg falls into either category. Unlike most popular Western examples, we will show that the cyborg can be constructed differently, such as the Cylons in the *Battlestar Galactica* reboot or cyborgs in Japanese anime, such as found in *Ghost in the Shell*. We argue that non-Western cultures, and here we focus on so-called South-East Asian cultures in particular, such as those presenting in manga/anime, are better equipped to conceive of different types of agency. We conceive of the cyborg, along with Andy Clark, Donna Haraway, and non-western cultures in a way that challenges the Western category of the zombie and we suggest that we should reconceive of the category of the zombie and, subsequently, of the fantastic other in ways that should also be reflected in our Western philosophies of mind. The Zombie should no longer be seen as a stereotype of a soulless brain-eater, but as a diffractive concept now practiced in different cultural media. Transferred to the philosophy of mind, that means that the category of the zombie and its opposite, the invert, are also to be challenged. Western Philosophy has turned the Zombie into a 'Zombie category': In Western philosophy, we argue, this is the ironic twist revealed in the move towards the enactive view. Enactivism suggests that the zombie has become a 'zombie-category' (Ulrich Beck). The zombie, in an act of reification, has become the very figure for *phantom objectivity* (Lukacs). But this Westerness of the imaginary, its white male privileged, Eurocentric, patriarchal matrix of power should not go unchallenged: The Balrog that this patriarchy truly is 'shall not (any longer) pass!' – this gesture provides an avenue to critique the role of boundaries in our mass-mediated societies and their phantasmagoric imaginaries. The fantastic Other provides an imaginary that can reify or critique and challenge the existing social norms. But the matrix of power, like an army of zombies or like the zombie-producing Others of *Game of Thrones*, the White Walkers, is not easily overcome: They work hard to maintain the zombie imaginary of the Western Modernity, even rearranging challenging stories already told, re-weaving legends of the revolution 'into the matrix'.

1.2   I am legend

An excellent introductory example of how the Other is pushed into the zombie-trope is the story of the 2007 movie *I am Legend;* a story that was told iteratively after a novel from 1954, in three movie versions. The story of *I am Legend* in its iterative versions represents a zombifying and othering of the original story. We will here focus on the original novel and the 2007 movie of the same title that starred Will Smith[1] as our reference point.

The summary of the story setting depicts a disease that infects most humans, turning them into 'vampiric' zombies. The movie explicitly takes on the form of the novel by adopting the same title, but in being adapted for screen transformed many aspects of the original story. Most notably, the theater ending diverged greatly from the novel and it could be argue that is because the novel does not fit the imperialistic zombie trope, which is pre-dominant in Western Pop-cultural imagination.

The movie is set in the year 2012, where a genetically modified virus intended to cure cancer mutated and turned lethal. It killed a vast majority of the people it infected, and the remaining 10% of the human population who were not killed turned into vicious killers called "Darkseekers." Robert Neville, played by Will Smith, is a virologist who managed to avoid being infected and who spends every day trying to find a way to cure the Darkseekers. He captures one, a female, and tests different treatment serums on her to try to reverse the effects of the virus. During his travels, he meets a woman and her son, both of whom appear to be immune to the virus. Although they start to notice a reversal of the infection in their test subject, the Darkseekers break into Neville's lab and attack. In the ending shown in theatre, Neville gives a vial of the female Darkseeker's blood to the woman and sacrifices himself to kill the Darkseekers. In the epilogue, the woman and her son travel to one of the last safe havens to deliver the cure; they comment how Neville will become a legend to the remaining human race for finding a cure.

In the novel, however, the protagonist was executed by the infected people (described more as vampires than as zombies) because he represented a threat to the new world they were trying to build. From their perspective, they were evolved humans looking ahead to the future, and Neville represented regressive forces and ideologies holding them back. The protagonist's last narrative thoughts as he waited in a jail cell for execution, were his realization that he had become the horror legend in these people's cultural narrative, the "boogie-man" they would frighten their children with.

---

1   The other two movies, *The Last Man on Earth*, and *The Omega Man*, while certainly analyzable in a similar vein, do not have the same multiplicity of possible endings made as visible and public as the 2007 film.

There is also another ending to the movie that was in fact the first one written and shot. This conclusion was very different, both from its actually screened ending and from the novel's original ending. In this version, the hero realized that the alpha Darkseeker was trying to rescue his mate – the infected woman on whom he was experimenting in the hopes of finding a cure. The alpha communicated this by making a butterfly-shaped smear on the protective glass separating them in the lab. Robert recognized the similarity to a butterfly-shaped tattoo on the Infected female: The Darkseekers, in this iteration, were not only sapient, but had social and emotional relationships with each other. He then turned to contemplate the pictures of previous test subjects adorning his walls, subjects who had died in pain and suffering because of his attempts to find a cure. It dawned on him that, to the Darkseekers, he was a horrifying mad scientist, a Dr. Moreau who was capturing them and subjecting them to torturous experiments for no apparent reason (and apparently who also delighted in reminiscing on his handiwork). He took a sample of the infected woman's blood then returned her to her mate and her people, who departed in peace. He then left with the woman and her son to go to the survivors' colony with the antidote.

As we stated, the ending that viewers actually saw in theaters was very different: The hero's fight to find a cure for the disease would make him a legendary figure for them, maintaining the antagonistic binary and outfitting the movies antagonists with the imperial zombie-trope. The unscreened ending, on the other hand, fits between these two extremes in theme and recognition of the agency of the Darkseekers by the protagonist (who serves as the lens for the audience to understand this world). Additionally, the relatively small amount of footage in this scene is able to drastically change the entire tenor of the story, even of the title; Neville is not in fact a heroic legend to humanity, but a horrific figure for the new society of Darkseekers, albeit not in quite the same way as revealed in the novel. Standing in for supernatural powers, the editorial decisions made by filmmakers, often for external considerations like audience comprehension or even time limits, can produce extreme transformations in works like these. In the third *Pirates of the Caribbean* movie, *At World's End* (2007), a line was cut that gave definitive information about Davy Jones' curse: if the captain of the Flying Dutchman, after 10 years at sea, returned to land to find his true love waiting for him, then the curse would be broken[2]. Because this line was not included in the final cut of the movie, the epilogue showing Will meeting Elizabeth after 10 years had a bittersweet quality; based on only information given in the movie, it seemed that for the rest of their

---

2   Information from Wordplay forums, originally posted by Terry Rossio: http://www.wordplayer.com/forums/moviesarc08/index.cgi?read=98662

lives, they would only be able to meet for one day out of every 10 years. However, by incorporating the information given by the cut line, the epilogue becomes a straight-up happy ending: true love triumphed over a curse, and Will, Elizabeth, and their son could live together, happily ever after. In this, the creative processes by which narratives are woven and unravelled hinge on one pivotal moment, much as one's journey through a zombie apocalypse may revolve around a split-second event – whether one is bitten/infected or not.

Like many movies of this kind, *I am Legend* explicitly took on the form of Richard Matheson's original story, adopting the same name/title, but in being adapted for screen transformed many aspects of the original story. The ending of the story in particular is a nexus of several possible outcomes, evoking images of a literary multiverse unto itself. Here we see two contrasting outcomes of the same story setup. The difference lies in whether the infected/Darkseekers are vested with agency or not. Interestingly, the movie version styles them more as zombies while the novel portrays them as vampires: an important distinction between types of others that allows for different levels of awareness, morality, and malice.

The book, in styling the Darkseekers more like vampires and in a more positive light, is using a completely different and for Western audiences less popular device, while the movie portrays them as zombies but at least as fast-moving and cunning, unlike the traditional image of the zombie. This move towards more *agential* zombies has emerged recently, largely driven by electronic games like *Left 4 Dead* that use zombies as the "standard villain" but that also sought to make them more interesting to international or transmedialized audiences[3]: in this regard, an argument could be made that the traditional zombie was "not scary enough," and that tastes in horror for audiences that are privy to non-Western horror demanded something more explicitly frightening than a horde of mindless brain-eaters, while the ending still had to be made Western[4]-compatible.

Other Western adoptions of *I am Legend* that mimic the starkly simplistic zombie trope as an antagonistic element are abundant – to name but one example in the lyrics to the metal band *White Zombie's La Sexorcisto: Devil Music, Vol. 1* with a musical work on "I am Legend" (1991):

---

3   *Left 4 Dead* introduced four types of zombies with special abilities that not only required more player tactics to respond to their different types of attacks, but that also made it interesting for a player to controls zombies in *player vs. player* modes.

4   We use the Western notion here as 'ideal-type'-like, for example the ideal-type that drives movie studios and producers' imagination in constructing their prospective audience, i.e. it is in element in what we can describe with Andreas Reckwitz (2012) as the Western *creativity-dispositif.*

Terminate another no one is my brother
yeah" [...] "Well I am the one a god with a gun I am Legend!!" [...] "I got a holy gun
– come a loaded to kill everything that I am.

The different depictions of the zombie in *I am Legend,* in the novel and the films,
exemplify the point that they are derivations to foster the argument that the idea of
the Zombie is an ambiguous but important cultural trope, which in Western popular
culture has been reduced to a creature that has no conscience and, as a consequence,
no conscious mind, which relieves the hero from any moral burden in killing them,
turning the hero in a dialectical move into an equally conscience-free and mindless
killer – similar to the debate about killing animal for food, fun (hunting as sports),
or as an antagonist (parasite, predator). The question of how we conceive of the Other
and the practices enacted in the construction of the Other – the Other being not
an actor but a performativity – are at stake, which is mirrored, for example in the
debates in the philosophy of mind. We claim that representations of the fantastic
Other in cultural media, such as sci-fi and fantasy movies, live-action television
series, anime, and novels are forms of practices that are performing those tropes
as outlined in the philosophy of mind, also that there is a transformation from the
inverted and mindless zombie to an enactive cyborg model in these media.

> *"And just as, according to Husserl,*
> *a consciousness can be imagined without soul (seelenloses),*
> *so can – and a fortiori – a consciousness be imagined without man."*
> – Jacques Derrida "The Ends of Man", 38

2   David Chalmers ate my brain
Western Philosophy of Mind and its obsession with Zombies

Philosophers of mind and writers of the fantastic have both been fascinated and
befuddled by what seems to be 'only' two distinct ways of conceptualizing Otherness
of mind. Evan Thompson, in his seminal *Mind in Life* (2007) accounts for these
two modalities in a description that, we find, is a more than adequate summary:

> [P]hilosophers think that they can conceive of a system that is physically identical
> to a conscious being, but that either has systematically different sorts of experiences
> from that conscious being (an "invert") or lacks conscious experience altogether (a
> "zombie"). (Thompson 2007: 223)

To be clear about the importance of this aspect: In leaking from the philosophy of mind, the philosophical imaginary is haunting perspectives of the Other beyond philosophy's boundaries, while the philosophy of mind is being haunted by perspectives of the fantastic Other from popular culture: haunted by the alien ('invert', systematically different) or the zombie (lack of consciousness).

There is, however, not only the issue of constructing the discourse of philosophy of mind between alien and zombie otherness as its main discursive objects. It is also the question of outside-context-problems (OCPs), i.e. of excession (Banks 1996), and of radical otherness in the Weird (Mieville 2008) that popular culture has been formidably struggling with, long since exceeding philosophy of mind. But primarily in popular culture, in the focus of imaginings that carry the alien/ zombie into the realm not only of science fiction but of science, there is then the famous issue of the brain-in-a-vat or brain-bound model. That model, however, is defined by the same binary figuration that defines the zombie: The brain-in-a-vat is the brain without a body – that is a brain without a functioning body, where the body-is-zombie is the body without a brain.

Let us imagine for a moment, just as an exercise: Is not the common equation today that brain=mind=consciousness? Do we not dream of 'downloading' our minds into brains to live on forever? If we were to become electric, what sheep would we then dream of?

Functionality, to return to the mind/body-isms (-isms as in dualisms/parallel-isms/reductionisms), here, as in all instances of the fantastic Other, refers back to the problematic hierarchy of sentience, consciousness, and volition. Therefore, it concerns the question of the agency of real life actors – let us call these people or persons, or something old fashioned like that – because it does make us think about the boundaries of impaired functionality: The brain in a vat seems to us like an extreme case of a brain in a very dysfunctional body – is then not the body with a dysfunctional brain the other pole?

The zombie/alien discourse in popular culture is not just beset with figurations that haunt philosophers of mind, nor are the traces of the philosophical discourse the very locomotive tracks that ideas about otherness must travel to become 'popular'. This hauntology leads us deep into the territory of ethics, by which we mean more than folkways or metaphysics of morals and practical reason. When we say ethics, we mean the very discourse about the ways we are possibly able to live our lives. To understand the figurations that haunt us and to perceive the imaginations they enable is crucial, if we hope to understand how to live (together) between the poles of what we perceive as a functional continuum. Disability, race, gender, the definition and practice of declaration of (brain)death, what happens in a woman's womb and how much of a say she has about it, these are haunted issues. They are haunted by notion of consciousness and alterity, which are conceptually discussed in the philosophy of mind: In separating the conceptual experiential modalities of consciousness and alterity as such, philosophers of mind are not alone, scholarship that has focused on percepts and the primacy of perception are equally troubled, as Elisabeth Grosz elaborates in her reconstruction of Merleau-Ponty's Bergson account.

> For Merleau-Ponty too, the body is always doubled, reduplicated either in the form of a corporeal schema, which re-presents its organic capacities in a psychical and signifying mapping of the body, producing a ghostly and relatively autonomous spectral representation in his earlier writings, or of an enfolding, intertwining of living and nonliving bodies, the seer doubled up in the seen in his later writings. (Grosz 2008: 18)

In this account, though, we encounter not a separation or a binary but an 'inherent doubling' (ibid.). As we need to understand, it is necessary to go 'before and beyond the binaries' at the same time in accepting the avenue that the double presents, but instead allowing for the body and the mind to be, really and actually, one and the same – because of enactivism, because of it being a matter quite alive, because of it being the embodiment of the lived time *and* history *and* presence that *we are*. To accept that percepts and concepts can have mutual and transformative engagements (Day and Goldstone 2012; Goldstone and Hendrickson 2010). When we say transformative engagements, we emphasize that not only are we thinking about practices, but that these practices are transmedial (Chow 2012; Condry 2013), lived, enacted, and embodied (Noë 2009). We also emphasize that discussions in the shape of vital materialism, enactivism, and embodiment are always also political trans-medial practices (on political embodiment: Merleau-Ponty 1973; Guattari 1989; Coole and Frost 2010; Stingl 2010, 2011; Stingl and Weiss 2013; Weiss, Restivo and Stingl 2013).

We follow Condry (2013: 16f.) in his summary of recent philosophy of media – which confirms our own literatures and our theory-making on the subject – that between binary-producing interpretative and empirical approaches, a third mode of inquiry and conceptualization is necessary that can *do*, we would argue, more than merely synthesizing anti-podal binaries into conflated bifurcations. In doing that, this mode of inquiry is doubling the subject and the mode of its inquiry, turning itself into transmediality: Becoming practice.

> Media is seen as a collection of 'affordances,' that is, the capabilities of technologies to relate information or enable interaction in particular ways, for example, in the differences between Twitter and a massively multiplayer online video-game. To take seriously the notion of media as a 'third term' that mediates binaries, we need to view media in its multiplicity of roles: as a conveyor of meaning, as a platform for others

to build on, as a tool of connection, and as a process that can activate collectivities. (Condry 2013: 17)

Transmedial practices, therefore, enable not only '(fictional) translations' – social phenonomenologists of the Schützian kind like to restrict themselves, but – such as feminist theorists, critical realists, or new materialists would demand – trans(dis) positions.

Transmedial practices are affective practices, whereas translations (from one language to the other, bound by the ideal of the preservation of a *logos*) are sometimes effective at best, or just efficient. It is their affectivity that makes it possible for transmedial practices to achieve trans(dis)positions, where translations can only be performed[5].

Of course, lengthy and proper social/medial theorizing of this point cannot be conducted here, but we want to emphasize that much of this argument leads to a zone where the works of Maurice Merleau-Ponty, Gilbert Simondon, Vilem Flusser, and Rosi Braidotti (Coole and Frost 2010; Flusser 1998; Stiegler 2010; Parrika 2010; Braidotti 2006; Grosz 2008, 2011; Haraway 1997) converge, where the enacted practices of embodied minds inviduate through transmedial processes of communication of affective potentials. This zone is always a political zone, constituted by processes of political involvement and de-politicization (*"Ent-politisierung"* Flusser 1998) that create and displace differences: In short, transmedial practices constitute *polities*.

In our time, when the dislocation in the political difference, the *difference* in the difference between 'the political' and 'politics' (Marchart 2010), means that we exist in a post-fundamental era of politics – reminding us that the political/ politics cannot be resolved through the social (in a Hegelian 'Aufhebung'): We must accept in other words, i.e. beyond and before the zombie-ish vernaculars of academic-discipline-speak, that there are no first, basic, fundamental principles that we find naturally in the world. It is our (political) imagination, our communicating, transmedial identity narrativization, and the sharing of arguments that creates the confluence of our being-with-others. This imagination often reveals the differences that need transformation: *There is*, as Slavoj Zizek pointed out recently ('Marx and Hegel', Sao Paolo, 2013), *a class struggle in movies between vampires and zombies.* Indeed, as we have seen in our earlier discussion of *I Am Legend*, there is even a struggle across translations about whether the particular antagonistical other ought to be considered a vampire or a zombie that reflects as much the creator's intent as it does the presumed aesthetic of the intended audience.

---

5   This qualitative difference between corporate dubbing and fan-subbing of Japanese anime into other languages can be viewed as a simplified but quite illustrative example of this argument (Condry 2013)

3   Zombie Zen: The Material, Vital, and Semantic Agency of Zombie-Epistemic Disobedience enacted by Active, Passive, and Passive-Aggressive Zombies

We posit that the zombie – and alongside it, the alien – is a core phantasm of 'modern' philosophy as well as of the 'modern' political imagination. The distinction zombie/alien comes with a price: They are the two primary, perhaps even the two exclusive modes of how we, as members of the discourse of Western culture, are generally able to conceive of Otherness.

However, if we look closely at the phenomenology of zombies, we will find that there are at least several different types of zombies possible within the fantastic worlds enabled by Western philosophical/political/cultural discourses. But more importantly, within a globalizing popular culture (which is precisely not the reduction to the imaginary of Western[6]pop culture), transmedial practices have enabled ideas of *radical otherness*, even within the zombie category itself. These ideas hint at the possibility of new emergent phantasms of otherness, which neither a simple genealogy nor a simple descriptive phenomenology could begin to cover, but which may yet be revealed in their traces through a hauntology. We begin this endeavor by distinguishing between basic types of the zombie (a. active, b. passive) and by exploring transgressions (c. passive-aggressive).

In philosophy, the zombie trope that appears most commonly is a folk version of the zombie that designates a mindless being. Zombies, since they have no mind, have most often been conceived by their lack: they are consumers of flesh or brains of sentient, mind-possessing (and thus normal) human beings.

3.1   The active zombie (with no agency)

The zombies that seem to be represented in their most pop-cultural iconic versions have also come to serve as the ideal-types for the zombie in the Western imagination: the brain-eating or flesh-eating zombie. In the *Resident Evil* franchise[7] we find the

---

6   Perhaps it is not even the 'global popular' (Stäheli 2001, 2003)

7   Originally a console game released in 1996, the game has spawned several subsequent game releases, as well as live-action and animated movies, comics, novels, and a vast array of merchandise. The zombie-like creatures are the result of bio-genetic experiments with a virus (*T-virus*), designed by the *Umbrella Corporation*, which serves as one of the series main 'political' antagonists (the name and the fictional company's logo, which is both a play on the German iron-cross – hence a not atypical Nazi-reference – and the top-side view of an umbrella, have become iconic themselves in pop-culture.). The

archetypical, continuing, and modern version of the trope codified as the result of human biomedical experimentation and sinister political motives, which have carried through the Western phantasmagoria of moving imagery and the story-writing, including the various versions of *I am Legend*. On Western television screens, zombies seem to have won, according to the ratings, in the pop-cultural class-war against alien- and vampire-apocalyptic visions: The post-zombie-apocalyptic show *The Walking Dead* apparently has a much larger viewership in the U.S. than does the vampire-soap opera *True Blood* and Steven Spielberg's *Falling Skies* combined.

The active zombie, the most salient version of the zombie, can have no origin story (they just appeared one day), an origin based on naturally occurring mutations, or can be the (intended or accidental) result of biological experimentation by humans; in the last example, the zombie's origin can also serve as a parable against hubris (as in *I Am Legend*). It is an infectious actor, often epidemic, driven by its disease-like state to bite and infect others, much like a vampire, but it is mostly driven to devour human flesh or, in some popular versions, the human brain. This obsession with zombies trying to eat our brains has a strong basis in Western philosophy; the brain is considered to be the seat of the soul or the 'I' (Breidbach 1997; Hagner 2008) after all, and the brain is – in the most euphoric tales of Western neuro-science – identical with the mind.

The standard human-flesh-eating zombie is terrifying enough on its own since humanity has done an effective job of eliminating or severely reducing populations of large predators that would have tried to eat us. We enjoy our status at the top of the food chain and respond quite hysterically when something appears to disrupt our complacency: see the widespread panic over "flesh-eating bacteria" or viruses that cause hemorrhagic fevers (*The Hot Zone* and *Outbreak*).

A similar discussion holds true for human/animal relations in the Western imaginary: The zombie, as the trope that we find common in the philosophy of mind, also serves as the trope that determines our ideas of what an animal (mind) is or can be. The animal as other, constructed in the hegemony of imagination of the Western colonial matrix of power, can exist only as anthropomorphized being or as zombie (mindless). It has become de-animated. The animal as alien/invert is already difficult to imagine, even among zoological experts. To think beyond conceptualizations of the animal along the anthropomorphism/zombie-binary after the abandonment of both animism in modern science and of vitalism in 20th century

zombie-like antagonists on the individual level are, in other words, reflected by a 'soulless entity' on the institutional level, which conflates the Western-zombie trope with a classic 'conspiracy-like' trope from the imaginary of the Western leftist-humanist lore. On the transmedial effectivity of this lore and why it is actually wrong, see Vilèm Flusser (1998) and his depiction of a *Kommunikologie*.

physical reductionism (see also Garrett 2006; Greco 2005) is extremely difficult as recent discussions looking for alternative conceptualizations of social organization show. We find the work of Jussi Parrika on the media archeology non-human models of medial organization of insects (2010), Mel Y. Chen's discussion of *animacy* (2012), Donna Haraway's work on *companion species* (2008), and *vital materialism* (Coole and Frost 2010) extremely exciting in this regard. We also cannot fail to notice not just the resistance towards this kind of work, but also the ferocity with which critics voice their unwillingness to even engage these ideas. What becomes visible are the kinds of politics, polemics, and arguments that are wielded, not really as serious arguments against the work of Haraway et al, but merely as reifying defenses of the Western hegemonies of physicalist reductionism and bald naturalism. The epistemic generalization that Western societies employ to deal with animals seem to allow for three categories of non-agentic beings:

1. Commodity: These are animals that we consume in some fashion – usually through eating, but also through labor exploitation: cows, chickens, horses, camels, donkeys, turkeys, sheep, goats, fish. As we objectify their bodies, often literally carving them up into separate parts, we ignore and epistemologically silence their agency by classifying them as delicious automatons. We even claim higher ethical ground by warning against anthropomorphizing these animals, arguing that to do so would cause more harm to them, all while really being concerned that we may lose our license to consume their bodies without limit.

2. Companion / Pet: These animals are specially chosen by us to service our emotional needs; we still commodify their bodies in various ways, such as by blissfully petting their fur. But rather than deny their agency, we twist it into a diminutive version of ours, much as we often conceptualize them as diminutive people. In addition to anthropomorphizing them, we also act condescending and paternalistic towards them by altering their bodies without their consent. We de-nature them through declawing (which actually removes the first joint of a cat's finger-analogs), debarking (cutting/severing/cauterizing the vocal cords of a dog, who was bred over thousands of years to bark), tail docking, ear cropping, and spaying/neutering. Although there are certainly legitimate concerns about irresponsible owners leaving pets unsupervised to breed and then throwing the babies away, spay and neuter operations do not just sterilize animals through a vasectomy or tubal ligation; they radically alter their social animal behaviors because hormone-releasing organs are completely removed to varying degrees. Reasons cited for this range from health concerns – it is hard to get testicular cancer when you have no testicles – to behavioral – male dogs and cats are less likely to mark furniture in the house with their urine. Rather

than question the wisdom of moving animals that have evolved to live out-of-doors indoors, we drastically denature these animals so that they are more like docile stuffed animals. But this is for their own good, because an unruly animal has no place in a household of humans, and will be abandoned or destroyed as a pest, the third category.

3. Pest / Parasite: These animals are the villains of our story, largely because they are the most like us. Unlike the first type, the commodity, we cannot deny their agency because they relentlessly challenge our comfortable lifestyle. Raccoons and crows raid our trash cans, squirrels eat the birdseed that we leave out for our pseudo-pet birds, ants and wasps ruin our picnics, rats and pigeons race underfoot in our cities, and spiders just creep us out by walking around. Even when we take action against them, they find ways to rebound, as can be seen in the numerous videos online of attempts to squirrel-proof birdfeeders. But unlike the second type of animal, the pet, these animals are unruly and/or simply unattractive. They don't exist to please us, but they still exist *because* of us; they are the ones that managed to adapt to our human-styled environment, often preferring it to wilderness because of the advantages of increased food supply and reduced competition our habitat promises. And so these animals, because they take from us rather than let us take from them, and because they beat us in our machinations, proving that they have undeniable agency, are the targets of our resentment as we vilify and destroy them whenever we can. It is no wonder that many embodiments of Trickster deities and spirits share the forms of these pest-animals: Coyote, Crow, Raven, Anansi (the Spider), Ratatoskr (the squirrel who spreads gossip up and down Yggdrasil).

Zombies correspond to a supernatural version of the pest / parasite; they do not give us anything, like Rumplestiltskin who spins our straw into gold, and they are not attractive like urban fantasy vampires (sexy) or werewolves (fuzzy). A vampire drinking our blood usually provokes a feeling of rapture, but a zombie eating us lacks charm. A werewolf could conceivably be fun to pet and hug (if it were in a good mood), but no matter how cheerful it may be, a zombie does not inspire a desire to cuddle. So instead they are the most convenient "mook" enemy – one that comes at us in droves that we can destroy without any feeling of remorse. They come at a good time, since the old go-to villains – Nazis (*Wolfenstein*), Soviets/Russians (*Command and Conquer*), aliens (*Independence Day*) – have become stale and shooting at Islamic extremists has international diplomatic implications.

In sum: The most salient form of the zombie trope is the *active zombie* as the human flesh-/brain-eating type, modeled in the typical Western humanist-capitalist-consumer ideal, that is zombiefying Otherness into active entities that have, however, no agency.

3.2 The passive zombie (with agency?)

The other kind of zombie, this other kind of undead, leads us to a contemplation of the Western fear of death[8], and in particular this Western uneasiness in the face of non-Western discourses on death and the undead in pop-culture: Voodoo-culture is portrayed in Western pop-culture as dealing with corpses that are turned into puppets, often assigning a voodoo-priest power over a lifeless/mindless body[9]. Where there is no mind present or, in an alternative account, the mind is 'detached' or severed from the possibility of exerting power over a body, we find a discourse that is often linked to the powerful trope of hypnosis[10]. The trope of hypnosis allows for a translation into another classic trope of the socio-political imaginary of the West, a trope which influences what Foucault identified with much criticism roughly as the 'Hegel, Marx and Freud'-repression hypothesis in his lectures *Society must be defended* (2003): the master-and-slave narratives. As a hypnosis narrative, the idea hit Western popular culture deeply in the anti-communist climate with the 1962 movie *The Manchurian Candidate* (based on a 1959 novel), giving the trope a starkly political dimension. But the fact that we are not 'master in our own house' (the house being our mind), is of course the insinuation of psycho-analysis in its most folkish version. This pop-version of Freud supposes in an act of conflation that our (human) mind *is* our conscious intellect and that it can be over-ruled by the (animalistic) sub-consciousness. The uncanny feeling that the animisms of the mystical sub-consciousness and hypnosis evoke are nowadays evinced in stories about bacteria that live on and in animals and humans, such as the human gut-biome (Christensen 2006; Constandi 2012). The *Cordyceps* genus of fungi has gained visibility as the producer of 'zombie ants' – once infected by this fungus, an ant will stumble away from the colony and anchor itself to a plant (often described as

---

8   This fear of death as non-death does not just refer to the supernatural but includes the uncanny valley of the question of 'apparent death', the official declaration of death, and the category of brain-death in the history of medicine (Aries, 1982, 1975; Bernat 2005; Machado et al 2007; Schliech/Wiesemann 2001)

9   A particular example with a large viewership was certainly in the James Bond movie *Live and Let Die* (1973).

10 A trope that has its own complicated Western history of medicine and psychology in the form of mind-cure regimes that range from mesmerism to introspection (Harrington 1999, 2009).

using a 'death grip'). After a few days or weeks, the fruiting bodies of the fungus will burst from the ant's body (or more terrifyingly, the head), often in a tall stalk, to release spores that will infect more ants. In the horror video game, *The Last of Us*, a fictitious strain of *Cordyceps* infects humanity and produces similarly hijacked zombies with mushrooms sprouting from their faces. Hitting closer to home, there is speculation that the protozoan Toxoplasma *gondii*, the parasite responsible for toxoplasmosis, a disease that poses especially high risk for pregnant women who live with cats, may similarly impose some mind-altering effects on its hosts. Mice infected with toxoplasmosis show less fear of cats, even after they have recovered from infection; this mechanism may serve to ensure that the parasite is able to return to a cat, its primary host. There is speculation that human brains may be similarly affected, making us into cat-loving zombies, even though the question of whether we serve the cat or the protozoan remains unclear.[11]

Westerners enter an uncanny valley when facing these stories – from bacteria that make us their slaves to the fictions about Voodoo-priests who raise and control the dead or who become masters of the living through potions, magic, or hypnosis in disconnecting the mind from the body. In between these storylines, we find the trope of the passive zombie and the background for the continuation of our account to include the discussion of how Western philosophy and psychology conceive of *agency*.

The passive zombie is the problematic actor in the perspective offered by Western philosophy of mind, which posits that we must constantly ask ourselves whether any concrete Other that we are currently interacting with is a zombie that has no conscious experience or free will, allowing for the possibility that people are indeed automatons. Indeed, how can you be certain that any one of the people you are interacting with is not a (passive) zombie, a mindless being? The *mindlessness* of active zombies is a folk template for this inquiry, but the activity of the brain-eating zombie is an activity without agency. The Western standard model of agency tends to conflate the notion of agency that derives from *subjectivity* with the existence of an actor who has a possible *subject position* (Oliver 2004).

---

11   The uncanny feeling that humans experience, seems to stem from an "epistemologi-cal uncertainty" (Schrader 2010) about a confrontation with nature, that offsets our understanding of what nature even means – perhaps even suggesting that we need to think of *Ecology without nature* (Morton 2007) –; this uncertainty may more than just a semantic gap, such as the one that constitutes the body-mind problem (d'Oro 2007). Schrader (2010), in her study of the so-called fish killer bacteria (*pfiesteria piscicida*) convincingly suggests to move instead from "epistemological uncertainty" to a concept of "ontological indeterminacy" to account for agencies that obtain affect (what there *is* to be know) but elude epistemology (*how* we know), affects that haunt us like phantoms.

With recent developments in the interdisciplinary outliers of social theory and philosophy – such as in feminist theory, vital materialism, medical humanities – we have come upon the interrogation of the concept of agency in ways that '*trouble* this concept' profoundly, ways that mean that we have to change our 'human view' of the world and our way of interacting with it (see the exemplary development in the work of Morton 2006, 2009, 2013; also: Bogost 2012; Coole/Frost 2010). Moreover, those popular cultural productions that distinctly do not follow or exist outside of the Western colonial matrix provide us with interrogations of the question of agency that also fall outside of this conflation of the Western free-willed agent-subjectivity.

In this non-Western narrative of agency, the zombie trope itself, and with it the socio-political imaginary, experiences vast modifications (mutations?) that we are now discussing as an emerging third, the passive-aggressive zombie.

3.3   Being different enables agency to participate: Returning agency to the passive-aggressive zombie in an act of creating thirdness

Transmedial pop-culture is beginning to address de-colonial options in the post-colonial critique of the Western matrix and its coloniality of power. Transmedial discourses of this kind have just begun to transport non-Western ideas into niche-media in the West: The short film *Cargo*, by Ben Howling and Yolanda Ramke (2013), is a good example of a re-rendering of the zombie trope that returns agency to a zombie who would otherwise be classified as an active zombie: Hybridization is very complex in this case, because it means to that temporal frames for involved processes must be re-coordinated.

The story of *Cargo* begins with a man waking up in a demolished car after what appears to be an accident 'away from civilization'. The woman on the seat next to him begins attacking him, for she has, evidently turned into a zombie. Saving a baby from the car's back-seat, the man escapes the car and sets upon a journey of indeterminate outcome with very few resources. The viewer sees him use a map for orientation that marks his course towards a safe area, one with no zombies because humans have control over that territory. Shortly thereafter, both the viewer and the man himself realize that he begins to show symptoms of the 'zombie-infection' – confirming the 'active zombie' trope. When the realization hits him that he will not make it to safe territory in time before he becomes a danger to the baby, he must find an imaginative way that will resolve the situation. He finds some materials he can use – bodies, bags, etc. – that allow him to build an apparatus with the baby strapped to his back and a well-bloodied bag of organs dangling before him, just out of reach of his hands. With this arrangement in place, he starts to head off in the direction where he expects to find humans. Along the way, he concludes his transformation into a mindless flesh-eater, but with the bag dangling before him, his agency is retained in and extends[12] to the bag before him, eventually leading him to 'safe' territory, where he is shot by humans, who then rescue the baby. The crucial point of the narrative is the holdover of agency that is transferred into the materiality of the bloody bag that keeps the vitality of the system man-baby-'walk to safety' going.

The crucial point of our analysis is that for the writers of this film (as well as its audience) it is not a trivial feat to be able to conceive of this: The agencies and temporalities that require communicable conceptualization are quite difficult and complex in their defiance of the standard Western linearity. In the story, the man needs to conceive of his progressive state and refer the agency into an object to retemporalize it. A comparable example of this retemporalized agency in the real world would be the 'living will' that is used by patients to give guidance to physicians and decision-makers in the event that the patient loses consciousness or reasoning ability. A similar concept used in psychiatric treatment decisionmaking is the 'Ulysses Contract,' derived from the myth where Ulysses wished to hear the Sirens' song and so ordered his men to tie him tightly to the mast of their ship and not release him no matter how much he pled. The Ulysses Contract is used as an advance directive in anticipation of future mental illness as a way to authorize treatment in case of an episode, such as a bout of manic behavior, in contrast to living wills and medical advance directives, which are usually used to pre-emptively refuse particular treatments.[13]

Another example of how agency, even autonomy (Grosz 2008, and Grosz in: Coole/Frost 2010), is addressed in terms that break the Western phantasmagoric matrix is found in the anime *Sankarea*. In this story, a young Japanese *otaku*[14] by the name of Chihiro Furuya (降谷 千紘) has been absorbed by (Western) horror movies since a very young age. This *phantasmagoria* has shape his entire life-course and self-narrative: For example, he is convinced that only a zombie could ever be his true girlfriend. It is immediately obvious how the construction of the zombie as either active or passive would introduce a dysfunctional plot; even if (which in the fictional worlds of manga/anime would certainly not be impossible) he found

---

12 This cyborging of agency means that it transcends beyond zombiefication.

13 Widdershoven, Guy, and Ron Berghmans. 2001. "Advance Directives in Psychiatric Care: a Narrative Approach." *Journal of Medical Ethics* 27, 2:92–97.

14 We come back to this concept later.

a zombie, she would either eat his brain (active) or be a mind- and life-less slave (passive).

Of course, one could try and conceive of a simple synthesis between the two, for example in the form of a conscious brain-eater with a conscience, similar to pig-blood/tainted blood transfusions/synthetic blood consuming vampires with a conscience (or a political agenda[15]). But that would not necessarily solve the agency problem, i.e. to be truly different from any Western conceptualization of this narrative, agency itself would have to be the central issue of the story. And this is precisely the case with *Sankarea*.

When Chihiro Furuya's cat dies tragically, his phantasmagoria empowers[16] him to try and bring it back to life, using a ritual and herbal recipe he found in an old hand-written manuscript. Night after night, he sneaks away from his family's home to an abandoned building, where he continues his efforts to make the recipe work. One night, he is discovered by Rea Sanka (散華 礼弥), a troubled girl who also snuck away from her rich and powerful father's house. Without realizing it at first, in working together they eventually return the cat to life, although its injuries remain visible, and it keeps having episodes of mindlessly trotting away to eat poisonous plants that seem to have the effect of temporarily halting the body's degeneration. The growing friendship between Chihiro and Rea is, however, soon discovered by her jealous father. In a confrontation with him, she is wounded and dies, only to be reborn as a zombie due to her ingestion of the zombie-drug from the manuscript – a subverted example of ingestion leading to zombiefication. In her newly attained state, she decides to stay with Chihiro and is welcomed by his family into their home.

While she does have a episodic thirst for blood (she is at times drawn to kiss and bite Chihiro's lips) and occasionally slips into a state where she completely stiffens in rigor mortis and her body begins to decompose (which can be counter-acted by the poisonous plants the cat had been ingesting), her blood, in turn, has an invulnerability effect in others – Chihiro finds this out the hard way.

The most important aspect is this: It is only in becoming a zombie that her agency is returned to her. In her father's (and step-mother's) house, she was a passive creature deprived of any agency. Her extremely powerful and wealthy father not only controlled most aspects of her life, but he also had a deeply problematic sexual fascination, grooming as her a replacement for her deceased biological mother. His infatuation included taking nude pictures of Rea on her birthdays, which was one of many steps he took to 'preserve her purity'.

---

15 From Joss Whedon to Anne Rice to *True Blood,* examples are easy to find.
16 While troubling the notion of his also being *enabled* or not.

Unlike Western fictions, where release is promised by finality of death or disappearance[17], Rea's transformation allows her to achieve autonomy. For the first time is she able to make decisions for herself (including the decision to stay with Chihiro and his family), to attend school, to shop for her own clothes, to observe fireworks, or to have friends. The zombie-state offers a *being different* that *enables her with the agency to participate*. This different rendition of the zombie as Other troubles our understanding of agency and participation in ways that transcend, yet also include our standard ideas of citizenship and consumption.

3.4 Other Aliens

On multiple levels, aliens are "uncitizens", "non-protectable life", and vermin; they are a threatening horde of zombies that, if allowed to multiply, will invade, parasitize, and eat us. Because they are made "illegal" and "uncitizened", license is given to let/make them die since their deaths no longer carry the same moral consequences as would the death of a white Christian woman's fetus.

The inversion of the construction of maternity that configures femininity under the male gaze as pure and citizen is inverted as the alien, and not just any alien, but a monstrous, terrifying Alien Queen (*Aliens*) who subverts the natural order by making men into providers for her offspring and appropriating human resources for her own brood. In this discourse it is subjected to yet another, additional inversion. This inversion renders the present fluid against itself (the "unborn child" that must otherwise be protected can now be neglected), it fixates the future, and reconfigures the past. This is the inversion of time, or "backwards uncitizening":

> This "backwards" temporality is a function of the strategies of naturalization employed by biopolitical racism functioning with and through discourse surrounding the "problematic of alien sexuality." By moving "backwards" to reconstitute current and past citizens as always-already perverse and threatening anticitizen "aliens," this discourse serves to "naturalize" the denaturalization of United States citizens. (303/304)

The consequences of the double inversion are not unlike the double negation (Žižek 2006; Zupančič 2012) that produces a with-without, only that it produces a without-with: The alien mother in the act of her exclusion is without-with child. Double negation in the examples carried by Zupančič and Žižek often produce an

---

17 Examples are abundant; most recently, see the series' ending of *Burn Notice*, which involved disappearances and deaths.

unexpected positive, an invitation. The double inversion produces more often an exclusion, such as the 'alienation of the alien', and re-territorializes the normal:

> This perverse body is not a potential citizen or a noncitizen— the 'alien' subject is the perverse 'anticitizen,' and the perverse 'alien anticitizen' functions as a mirror image and contrast to the 'virtuous citizen,' of the 'age of fetality.' The normalizing functions of power that constitute the racialized, criminalized, and perverse "alien" simultaneously reform the borders of citizenship itself. (Cisnero 2013: 304)

The spinning effect of reconfiguring reconfigurations, of inverting inversions, is an event zone that is high in conflict and causes both the subjects that experience and engage it critically, and the readers who try to wrap their brains around it, a feeling of *vertigo*, quite literally *and* figuratively:

When the intersectionalities of worlds and ethics enter into our *mind-scape*, and can no longer be ignored, we often find ourselves in conflicts that need to be articulated explicitly. At the intersections, conflicts emerge. Our routinely afforded cues seem to fail or have evaporated. S. Weiss has developed a description for this situation, calling it *normative vertigo*:

> A type of vertigo that recognizes the uncomfortable, disorienting effects of disrupted normative standards (in lieu of disrupted spatial or perceptive mechanisms). Just as sensory inputs provide us with a sense of place in the spatial world, so too do normative standards, like right/wrong, self/other identity, and core values (individual and institutional) allow us to feel secure about our place in the normative social world. When these guideposts become disrupted, there is an urgent need to reorient oneself, by grasping the first solid standard that can be utilized to regain balance, a conceptual version of putting one's hand against the wall to steady oneself. This can be used to describe both the sudden, seemingly illogical leaps made by opponents of social change and to explain sudden outbursts of irrational and violent behaviour at the sudden disruption of a normative standard.
> The heuristic concept of disruptive enactment is a Foucauldian-inspired conceptual model that offers constructive ways out of this dichotomous bind. As a theory that specifically targets periods or situations of change – where one techno-scientific practice/knowledge becomes less dominant and another becomes more prevalent – disruptive enactments frame this change ecologically and thus invites recognition of a multitude of factors – structural, agential, institutional, ideological, cultural. Although this method seeks to help characterize change, it is not merely descriptive; the ethos of the issue always permeates the discussion to generate a strong ethical/normative/values component. It is impossible to adequately examine these types of issues, which have real effects on real people, from a value-neutral perspective.
> The bounds of the disruptive enactment heuristic are as follows:
> 1) a type of assemblage/dispositif that challenges an existing regime of knowledge and practice
> AND

2) a locus for multiple types of expertise to converge to produce an emergent third, an unexpected source of agency that develops momentum among experts and practitioners AND
3) a transformative factor that makes new enunciations and performances both (im) possible and (un)true.

The incorporation of Deleuze's assemblage and Foucault's dispositif highlights the pervasive hybridity of techno-science, knowledge-practice, and the social as well as material composition of technology. Emergent third derives from Michel Serres' Parasite (2007) and Ludwig Fleck's "trinary cognition" (1979) as the 'unexpected guest' who arrives to disrupt a dyadic interaction and an 'existing fund of knowledge' through which an observer evaluates an object (and that is reinforced through the observatory exercise), respectively. The transformative factor draws from Foucault's discourse analysis, which asks both what makes a particular enunciation possible and what makes it true. But rather than a centripetal (inward) focus seeking to explain what the enunciation is, the disruptive enactment analysis tracks centrifugal (outward) impacts on the possibility and truth-status of other enunciations and performances. (A similar deployment of this apparatus on care regimes can be found in: Stingl/Weiss 2014)

4   A Spectral Phenomenology of Zombies

Watching zombies on television, we notice one distinct aspect that runs counter to neo-liberal ideologies. True enough, the lone Western hero wins against zombies in the movies, but the model of living for zombies seems to be in groups.

This is the gist of a critique of the constitution of zombie activity as agency: Zombies never appear in the singular. There is always the looming threat of more zombies coming or about to be made – the looming future of zombiefication. Zombies, as a consequence, are about relations, about togetherness and about 'how to be together' (*comment vivre ensemble*). They represent a return to the model of 'living together in groups', which – as we find Zombies to be more attractive hybrid models or alternative versions of the *already dead* – brings back a more collaborative style of living that is in line with the idea of human evo-devo being relational, as outlined by Linnda Caporael:

> "The background for this model is an empirical observation: the hominin commitment to bipedalism was also a commitment to group-living. A small-brained, solitary biped lacking tools or biological defenses would more likely be dinner than diner. The consequence of those commitments was a species that is obligately social." (Caporael forthcoming)

The modes of living that we are looking at depend on *Otherness* and on connecting with others. This holds true for *Sankarea*, where both Chihiro's and Rea's coming together enables them to connect with at least someone, and enabled by this experience they can subsequently connect with others.

But what about developing forms of *Otherness* that we have to conceive in the possibility of togetherness with? In becoming cyborg, in the rise of intelligent robots and artificial intelligences, or in our relations with non-human actors, we have to conceive of the *Otherness* of the relations we can enter with these others. These conceptions of *Others* and the relations that one can enter with them are haunted by the phantasms of *Otherness* that one has already adopted, phantasms that guide the practices of establishing, maintaining, or denying these relations. There is a kind of hysteresis-effect that is geared by traces of our (popular) cultures that haunt these relations. The Western zombie-trope is, of course, very prominent among these traces.

4.1   Cyborgs

The cyborg paradigm has allowed for a playful approach to the zombie trope (alien[invert]/zombie[mindless]) as well as an extension of the Western colonial matrices' utopian but ultimately Eurocentric (Quijano 2000) phantasmagoria. In other words, the idea of mechanical augmentation of the human being, as well as the idea of artificial life, emerges in the cyborg phantasmagoria as the archetypical zombie-forms of Western popular culture: From E.T.A. Hoffmann's *Der Sandmann* to *Blade Runner*, the uncanny nature of artificial life as 'soulless/mindless' or as 'inverted/alien' is apparent. Mechanical (wo)men have a long history in the West (e.g. Gross 2006; Kong 2011; Standage 2003; Voskuhl 2012; Wood 2003) – even if a perspective of cultural exchange with mechanical visions of automation that emerged in Asian cultures clearly exists.

Hoffmann's famous tale, originally published in 1816, offers an early critique of Western techno-scientific society as enabling a perspective that makes the boundary between human and machine problematic, positing that a machine can simulate a human being and 'fool' others into believing that they deal with a human being (this trope haunts the philosophy of mind in the Turing test and the Chinese Room problem as well as the artificial intelligence community in the invention of chess-playing machinery, from 'the Turk' in the 18th century, which was revealed to be a fake, to Deep Blue in 1997). Its function as an early critique of technology and romantic culture as well as its display of gender norms have often been pointed out. What we are interested in is the question of how people account for life and (normal) humanity, and what the consequences are when[18] Otherness is revealed where none was previously apparent (or suspected).

4.2 From inversion to humanistic redemption: Conscious robots as inverted others

When associations of robots and artificial intelligences as zombies or aliens come into play, the mindless zombie machine is passive insofar that it follows its programming and its orders; it follows someone else's design. But when we say that a person behaves like a robot, a machine, or a zombie, we often mean a person is cold, without feelings or emotion, and/or without a soul. In some prominent Western science-fiction examples this perspective has been reconstructed as a transformation process: It is creates an outsider's perspective, which becomes accessible and intelligible as a kind of invert/alien on the way of 'becoming human': The shared basis for becoming human is often based on the power of logic and deductive reasoning.

Whether difference is encoded as zombie (passive/active) or alien/invert, these are the permissible, i.e. intelligible and communicable forms of otherness in Western popular culture. If we consider Stanley Kubrick's (and Arthur C. Clarke's) *2001: A Space Odyssey* as a tale of an 'alien' race that defies conceptualization, we are led to the question of the movie's success or lack thereof. Originally, the movie received mixed reviews and its limited commercial success occurred only after re-releases, despite the fact that it generated many iconic images. A crucial point, among many criticisms launched against the different style of story-telling, seems to us the fact that the actual 'aliens' in this movie are not conceivable through the Western imaginary. The Western colonial imaginary generally translates aliens into difference as inversion. The *Otherness* of the aliens in *2001* cannot be grasped in Western terms, and attempts by critics that have actually tried their hand at a translation of sorts, have resorted to evoke religious comparisons, only to denounce the movie as heretical in portraying aliens as god-like[19]. Where the zombie as mindlessness and the alien as invert are haunting us, the *2001* aliens are, in other words, radically Weird:

---

18 In another chapter of this volume, Weiss looks at Ron Moore's *Battlestar Galactica* series through the lens of this decentering; it is notable that the show deliberately excluded aliens, much to the relief of lead actor Edward James Olmos.

19 Simply googling *"2001: A space odyssey"* and "religion" or "god" has led us to numerous results of this kind.

"The Weird, then, is starkly opposed to the hauntological. Hauntology, a category positing, presuming, implying a 'time out of joint',21 a present stained with traces of the ghostly, the dead-but-unquiet, estranges reality in an almost precisely opposite fashion to the Weird: with a radicalised uncanny rather than a hallucinatory/nihilist novum. (...) The Weird is not the return of any repressed: though always described as ancient, and half- recalled by characters from spurious texts, this recruitment to invented cultural memory does not avail Weird monsters of Gothic's strategy of revenance, but back-projects their radical unremembered alterity into history, to en-Weird ontology itself." (Mieville 2008: 112-113)

The *back-projection* in 2001 is embodied in the appearance of the black monolith.

In *2001*, we can find the question of permissible otherness as difference in peril: Who is the true *invert* Other with whom the audience can connect? It is actually the A.I. HAL 9000 that takes over the function of the permitted alien, allowing the Jupiter aliens to remain in the story as weird and unintelligible for Western audiences. The audience connects with the story of the film because of HAL. We encounter a palimpsest or a mise-en-abyme here: HAL is certainly the archetype for V.I.K.I. in the movie *I,Robot*, which is, in turn, based on Issac Asimov's collection of stories under the same title (1996, orig. 1951), which served as inspiration for HAL (on this and similar points on robots, see: Baer 2004). Hal's inversion leads him to perceive humans to be the source of the errors that endanger the mission (much as V.I.K.I. understands humans to be a danger to themselves and the world, which must be controlled). HAL was programmed along the specifications of the mission profile while the information that the 'living' human crew provided described the chaotic reality of the actual progress of the mission. Eventually, program and description were in conflict with each other, because HAL's general mission was not only different from the reality the crew experienced. HAL's actual mission was also different from the knowledge the crew was allowed to have about it. Unable to solve this conundrum, HAL decided to eliminate the crew. Appearing in the movie as a red camera eye and disembodied voice, the alienness of Hal lies in the fact that he carries his rationale to the end in a completely unemotional manner. In the story's sequel, *2010: Odyssey Two*, HAL's state is anthropomorphized as a state of paranoia resulting from conflicting programming; later, his reactivation allows for his redemption.

4.3   Cyborgs with Virtues?

The cyborg who seeks redemption or a return to their former/true self (that of a whole, able-bodied human) gives us a sense of moral and cosmic comfort as we watch their journey to return to their ideal form (the one we are privileged to already have). They are a fallen being who repents their sins and humbly asks for forgiveness for their past transgressions, in keeping with a cosmology based on the Fall from Eden. Meanwhile, a robot, a construct, or a *ningyo* (doll) who wishes to become human must struggle and endure great trials to achieve their ultimate goal: we see its success in Pinocchio and its failure in Frankenstein, and we cheer for every step taken by *Star Trek*'s android Data as he learns a little more about how to be more human. These beings don't just comfort us, they stroke our egos because their struggles remind us that we are indeed the pinnacle of Creation toward which all beings, if they were only rational (a common feature of robotic beings), would strive. But the monster, the abomination, or the alien Other who wants to be like us is a thief engaging in a sham. They want to steal our form, hijack our moral agency, and contaminate our sense of self. They are soulless and remorseless, upsetting our position as supreme beings towards which all others aspire; we are like farm animals to them that they can harvest. And so the zombie, while technically a fallen human, is in Western popular culture not a cyborg, but a monster who wants us only for our brains. And because it is blind to our clear superiority and existential desirability, we turn to the only other way we have of interacting with Others: we have to kill it... for its own good.

4.4   The elimination of otherness in ourselves by means of technology: The case of the surveillance/management-complex in crime and illness

The cyborg and the idea of augmentation by technology has been a core theme in the discourses on *biodigitality* with regard to the notion of the swarm (Parrika 2010). The Western (neoliberal) question of individuality and identity has taken center-stage in these discourses: "If you are part of a swarm, are you still you, and are you still free?"

Being part of a swarm has been likened to communism and insect colonies, but it has also brought forth folksy discussions of the superiority of swarm or crowd intelligence as a neoliberal/rational-choice strategy itself (Bonabeau et al 2009; Surowiecki 2005; Howe 2009), as well as a model for massive (online) post-democracy (M[O]PD). These ideas, like many Western science fiction concepts, took their cue from Olaf Stapleton's Hegelian science-fiction in *Last and First Men* and *Star Maker*. Swarm intelligences can be portrayed as fertile and productive as well as dangerous in Western science fiction.

The Borg in *Star Trek* are a swarm intelligence that is constructed along the active zombie trope, they infect other through the injection of nano-robots that turn people into Borg, linking them to the hive mind. The Borg collective suppresses all individual thought and identity; every Borg is assimilated into the collective thought process and its body functions as a cog in the machine. The Borg is the nightmare of totalitarianism embodied.

Contemporary biopolitical discourses involve biosocialities, digitality, medicine, and surveillance apparent in regimes of *cyborg visuality* and *the politics of tangible images* (Prasad 2005; Stingl forthcoming). In the zone that connects neoliberalism with biopower, we encounter a new phenomenon: the *new chronic* is a (human) condition that Eric Cazdyn (2012) explores as a reconfiguration of bodies, spatialities and temporalities that emerges in the relational shift between culture, politics, and medicine as a curious co-occurrence with a shift in global capitalism. The condition of being *already dead* is the condition of "having been killed, but having yet to die". The *new chronic* emerge as a new social class; their state of being as the ones who are *already dead* is a state that is currently 'in management'. The *new chronic* are a class of people who are in constant crisis, where crisis has turned into the new normal. The future of crisis as continued crisis or as 'crisis to come' cannot be sufficiently projected and imagined (in its *absence*); the extension chord of *cyborg visuality*, a regime of augmented seeing that reconfigures what it sees in the process of visualizing it, is the way to manage this 'crisis of crisis' as the crisis that 'crisis cannot see its future'. In analyzing the media-representation of biomedicine, Cazdyn identifies the imaginary of surveillance that emerges between criminalism and capitalism, in the imaginary of biomedicine, acknowledging that

"[j]ust as the unconscious is not something that can be exposed like an X-ray, so too is the logic of the present and the possibilities of the future unimaginable. Contemporary medical imaging attempts to overcome this limit by not only imaging the future development of a tumor, but by imaging genetic material that can indicate whether a tumor that does not exist in the present might develop in the future. [...]
New fantasies of surveillance and medical imaging cultivate a desire to manage or even prevent crime and illness in a way that foreclose alternative ways of organizing society and dealing with death" (2012: 94-95)

Our counter-point is all about the allowed possibilities of *Otherness* that the Western imaginary can imagine: They are being restricted to the difference between the non-sentient zombie (mindless, emotionless, without consciousness) or the inverted/perverted alien. The shell of the Western colonial matrix of power does not leave enough room to imagine *Otherness* outside of these alternatives. It is through translocal, transmedial discourses that the imaginaries are reopened to take seriously decolonial options.

We do not mean to pin down a cross-cultural analysis of what Japanese culture contributes to the positive view of cyborg/zombie and of digital communications, because we argue that a decolonial option does not restrict itself to one cultural heritage while also arguing that matters where you are as a geopolitics of knowledge (Walter Mignolo). And even if we were to focus on Japan, such an account would have to include the history of Japan as a colonial force itself. We cite Japan and animes here with more emphasis than others, because they – like Korean soap operas or Indian musical/romance films – have become not just a global(izing) but a genuinely transmedial discourse. And even with regard to Japanese contibutions, we only can mention here briefly two lynchpins for the scope that its positive contribution to cyborg and digital communication discourses can obtain: These are the 1) relationality and ability to form relationships that is key to mental health in Asian cultures (digressing from the Western construction – you can only form relationships if you are mentally healthy as an individual) and 2) technology, specifically digital communications, allows for more, or even more honest, communications with others, enhancing relationships. Let us exemplify this in a quite drastic and crass oversimplification: Even if someone loses their limbs and rolls around on a cart, their drive to connect and relate to others keeps them human, and the more others treat them as a person, the healthier they end up. This is a huge contrast to Western ideas of cyborg/zombie as deficient – because their physical and mental state is impoverished/ruined, they will not be able to relate as well. So of course the way that othering is portrayed in western media is alienating – it relies on a "wholeness" of body and self to be relatable. Remember: Christians expect that they'll need their bodies for the Rapture, so they keep them whole and bury them in the ground.

5   A Modest Un-Veiling: Can decolonial options and human/non-human relationalities dissolve the zombie and the inverted Other into becoming enactive cyborgs with Ghosts?

We want to let you in on a secret. Ready? This isn't really about zombies. It is about the ability to think *Otherness*, to live *otherness*, and to live with *others* that are *Other* than you. There is a tendency, which is not only found in the so-called West or developed, industrialized, first World, modern countries, but it is found particularly with its members and in particular imaginaries, to think of and practice *Otherness* as difference in a way that Rosi Braidotti (1994) once described as a relational regime of difference and exclusion, wherein "to be different-from" means "being less than" or "being worth less than". We find that the Western colonial matrix of power knows two main modes of conceptualization of difference that appear in both mass-media/pop-culture and in the philosophy of mind, which can be described as the zombie and the alien. These kinds of difference are conceivable and "allowed", insofar as they become engulfed in practices of inclusion/exclusion.

In this chapter, we practice three gestures on the basis of reconceptualizing mass-media/pop-culture as transmedial/translocal discourses: 1. We interrogate Western modes of difference through a wider concept of *Otherness*, 2. we trouble difference by looking for *Otherness* in transmedial cultural products, and 3. we consider that difference/otherness as modes that can *enable* participation.

1. *Difference/Otherness:* We posited that difference is not the only mode of Otherness. Identifying within Western imaginaries the two main modes of passable, colonial *Otherness* as hierarchical and transitive difference, we showed that these colloidal imaginaries are beginning to become liquefied through transmedial discourses and that there are tiny seeds potentials in Western culture (the Weird), to think decolonially. We accepted that Maria Lugones and those who participate in thinking in decolonial options have a point in claiming that in the coloniality of power difference was introduced as the one way of Otherness that was 'acceptable': Acceptable meaning, acceptable to be part of the world of practices, even if those practices meant to be excluded. On the other side, there was the kind of *Otherness* that could not be thought. This kind of *Otherness* was (and still is) silenced by the coloniality of power.

2. *Transmedial imaginaries:* We wondered what kinds of imaginaries are possible to enact – enactive meaning that thinking, perception, and practice are not viewed as separate – relations to *Otherness* in ways that allow for conceptions of "being different-from" that are non-hierarchical and non-transitive

3. *Decolonial Biodigital Civics:* We consider these imaginaries as leading to new forms of political discourse, solidarity, and integration, obtaining as *enablements to participate by way of being Other.*

Both of us are critical realist STS scholars and educators with a background in social research, literatures studies, economics, bioethics, political debate, military, living in Europe and the USA, embedded in German, American, Japanese, Korean culture, male, female and gender-bending livelihoods, and we ground our arguments in the science part of techno-science, above all in biology and bio-medicine, while resisting to accept the dogma of scientism. We consider meaning an important condition of scientific fact and we believe that the Western colonial matrix dogma that scientific fact is unconditional truth is a dangerous, violent, paternalistic expression of the coloniality of power and of first world white male privilege because any treatment of a concept, a practice, a truth as unconditional is nothing but an imperialistic act. And we know that many 'scientific facts', particularly those lurking in cognitive science, biology, and biomedicine are established through Western coloniality but are also being scientifically challenged (Barrett 2013, 2012; Lindquist et al 2012; Gendron et al. 2012; Henrich et al. 2010). What the work of these provocateurs such as Barrett or Henrich challenges is that the (essential) 'truths' of biomedical, cognitive and social sciences were built from a specific micro-climate, and once we leave this micro-climate, the results of these sciences begin to show variation[20]:

> If you take a broad look at the social science curriculum of the last few decades, it becomes a little more clear why modern graduates are so unmoored. The last genera-tion or two of undergraduates have largely been taught by a cohort of social scientists busily doing penance for the racism and Eurocentrism of their predecessors, albeit in different ways. Many anthropologists took to the navel gazing of postmodernism and swore off attempts at rationality and science, which were disparaged as weapons of cultural imperialism.
> Economists and psychologists, for their part, did an end run around the issue with the convenient assumption that their job was to study the human mind stripped of culture. The human brain is genetically comparable around the globe, it was agreed, so human hardwiring for much behavior, perception, and cognition should be sim-ilarly universal. No need, in that case, to look beyond the convenient population of undergraduates for test subjects. A 2008 survey of the top six psychology journals dramatically shows how common that assumption was: more than 96 percent of the subjects tested in psychological studies from 2003 to 2007 were Westerners—with nearly 70 percent from the United States alone. Put another way: 96 percent of human subjects in these studies came from countries that represent only 12 percent of the world's population. (Watters 2013[21])

Our point is certainly not to say that the science is bad, but rather that in taking scientific practice and its outcomes as if they were unconditional, as if they existed beyond their imaginaries, we have colonized truths and facts other than our own and silenced them. Instead, we allow for shrill zombie brain eaters and alien voices from bald naturalist determinists and hyper-positivist skeptics, from climate deniers to creationists, and so on. Western philosophical and scientific discourses have exploded the zombie into a 'zombie category' in their imaginary in order to create

---

20   We want to thank Linnda Caporael for making the explicit statement that the opposite of essentialism is variation.

21   We could easily go beyond Watters' report with more expert literature.

the notion of unconditional fact through the reification of phantom objectivity (Lukacs 1971 [orig. 1923]: 83):

> The essence of commodity-structure has often been pointed out. Its basis is that a relation between people takes on the character of a thing and thus acquires a 'phantom objectivity', an autonomy that seems so strictly rational and all-embracing as to conceal every trace of its fundamental nature: the relation between people.

We posit that a different mode of participation can be thought of that is made possible to imagine through discourses in transmedial culture. We understand the empowering *and* enabling connection between scholarship and science, between science and its publics, between Western and non-Western publics as mediated through a new figuration that emerges between transmedial imaginaries and enactive techno-scientific practices: A different kind of zombie, one that is able to interrogate, to trouble, and to converse with human and non/human actors, with actor-networks, with companion species, with animacies, and with the vibrant materialities, affectivities and vitalities in collateral relations. We call for a challenge, for the zombie not to be passive or active, nor to be an alien, but to be an agentic *Other*: From a no-place, we reconceive of the zombie and the alien as a kind of cyborg, along with Andy Clark and Donna Haraway, and with non-western cultures in decolonial options. The Zombie should not be seen solely as a stereotypical soulless brain-eater anymore, but as a diffractive concept as now practiced across different cultural media. Transferred to the philosophy of mind, that means that the category of the zombie and its opposite, the inverted/perverted alien *Other*, are also to be challenged in favor of *Otherness*.

Against the *silencing of the other witness* in science and scholarship, Weiss argues that we must attend to another figuration which is a decolonial technoscientific practice, that concretizes material semiotics in multiple locales that connect 'socio-corporeities' and 'sociomaterialities' in the form of networks. This relational dynamic is given form in Weiss' call to "unveil the modest cyborg" (see her chapter on the *modest cyborg* in: Weiss/Restivo/Stingl 2013; and Weiss under negotiation, 2011a, 2012a,b).

Intentionally and consciously stepping into a dance with an awareness of the rules and an ability to play by those rules to achieve one's goals leads us to question how and if one can separate a dancer from the dance (Stingl *Guerilla Paper* 2012) and how to engage a *normative vertigo* that presents itself, for example in a yodeling dog or a barking cat (Stingl June 2012) when we accept that such a separation can be attempted with Western analysis even as the separation is not real but depends on the phantasma that initially completes it as a totality. Like barking cats, yodeling dogs, like third genders, like Albanian sworn virgins engaging maleness with the explicit cooperation by their society, like genderbenders in MMORPGS entering transmedial discourses, we continually are, to quote Weiss (Weiss, Restivo and Stingl 2013)

> like the novice dancers on the sidelines, practicing and experimenting, learning as they go, some realizing that they have aptitudes they had not previously recognized, some gaining new insight into how much agency one can have even while following the prescribed moves. This awareness paired with ability qualifies a person as a cyborg.

In her investigations, interrogations, and troublings, Weiss deconstructs, or rather diffractively reads the coloniality of "modesty" that constructs womanhood and science. She diffractively senses the affects that emerge from coloniality's imposition and wonders about a world of sense made of self-effacement or humility: A cyborg, Weiss claims,

> who willingly sets aside one aspect of identity to adopt another for the purpose of gaining access to an activity as an unremarkable common member is embodying a deep personal sense of modesty. To recognize that one's status in one context does not matter in another represents a level of social maturity we expect from people who cross communities. It would be considered inappropriate to focus on military rank in a civilian classroom, and uncouth to trumpet one's golf score in church. Yet when interacting in an online environment where offline bodies do not matter, most people insist on dragging in irrelevant gender classifications. (...) The cyborg, then, is both modest and wise in accepting this reality and willingly reformatting zirself to fit into a different context. This outlook is also inclusive and empowering, as the agency of surrounding people is embraced and even celebrated, much in the way an anthropologist strives to embrace a culture. (ibid.)

The modest witness figure reveals restrictions of participation through accelerated (Rosa 2015, 2013) and excessive (Bataille 1988) participation in one sphere, establishing impermeable boundaries for engaging others. The modest cyborg interrogates boundaries but it also troubles its own modesty, resulting in a decolonializing modesty. The modest cyborg is not just a witness because she can also give testimony, a testimony that can make a difference, that can enable otherness and thereby enable participation:

The cyborg passes by imitating enough of a desired group to infiltrate as an unremarkable member. But then the limits of that category are challenged as the cyborg accesses experiences and ideas that are foreign to that group. Because the cyborg is accepted as part of the group, other group members in turn mimic the cyborg's slightly altered patterns as part of a general socialization pattern of ritualistic imitation. (ibid.)

We understand the modest cyborgs as figurations that can be set against mono-cultures of mind and against coloniality of power, decolonial options and epistemic disobedience, instead it is inviting human and non-human actors to yodel, to bark, to dance, to paint, to draw, to sing, to feel, to express, ... and so on. They create transmedial operas (Weiss 2013a) that are "at once harmonious and dynamically dissonant, that celebrate diversity and transformation" (Weiss, Restivo and Stingl 2013). We need modest cyborgs with ghosts that can engage paradoxes, aporias, outside context problems, and stand alone complexes. The *Other* is not just a ghostly apparition but it is our ghost (in the social machine?), it can even give up the ghost, is that not what we give up when we say that we 'died inside', when a part of our self that made us wonderful and unique and *Othered* had to be given up because colonial conventions demanded us to do so or be silenced? Our ghost, our own otherness is always part of our being with others, it is relational, and it is always a matter of our imagination: How we imagine our being in relations with others. The *Other*, therefore, is always fantastic. And in good dialectical tradition, we can infer that as a consequence the specter of the *fantastic Other* always haunts the real, the body, the mind, and politics, and the political. The zombie we imagine does not necessarily need to be our antagonist. The fantastic zombie can be an ethical, enabled, and participatory *Other*.

5.1 Cultural Media

"A Game of Thrones." 2011. HBO.
Adams, Douglas. 1979. *The Hitch Hiker's Guide to the Galaxy 1. 1*. London [u.a.]: Pan Books.
Akitaro, Daichi. 2001. "Fruits Basket". Anime television series. Studio Deen.
Allen, Irwin. 1965. "Lot in Space". 20th Century Fox/ CBS/ Fox Television Studios.
Anaya, Rudolfo. 1994. *Bless Me, Ultima*. New York: Time Warner.
Asimov, Isaac. 1996. *I, Robot*. London: HarperVoyager.
Ball, Alan. 2008. "True Blood". HBO.
Banks, Iain M. 1993. *Against a Dark Background*. London: Orbit.
———. 1999. *Inversions*. London: Orbit.
———. 2000. *Look to Windward*. London: Orbit.
———. 2010. *Surface Detail*. New York: Orbit.
———.2013. *Hydrogen Sonata*. [S.l.]: Orbit Us.
Booth, Mike. 2008. *Left4Dead*. Electronic Arts/Valve Corporation/Turtle Rock studies.
Cameron, James. 1984. *Terminator*. Orion Pictures.

———. 1991. *Terminator 2: Judgment Day*. TriStar Pictures.

Campbell, Jonny. 2013. "In the Flesh". TV mini-series. BBC.

Clarke, Arthur C. 1982. *2010, Odyssey Two*. London; New York: Granada.

Command & Conquer Series. 1995. Electronic Arts.

Condon, Richard. 2003. *The Manchurian Candidate*. 1st Four Walls Eight Windows ed. New York: Four Walls Eight Windows.

Crossley, Robert. 1994. *Olaf Stapledon: Speaking for the Future*. 1st ed. Utopianism and Communitarianism. Syracuse, N.Y: Syracuse University Press.

Darabont, Frank. 2010. "The Walking Dead". AMC/Fox International Channels.

Dick, Philip K, and Philip K Dick. 1996. *Do Androids Dream of Electric Sheep?* New York: Ballantine Books.

Emmerich, Roland. 1996. *Independence Day*. 20th Century Fox.

Frankenheimer, John. 1962. *The Manchurian Candidate*. United Artists.

Hamilton, Guy. 1973. *Live and Let Die (James Bond)*. United Artists.

Hamilton, Peter F. 2002. *"Misspent Youth", "Pandora"s Star', "Judas Unchained", â ™ The Dreaming Void', "The Temporal Void", "The Evolutionary Void."* Commonwealth Universe. Pan Macmillan/DelRey.

Harris, Lindsay, and Stuart Leach. *UNEARTHED*. Short Film. Dalang Films.

Henson, Brian, and Rockne S. O'Bannon. 1999. "Farscape". The Jim Henson Company.

Hoffmann, E. T. A. 1987. *Der Sandmann*. Stuttgart: Philipp Reclam.

Howling, Ben, and Yolanda Ramke. 2013. *Cargo*. Short Film. Dreaming Tree Productions.

Ito, Tomohiko. 2012. "Sword Art Online". Anime television series plus OVA. A-1 Pictures.

Kamiyama, Kenji. 2002. "Ghost in the Shell: Stand Alone Complex". Anime television series. Production I.G.

———. 2004. "Ghost in the Shell: S.A.C. 2nd GIG". Anime television series. Production I.G.

———. 2006. "Ghost in the Shell: Stand Alone Complex – Solid State Society". OVA. Production I.G.

Keitaro, Motanaga. 2012. "Jormungand". Anime television series. White Fox.

———. 2013. "Majestic Prince". Anime television series. Dogakobo Orange.

Kise, Kazuchika. 2013. "Ghost in the Shell: Arise". Anime films. Production I.G.

KOBUN. 2010. "Hyakka Ryōran: Samurai Girls". Anime television series. Arms.

Koichi, Mashimo. 2002. ".hack/Sign". Bee Train.

Kubrick, Stanley. 1968. *2001: A Space Odyssey*. Metro-Goldwyn-Mayer/Warner Bros.

Kumazawa, Yuiji. "Kami-Sama No Inai Nichiyōbi (Sunday without God)". Anime television series. Madhouse.

Lang, Fritz. 1977. *Metropolis*. UFA.

Lawrence, Francis. 2007. *I Am Legend*. Warner Bros.

Levinson, Barry. 1988. *Rain Man*. United Artists.

Manson, Graeme, and John Fawcett. 2013. "Orphan Black". TV series. Space/BBC America.

Martin, George R.R. 1996. *A Song of Ice and Fire (Series)*. Vol. 1 – ?

Matheson, Richard. 1954. *I Am Legend*. Gold Medal.

Mikami, Shinji. 1996. *Resident Evil (Game Series)*. Capcom.

Miwa, Shigeyuki. 2013. "Blood Lad". Anime television series. Brain's Base.

Moore, Ron D. 2004. "Battlestar Galactica (BSG)". TV series plus tv-films. Sci-Fi.

Murase, Shuko. 2006. "Ergo Proxy". Anime television series. Manglobe.

Murata, Kazuya. 2013. "Susei No Gargantia". Anime television series plus OVA. Production I.G.

Nix, Matt. 2007. "Burn Notice". USA Network/Fox Television Studios.

O'Bannon, Rockne S. 2013. "Defiance". SyFy.

Obara, Masakazu. 2012. "Accel World". Anime television series plus OVA.

Oshii, Mamoru. 1995. "Ghost in the Shell". Film. Production I.G.

———. 2004. "Ghost in the Shell: Innocence". Film. Production I.G. and Studio Ghibli.

Petersen, Wolfgang. 1985. *Enemy Mine*. 20th Century Fox.

———. 1995. *Outbreak*. Film. Warner Bros.

Piel, Harry. 1934. *Der Herr Der Welt*. Ariel.

Preston, Richard. 1995. *The Hot Zone*. 1st Anchor Books ed. New York: Anchor Books.

Proyas, Alex. 2004. *I, Robot*. 20th Century Fox.

Reed, Ishmael. 1996. *Japanese by Spring*. New York: Penguin Books.

Resident Evil (movie Series). 2002. Screen Games, Sony Pictures.

Reynolds, Alastair. 2000. *"Revelation Space", "Chasm City", "Redemption Space", "Absolution Gap", "The Prefect", "Diamond Dogs, Turqoise Days(Novellas)", "Galactic North(Short Stories)."* Revelation Space. Gollancz.

Roddenberry, Gene, Rick Berman, Michael Piller, JJ Abrams, Jill Taylor, and Brannon Braga. 1966. "Star Trek, Star Trek: The Next Generation, Star Trek: Deep Space Nine, Star Trek: Voyager, Enterprise, Star Trek Movies 1 -10, Star Trek (Reboot), Star Trek into Darkness". Paramount Pictures Corporation/Viacom.

Schreier, Jack. 2012. *Robot&Frank*. Samuel Goldwyn Films/ Stage 6 Films.

Scott, Ridley. 1982. *Blade Runner*. Warner Bros.

Seiji, Kishi. 2013. "Danganronpa". Anime television series. Lerche.

Shigera, Ueda. 2008. "Rin: Daughters of Mnemosyne". Xebec, Genco.

Shinji, Ishihara. 2013. "Log Horizon". Anime television series. Satelight.

Shiotani, Naoyoshi. 2013. "Psycho-Pass". Anime television series. Production I.G.

Spielberg, Steven. 1984. *Indiana Jones and the Temple Fo Doom*. Paramount Pictures.
———. 2001. *A.I. Aritficial Intelligence*. DreamWorks/Warner.
———. 2011. "Falling Skies". DreamWorks Television/TNT Original Production.
Stapledon, Olaf. 1999a. *Last and First Men*. London: Millennium.
———. 1999b. *Star Maker*. London: Millennium.
Straczynski, J. Michael. 1993. "Babylon 5". TV series plus tv-films. Warner Bros. Television.
Takagi, Noboru. 2012. "Sankarea". Anime television series plus OVA. Studio Deen.
Takahashi, Yukio. 2013. "Inu to Hasami Wa Tsukaiyō (Dog&Scissors)". Anime television series. Gonzo.
The Doctor. From before our time to the end of time. "Dr. Who". Tardis.
Whedon, Joss. 1997. "Buffy, the Vampire Slayer". Mutant Enemy/20th Century Fox/The WB/UPN.
———. 1999. "Angel". Mutant Enemy/20th Century Fox/The WB.
White Zombie. 1991. *La Sexorcisto: Devil Music, Vol. 1*. Geffen.
Wilcox, Fred M. 1956. *Forbidden Plaent*. Metro-Goldwyn-Mayer.
Wolfenstein (series). 1981. Muse Software, id Software, Activision, Bethesda Softworks.

Bibliography

Adorno, Theodor W, and Tiedemann. 2003. *Philosophische Frühschriften*. Frankfurt am Main: Suhrkamp.
Alliez, Eric, and Andrew Goffey, ed. 2011. *The Guattari-Effect*. New York, NY: Continuum.
Ansorge, Josef Teboho. 2011. "Digital Power in World Politics: Databases, Panopticons, and Erwin Cuntz." *Millennium – Journal of International Studies* 40: 65 – 83.
Anzaldúa, Gloria. 1999. *Borderlands = La Frontera*. 2nd ed. San Francisco: Aunt Lute Books.
Ariès, Philippe. 1975. *Western attitudes toward death, from the Middle Ages to the present*. Baltimore: Johns Hopkins University Press.
———. 1982. *The Hour of Our Death*. 1st Vintage Books ed. New York: Vintage Books.
Baer, Greg. 2004. "All the Robots and Isaac Asimov." http://www.gregbear.com/other/alltherobots.cfm.
Bainbridge, William Sims. 1982. "Women in Science Fiction." *Sex Roles* 8 (10) (October): 1081–1093. doi:10.1007/BF00291002.
Banks, Iain M. 1996. *Excession*. London: Orbit.
Barad, Karen. 2010. "Quantum Entanglements and Hauntological Relations of Inheritance: Dis/continuities, SpaceTime Enfoldings, and Justice-to-Come." *Derrida Today* 3.2: 240 – 268.
Barnet, Miguel. 2000. *Afrokubanische Kulte: die Regla de Ocha, die Regla de Palo Monte*. Frankfurt am Main: Suhrkamp.
Baron-Cohen, Simon. 2002. "The Extreme Male Brain Theory of Autism." *Trends in Cognitive Sciences* 6 (6) (June 1): 248–254.

———. 2004. *The Essential Difference: Male and Female Brains and the Truth about Autism*. 1st pbk. ed. New York: Basic Books.

Barrett, Lisa Feldman. 2012. "Emotions Are Real." *Emotion* 12 (3):413–429. doi:10.1037/a0027555.

———. 2013. "Psychological Construction: The Darwinian Approach to the Science of Emotion." *Emotion Review* 5 (4) (October 1):379–389. doi:10.1177/1754073913489753.

Bataille, Georges. 1988. *The Accursed Share: An Essay on General Economy*. New York: Zone Books.

Bauman, Zygmunt. 2007. *Consuming Life*. Cambridge ; Malden, MA: Polity Press.

Beck, Ulrich. 2007. "Beyond Class and Nation: Reframing Social Inequalities in a Globalizing world1." *The British Journal of Sociology* 58 (4):679–705. doi:10.1111/j.1468-4446.2007.00171.x.

Beck, Ulrich, Wolfgang Bonss, and Christoph Lau. 2003. "The Theory of Reflexive Modernization: Problematic, Hypotheses, and Research Programme." *Theory, Culture & Society* 20 (2):1 – 33.

Bennett, Jane. 2010. *Vibrant Matter: A Political Ecology of Things*. Durham: Duke University Press.

Bernard Stiegler on Jacques Derrida, Hauntology, and "Ghost Dance". 2012. http://www.youtube.com/watch?v=hXQB7RFzoFM&feature=youtube_gdata_player.

Bernat, James L. 2005. "The Concept and Practice of Brain Death." *Progress in Brain Research* 150:369–379. doi:10.1016/S0079-6123(05)50026-8.

Bevielle, Maria. 2009. *Gothic Postmodernism: Voicing the Terrors of Postmodernity*. New York, NY: Rodopi.

Bing, Jon. 1992. "The Image of the Intelligent Machine in Science Fiction." S. 149–155 in: *Skill and Education: Reflection and Experience*, edited by Bo Göranzon and Magnus Florin,. London: Springer London.

"BioShock Infinite: An American History Lesson Where You Get to Blow Shit Up." 2013. *Mother Jones*. Accessed May 12. http://www.motherjones.com/media/2013/05/irrational-games-bioshock-infinite-creator-ken-levine-interview.

Blackmore, Susan. 2005. *Conversations on Consciousness*. Oxford: Oxford University Press.

Blackmore, Tim. 2010. "Save Now [Y/N]? Machine Memory at War in Iain Banks' Look to Windward." *Bulletin of Science, Technology & Society* 30 (4) (August 1):259–273. doi:10.1177/0270467610373816.

Blake, Matt. 2012. "Children Could Choose to Die under New Euthanasia Law Considered in Belgium." *Mail Online*. December 19. http://www.dailymail.co.uk/news/article-2250662/Children-choose-die-new-euthanasia-law-considered-Belgium.html.

Boden, Margaret A. 2006. *Mind as Machine: A Hisotry of Cognitive Science, Volume 1&2*. Oxford: Clarendon Press.

Bogost, Ian. 2012. *Alien Phenomenology, Or, What It's like to Be a Thing*. Posthumanities 20. Minneapolis: University of Minnesota Press.

Bonabeau, Eric. 1999. *Swarm Intelligence: From Natural to Artificial Isystems*. New York: Oxford University Press.

Bostrom, Nick. 2005. "A History of Transhumanist Thought." *Journal of Evolution and Technology* 14 (1): 1 – 25.

———. 2008. "Letter from Utopia." *Studies in Ethics, Law, and Technology* 2 (1) (January 9). doi:10.2202/1941-6008.1025. http://www.degruyter.com/view/j/selt.2008.2.1/selt.2008.2.1.1025/selt.2008.2.1.1025.xml?format=INT.

Bowell, T. 2011. "Feminist Standpoint Theory." *Internet Encyclopedia of Philosophy*. http://www.iep.utm.edu/fem-stan/.

Bowman, Diana M., Mark N. Gasson, and Eleni Kosta. 2012. "The Societal Reality of That Which Was Once Science Fiction." In *Human ICT Implants: Technical, Legal and Ethical Considerations*, edited by Mark N. Gasson, Eleni Kosta, and Diana M. Bowman, 23:175–179. The Hague, The Netherlands: T. M. C. Asser Press.

Braidotti, Rosi. 1994. *Nomadic Subjects: Embodiment and Sexual Difference in Contemporary Feminist Theory*. Gender and Culture. New York: Columbia University Press.

———. 2006. *Transpositions: On Nomadic Ethics*. Cambridge, UK ; Malden, MA: Polity Press.

Breidbach, Olaf. 1997. *Die Materialisierung Des Ichs: Zur Geschichte Der Hirnforschung Im 19. Und 20. Jahrhundert*. 1. Aufl. Suhrkamp Taschenbuch Wissenschaft 1276. Frankfurt: Suhrkamp.

Breithaupt, Fritz. 2008. *Kulturen Der Empathie*. Frankfurt, aM: Suhrkamp.

———. 2011. "The Birth of Narrative from the Spirit of the Excuse. A Speculation." *Poetics Today* 32:107 – 128.

———. 2012. "The Blocking of Empathy, Narrative Empathy, and a Three-Person Model of Empathy." *Emotion Review*.

Bröckling, Ulrich. 2007. *Das Unternehmerische Selbst: Soziologie Einer Subjektivierungsform*. 1. Aufl. Suhrkamp Taschenbuch Wissenschaft 1832. Frankfurt am Main: Suhrkamp.

Bröckling, Ulrich. 2005. "Gendering the Enterprising Self." *Distinktion: Scandinavian Journal of Social Theory* 6 (2):7–25. doi:10.1080/1600910X.2005.9672910.

Brown, Hannah. 2012. "Zombie Therapy: An Autism's Mom's Take on The Walking Dead." *Huffington Post*. http://www.huffingtonpost.com/hannah-brown/autism_b_1973619.html.

Brown, Valerie. 2010. "Bactria'r'us." *Pacific Standard*, December 2. http://www.psmag.com/science/bacteria-r-us-23628/.

Bruzina, Ronald. 1997. "The Transcendental Theory of Method in Phenomenology; the Meontic and Deconstruction." *Husserl Studies* 14 (2) (May 1):75–94. doi:10.1023/A:1005991502516.

Bühl, Achim. 2013a. "Reproduktives Klonen in „real Life" Und in Der Science Fiction." S. 273–331 in: *Auf Dem Weg Zur Biomächtigen Gesellschaft?*, edited by Achim Bühl,. Wiesbaden: VS Verlag für Sozialwissenschaften.

———. 2013b. "Von Der Eugenik Zur Gattaca-Gesellschaft?" In *Auf Dem Weg Zur Biomächtigen Gesellschaft?*, edited by Achim Bühl, 29–96. Wiesbaden: VS Verlag für Sozialwissenschaften. Accessed June 22.

Bush 43. 2013. "'Misunderestimate' Tops List of Notable 'Bushisms.'" *NY Daily News*. Accessed September 23. http://www.nydailynews.com/news/politics/misunderestimate-tops-list-no-table-bushisms-article-1.389921.

Buzan, Barry. 2010. "America in Space: The Internationa Relations of Star Trek and Battlestar Galactica." *Millennium – Journal of International Studies* 39: 175 – 180.

Caporael, Linnda R. forthcoming. "Evolution, Groups and Scaffolded Minds." In *Developing Scaffolds in Evolution, Culture and COgnition*, edited by Linnda R. Caporael, James R. Griesemer, and William C. Wimsatt. Cambridge, MA: MIT Press.

Caputi, Jane. 1993. *Gossips, Gorgons, and Crones: The Fates of the Earth*. Santa Fe: Bear and Company.

Cerulo, Karen A. 2000. "The Rest of the Story: Sociocultural Patterns of Story Elaboration." *Poetics* 28 (1) (October): 21–45. doi:10.1016/S0304-422X(00)00011-5.

———. 2010. "Mining the Intersections of Cognitive Sociology and Neuroscience." *Poetics* 38 (2) (April): 115–132. doi:10.1016/j.poetic.2009.11.005.

Chaffey, Lucian. 2013. "Affect, Excess and Cybernetic Modification in Science Fiction Fantasy TV Series Farscape." *Body & Society* (October 9): 1357034X13497521. doi:10.1177/1357034X13497521.

Chakrabarty, Dipesh. 2008. *Provincializing Europe: Postcolonial Thought and Historical Difference.* Princeton, N. J.; Oxford: Princeton University Press.

Chalmers, David. 1996. *The Conscious Mind: In Search of a Fundamental Theory.* Oxford: Oxford University Press.

———. *The Character of Consciousness.* Oxford: Oxford University Press.

Chandler, David. 2013. "The World of Attachment? The Post-Humanist Challenge to Freedom and Necessity." *Millennium – Journal of International Studies* Online First (March 28).

Chaudhuri, Shohini. 2006. *Feminist Film Theorists.* New York, NY: Routledge.

Chow, Rey. 2012. *Entanglements, or Transmedial Thinking about Capture.* Durham, NC: Duke University Press.

Christenson, Bill. 2013. "Mind Control by Parasites." *LiveScience.com.* Accessed September 6. http://www.livescience.com/7019-mind-control-parasites.html.

Christof, Florian. 2011. "'Postdemocracy' – Interview with Colin Crouch." *Nonapartofthegame.* November 8. http://nonapartofthegame.eu/?p=3142.

Cisneros, Natalie. 2013a. "'Alien' Sexuality: Race, Maternity, and Citizenship." *Hypatia* 28 (2) (May): 290–306. doi:10.1111/hypa.12023.

———. 2013b. "'Alien' Sexuality: Race, Maternity, and Citizenship." *Hypatia* 28 (2) (May 1): 290–306. doi:10.1111/hypa.12023.

Coeckelbergh, Mark. 2013. "Ethics of Vulnerability (ii): Imagining the Posthuman Future." In *Human Being @ Risk,* by Mark Coeckelbergh, 12:101–126. Dordrecht: Springer Netherlands. https://asa04.rmz.uni-lueneburg.de/+CSCO+dh756767633A2F2F797661782E6 6636576617472652E70627A7A++/chapter/10.1007/978-94-007-6025-7_6.

Cohen, Ed. 2013. "Human Tendencies." *Emisférica* 10 (Bio/zoo).

Cohen, Jonathan D. 2005. "The Vulcanization of the Human Brain: A Neural Perspective on Interactions Between Cognition and Emotion." *Journal of Economic Perspectives* 19 (4) (December): 3–24. doi:10.1257/089533005775196750.

Coleman, Caryn, and Tom Trevatt, ed. *Living On: Zombies.* Vol. 3. Art Philosophy Horror: Incognetum Hactenus.

Condry, Ian. 2013. *The Sould of Anime: Collaborative Creativity and Japan's Media Success Story.* Durham, NC: Duke University Press.

Conlon, Kevin. 2013. "'Euthanize' Autistic Teen for Being 'Nuisance,' Says Anonymous Letter." *CNN.* Accessed September 24. http://www.cnn.com/2013/08/19/world/canada-autistic-letter/index.html.

Connell, R. W. 1990. "The State, Gender, and Sexual Politics." *Theory and Society* 19 (5) (October 1): 507–544. doi:10.1007/BF00147025.

Connell, Raewyn. 2007a. *Southern Theory: The Global Dynamics of Knowledge in the Social Sciences.* Crows Nest, N.S.W.: Allen & Unwin.

———. 2007b. "The Northern Theory of Globalization*." *Sociological Theory* 25 (4): 368–385. doi:10.1111/j.1467-9558.2007.00314.x.

Connolly, William E. 2010. *A World of Becoming.* Durham, NC: Duke University Press.

Constandi, Moheb. 2013. "Microbes Manipulate Your Mind: Scientific American." Accessed September 6. http://www.scientificamerican.com/article.cfm?id=microbes-manipulate-your-mind.

Coole, Diana, and Samantha Frost, ed. 2010. *New Materialisms: Ontology, Agency, and Politics*. Durham, NC: Duke University Press.

"Court Rulings Don't Confirm Autism-Vaccine Link." 2013. *Forbes*. Accessed September 25. http://www.forbes.com/sites/emilywillingham/2013/08/09/court-rulings-dont-confirm-autism-vaccine-link/.

"Courts Quietly Confirm MMR Vaccine Causes Autism." 2013. *True Activist*. Accessed September 25. http://www.trueactivist.com/courts-quietly-confirm-mmr-vaccine-causes-autism/.

Creeber, Glenn, and Royston Martins, ed. 2009. *Digital Culture: Understanding New Media*. New York, NY: Open University Press.

Crouch, Colin. 2004. *Post-Democracy*. Themes for the 21st Century. Malden, MA: Polity.

———. 2011. *The Strange Non-Death of Neoliberalism*. Cambridge, UK; Malden, MA: Polity Press. http://search.ebscohost.com/login.aspx?direct=true&scope=site&db=nlebk&db=nlabk&AN=575112.

Currie, Gregory. 2011. "Empathy for Objects." In *Empathy: Philosophical and Psychological Perspectives*, edited by Amy Coplan and Peter Goldie. Oxford ; New York: Oxford University Press.

D' Oro, Guiseppina. 2007. "The Gap Is Semantic, Not Epistemological." *RATIO* 20 (2): 168 – 178.

Daalder, Ivo H, and Michael E O'Hanlon. 2000. *Winning Ugly NATO's War to Save Kosovo*. Washington, D.C.: Brookings Institution Press. http://search.ebscohost.com/login.aspx?direct=true&scope=site&db=nlebk&db=nlabk&AN=91992.

Danforth, Scot, and Srikala Naraian. 2007. "Use of the Machine Metaphor Within Autism Research." *Journal of Developmental and Physical Disabilities* 19 (3) (June 1): 273–290. doi:10.1007/s10882-007-9061-9.

Dasgupta, Romit. 2013. *Re-Reading the Salaryman in Japan: Crafting Masculinities*. Routledge/Asian Sudies Association of Australia (ASAA) East Asian Series. New York: Routledge.

Davidson, Arnold I. 2001. *The Emergence of Sexuality*. Cambridge, MA: Harvard University Press.

Davis, Lawrence. 2004. "Ghost in the Shell 2: Innocence| Los Angeles." *Splash Magazines | Los Angeles*. http://www.lasplash.com/publish/Film_106/Ghost_in_the_Shell_2_Innocence.php.

Day, S. B., and Robert Goldstone. 2012. "The Import of Knowledge Export: Connecting Findings and Theories of Transfer of Learning." *Educational Psychologist* 47: 153 – 176.

De Benoist, Alain. 2011. "The Current Crisis of Democracy." *Telos* 156 (Fall): 2011.

De Vries, Hent. 2006. "From 'ghost in the Machine' to 'spiritual Automaton': Philosophical Meditation in Wittgenstein, Cavell, and Levinas." *International Journal for Philosophy of Religion* 60 (1-3) (November 10): 77–97. doi:10.1007/s11153-006-0011-8.

Debord, Guy. 2009. *Society of the Spectacle*. Eastbourne: Soul Bay Press.

Deleuze, Gilles, Félix Guattari, Hugh Tomlinson, and Graham Burchell. 1994. *What Is Philosophy?* New York: Columbia University Press.

Derrida, Jacques. 1969. "The Ends of Man." *Philosophy and Phenomenological Research* 30 (1): 31 – 57.

Descola, Philippe. 2005. *Par-Delà Nature et Culture*. Bibliothèque Des Sciences Humaines. Paris?: NRF : Gallimard.

———. 2013. *Beyond Nature and Culture*. Chicago ; London: The University of Chicago Press.

"Do Vaccines Cause Autism?" 2013. *Infowars*. Accessed September 25. http://www.infowars.com/do-vaccines-cause-autism/.

Dolphijn, Rick, and Iris van der Tuin. 2012. "New Materialism Interviews & Cartographies." http://openhumanitiespress.org/new-materialism.html.

Donaldson, Sue. 2011. *Zoopolis: A Political Theory of Animal Rights*. Oxford ; New York: Oxford University Press.

Downey, Genesis. 2012. "The Here and There of a Femme Cave: An Autoethnographic Snapshot of a Contextualized Girl Gamer Space." *Cultural Studies <=> Critical Methdologies* 12: 235 – 241.

Dritsas, Lawrence. 2007. "Cultures of Science Fiction." *Metascience* 16 (2) (May 9): 345–348. doi:10.1007/s11016-007-9090-0.

Dussel, Enrique D. 2013. *Ethics of Liberation in the Age of Globalization and Exclusion*. Latin America Otherwise : Languages, Empires, Nations. Durham: Duke University Press.

Eden, Amnon. 2010. "Susan Schneider (ed): Science Fiction and Philosophy." *Minds and Machines* 20 (3) (June 18): 481–482. doi:10.1007/s11023-010-9195-x.

Eglash, Ron. 1999. *African Fractals: Modern Computing and Indigenous Design*. New Brunswick, N.J: Rutgers University Press.

Einstein, Gillian, and Margrit Shildrick. 2009. "The Postconventional Body: Retheorising Women's Health." *Social Science & Medicine (1982)* 69 (2) (July): 293–300. doi:10.1016/j.socscimed.2009.04.027.

Flusser, Vilém. 1998. *Kommunikologie*. Frankfurt: Fischer Taschenbuch Verlag.

Foucault, Michel. 1966. *Les mots et les choses une archéologie des sciences humaines*. [Paris]: Gallimard.

———. 2003. *Society Must Be Defended: Lectures at the Collège de France, 1975-76*. 1st Picador pbk. ed. New York: Picador.

Fromm, Erich. 1994. *Escape from Freedom*. 1st Owl book ed. New York: H. Holt.

———. 2005. *To Have or to Be?* Rev. ed. London ; New York: Continuum.

Fuchs, Peter. 1995. *Die Umschrift: Zwei Kommunikationstheoretische Studien, "Japanische Kommunikation" Und "Autismus"*. 1. Aufl. Suhrkamp Taschenbuch Wissenschaft 1216. Frankfurt am Main: Suhrkamp.

Galloway, Alexander R., and Eugene Thacker. 2007. *The Exploit*. Minneapolis, MN: University of Minnesota Press.

Gamm, Gerhard. 2000. *Nicht Nichts: Studien Zu Einer Semantik Des Unbestimmten*. 1. Aufl. Suhrkamp Taschenbuch Wissenschaft 1457. Frankfurt am Main: Suhrkamp.

Gardner, Amanda. 2011. "Nearly Half of AMericans Still Suspect Vaccine-Autism Link." *http://usatoday30.usatoday.com/yourlife/health/medical/autism/2011-01-22-Poll-Vaccineautism_N.htm*. http://usatoday30.usatoday.com/yourlife/health/medical/autism/2011-01-22-poll-vaccine-autism_N.htm.

Garrett, Brian Jonathan. 2006. "What the History of Vitalism Teaches Us about Consciousness and the Hard Problem." *Philosophy and Phenomenological Research* 72: 616 – 628.

———. 2009. "Causal Essentialism vs. the Zombie Worlds." *Candian Journal of Philosophy* 39: 93 – 11.

Garry, Ann. 2011. "Intersectionality, Metaphors, and the Multiplicity of Gender." *Hypatia* 26 (4): 826–850. doi:10.1111/j.1527-2001.2011.01194.x.

Geenen, Elke M. 2002. *Soziologie Des Fremden: Ein Gesellschaftstheoretischer Entwurf*. Opladen: Leske + Budrich.

Gelernter, David. 2013. "Ende der Subjektivität Der Robotismus als soziale Krankheit." *FAZ. NET*, September 16, sec. Feuilleton. http://www.faz.net/aktuell/feuilleton/ende-der-subjektivitaet-der-robotismus-als-soziale-krankheit-12576611.html.

Gendron, Maria, Kristen A. Lindquist, Lawrence Barsalou, and Lisa Feldman Barrett. 2012. "Emotion Words Shape Emotion Percepts." *Emotion* 12 (2): 314–325. doi:10.1037/a0026007.

Gilbert, Scott F, Jan Sapp, and Alfred I Tauber. 2012. "A Symbiotic View of Life: We Have Never Been Individuals." *The Quarterly Review of Biology* 87 (4) (December): 325–341.

Gilchrist, Todd. 2004. "Interview: Mamoru Oshii." *IGN*. September 16. http://www.ign.com/articles/2004/09/17/interview-mamoru-oshii?page=1.

Go, Julian. 2012. "For a Postcolonial Sociology." *Theory and Society* 42 (1) (October 29): 25–55. doi:10.1007/s11186-012-9184-6.

———. 2013. "Decolonizing Bourdieu Colonial and Postcolonial Theory in Pierre Bourdieu's Early Work." *Sociological Theory* 31 (1) (March 1): 49–74. doi:10.1177/0735275113477082.

Goldstone, Robert, and A.T. Hendrickson. 2010. "Categorical Perception." *Interdisciplinary Reviews: Cognitive Science* 1: 65 – 78.

Goslinga, Gillian. 2012. "Spirited Encounters: Notes on the Politics and Poetics of Representing the Uncanny in Anthropology." *Anthropological Theory* 12 (4) (December 1): 386–406. doi:10.1177/1463499613479266.

Grandin, Temple. 2006a. *Animals in Translation: Using the Mysteries of Autism to Decode Animal Behavior.* 1st Harvest ed. Orlando: Harcourt.

———. 2006b. *Thinking in Pictures: And Other Reports from My Life with Autism.* 2nd Vintage Books ed. New York: Vintage Books.

Grandin, Temple, and Catherine Johnson. 2010. *Animals Make Us Human Creating the Best Life for Animals.* Boston: Mariner Books. http://www.contentreserve.com/TitleInfo.asp?ID={306AAE77-3498-4587-AF83-0B36E5866F7F}&Format=410.

Greco, Monica. 2005. "On the Vitality of Vitalism." *Theory, Culture & Society* 22 (1) (February 1): 15–27. doi:10.1177/0263276405048432.

Groot, Jerome de. 2009. *Consuming History: Historians and Heritage in Contemporary Popular Culture.* New York, NY: Routledge.

Gross, Kenneth. 2006. *The Dream of the Moving Statue.* 1st pbk. ed. University Park, Pa: Pennsylvania State University Press.

Grosz, Elizabeth. 1989. *Sexual Subversions.* St. Leonards: Allen & Unwin.

———. 2008. "Merleau-Ponty, Bergson, and the Question of Ontology." In *Interwinings – Interdisciplinary Encounters with Merleau-Ponty,* edited by Gail Weiss, 13 – 30. Albany, NY: SUNY Press.

———. 2011. *Becoming Undone.* Durham, NC: Duke University Press.

Guerra, Stephanie. 2009. "Colonizing Bodies: Corporate Power and Biotechnology in Young Adult Science Fiction." *Children's Literature in Education* 40 (4) (April 7): 275–295. doi:10.1007/s10583-009-9086-z.

Hacking, Ian. 2009a. "How We Have Been Learning to Talk About Autism: A Role for Stories." *Metaphilosophy* 40 (3-4): 499–516. doi:10.1111/j.1467-9973.2009.01607.x.

———. 2009b. "Humans, Aliens & Autism." *Daedalus* 138 (3) (June 29): 44–59. doi:10.1162/daed.2009.138.3.44.

Hagner, Michael. 2008. *Homo cerebralis: der Wandel vom Seelenorgan zum Gehirn.* Frankfurt, M.: Suhrkamp.

Hallett, Tim. 2010. "The Myth Incarnate Recoupling Processes, Turmoil, and Inhabited Institutions in an Urban Elementary School." *American Sociological Review* 75 (1) (February 1): 52–74. doi:10.1177/0003122409357044.

Hamilton, John. 2010. "Autism Gives Woman An 'Alien View' Of Social Brains : NPR." *NPR.org.* August 23. http://www.npr.org/templates/story/story.php?storyId=129379866.

Hanna, Robert. 2006. *Kant, Science, and Human Nature*. Oxford, UK: Oxford University Press.

Hanna, Robert, and Michelle Maiese. 209AD. *Embodied Minds in Action*. Oxford: Oxford University Press.

Haraway, Donna. 1988. "Situated Knowledges: The Science Question in Feminism and the Privilege of Partial Perspective." *Feminist Studies* 14 (3): 575. doi:10.2307/3178066.

———. 1997. *Modest_Witness@Second_Millennium.FemaleMan©Meets_OncoMouse^{TM}: Feminism and Technoscience*. New York: Routledge.

———. 2013. *2013 IHR Distinguished Lecture with Donna Haraway*. http://vimeo.com/62081248.

Haraway, Donna Jeanne. 2008. *When Species Meet*. Posthumanities 3. Minneapolis: University of Minnesota Press.

Hass, Lawrence. 2008. "Elemental Alterity: Levinas and Merleau-Ponty." In *Interwinings – Interdisciplinary Encounters with Merleau-Ponty*, edited by Gail Weiss, 31 – 44. Albany, NY: SUNY Press.

Haug, Wolfgang Fritz. 2009. *Kritik Der Warenästhetik, Gefolgt von Warenästhetik Im High-Tech-Kapitalismus*. Überarb. Neuausg., 1. Aufl., Originalausg. Edition Suhrkamp 2553. Frankfurt am Main: Suhrkamp.

Henrich, Joe, Steven J. Heine, and Ara Norenzayan. 2010. "The Weirdest People in the World?" SSRN Scholarly Paper ID 1601785. Rochester, NY: Social Science Research Network. http://papers.ssrn.com/abstract=1601785.

Hirntod: Zur Kulturgeschichte Der Todesfeststellung. 2001. Suhrkamp Taschenbuch Wissenschaft 1525. Frankfurt: Suhrkamp.

"Historical Concept of Brain Death Still Makes Waves Today : Neurology Today." 2013. Accessed September 6. http://journals.lww.com/neurotodayonline/Fulltext/2005/07000/Historical_Concept_of_Brain_Death_Still_Makes.7.aspx.

Hoffmann, E. T. A. 1987. *Der Sandmann ; und, das "ode" Haus*. Stuttgart: Philipp Reclam.

Hofsten, Claes von, and K Rosander. 2007. *From Action to Cognition*. Amsterdam; Boston: Elsevier.

Hogrebe, Wolfgang. 2011. "Mantics and Hermeneutics." *Archiwum Historii Filozofii I Mysli Spolecznej" / "Archive of the History of Philosophy and Social Thought* 56.

Holland, Nancy J. 2011. "Looking Backwards: A Feminist Revisits Herbert Marcuse's Eros and Civilization." *Hypatia* 26 (1) (February 1): 65–78. doi:10.1111/j.1527-2001.2010.01127.x.

Honneth, Axel, Judith Butler, Raymond Geuss, Jonathan Lear, and Martin Jay. 2012. *Reification: A New Look at an Old Idea*. Oxford [England]; New York: Oxford University Press.

Horkheimer, Max. 1985. *Critique of Instrumental Reason: Lectures and Essays since the End of World War II*. New York: Continuum.

———. 2012. *Eclipse of Reason*. S.l.: s.n.

Horkheimer, Max, and Theodor W Adorno. 1993. *Dialectic of Enlightenment*. New York: Continuum.

Howe, Jeff. 2009. *Crowdsourcing: Why the Power of the Crowd Is Driving the Future of Business*. 1st paperback ed. New York: Three Rivers Press.

Huang, Han-Yu. 2011. "Risk, Fear, and Immunity: Reiventing the Political in the Age of Biopolitics." *Concentric: Literature and Culture Studies* 37 (1): 43 – 71.

Hustak, Carla, and Natasha Myers. 2012. "Involutionary Momentum: Affective Ecologies and the Sciences of Plant/Insect Encounters." *Differences* 23 (3) (January 1): 74–118. doi:10.1215/10407391-1892907.

Iser, Wolfgang. 1991. *Das Fiktive Und Das Imaginaere: Perspektiven Literatischer Anthropologie*. Frankfurt, aM: Suhrkamp.

Jahn, Janheinz. 1986. *Muntu: Die Neoafrikanische Kultur: Blues, Kulte, Négritude, Poesie Und Tanz*. Neuausg. Diederichs Gelbe Reihe 63. Köln: E. Diederichs.

―――. 1990. *Muntu: African Culture and the Western World*. Rev. Grove Weidenfeld Evergreen ed. New York: Grove Weidenfeld.

James, Eric Caple. 2012. "Witchcraft, Bureaucraft, and the Social Life of (US)AID in Haiti." *Cultural Anthropology* 27 (1): 50 – 75.

Jameson, Frederic. 2005. *Archeologies Fo the Future: The Desire Called Utopia and Other Science Fictions*. London: Verso.

Jameson, Fredric. 1991. *Postmodernism, Or, The Cultural Logic of Late Capitalism*. Durham: Duke University Press.

Jenkins III, Henry. 2004. *Tectual Poachers*. London: Routledge.

―――. 2006. "'Star Trek' Rerun, Reread, Rewritten: Fan Writing as Textual Poaching." In *Fans, Bloggers, and Gamers*, 37 – 60. New York, NY: New York University Press.

Joel, Daphna. 2011. "Male or Female? Brains Are Intersex." *Frontiers in Integrative Neuroscience* 5 (September 20). doi:10.3389/fnint.2011.00057. http://www.ncbi.nlm.nih.gov/pmc/articles/PMC3176412/.

Johnson, Brian David. 2013a. "Violence, Death and Robots: Going to Extremes with Science Fiction Prototypes." *Personal and Ubiquitous Computing* (May 8). doi:10.1007/s00779-013-0680-0. https://asa04.rmz.uni-lueneburg.de/+CSCO+dh756767633A2F2F79766178 2E66636576617472652E70627A++/article/10.1007/s00779-013-0680-0.

―――. 2013b. "Violence, Death and Robots: Going to Extremes with Science Fiction Prototypes." *Personal and Ubiquitous Computing* (May 8). doi:10.1007/s00779-013-0680-0.

Jongen, Marc. 2011. "On Anthropospheres and Aphrogrammes. Peter Sloterdijk's Thought Images of the Monstrous." *Humana.Mente* 18 (September): 199 – 220.

Jr., David C. Wright, and Allan W. Austin, ed. 2010. *Space and Time: Essay on Visions on Hisotry in Science Fiction and Fantasy Television*. Jefferson, NC: McFarland.

Kabat-Zinn, Jon. 2012. *Mindfulness for Beginners: Reclaiming the Present Moment--and Your Life*. Boulder, CO: Sounds True.

Kaiser, Rowan. 2013. "How the Patriarchy Screwed the Starks." *The American Prospect*, June 3. http://prospect.org/article/how-patriarchy-screwed-starks.

Kalmanson, Leah. 2012. "Buddhism and Bell Hooks: Liberatory Aesthetics and the Radical Subjectivity of No-Self." *Hypatia* 27 (4) (November 1): 810–827. doi:10.1111/j.1527-2001.2011.01224.x.

Kang, Minsoo. 2011. *Sublime Dreams of Living Machines: The Automaton in the European Imagination*. Cambridge, Mass: Harvard University Press.

Keen, Suzanne. 2011. "Empathetic Hardy: Bounded, Ambassadorial, and Broadcast Strategies of Narrative Empathy." *Poetics Today* 32 (2): 349 – 389.

Kelty, Christopher, and Hannah Landecker. 2004. "A Theory of Animation: Cells, L-Systems, and Film." *Grey Room* – (October 1): 30–63. doi:10.1162/1526381042464536.

Kenemore, Scott. 2007. *The Zen of Zombie: Better Living through the Undead*. New York: Skyhorse Pub.

Kenji, Kamiyama. 2013. "Interview: Kenji Kamiyama." Accessed October 6. http://www.productionig.com/contents/works_sp/02_/s08_/index.html.

Kim, Rose M. 2012. "Violence and Trauma as Constitutive Elements in Korean American Racial Identity Formation: The 1992 L.A. Riots/insurrection/saigu." *Ethnic and Racial Studies* 35 (11) (November): 1999–2018. doi:10.1080/01419870.2011.602090.

Kim, Sung Ho. 2012. "Max Weber." In *The Stanford Encyclopedia of Philosophy*, edited by Edward N. Zalta, Fall 2012. http://plato.stanford.edu/archives/fall2012/entries/weber/.

King, Katie. 2012. *Networked Reenactments: Stories Transdisciplinary Knowledges Tell.* Durham, NC: Duke University Press.

Kirk, Robert. 2006. *Zombies and Consciousness.* Oxford: Oxford University Press.

Knauft, Bruce M. 2002. *Critically Modern: Alternatives, Alterities, Anthropologies.* Bloomington, IN: Indiana University Press.

Kockelman, Paul, and Anya Bernstein. 2012. "Semiotic Technologies, Temporal Reckoning, and the Portability of Meaning. Or: Modern Modes of Temporality – Just How Abstract Are They?" *Anthropological Theory* 12 (3) (September 1): 320–348. doi:10.1177/1463499612463308.

Koestler, Arthur. 1989. *The Ghost in the Machine.* London: Arkana.

Kozima, Hideki, Marek P. Michalowski, and Cocoro Nakagawa. 2008. "Keepon: A Playful Robot for Research, Therapy, and Entertainment." *International Journal of Social Robotics* 1 (1) (November 19): 3–18. doi:10.1007/s12369-008-0009-8.

Krummel, John W.M., and Shigenori Nagatomo. 2012. *Place and DialecticTwo Essays by Nishida Kitaro.* Oxford University Press. http://www.oxfordscholarship.com/view/10.1093/acprof:oso/9780199841172.001.0001/acprof-9780199841172.

LaMarre, Thomas. 2009. *The Anime Machine: A Media Theory of Animation.* Minneapolis, MN: University of Minnesota Press.

Lamla, Jörn. 2008. "Consumer Citizen: The Constitution of Consumer Democracy in Sociological Perspective." *Re-Shaping Consumer Policy in Europe? Special Issue of German Policy Studies* 4 (1).

———. 2012. "Consumer Autonomy and Its Political Manifestations. Towards a Sociological Theory of the Consumer Citizen." *Krisis* (1): 32 – 48.

———. 2013. *Verbraucherdemokratie: Politische Soziologie Der Konsumgesellschaft.* 1. Aufl. Suhrkamp Taschenbuch Wissenschaft 2072. Berlin: Suhrkamp.

Landecker, Hannah. 2007. *Culturing Life: How Cells Became Technologies.* Cambridge, Mass.: Harvard University Press.

———. 2009. "Seeing Things: From Microcinematography to Live Cell Imaging." *Nature Methods* 6 (10) (October): 707–709.

———. 2011a. "Creeping, Drinking, Dying: The Cinematic Portal and the Microscopic World of the Twentieth-Century Cell." *Science in Context* 24 (3): 381.

———. 2011b. "Food as Exposure: Nutritional Epigenetics and the New Metabolism." *BioSocieties* 6 (2) (March 7): 167–194. doi:10.1057/biosoc.2011.1.

Langer, Ellen. 1989. *Mindfulness.* Reading, Ma.: Addison Wesley.

Lash, Scott. 1994. *Economies of Signs and Space.* Theory, Culture & Society. London ; Thousand Oaks, Calif: Sage.

Latour, Bruno. "Which Language Shall We Speak with Gaia?" *Lecture Prepared for the Holberg Memorial Prize Symposium 2013: "From Economics to Ecology", Bergen, June 4th.* (2013).

Laurot, Sarah Juliet, and Karen Embry. 2008. "A Zombie Manifesto: The Non-Human Condition in an Era of Advanced Capitalism." *Boundaries* 2: 85 – 108.

Law, John, ed. 1991. *A Sociology of Monsters: Essays on Power, Technology, and Domination.* London:: Routledge.

Lenoir, Timothy. 2000. "All but War Is Simulation: The Military-Entertainment Complex." *Configurations* 8: 289 – 335.

Leroi-Gourhan, André. 1993. *Gesture and Speech*. Cambridge, Mass: MIT Press.

Levine, Donald Nathan. 1995. *Visions of the Sociological Tradition*. Chicago: University of Chicago Press.

———. 2014. "Der Variable Status von Klassikern in Unterschiedlichen Narrativen Der Soziologischen Tradition." In *Soziologiegeschichte. Wege Und Ziele*, edited by Christian Dayé and Stefan Moebius.

Lindquist, Kristen A., Maria Gendron, Suzanne Oosterwijk, and Lisa Feldman Barrett. 2013. "Do People Essentialize Emotions? Individual Differences in Emotion Essentialism and Emotional Experience." *Emotion* 13 (4): 629–644. doi:10.1037/a0032283.

Lindquist, Kristen A., Tor D. Wager, Hedy Kober, Eliza Bliss-Moreau, and Lisa Feldman Barrett. 2012. "The Brain Basis of Emotion: A Meta-Analytic Review." *Behavioral and Brain Sciences* 35 (03): 121–143. doi:10.1017/S0140525X11000446.

Linke, Uli. 2006. "Contact Zones: Rethinking the Sensual Life of the State." *Anthropological Theory* 6 (2): 205 – 225.

Livingston, Paisley, and Carl Plantinga, ed. 2009. *Routledge Companion to Philosophy and Film*. New York: Routledge.

Lorenz, Thorsten. 2012. "Das Zittern Des Körpers Medien Als Zeitmaschinen Der Sinne." In *Raum, Zeit, Medienbildung*, edited by Gerhard Chr. Bukow, Johannes Fromme, and Benjamin Jörissen, 23–45. Wiesbaden: VS Verlag für Sozialwissenschaften

Lugones, Maria. 2006. "On Complex Communication." *Hypatia* 21 (3): 75–85.

———. 2007. "Heterosexualism and the Colonial / Modern Gender System." *Hypatia* 22 (1): 186–209. doi:10.1353/hyp.2006.0067.

———. 2008. "The Coloniality of Gender." *Worlds & Knowledges Otherwise* (Spring): 1 – 17.

Lugones, María. 1992. "On Borderlands/La Frontera: An Interpretive Essay." *Hypatia* 7 (4): 31–37. doi:10.1111/j.1527-2001.1992.tb00715.x.

———. 1999. "Tenuous Connections in Impure Communities." *Ethics & the Environment* 4 (1): 85–90.

Lugones, Marìa. 2010. "Toward a Decolonial Feminism." *Hypatia* 25 (4): 742–759. doi:10.1111/ J.1527-2001.2010.01137.x.

Lukács, György. 1971. *History and Class Consciousness: Studies in Marxist Dialects*. London: Merlin Press.

Lurz, Robert. 2009. "Animal Minds." *Internet Encyclopedia of Philosophy*. http://www.iep. utm.edu/ani-mind/#SH1c.

Lynch, Michael P. 2011. *Truth as One and Many*. Oxford ; New York: Clarendon Press.

Machado, Calixto, Julius Korein, Yazmina Ferrer, Liana Portela, Maria de la C Garcia, and Jose M Manero. 2007. "The Concept of Brain Death Did Not Evolve to Benefit Organ Transplants." *Journal of Medical Ethics* 33 (4) (April): 197–200. doi:10.1136/jme.2006.016931.

Macherey, Pierre. 2011. *Hegel or Spinoza*. Minneapolis: University of Minnesota Press.

MacKendrick, Kenneth G. 2008. *Discourse, Desire, and Fantasy in Juergen Habermas' Critical Theory*. New York, NY: Routledge.

@maiasz, Maia Szalavitz. 2013. "Why Girls May Be Protected Against Autism." *Time*. Accessed September 25. http://healthland.time.com/2013/02/22/why-girls-may-be-protected-against-autism/.

Malabou, Catherine. 2010. "The Eternal Return and the Phantom of Difference." *Parrhesia* 10. 21 – 29.

Manning, Erin. 2013. *Always More than One: Individuation's Dance.* Durham: Duke University Press.

Manning, Mark L., and Rana L. Manning. 2007. "Legion Theory A Meta-Psychology." *Theory & Psychology* 17 (6) (December 1): 839–862. doi:10.1177/0959354307083497.

Maraldo, John C. 2012. "Nishida Kitaro." In *The Stanford Encyclopedia of Philosophy*, edited by Edward N. Zalta, Summer 2012. http://plato.stanford.edu/archives/sum2012/entries/nishida-kitaro/.

Marchart, Oliver. 2010. *Die Politische Differenz.* Berlin: Suhrkamp.

Marcuse, Herbert. 1991. *One-Dimensional Man: Studies in the Ideology of Advanced Industrial Society.* Routledge.

———. 1998. *Eros and Civilization a Philosophical Inquiry into Freud.* London: Routledge. http://search.ebscohost.com/login.aspx?direct=true&scope=site&db=nlebk&db=nlabk&AN=512265.

Marlin-Bennett, Renee. 2013. "Embodied Information, Knowing Bodies, and Power." *Millennium - Journal of International Studies* Online First (May 3).

Martin, John Levi. 1999. "The Myth of the Consumption-Oriented Economy and the Rise of the Desiring Subject." *Theory and Society* 28 (3): 425 – 453.

———. 2000. "What Do Animals Do All Day?: The Division of Labor, Class Bodies, and Totemic Thinking in the Popular Imagination." *Poetics* 27 (2–3) (March): 195–231. doi:10.1016/S0304-422X(99)00025-X.

Mbembe, Achille. 2001. *On the Postcolony.* Berkeley, CA, USA: University of California Press.

Mcgeer, Victoria. 2009a. "The Thought and Talk of Individuals with Autism: Reflections on Ian Hacking." *Metaphilosophy* 40 (3-4): 517–530. doi:10.1111/j.1467-9973.2009.01601.x.

———. 2009b. "The Thought and Talk of Individuals with Autism: Reflections on Ian Hacking." *Metaphilosophy* 40 (3-4): 517–530. doi:10.1111/j.1467-9973.2009.01601.x.

Mcweeny, Jen. 2010. "Liberating Anger, Embodying Knowledge: A Comparative Study of María Lugones and Zen Master Hakuin." *Hypatia* 25 (2): 295–315. doi:10.1111/j.1527-2001.2009.01077.x.

Men and Masculinities in Contemporary Japan: Dislocating the Salaryman Doxa. 2003. London ; New York: Routledge.

"Microbes Manipulate Your Mind." 2012. *The Guardian.* August 19. http://www.theguardian.com/science/neurophilosophy/2012/aug/19/microbes-manipulate-your-mind.

Miéville, China. 2008. "M.R. James and the Quantum Vampire. Weird; Hauntological: Versus And/or And/or Or?" *Collapse* 4: 105 –128.

Mignolo, W. D. 2002. "The Geopolitics of Knowledge and the Colonial Difference." *South Atlantic Quarterly* 101 (1) (January 1): 57–96. doi:10.1215/00382876-101-1-57.

———. 2009. "Epistemic Disobedience, Independent Thought and Decolonial Freedom." *Theory, Culture & Society* 26 (7-8): 159–181. doi:10.1177/0263276409349275.

Mignolo, Walter. 2012. *The Darker Side of Western Modernity.* Durham, NC: Duke University Press.

———. 2013. "Geopolitics of Sensing and Knowing: On (de)coloniality, Border Thinking, and Epistemic Disobedience." *Confero Essays on Education Philosophy and Politics* 1 (1) (March 12): 129–150. doi:10.3384/confero.2001-4562.13v1i1129.

Mol, Annemarie. 2008. "I Eat an Apple. On Theorizing Subjectivities." *Subjectivity* 22 (1) (May): 28–37. doi:10.1057/sub.2008.2.

———. 2009. "Good Taste." *Journal of Cultural Economy* 2 (3): 269–283. doi:10.1080/17530350903345504.

Mooallem, Jon. 2013. "Squirrel Power!" *The New York Times*, August 31, sec. Opinion / Sunday Review. http://www.nytimes.com/2013/09/01/opinion/sunday/squirrel-power.html.

Morton, Timothy. 2006. *The Poetics of Spice: Romantic Consumerism and the Exotic*. Cambridge, UK; New York: Cambridge University Press.

———. 2009. *Ecology without Nature*. Cambridge, Mass.; London: Harvard University Press.

———. 2013. *Realist Magic: Objects, Ontology, Causality*. Open Humanities Press.

Muri, Allison. 2007. *The Enlightenment Cyborg: A History of Communications and Control in the Human Machine, 1660-1830*. Toronto ; Buffalo: University of Toronto Press.

Murphy, Nancey, and Warren S. Brown. 2007. *Did My Neurons Make Me Do It?* Oxford: Oxford University Press.

Myers, Alan. 1978. "Science Fiction in the Classroom." *Children's Literature in Education* 9 (4) (December): 182–187. doi:10.1007/BF01150170.

Myers, Ella. 2013. *Worldly Ethics: Democratic Politics and Care for the World*. Durham and London: Duke University Press.

Nagel, Thomas. 435AD. "What Is It like to Be a Bat?" *The Philosophical Review* 83 (4): 1974.

Negroni, Jon. 2013. "A Grand Unified Theory of Pixar." *Slate*, September 18. http://www.slate.com/articles/arts/culturebox/2013/09/pixar_theory_this_grand_unified_theory_explains_how_monsters_inc_s_boo_grows.html.

Nelson, James Lindemann. 2009. "Alzheimer's Disease and Socially Extended Mentation." *Metaphilosophy* 40 (3-4): 462–474. doi:10.1111/j.1467-9973.2009.01597.x.

New Materialisms: Ontology, Agency, and Politics. 2010. Durham [NC] ; London: Duke University Press.

Newitz, Annalee. 2008. "Welcome to the Culture, the Galactic Civilization That Iain M. Banks Built." *io9*. http://io9.com/354739/welcome-to-the-culture-the-galactic-civilization-that-iain-m-banks-built.

Nick Bostrom. 2010. *Anthropic Bias: Observation Selection Effects in Science and Philosophy*. [S.l.]: Routledge.

Nishida, Kitarō. 2012. *Place and Dialectic: Two Essays*. Oxford ; New York: Oxford University Press.

Nishida, Kitarō, Masao Abe, and Christopher Ives. 1992. *Inquiry into the Good*. Yale University Press.

Nishime, LeiLani. 2005. "The Mulatto Cyborg: Imagining a Multiracial Future." *Cinema Journal* 44 (2): 34–49. doi:10.1353/cj.2005.0011.

Noë, Alva. 2009. *Out of Our Heads – Why You Are Not Your Brain, and Other Lessons from the Biology of Consciousness*. New York, NY: Hill and Wang.

Oliver, Kelly. 2004. "Witnessing and Testimony." *Parallax* 10 (1): 78–87. doi:10.1080/1353464032000171118.

Olson, John Michael. 1999. "Nishida Kitaro: A Philosophical Response to Modernity." *ETD Collection for Purdue University* (January 1): 1–194.

Ortega-Brena, Mariana. 2008. "Peek-a-Boo, I See You: Watching Japanese Hard-Core Animation." *Sexuality & Culture* 13 (1) (December 5): 17–31. doi:10.1007/s12119-008-9039-5.

Parikka, Jussi. 2010. *Insect Media: An Archaeology of Animals and Technology*. Posthumanities v. 11. Minneapolis: University of Minnesota Press.

Peplow, Mark. 2013. "Hormone Disruptors Rise from the Dead." *Nature* (September 26). doi:10.1038/nature.2013.13831. http://www.nature.com/doifinder/10.1038/nature.2013.13831.

"Peter at TED Talks." 2013. *Peter Gabriel.* Accessed September 1. http://petergabriel.com//media/article/2852/peter-at-ted-talks/.

Pfeiffer, Karl Ludwig. 1999. *Das Mediale Und Das Imaginaere.* Frankfurt, aM: Suhrkamp.

"Podcast: Professor Ian Hacking – 'Making Up Autism.'" 2013. *The British Society for the History of Science (BSHS).* Accessed September 24. http://www.bshs.org.uk/podcast-professor-ian-hacking-making-up-autism.

Pohlen, Manfred, and Margarethe Bautz-Holzherr. 2001. "'Gullivers Reisen: Die Science Fiction Der Buergerlichn Welt', 'De Sades Apokalyptische Vision Der Moderne', 'Die Metaphorische Rede Als Konstitutive Bedingung Zum Aufbau Der Lebenswelt', 'Nachtrag: Ein Psychohistorischer Exkurs Zur Moderne – Die Schoepfung Der Mentalitatet.'" In *Eine Andere Aufklaerung*, 141 – 144, 144 – 157, 309 – 324, 404 – 495. Frankfurt, aM: Suhrkamp.

Prasad, Amit. 291AD. "Making Images/Making Bodies: Visibilizing and Disciplining through Magnetic Resonance Imaging (MRI)." *Science, Technology & Human Values* 30 (2): 2005.

Qu, Shen, Edward P. Kolodziej, Sarah A. Long, James B. Gloer, Eric V. Patterson, Jonas Baltrusaitis, Gerrad D. Jones, et al. 2013. "Product-to-Parent Reversion of Trenbolone: Unrecognized Risks for Endocrine Disruption." *Science* (September 26): 1243192. doi:10.1126/science.1243192.

Quijano, Anibal. 2000. "Coloniality of Power, Eurocentrism, and Latin America." Translated by Michael Ennis. *Nepantla: Views from South* 1 (3): 533–580.

Raud, Rein. 2004. "'Place' and 'Being-Time': Spatiotemporal Concepts in the Thought of Nishida Kitaro and Dogen Kigen." *Philosophy East and West* 54 (1): 29–51. doi:10.1353/pew.2003.0057.

Rauschenbach, Rolf. 2012. "Post-Conventional Political Cultures via Processes of Direct Democracy: Theoretical Considerations Based on Jürgen Habermas and Lawrence Kohlberg." *Swiss Political Science Review* 18 (4): 477–497. doi:10.1111/spsr.12001.

Reckwitz, Andreas. 2002. "Toward a Theory of Social Practices A Development in Culturalist Theorizing." *European Journal of Social Theory* 5 (2) (May 1): 243–263. doi:10.1177/13684310222225432.

———. 2011. *Die Erfindung der Kreativität: Zum Prozess gesellschaftlicher Ästhetisierung.* Berlin: Suhrkamp.

Recreating Japanese Men. 2011. Berkeley: University of California Press.

Rest, James R., Darcia Narvaez, Stephen J. Thoma, and Muriel J. Bebeau. 2000. "A Neo-Kohlbergian Approach to Morality Research." *Journal of Moral Education* 29 (4): 381–395. doi:10.1080/713679390.

Richins, Marsha L. 2010. "Consumer Materialism." In *Wiley International Encyclopedia of Marketing.* John Wiley & Sons, Ltd. http://onlinelibrary.wiley.com/doi/10.1002/9781444316568.wiem03001/abstract.

Riskin, Jessica. 2003. "The Defecating Duck, Or, the Ambiguous Origins of Artificial Life." *Critical Inquiry* 29 (4) (June): 599–633. doi:10.1086/377722.

Rorty, Richard. 1989. *Contingency, Irony, and Solidarity.* Cambridge ; New York: Cambridge University Press.

Rosa, Hartmut. 2005. *Beschleunigung: Die Veränderung Der Zeitstrukturen in Der Moderne.* 1. Aufl. Suhrkamp Taschenbuch Wissenschaft 1760. Frankfurt am Main: Suhrkamp.

———. 2013. *Social Acceleration: A New Theory of Modernity.* New Directions for Critical Theory. New York: Columbia University Press.

Rosenfeld, Dana, and Christopher Faircloth. 2004. "Embodied Fluidity and the Commitment to Movement: Constructing the Moral Self Through Arthritis Narratives." *Symbolic Interaction* 27 (4): 507 – 529.

Rumpala, Yannick. 2012. "Artificial Intelligences and Political Organization: An Exploration Based on the Science Fiction Work of Iain M. Banks." *Technology in Society* 34 (1) (February): 23–32. doi:10.1016/j.techsoc.2011.12.005.

Saitō, Tamaki. 2013. *Hikikomori: Adolescence without End*. Minneapolis: University of Minnesota Press.

Sams, Mona J., Elizabeth V. Fortney, and Stan Willenbring. 2006. "Occupational Therapy Incorporating Animals for Children With Autism: A Pilot Investigation." *The American Journal of Occupational Therapy* 60 (3) (May 1): 268–274. doi:10.5014/ajot.60.3.268.

Savulescu, Julian, and Nick Bostrom. 2010. *Human Enhancement*. Oxford: Oxford University Press.

Schachtner, Christina. 2010a. "Digitale Medien Und Transkulturalität." In *Neue Digitale Kultur- Und Bildungsräume*, edited by Petra Grell, Winfried Marotzki, and Heidi Schelhowe, 61–75. Wiesbaden: VS Verlag für Sozialwissenschaften.

———. 2010b. "Kommunikation Und Subjektivierung." In *Mensch Und Medien*, edited by Manuela Pietraß and Rüdiger Funiok, 115–137. Wiesbaden: VS Verlag für Sozialwissenschaften. Scheler, Max. 1973. *Formalism in Ethics and Non-Formal Ethics of Values; a New Attempt toward the Foundation of an Ethical Personalism*. 5th rev. ed. Northwestern University Studies in Phenomenology & Existential Philosophy. Evanston: Northwestern University Press.

Schmitz, Neil. 1974. "Neo-HooDoo: The Experimental Fiction of Ishmael Reed." *Twentieth Century Literature* 20 (2) (April): 126. doi:10.2307/440731.

Schneider, Rebeca. 2012. "It Seems as If…. I Am Dead: Zombie Capitalism and Theatrical Labor." *The Drama Review* 56 (4).

Schrader, Astrid. 2010. "Responding to Pfiesteria Piscicida (the Fish Killer): Phantomatic Ontologies, Indeterminacy, and Responsibility in Toxic Microbiology." *Social Studies of Science* 40 (2) (April): 275–306.

Sedgwick, Eve Kosofsky. 1980. *The Coherence of Gothic Conventions*. New York, NY: Arno.

Selinger, Evan, and Timothy Engstroem. 2007. "On Naturally Embodied Cyborgs: Identities, Metaphors, and Models." *Janus Head* 9 (2): 553 – 584.

Sennet, Adam. 2012. "Semantic Plasticity and Epistemicism." *Philosophical Studies* 161 (2) (November 1): 273–285. doi:10.1007/s11098-011-9734-1.

Shields, Rob. 2003. *The Virtual*. New York, NY: Routledge.

Sieczkowski, Cavan. 2013. "Pat Robertson Suggests Gays With AIDS Wear Rings To Cut, Infect Others." *Huffington Post*. Accessed September 26. http://www.huffingtonpost.com/2013/08/27/pat-robertson-aids-rings_n_3824401.html.

Simmel, Georg. 1916. "Fragmentcharakter Des Lebens." *LOGOS. Internationale Zeitschrift Für Philosophie Der Kultur*, 6 (1): 29 – 40.

Slaughter, Aimee. 2012. "Ray Guns and Radium: Radiation in the Public Imagination as Reflected in Early American Science Fiction." *Science & Education* (November 15). doi:10.1007/s11191-012-9559-0. *Slavoj Zizek (2013) "Karl Marx and Hegel" (Full)*. 2013. http://www.youtube.com/watch?v=7lpUTmvQLb8&feature=youtube_gdata_player.

Slusser, George E., and Eric S. Rabkin, ed. 1987. *Aliens: The Antrhopology of Science Fiction*. Carbondale: Southern Illinois University Press.

Smyth, Bryan. 2011. "The Meontic and the Militant: On Merleau-Ponty's Relation to Fink ." *International Journal of Philosophical Studies* 19 (5): 669–699. doi:10.1080/09672559.2 011.600771.

Stäheli, Urs. 2001. "Die Kontingenz Des Globalen Populären." *Soziale Systeme* 6 (1).

———. 2003. "The Popular in the Political System." *Cultural Studies* 17 (2): 275–299. doi:1 0.1080/0950238032000071730.

Standage, Tom. 2002. *The Turk: The Life and Times of the Famous Eighteenth-Century Chess-Playing Machine*. New York: Walker & Co.

———. 2003. *The Turk: The Life and Times of the Famous Eighteenth-Century Chess-Playing Machine*. New York: Berkley Books.

Stanzel, Franz K. 1995. *Die Theorie Des Erzaehlens*. 6th ed. UTB Für Wissenschaft. Uni-Taschenbücher 904. Goettingen: Vandenhoeck & Ruprecht.

Stelarc. 2002. "From Zombies to Cyborg Bodies: Extra Ear, Exoskeleton and Avatars." In *Explorations in Art and Technology*, by Linda Candy and Ernest Edmonds, 115–124. London: Springer London. https://asa04.rmz.uni-lueneburg.de/+CSCO+dh756767633A2F2F797 661782E66636576617472652E70627A+ +/chapter/10.1007/978-1-4471-0197-0_10.

Stengers, Isabelle. 2010. *Cosmopolitics*. Posthumanities 9-10. Minneapolis: University of Minnesota Press.

Stichweh, Rudolf. 1997. "The Stranger – on the Sociology of the Indifference." *Thesis Eleven* 51 (1) (November 1): 1–16. doi:10.1177/0725513697051000002.

Stiegler, Bernard. 2010. *Taking Care of Youth and Generations*. Stanford, CA: Stanford University Press.

Stingl, Alexander. 2009. *Aufklärung als Flaschenpost oder Anthropologie der Gegenwart Horkheimers und Adornos Immanente Kritik und Foucaults Interpretative Analytik*. Saarbrücken: VDM. http://nbn-resolving.de/urn:nbn:de:101:1-2010072912419.

Stingl, Alexander I. forthcoming. "Braining Your Life, Living Your Brain: The Cyborg Gaze and the Gendering, Chronification, and Ageing of the Brain." In *Media and the Brain*, edited by Michael Grabowski.

———. in progress. *From Class to Identity and Back Again: A Critique of Political Psychology in the Era of Technoscientific Governance 3.0 and the Digital Colonialty of Power*. book manuscript: under negotiation.

———. 2010. "The Virtualization of Health and Illness in the Age of Biological Citizenship." *Telos Press*. April. http://www.telospress.com/author/stingl/.

———. 2011. "Truth, Knowledge, Narratives of Selves." *The American Sociologist* 42 (2-3) (September 1): 207–219. doi:10.1007/s12108-011-9128-z.

———. 2012a. "Nomadic Statehood." In Copenhagen, Denmark.

———. 2012b. "My Body Is Dancing with a Yodeling Dog, the STS Scholar Said." In Rovigo, Italy.

———. 2012c. "Styles of Suffering and Spaces of Pain: Somatic, Semantic, Narrative Sites of Empathy and Agency." In Denver, CO.

Stingl, Alexander I., and Sabrina M. Weiss. forthcoming. "Care, Information, Power." *Telos* accepted

———. 2013. "Beyond and before the Label: The Ecologies and Agencies of ADHD." In *Krankheitskonstruktionen Und Krankheitstreiberei*, edited by Michael Dellwing and Martin Harbusch, 201–231. Wiesbaden: Springer Fachmedien Wiesbaden

———. 2014. "Mindfulness As/is Care." In *Wiley-Blackwell Handbook of Mindfulness*, edited by Ellen Langer, Amanda Ie, and Christelle T. Ngnoumen. Hoboken, NJ: Wiley-Blackwell.

Stokstad, Erik. 2013. "Zombie Endocrine Disruptors May Threaten Aquatic Life." *Science* 341 (6153) (September 27): 1441–1441. doi:10.1126/science.341.6153.1441.

Stoljar, Daniel. 2006. "Actors and Zombies." In *Content and Modality: Themes from the Philosophy of Robert Stalnaker*, edited by Judith Thompsom and Alex Byrne, 1 – 17. Oxford: Oxford University Press.

Storey, John. 2003. *Inventing Popular Culture: FRom Folklore to Globalization*. Oxford, UK: Blackwell.

Stratton, Jon. 2011. "Zombie Trouble: Zombie Texts, Bare Life and Displaced People." *Europea Journal of Cultural Studies* 14: 265 – 281.

Surowiecki, James. 2005. *The Wisdom of Crowds*. New York: Anchor Books.

Tanford, Charles, and Jacqueline A Reynolds. 2003. *Nature's Robots: A History of Proteins*. New York; Oxford: Oxford University Press.

Tanney, Julia. 2004. "On the Conceptual, Psychological, and Moral Status of Zombies, Swamp-Beings, and Other 'Behaviorally Indistinguishable' Beings." *Philosophy and Phenomenological Research* 69: 173 – 186.

Technologized Images, Technologized Bodies. 2010. New York: Berghahn Books.

"The Ambiguous Utopia of Iain M. Banks." 2013. *The New Atlantis*. Accessed October 4. http://www.thenewatlantis.com/publications/the-ambiguous-utopia-of-iain-m-banks.

The Feminist Standpoint Theory Reader: Intellectual and Political Controversies. 2004. New York: Routledge.

The Romantic Conception Of Life Science And Philosophy In The Age Of Goethe. 2004. Univ of Chicago Pr.

"The Zombie Threat to a Science of Mind." 2013. *Conscience and Consciousness*. Accessed June 27. http://conscienceandconsciousness.com/2013/06/14/the-zombie-threat-to-a-science-of-mind/.

"These Preppers Are Ready for Zombies, Nukes…and the Debt Ceiling." 2013. *Mother Jones*. Accessed October 13. http://www.motherjones.com/politics/2013/10/preppers-debt-ceiling-obama-zombies.

Thompson, Evan. 2007. *Mind in Life: Biology, Phenomenology, and the Sciences of Mind*. Cambridge, MA: Belknap Press.

Thompson, Evan, and Diego Cosmelli. 2011. "Brain in a Vat or Body in a World? Brainbound versus Enactive Views of Experience." *Philosophical Topics* 39 (1): 163 –180.

Tlostanova, M. V. 2010. *Gender Epistemologies and Eurasian Borderlands*. 1st ed. Comparative Feminist Studies Series. New York, NY: Palgrave Macmillan.

Tugendhat, Ernst. 1976. *Vorlesungen Zur Einfuehrung in Die Sprachanalytische Philosophie*. Frankfurt, aM: Suhrkamp.

———. 1984. *Probleme der Ethik*. Stuttgart: Reclam.

Turner, Victor W. 1964. "Witchcraft and Sorcery: Taxonomy versus Dynamics." *Africa: Journal of the International African Institute* 34: 314 – 325.

Tversky, Barbara. 2004. "Narratives of Space, Time, and Life." *Mind and Language* 19 (4): 380 – 392.

Twohy, Margaret. *From Voodoo to Virus: The Evolution of the Zombie in 20th Century Popular Culture (Master's Thesis)*. Dublin: Trinity College Dublin.

Un/Sinn, Hans-Werner. 2003. *Ist Deutschland Noch Zu Retten?* 2. Aufl. München: Econ.

———. 2007. *Can Germany Be Saved?: The Malaise of the World's First Welfare State*. Cambridge, Mass: MIT Press.

Urry, John. 1995. *Consuming Places*. International Library of Sociology. London ; New York: Routledge.

Verhoeff, Berend. 2013. "The Autism Puzzle: Challenging a Mechanistic Model on Conceptual and Historical Grounds." *Philosophy, Ethics, and Humanities in Medicine* 8 (1) (November 8): 17. doi:10.1186/1747-5341-8-17.

Voskuhl, Adelheid. 2013. *Androids in the Enlightenment: Mechanics, Artisans, and Cultures of the Self*. Chicago ; London: The University of Chicago Press.

Waldenfels, Bernhard. 1994. "Fiktion Und Realitaet." In *In Den Netzen Der Lebenswelt*, 226–234. Frankfurt, am: Suhrkamp.

Walter Mignolo. 2012. *The Darker Side of Western Modernity*. Durham, NC: Duke University Press.

Wargo, Robert. 2005. *The Logic of Nothingness: A Study of Nishida Kitarō*. Nanzan Library of Asian Religion and Culture. Honolulu, HI: University of Hawai'i Press.

Waskul, Dennis, and Phillip Vannini, ed. 2006. *Body/Embodiment: Symbolic Interaction and the Sociology of the Body*. Burlington, VT, USA: Ashgate.

Watters, Ethan. 2013. "We Aren't the World." *Pacific Standard* (February 25). http://www.psmag.com/magazines/pacific-standard-cover-story/joe-henrich-weird-ultimatum-game-shaking-up-psychology-economics-53135/.

Weiss, Sabrina M., Sal Restivo, and Alexander I. Stingl. 2013 *Worlds of ScienceCraft: New Horizons for the Philosophy and Sociology of Science Studies*. Farnham, Surrey, UK: Ashgate.

Weiss, Sabrina M. 2011a. "Personal Perspectives on Cyber-Identity and Cyber-Community (Invited Inaugural Keynote Lecture)." In Vol. Virtual Knowledge Laboratory, Netherlands Academy of Arts and Sciences, Netherlands,.

———. 2011b. "The Coming of the Robosapiens and the Emerging Cyborg Generation: A Socio-Ethical Perspective (Invited Keynote Speaker, Co-Presenter: Sal Restivo)." In Yorktown Heights, NY.

———. 2012a. "Three Perspectives on the Cyborg: Fullmetal Alchemist, Battlestar Galactica, and Sailor Stars." In Boston, MA.

———. 2012b. "Cyborgs in the Human Ecology." In Rovigo, Italy.

———. 2012c. "Nuffield Council on Bioethics. Emerging Biotechnologies: Technology, Choice and the Public Good." *London, UK: Nuffield Council on Bioethics* (December). http://www.nuffieldbioethics.org/sites/default/files/files/Sal_Restivo(1).pdf.

———. 2013. "Co-Opting History, Delivering Culture: Korean Fusion Sageuks as Dramatic Vehicles of Hybridization." In New York, NY.

———. *Disruptive Enactments and Cyborg Bodies: Epigenetics and Gut Microbiomes in Historical, Disciplinary, and Cultural Situatedness*. book manuscript: under negotiation.

———. *Odin's Bargain: Virtual Worlds as Diffractive Technoscientific Practices of Revealing*. book manuscript: under negotiation.

Wood, Gaby. 2002. *Living Dolls: A Magical History of the Quest for Mechanical Life*. London: Faber and Faber.

———. 2003. *Edison's Eve a Magical History of the Quest for Mechanical Life*. New York: Anchor. http://site.ebrary.com/id/10041316.

Wurm, Karin-Gratiana. 2012. "Phänomen Zeit – Medien Als Zeittreiber Medieninduzierte Moralvorstellungen Und Erwartungshaltungen Im Bezug Auf Die Zeit." In *Raum, Zeit, Medienbildung*, edited by Gerhard Chr. Bukow, Johannes Fromme, and Benjamin Jörissen, 101–116. Wiesbaden: VS Verlag für Sozialwissenschaften.

Yamamoto, Kentaro, Saori Tanaka, Hiromi Kobayashi, Hideki Kozima, and Kazuhide Hashiya. 2009. "A Non-Humanoid Robot in the 'Uncanny Valley': Experimental Analysis of the Reaction to Behavioral Contingency in 2–3 Year Old Children." Edited by Georges Chapouthier. *PLoS ONE* 4 (9) (September 16): e6974. doi:10.1371/journal.pone.0006974.

York, Richard, and Philip Mancus. 2013. "The Invisible Animal Anthrozoology and Macrosociology." *Sociological Theory* 31 (1) (March 1): 75–91. doi:10.1177/0735275113477085.

Zax, David. 2013. "A Dancing Robot That Could Help the Autistic." *MIT Technology Review*. Accessed September 24. http://www.technologyreview.com/view/425356/a-dancing-robot-that-could-help-the-autistic/.

Žižek, Slavoj. 2004. "What Can Psychoanalysis Tell Us about Cyberspace?" *Psychoanalytic Review* 91 (6): 801 – 830.

———. 2006. *The Parallax View*. Short Circuits. Cambridge, Mass: MIT Press.

———. 2010. "God Without the Sacred: The Book of Job, the First Critique of Ideology LIVE from the New York Public Library." In New York, NY.

———. 2013. "The Cyberspace Real." Accessed October 3. http://www.egs.edu/faculty/slavoj-zizek/articles/the-cyberspace-real/.

zombielaw. 2012. "Zombies and Autism – It's about Metaphors." *Zombielaw*. August 24. http://zombielaw.wordpress.com/2012/08/24/zombies-and-autism-its-about-metaphors/.

Zupančič, Alenka. 2012. "Not-Mother: On Freud's Verneinung." *E-Flux* 33 (3). http://www.e-flux.com/journal/not-mother-on-freuds-verneinung/.

Teil II

„You can't tame a wild thing": Ethnographische Notizen zu den Wilden Leuten in *Game of Thrones*

Michael Toggweiler

1 Prolog: Eine Dothraki-Hochzeit

Abb. 1
„Drogo ist ein wildes Tier, in Löwe vermischt mit einem Silberrücken." Standbild aus *Game of Thrones*.

Die Fantasy-Serie *Game of Thrones* ist die derzeit populärste der über mehrere Staffeln laufenden Serien amerikanischer Privatsender, welche in Aufwand und Qualität dem Kino ernsthafte Konkurrenz machen[1]. In der Pilotfolge lernen wir den ins Exil nach Übersee geflohenen rechtmässigen König von *Westeros* Viserys Targaryen kennen. Der ehrgeizige aber schwache junge Mann verheiratet seine Schwester Daenerys (Dany) an den *Dothraki*-Häuptling *(Khal)* Drogo, um dessen Armee für eine Rückeroberung des Königreichs vom Usurpator Robert Baratheon zu gewinnen. Der *Khal* ist ein Mannsbild sondergleichen: „Drogo is a savage beast. He's a lion mixed with a silverback", beschreibt ihn Jason Momoa, der den Häuptling spielt (Production Video 2011). Die zierliche Dany

---

1 *Game of Thrones* wurde von David Benioff und D. B. Weiss für den US-Kabelsender HBO produziert und basiert auf den Romanen *A Song of Ice and Fire* von George R. R. Martin. Martin fungiert als Drehbuchautor mehrerer Episoden. Die Pilotfolge wurde erstmals am 17. April 2011 auf HBO ausgestrahlt. Zum Zeitpunkt der Publikation dieses Artikels wurden vier Staffeln mit jeweils zehn Episoden gesendet. Die vierte Staffel konnte für diesen Artikel nicht mehr berücksichtigt werden. Zwei weitere Staffeln wurden von HBO bewilligt.

findet sich nun in der Pilotfolge an seiner Seite und wird unfreiwillige Zeugin ihrer
eigenen Dothraki-Hochzeit: Mit nacktem bemaltem Oberkörper, einem geflochte-
nen Bart, langem Haarzopf und mit Mascara umrandeten Augen empfängt Drogo
Hochzeitsgeschenke. Im Hintergrund tobt das Reitervolk der Dothraki: Barbrüs-
tige Frauen winden ihre Körper zu Trommelmusik und werden von muskulösen
Blutreitern, den auf den Tod ergebenen Kriegern des Khals, zum Schein bestiegen.
Da und dort entsteht Streit, welcher schnell in tödliche Kämpfe ausartet. Die Si-
chelschwerter der Dothraki hinterlassen üble Spuren: Blut spritzt, und Gedärme
quellen aus einem offenen Leib. Der Sieger schneidet dem Sterbenden zu dessen
Schande den Haaarzopf ab. „A Dothraki wedding without at least three deads is
considered a dull affair", erklärt ein Begleiter Danys, welcher für die Geschwister
und Zuschauer die Szenerie moderiert (S1E1). Der Khal quittiert das Duell mit einem
anerkennenden Lächeln und ein paar Worten in einer rauen, gutturalen Sprache,
die den ebenso rauen Gebräuchen der Dothraki entspricht: Als sich Dany für das
Geschenk Drogos – eine weiße Stute – im einheimischen Idiom bedanken will,
winkt einer von Danys Begleitern ab: „There is no word for ‚thank you' in Dothraki"
(S1E1). Wie eine Feder hebt Drogo die verängstigte Dany auf ihre Hochzeitsgabe.
Er reitet mit ihr davon, und vor mediterraner Kulisse im Sonnenuntergang wird
die Ehe vollzogen: Der Khal dreht die schluchzende Dany sanft aber bestimmt
um und nimmt sie stehend: „The Dothraki are very free, tribal, beautiful, loving",
erfahren wir dann von Jason Momoa, der grinsend ergänzt: „maybe not too loving,
eh?" (PV 2011 „Khal Drogo").

2   Der Wilde Mann und seine Avatare

In der Konzeption der Dothraki haben sich die Produzenten nach eigener Aussage vage an „realen" Reitervölkern orientiert: den Mongolen und Hunnen der
zentralasiatischen Steppe oder den *Native Americans* der Prärie. Mit ein wenig
Spekulation ließen sich weitere Reminiszenzen erkennen: die Maori Neuseelands,
die griechischen Ringer der antiken Vasenmalerei.

Aber eigentlich sind die Dothraki in *Game of Thrones* keine klischierte Repräsentation einer realen zeitgenössischen oder vergangenen Präsenz. Vielmehr sind
sie eine Collage von Motiven einer fantastischen Figur, welche im abendländischen
Humanismus unter ganz unterschiedlichen Gesichtern und mit einer vielschich-
tigen und stets dynamischen Funktionalität seit sehr langer Zeit eine gewichtige
Rolle gespielt hat. Idealtypisch lässt sich diese Figur als „Wilder Mann" oder „Wilde
Leute" bezeichnen.

In einer prototypischen Form erscheint der Wilde Mann im Mittelalter[2], obwohl seine Ahnenreihe mindestens bis zu den griechischen Zentauren, Silenen, Satyrn und Barbaroi[3] oder dem haarigen Tiermenschen Enkidu im babylonischen Gilgamesh-Epos zurückreicht[4] und sich so im Grunde kein Ursprung isolieren lässt. Der Wilde Mann des Mittelalters hat eine einheitliche Erscheinung, obwohl nicht stets alle der folgenden Kennzeichen vorhanden sind: Er ist nackt und behaart

und schwingt eine Keule oder einen Baumstrunk. Bisweilen findet er sich unter den monströsen Rassen an den Grenzen der Ökumene, aber meist lebt er allein oder mit seiner ebenfalls behaarten Kleinfamilie in den tiefen europäischen Wälder und ernährt sich von dem, was die Natur hergibt: Früchte, Wurzeln und Gräser. Er wohnt in hohlen Bäumen oder Höhlen. Manchmal wird er auch auf allen Vieren kriechend dargestellt (Bernheimer 1952: 7).

Abb. 2
„Der wilde Mensch und seine Familie".
Holzdruck von Hans Schäufelein. 1545.

Seine Vernunft und Sprache sind höchstens rudimentär, und er wird getrieben von seinen Instinkten, in erster Linie einem unersättlichen sexuellen Appetit und einer ungebremsten Aggression. Als Naturwesen war seine Stellung in der Schöpfung stets ambivalent. Er ist nicht ganz human genug, um als Mensch und nicht ganz animalisch genug, um als Tier zu gelten (ebenda: 6). Der Wilde Mann findet sich in einer diffusen Zwischenwelt, welche die gängigen Unterteilungen innerhalb der göttlichen Stufenfolge des Lebens in Frage stellt und zugleich bestärkt. In der Figur entfaltet sich ein Diskurs von einem zivilisatorischen Zentrum und einer wilden, natürlichen Peripherie, stets gekoppelt an Ängste und Sehnsüchte. Auch aufgrund dieses affektiven Potentials war der Wilde Mann (vor allem in der säkularen) mittelalterlichen Literatur und bildenden Kunst äußerst populär. Er ist Protagonist in Gedichten, ziert Tapisserien, Sättel, Wappen und ornamentierte Waffen und taucht sogar in

---

2   Für eine Geschichte des Wilden Mannes mit einem Schwerpunkt im Mittelalter vgl. v.a. Bernheimer 1952; White 1972; Bartra 1994; Hintz 1999.

3   Für das Motiv der Wildheit in der griechisch-römischen Antike vgl. Bartra 1994, S. 9-41.

4   Bernheimer 1952, S. 3.

liturgischen Büchern und der religiösen Architektur auf. Später erscheint er auf Gemälden und Drucken von Dürer und Breughel.

Ab der Renaissance sollten der Wilde Mann (und in dieser Form etwas weniger prominent die Wilde Frau) mehr und mehr aus den einheimischen Wäldern verschwinden und sich an den durch aggressive Expansion erschlossenen neuen Rändern der Welt mit Reminiszenzen an die Barbaren der griechischen Antike als Kollektiv niederlassen. Bis ins 17. Jahrhundert wurden die Indigenen der Neuen Welt gelegentlich bärtig und behaart dargestellt[5], untrügliches Zeichen, dass der mittelalterliche Wilde Mann blinder Passagier auf den Karavellen der ersten Amerikareisenden war. Sicher veränderte sich die einheitlich konturierte wenn auch nicht originäre Figur des Mittelalters im Verlauf der Frühen Neuzeit nicht nur ikonographisch beträchtlich und nahm neben neuen ästhetischen Charakteristika auch Versatzstücke ethnographischer Beobachtungen in sich auf. Aber eigentlich war der Wilde Mann bereits da, als er in der Neuen Welt und später in Afrika und Ozeanien „entdeckt" wurde. Die Gelehrtenwelt interessierte sich im Verlauf der Frühen Neuzeit mehr und mehr für die Wilden Männer. Aber dieses Interesse galt in erster Linie der möglichen Anschlussfähigkeit einer bereits bekannten Figur für selbstkritische oder euphorische europäische Diskurse, und nicht für eine neu erschlossene ethnographische Substanz[6]. Sowohl in den Dämonisierungen der spanischen Konquistadoren oder der frühen Rassenforscher des 19. Jahrhunderts als auch den Idealisierungen eines Rousseau oder Chauteaubriand in der Aufklärung und der Romantik wiederholt sich ein dynamisches Spiel zwischen Zentrum und Peripherie, Zivilisation und Wildnis und damit die (historisch durchaus unterschiedliche) Konturierung eines wahren Menschseins. Dieses Spiel bleibt ebenso wie seine zentrale Figur stets ambivalent und prekär. In der hierarchisch gegliederten Kette der Lebewesen waren der Wilde Mann und seine Avatare als Mittel- und Grenzwesen in einer Grauzone zwischen Mensch und Tier, Geist und Materie angesiedelt. Später im 19. Jahrhundert, als sich die vormals starre Stufenleiter des Lebens verzeitlichen sollte, waren sie Kandidaten für den *Missing Link*, den evolutionären Übergang zwischen Affe und Mensch. Noch nicht ganz zu einem zivilisierten Menschsein gekommen, dienten sie in dieser Stellung als Fenster in die Vergangenheit des Menschen, als prototypisches Schaubild elementarer menschlicher Lebensformen oder als Mahnung für die stets drohenden Sackgassen menschlicher Entwicklung. Der Wilde Mann war im Verlauf der Frühen Neuzeit zu einem unabdingbaren konstitutiven Bestandteil

---

5   Vgl. dazu Bartra 1994, S. 1-8.

6   Für die Entwicklung der Figur in barocken, aufklärerischen und modernen gelehrten Diskursen vgl. u.a. Toggweiler 2008, 2012; Ellingson 2001; Kohl 1981; Bitterli 1976; Tinland 2004 [1968].

der sich neu formierenden Wissenschaften des Menschen geworden. Gekleidet in den Mantel des Natürlichen und Realen vermochte er so seinen mythischen Ursprung zu verschleiern.

Ausserhalb der wissenschaftlichen Diskurse lebte er aber auch in der Literatur des 19. und 20. Jahrhunderts weiter, wozu sich schließlich auch unzählige filmische Verarbeitungen gesellen sollten. In der literarischen und cineastischen Architektur erfreute er sich – der Erbe von Shakespeares *Caliban* oder des *Eisenhans* der Gebrüder Grimm – scheinbar einer gewissen kreativen Freiheit: als Lianen schwingender Geliebter von Jane, als Edler Wilder mit der versteinerten Miene des Anti-Schauspielers Pierre Brice, als Teenies schlachtender Hillbilly im Horrorfilm, als klingonischer Krieger in *Star Trek* oder als Naturheiliger in James Camerons *Avatar*.

Abb. 3
Klingonenkrieger, Standbild aus *Star Trek.*
The Next Generation.

Abb. 4
Degenerierter Hillbilly. Standbild aus *The*
Hills Have Eyes.

Die Gesichter der Figur sind vielfältig und die Avatare des Wilden Mannes haben sich ins schier Unzählige vervielfacht. Aber das Spiel von Zentrum und Peripherie, von Wir und Nicht-Wir, Zivilisation und Wildnis, in das er eingebunden ist, ist erstaunlich persistent. Und damit sind die Verarbeitungen der Figur, welche dieses Spiel veräußerlicht, (zum Glück einer oberflächlichen vergleichenden kulturwissenschaftlichen Analyse wie der vorliegenden) auch von bescheidener Kreativität.

Der vorliegende Aufsatz versucht die Verarbeitung einzelner zentraler Motive dieses Spiels in einem zeitgenössischen TV-Format vor dem Hintergrund einer langen und hochkomplexen ideengeschichtlichen Tradition zu lesen. Dabei wird nicht auf eine Traditionsgeschichte gezielt – ob der Fülle des Materials und der Vielgesichtigkeit und Vielschichtigkeit des Motivs wäre dies nicht möglich. Vielmehr soll in einer kleinen Ethnographie der Wilden Leute in einer fantastischen Serie und anhand einzelner Probebohrungen im Archiv vergangener Verarbeitungen aufgezeigt werden, dass der Wilde Mann bei der Konturierung eines spezifisch Menschlichen bis heute virulent geblieben ist. Die Wilden Leute in *Game of Thrones* sind in ihrer holzschnittartigen Bearbeitung jenseits der Auflagen politischer Korrektheit ein dankbarer Ausgangspunkt.

3   Zentrum und Peripherie

Im politischen Zentrum des Kontinents Westeros regiert der Usurpator Robert Baratheon, der selbst am Fall der Targaryen-Dynastie beteiligt war. Sein Herrschaftsgebiet erstreckt sich beinahe über den gesamten Kontinent *(the Seven Kingdoms)*. Robert ist im Prinzip ein gutmütiger Herrscher, dem allerdings durch Hurerei und Völlerei die Reichsgeschäfte zu entgleiten drohen und der mit seinen Vergnügungen die Staatskasse überstrapaziert. Ein wacher Herrscher wäre aber von Nöten, denn Robert muss sich allerlei Intrigen gegen seinen Anspruch auf den „eisernen Thron" erwehren – nicht zuletzt seitens seiner Frau Cersei, welche zur machthungrigen und reichen Familie der Lannisters gehört. Bereits im Verlauf der ersten Staffel kommt Robert durch einen manipulierten Jagdunfall zu Tode. Ihm folgt der aus einem inzestuösen Verhältnis von Cersei und deren Bruder Jaime hervorgegangene Sohn Joffrey, ein verzogenes grausames Kind, welches von den Produzenten zum Todfeind der Fans aufgebaut wird. Fortan sind es die Lannisters, welche den eisernen Thron regieren. Im Verlauf der Serie erheben sich mehrere Herrscher aus den sieben Königslanden gegen deren Herrschaft – das Spiel der Throne beginnt. Es ist ein gefährliches Spiel, welchem in den bislang vier Staffeln zahlreiche liebgewonnene Protagonisten zum Opfer fallen. Cersei: „When you play the game of thrones you win or you die. There is no middle-ground" (S1E9).

Der eiserne Thron steht in *Kings Landing (Königsmund)*, der opulenten und farbigen Reichshauptstadt und ständigen Residenz des Königs. Königsmund ist das politische Zentrum des Kontinents, ein Ort in dem Armut und Luxus Hand in Hand gehen. Dem prachtvollen *Red Keep* wo die Elite der Verschwendung nachgeht, stehen Quartiere wie *Flee Bottom* gegenüber, wo ein Lumpenproletariat Hunde und Schlimmeres isst. Bettler, Söldner, Huren und Glücksritter werden von der Stadt angezogen wie die Fliegen; zahlende Kundschaft gibt es genug. Die Bordelle der Stadt erfüllen jeden noch so abwegigen Wunsch. Und die Söldner schrecken auch nicht vor Kindsmord zurück – wenn die Kasse stimmt. Vom Bettler bis zum König, jeder lebt gefährlich in diesem Pfuhl der subtilen Ränke und offenen Verschwörung, des heimtückischen Verrats und der grausamen Rache: „Everyone who isn't us is an enemy", sagt Königin Cersei zu ihrem Sohn und Neffen (S1E3). Die bevorzugten Werkzeuge im Spiel der Throne sind die Waffen der Feigheit: Gift, Dolch und Armbrust.

In *Game of Thrones* gibt es nur wenige Sympathieträger und nur unzuverlässige Orte des Friedens und der Harmonie. Die Stadt ist ebenso gefährlich wie die Landstrasse. Dennoch ist der Schauplatz der schier unzähligen miteinander verknüpften Handlungsstränge ein klassisch strukturierter Raum. Um das Zentrum Königsmund mit einem gemäßigten (mediterranen) Klima, einer komplexen gesellschaftlichen Stratifizierung und elaborierten – wenn auch zunehmend dekadenten und korrumpierten – Zivilisation erstrecken sich in konzentrischen Kreisen die sieben Königslande. Je weiter vom Zentrum entfernt, desto rauer werden Länder und Leute. Jenseits der Grenzen des Reichs – aber natürlich noch innerhalb eines rein diskursiven Strukturraums, in dem das „Jenseits" stets dazu gehört – treffen wir auf Motive der Wilden Leute. Im Süden („beyond the Narrow Sea") auf die Dothraki, im hohen Norden („beyond the Wall") auf die *Wildlinge*. Im Verlauf der Serie drohen von beiden Seiten her Einfälle der Wilden Leute nach den Sieben Königslanden. Der Kampf um den eisernen Thron lässt die Westerosi vergessen, dass die eigentliche Gefahr von außen kommt.

Von Westeros durch ein enges Meer getrennt liegt südwestlich der Kontinent *Essos* mit zahlreichen „freien Städten", welche in erster Linie vom Sklavenhandel leben und an die gängigen Vorstellungen orientalischen Despotismus' anknüpfen. Dahinter erstrecken sich Wüstengebiete und schließlich das endlose Grasland der Dothraki. Bislang hat das aus mehreren rivalisierenden Clans *(khalassars)* bestehende Reitervolk seine Raubzüge allerdings auf die Grenzen von Essos beschränkt, da sie dem Meer misstrauen: „The Dothraki fear any water that their horses can't drink", heisst es (S1E4). Dies wird sich mit der Heirat zwischen Daenerys und Drogo ändern. Der rechtmäßigen Erbin des eisernen Throns gelingt es, den Khal zu einer Invasion zu bewegen – auch wenn dieses Unterfangen durch Drogos Tod in der ersten Staffel vorerst vereitelt wird.

Im Gegensatz zu den Wildlingen im Norden verkörpern die Dothraki eine originäre indigene Gemeinschaft. Seit jeher leben sie ein nomadisierendes Leben, unterbrochen lediglich durch kurze Aufenthalte in ihrem Hauptsitz *Vaes Dothrak*, einer rudimentären „Stadt" im Innern des Kontinents. Sie haben ihre eigenen Ursprungsmythen, und das Land, das sie bewohnen, hat bereits immer ihnen gehört. In ihnen finden sich in erster Linie die Wildheitsmotive der Frühen Neuzeit und im besonderen Michel de Montaignes Bild des „Guten Wilden". In seinem Essai *Des Cannibales* (1580) beschwört Montaigne die Reinheit des Naturzustands der Wilden im Gegensatz zur Verfälschtheit des Kulturzustandes der eigenen Zivilisation. Nach Montaigne versperrt sich der Kulturmensch, der in einer künstlichen Gesellschaft lebt, den Blick für die Vorzüge des natürlichen Lebens. Der ideale Gesellschaftszustand ist der Naturzustand des Menschen. Das Glück der Wilden basiert auf dem Mangel dessen, was das Wesen der europäischen Zivilisation ausmacht. Montaigne spielt in seiner Kritik auf den Zwang zur Selbstkontrolle innerhalb der europäischen Gesellschaft an, der in einen eigentlichen Zivilisationsüberdruss mündet. Entgegen den späteren Vertretern der Idee des Naturzustandes, etwa eines Jean-Jacques Rousseau, betont Montaigne dabei nicht die Friedfertigkeit der „Wilden". Im Gegenteil idealisiert er in seiner (fiktiven) Beschreibung der brasilianischen *Tupinamba* deren Tapferkeit und natürliche Auslebung von Aggression, welche bis hin zu einem gerechtfertigten Kannibalismus führen könne. Montaignes *Essai* ist so ein Abgesang auf die uneingedämmte Aggressionslust des Mittelalters, die einer moderneren und letztlich grausameren Kriegsführung gewichen ist. Diese im Verschwinden begriffenen kriegerischen Tugenden des Schwertadels werden nun von den Tupinamba verkörpert (Kohl 1981: 22f). Montaigne war damit einer der ersten in einer ganzen Reihe neuzeitlicher Moralisten, welche den Wilden Mann als Spiegel einer europäischen Gesellschaft zeichneten, die sich ihre wilden Wurzeln zu vergewissern hatte (Bartra 1994: 171-174).

In *Game of Thrones* finden sich analoge Gegenüberstellungen. Die Dothraki verkörpern einen Naturzustand, der sich gegenüber einem dekadenten Zentrum abhebt, wo sogar das Turnier, das Feld der Ehre eines zivilisierten ritterlichen Kräftemessens, korrumpiert ist (S1E4). Die uneingedämmte triebhafte Aggression der Dothraki, welcher der Zuschauer eine schaudernde Anerkennung zollen mag und in der Naturgewalt Khal Drogo kulminiert, ist allerdings höchst ambivalent. In den meisten Beschwörungen des Naturzustandes droht sich eine positive Konnotierung stets in ihr Gegenteil zu verkehren; der unschuldige Naturheilige wird zum blutrünstigen Dämon. Damit sind die beiden sich scheinbar diametral gegenüberstehenden Typen denn auch direkt miteinander verwandt. Die meisten positiven Attribute, welche das Bild vom gesunden Naturmenschen bestimmen, gehen gemäß Urs Bitterli direkt aus dem hervor, was als Merkmal diabolischer Wildheit gilt (Bitterli 1976: 373). So wird die natürliche gesunde Disharmonie der Dothraki immer wieder zu grausamer Gesetzlosigkeit: bereits in der ersten Staffel wird der Zuschauer Zeuge eines Überfalls auf ein Hirtendorf, dessen männliche Bewohner abgeschlachtet und die weiblichen vergewaltigt und versklavt werden. Die Verheerung, welche ein Einfall der wilden Peripherie in das zivilisierte Zentrum bedeuten würde, ist abzusehen.

Nun trifft man in *Game of Thrones* noch auf eine zweite und etwas anders geartete diskursive Verhandlung zwischen Zentrum und Peripherie, Zivilisation und Wildnis. Im kalten Norden an den äußersten Grenzen der sieben Königslande stoßen

Abb. 5
Eine Gruppe von Wildlingen im hohen Norden, angeführt von „Herrn der Knochen". Promofotografie aus *Game of Thrones*.

wir auf die „Mauer", ein aus Eis bestehender zweihundert Meter hoher, schier unüberwindbarer Befestigungswall, der über rund dreihundert Meilen von Westen nach Osten die nördliche Wildnis (gedreht wurde unter anderem in Island) von Westeros trennt. Ursprünglich wurde die Mauer, sozusagen das nördliche Pendant zur Narrow Sea im Süden, als Schutz vor den *Wight Walkers* erbaut, Wesen, welche vor tausenden von Jahren Westeros in einem langjährigen Winter heimgesucht haben und die Körper toter Menschen wiederbeleben können. Mittlerweile hat sich die Geschichte des Einfalls der *Wight Walkers* zum Ammenmärchen gewandelt – aber bereits im Prolog gibt es Anzeichen, dass sich die Gefahr erneut regt.

Bewacht wird die Mauer von einem kriegerischen Orden, der Nachtwache. Sie rekrutiert sich aus Vergewaltigern, Bastarden, Mördern, Dieben, Armen ohne Perspektive, Ausgestoßenen und Fahnen- oder Familienflüchtigen. Mit dem Dienst auf der Mauer wird diesen Ehr- und Namenlosen die Möglichkeit eines neuen Lebens gegeben. Der Dienst in der Nachtwache dauert lebenslang. Angehörige der Nachtwache dürfen sich weder Frauen nehmen, noch eine Familie gründen. Deserteure werden mit dem Tod bestraft. Der Zuschauer lernt die Nachtwache durch die Augen von Jon Snow kennen, dem Bastarden eines nordischen Königs, welcher freiwillig das Gelübde ablegt: „I shall take no wife, hold no lands, father no children. I shall wear no crowns and win no glory. I shall live and die over my post. I am the sword in the darkness. I am the watcher on the walls. I am the shield that guards the realm of men. I pledge my life and honor to the Nightswatch for this night and all the nights to come" (S1E7). Zu Beginn der Serie besteht die Aufgabe der Nachtwache in erster Linie im Schutz der südlichen Länder vor Einfällen der „Wildlinge". Dies ist der im Süden gebräuchliche pejorative Sammelbegriff für jene zerstreuten nomadisierenden oder semi-nomadisierenden Clans, die das Unglück hatten, sich beim Erbau der Mauer jenseits davon aufzuhalten. Meist werden mit dem Begriff auch die noch wilderen Höhlenbewohner, Kannibalen, Mondverehrer, die Riesen und anderen mythischen Kreaturen bezeichnet, welche die endlosen Weiten des Nordens bewohnen: „Things that have been reduced to legend and history in the southern world are living and breathing north of the Wall" (Inside Wildlings). Die menschlichen „Wildlinge" nennen sich selbst „Freies Volk". Sie kennen weder einen König noch einen Adel. In Zeiten der Not erhebt sich aber bisweilen ein charismatischer Führer, welcher die zerstrittenen Clans zu vereinen vermag. Durch die Auferstehung der White Walkers haben sich die Wildlinge um Mance Rayder geschart, einem Deserteur der Nachtwache. Mance plant ob der drohenden Gefahr sein Volk nach diesseits der Mauer zu führen, um jene Länder zu beanspruchen, welche vor langer Zeit einmal ihre gewesen sind. Die Wildlinge sind Vertriebene; durch Druck aus dem Süden hat es sie in eine Wildnis verschlagen, mit der sie mit der Zeit beinahe verschmolzen sind. Ein Mitglied der Nachtwache bringt es auf den Punkt: „We are not fighting an enemy, we are fighting the North" (S2E6). Mit den nördlichen Wildlingen werden somit andere Motive beschworen als mit den Dothraki. Es sind zunächst vage Anleihen an eine in die frühe Christologie zurückreichende Vorstellung der Wilden Leute erkennbar. Die Wilden Leute und monströsen Rassen an der Grenze der Ökumene galten unter anderem als gefallene Sünder oder deren Abkömmlinge. Die Homogenität einer originären paradiesischen Gemeinschaft war durch Freveltaten der ersten Menschen gebrochen worden. Auf jede dieser Episoden folgten Migration, Diversifizierung, Durchmischung und Degeneration (Hodgen 1998: 229). So wurden die Wilden Leute zusammen mit anderen monströsen Rassen etwa als Abkömmlinge des Brudermörders Kain verstanden, der ans Ende der Welt verbannt worden war und dort verwilderte [7]. Die singulären Wilden Leute in den europäischen Wäldern wurden im Mittelalter hin und wieder ähnlich gedeutet; sie waren Gefallene, in denen der tierische Anteil eines jeden Menschen gegenüber dem himmlischen überhandgenommen hatte (White 1972: 18f), ein Schicksal, welches zum Erschrecken des christlichen Menschen jeden treffen konnte. Gegenüber den Dothraki sind die Wildlinge also erst wild *geworden* – im Gegensatz zu einer christologischen Deutung allerdings ursprünglich nicht freiwillig. Ihr Fall ist einer Vertreibung aus dem Zentrum an den Rand geschuldet, in eine Wildnis, die sie schließlich der Landschaft und ihren originären wilden, nicht-menschlichen Bewohnern hat annähern müssen. In den Wildlingen schwingt damit stets die Klage der Kolonisierten und Vertriebenen mit, welche auch im europäischen Diskurs ab der späten Aufklärung, mitunter in romantischer Überhöhung und oft im nordamerikanischen Kontext, ihren Platz gefunden hat. So hören wir von Ygritte, einer jungen Wildlingsfrau: „They're not your lands! We've been here the whole time! You lot came along and just put up a big wall and said it was yours!" (S2E7). Ironischerweise ist es gerade die Vertreibung

---

7   Vgl. dazu Friedman 2000, S. 87–107.

aus dem Reich, welche den Wildlingen ein Gut hat zukommen lassen, welches den „Südländern" und erst Recht dem gefallenen Lumpenproletariat an den Stadtmauern von Königsmund fehlt: die Möglichkeit, ein Leben in Freiheit und Gleichheit zu verbringen. Diese Botschaft wird Jon Snow, der von den Wildlingen gefangen genommen und zum Geliebten Ygrittes wird, oftmals zu hören bekommen: „You know nothing, Jon Snow".

4   Kleine Ethnographie der Dothraki und die Wildlinge

4.1   Ökonomie

Der Wilde Mann war seit jeher kein Bodenbesitzer. Die mittelalterliche Version mäandert durch den offenen Wald, baut nicht und ernährt sich von dem, was die Natur spontan hergibt. Feuer kennt er nicht. Obwohl diese Fähigkeit den neuzeitlichen Wilden zusammen mit einem gewissen Geschick in Handwerk und Jagd durchaus zugestanden wurde, trug das mittelalterliche Konzept des nomadisierenden und besitzlosen und damit letztlich eben nicht ökonomischen Wilden Mannes gemäß Roger Bartra zur Entwicklung der paradoxen Idee einer natürlichen oder primitiven Ökonomie bei (Bartra 1994: 106). Besonders im neunzehnten Jahrhundert waren Besitz und Sesshaftigkeit die Attribute des zivilisierten Menschen und eine der wichtigsten Demarkationslinien in den unteren Regionen der evolutionistischen Stufenleiter.

Demgemäß verfügen weder die Dothraki noch die Wildlinge über eine „richtige" Ökonomie. Als Nomaden durchstreifen die Wildlinge das ewige Eis; „they eat what they find and they find what they eat" (Inside Wildlings). Auch die Diät der Dothranki ist mager. Sie ernähren sich beinahe ausschließlich von Pferdefleisch und fermentierter Stutenmilch, schliesslich haben sie lediglich zwei Dinge im Überfluss, „grass and horses" (S1E2). Andere Güter besorgen sich sowohl die Wilden im Süden wie im Norden mit Gewalt. Die Wildlinge plündern gelegentlich in kleinen Trupps diesseits der Mauer. Dann stehlen sie Gold, Waffen, Pferde und auch Frauen. Letzteres tun auch die Dothraki. Auf ihren mörderischen Raubzügen holen sie sich Sklavinnen, die sie verschenken oder tauschen, aber nie verkaufen: „The Dothraki don't believe in money", heißt es (S1E3).

Besitz bedeutet an den Grenzen der Welt ohnehin nur wenig. Die Zelte der Wildlinge und Dothraki bestehen aus Tierhäuten, stets bereit um sie abzubrechen und weiterzuziehen. Die aus Lehm, Gras und Holz robuster gebauten Rundbauten in

Abb. 6
Ein Zeltlager der Dothraki. Standbild aus
Game of Thrones.

Abb. 7
Ein Zeltlager der Wildlinge. Standbild aus
Game of Thrones.

der Hauptstadt der Dothraki sind die Ausnahme. Kein Wunder sieht das Wildling-Mädchen Ygritte, welche es mit Jon auf einem Raub- und Erkundungszug nach diesseits der Mauer verschlägt, in einer einfachen Windmühle einen Palast (S3E7).

4.2 Soziale und kulturelle Verhaltensroutinen

Den wilden Dothraki fehlt es an Zivilisation. Sie sind, in einer evolutionistischen Deutung des 19. Jahrhunderts, keine Bürger eines differenzierten Staates, sondern verbleiben auf einer primitiven Stufe der Wildheit oder Barbarei. In dem Sinn ist die gesellschaftliche Einheit der Dothraki (der *Khalassar*/die Horde), bloß ein instabiles Fragment unter anderen.

Zusammengehalten werden die losen Verbünde durch natürliche Triebe (Schutz, Ernährung, Aggression, Sexualität), die sich im *Brauchtum* wiederspiegeln und von diesem legitimiert werden. Geführt werden sie von einem charismatischen Herrscher, dem Khal, in dem Trieb und Brauchtum kulminieren. Die Dothraki respektieren allein Stärke: „Die Dothraki ehren nicht Blut, sondern nur den Kampf" (S1E9). Als Drogo gegen Ende der ersten Staffel vergiftet vom Pferd fällt, ist sein Urteil bereits gesprochen: „A Khal who cannot ride is no Khal" (S1E9). Es werden Nachfolgekämpfe entstehen, aus denen sich ein neuer Khal erhebt. Das Brauchtum der Wilden Leute – dem einzelgängerischen Wilden Mann des Mittelalters fehlt ein solches – findet auf einer anderen, tieferen und unbewussteren Ebene statt, als ein Gesetz. Es wird nicht erarbeitet, verschriftlicht oder debattiert – die Dothraki kennen keine Schrift, – sondern fließt seit Kindesbeinen durch die Adern des Wilden, wo es sich auf einer Ebene des Unbewussten mit dem Trieb vermengt. „It is known", heißt es immer wieder bei den Dothraki. Bei einem Überfall auf ein

Dorf sesshafter Hirten wird Dany Zeugin von Vergewaltigungen. Sie bittet ihren Westerosi-Begleiter einzuschreiten. „Princess, you have a gentle heart, but this is how it's always been", erwidert dieser (S1E8). Dany trägt ihr Anliegen vor den Khal, welcher neben einem Haufen abgeschlagener Köpfe thront. Beeindruckt von der Entschlossenheit seiner Frau, untersagt er die Vergewaltigungen. Aber er wird von einem Krieger, der sich um seine Beute betrogen fühlt, hart angegangen: „A Khal who takes orders from a foreign whore is no khal at all" (S1E8).

Da entfesselt sich die Naturgewalt: In einem an einen maorischen Haka erinnernden Tanz beleidigt Drogo den Ungehorsamen in einer elementaren Sprache, welche Gefühle eloquenter ausdrückt, als komplexe Überlegungen. Es kommt zum Zweikampf und Drogo reißt diesem mit bloßer Hand die Zunge aus dem Rachen.

Abb. 8
„The beetles will feed on your eyes. The worms will crawl through your lungs. The rain will fall on your rotting skin until nothing is left of you but bones." Standbild aus *Game of Thrones*.

Abb. 9
Drogo mit seiner Trophäe. Standbild aus *Game of Thrones*.

Es war die zivilisierte Dany, welche gebeten hat, die Frauen zu verschonen. Aber ihre Bitte wird mit ungebremster Aggression durchgesetzt. Das Spiel zwischen einem zivilisierten Zentrum und einer wilden Peripherie in all seiner Ambivalenz wird in dieser Szene auf die Spitze getrieben. Letztlich kann also auch Dany den Wilden Mann nur bedingt bändigen. „You can't tame a wild thing, you can't trust a wild thing", sagt ein Mann der Nachtwache über die Bewohner des Nordens, „wild creatures have their own rules, their own reasons. You will never know them" (S2E7). Bei den Wildlingen im Norden treffen wir zum Teil auf ähnliche soziale Verhaltensroutinen wie bei den Dothraki. Sie leben in rivalisierenden Clans, zusammen mit „Mondverehrern, Kannibalen und Riesen" und schließen sich nur in Notsituationen zu äußerst instabilen Verbünden zusammen. Die Warnung von

Jon Snow vor einem Angriff auf die Mauer scheint deshalb berechtigt: „You don't have the discipline. You don't have the training. Your army is no army. You don't know how to fight together" (S3E7). Für ein stabiles Sozialgefüge kommt im Fall der Wildlinge erschwerend dazu, dass sie nicht von einer einheitlichen Tradition geprägt sind. Sie beten zwar zu den alten „Göttern des Waldes" und einige von ihnen sind Warge, welche Tiere bewohnen können, aber diese Andeutungen einer geteilten Spiritualität verschwindet in der Serie hinter ihrer Heterogenität. Dies führt dazu, dass sie entgegen den Dothraki kaum zusammen arbeiten und vor allem kämpfen können. Ein Wildling erklärt: „People work together when it suits 'em. They're loyal when it suits 'em. Love each other when it suits 'em. And they kill each other when it suits 'em" (S3E7). Auf der anderen Seite ist es aber genau dieses Fehlen einer stabilen einheitlichen Identität und eines auf Konsens basierenden Gesetzes, das sie befreit. Mit den Wildlingen wird es möglich, die Versklavung der Wilden Leute durch den Trieb und den Brauch zu einer Befreiung von den Auflagen der Zivilisation umzudeuten. Im Norden von Westeros entfaltet sich so ein ganzer Diskurs von wilder Freiheit und zivilisatorischem Zwang, der sich auch auf die Beziehung der Geschlechter überträgt. Die Wildlinge folgen nicht einfach instinktiv dem männlichen Alphatier oder akzeptieren dynastische Erbfolgen. Sie wählen ihre Führer. So hören wir von Ygritte, welche zum Sprachrohr aller Wild-linge wird: „Do you think we are savages because we don't live in stone castles. We can't make steel as good as yours it's true, but we're free! [...] We don't go serving some shit-king, who's only king because his father was [...] We *chose* Mance Raider" (S2E7). Als Jon vor eben diesen Mance Rayder tritt, notabene einem „Südländer", kniet er zur Belustigung aller nieder: „We don't kneel for anyone beyond the Wall" (S2E7), wird er aufgeklärt – das freie Volk respektiert keinen Adel und keine Krone (Inside Wildlings).

Dieses egalitäre Prinzip erstreckt sich auch auf die Beziehung zwischen den Geschlechtern. Die „Speerfrauen" der Wildlinge werden im Gegensatz zu den Dothraki-Weibern als gleichwertig angesehen. Die Wildnis hat sie aus den Banden eines häuslichen Paternalismus befreit und sie glänzen durch Mut und Furchtlosig-keit. Als Jon Ygritte scherzhaft aufzieht, dass sie wohl in Ohnmacht fallen würde, wenn sie eine Burg im Süden zu Gesicht bekäme, kennt das Wildling-Mädchen das Wort nicht: „What's fainting?" Jon: „When a girl sees blood it collapses." „Why would a girl see blood and collapse?" „Well ... not all girls are like you". Und Ygritte erwidert: „Girls see more blood than boys" (S3E7).

4.3   Sexualität und Partnerschaft

Sowohl im Handlungsstrang von Dany als auch in jenem von Jon lässt sich ein aufschlussreicher Diskurs zwischen einer wilden und einer zivilisierten Sexualität ablesen. Danys erste Erfahrungen mit einem Mann sind schmerzhaft: „The Dothraki take slaves like a hound takes a bitch", hören wir dazu (S1E2). Die ungebremste Sexualität Drogos verweist auf eine der wichtigsten Charakterisierungen des Wilden Mannes, welche sich wie ein roter Faden durch die Geschichte zieht.[8]

Abb. 10
„The Dothraki take slaves like a hound takes a bitch." Standbild aus *Game of Thrones.*

Abb. 11
Eine Maid wird von einem Wilden Mann angefallen. Illustration aus *The Taymouth Hours*, England, zweites Viertel des 14. Jh.

Von der Brünstigkeit des antiken Satyrs bis zum Mythos der Potenz „des Afrikaners" im 19. Jahrhundert und darüber hinaus; der Wilde Mann und dessen Avatare waren stets erotisch aufgeladen. Im Mittelalter war er eines der augenfälligsten Symbole sexueller Freizügigkeit, fleischlicher Liebe und erotischer Leidenschaft (Bartra 1994: 100). In Legenden und Bildern werden Frauen vom Wilden Mann aus dem Zentrum entführt und dort von dessen animalischer Inbrunst heimgesucht. Meist wird die Frau dann aber durch den Ritter unter großen Gefahren aus den Fängen des Wilden Mannes befreit. Die sexuelle Kraft des mittelalterlichen Wilden Mannes war grundsätzlich nicht dämonischen Ursprungs. Der Wilde Mann folgte seinen Instinkten und war damit im Prinzip eine natürliche Heimsuchung und, wenn auch nicht ganz unschuldig wie das Tier, so doch in einer Stellung „jenseits von Gut und Böse" (White 1972: 22). Damit war es auch möglich, die animalische Sexualität nicht nur einem Wesen der Wildnis zuzuschreiben, sondern in abge-

---

8   Vgl. zur sexuellen Konnotation des Wilden Mannes v.a. im Mittelalter Bernheimer 1952, S. 121-175, Bartra 1994, S. 100-106.

schwächter Potenz jedem Mann. Dieses Tier im Mann musste durch ein Fräulein verstanden und gezähmt werden (Bartra 1994: 100f). In einem mittelalterlichen niederländischen Gedicht singt ein Wilder Mann, der von einer Maid in Ketten aus dem Wald geführt wird:

Ich war wild, jetzt bin ich gefangen
Und gebracht in minnigliche Bande
Eine Maid hat dies getan[9]

In *Game of Thrones* ist es demnach auch an Dany, die Brunst des Wilden Mannes zu zivilisieren. Bei ihrer persönlichen Dienerin, einer ehemaligen Prostituierten, lernt Dany, dass Liebe durch Augenkontakt entsteht. In ihrer nächsten Begegnung mit Drogo dreht sie den Spieß deshalb um: Sie selbst besteigt den Khal. Und sogleich wird der Akt zärtlicher. Die weibliche Zähmung der Sexualität des Wilden Mannes führt dazu, dass der Khal zu lieben lernt. Wie bei der mittelalterlichen Version ist Liebe die modifizierende Kraft, welche Drogo aus seiner wilden Kondition befreit[10]. Dazu ist seine Veränderung Zeugnis der Befähigung zu Entwicklung und Verbesserung (Perfektionabilität), eine Eigenschaft, welche im abendländischen Humanismus lange Zeit nur dem Menschen zugeschrieben worden ist. Sie wird damit zum Indiz von Drogos Stellung gerade noch diesseits der Grenze des Menschlichen. Die Hitze des brunftigen Tiers – nur als solche kann der Zuschauer Drogo die grobe Handhabung seiner Braut zu Beginn verzeihen – verwandelt sich in eine natürliche Sinnlichkeit. Und diese grenzt sich wiederum gegenüber einer korrumpierten Sexualität im Zentrum ab, in dem eine moderne bürgerliche Liebe, gepaart mit oberflächlichen Anleihen an die ritterliche Minne als zivilisierteste Form des Geschlechterkontakts, beinahe verloren gegangen ist. Sex – in *Game of Thrones* gibt es diesen jenseits der Auflagen des staatlichen Fernsehens oft zu sehen – ist auf Westeros meist ein Mittel zum Zweck. Der bisherige Mann in Danys Leben, ihr Bruder Viserys, macht überdeutlich, dass ihre Allianz mit dem Khal politisch ist: „I would let his whole tribe fuck you, all fourty thousand men and their horses too if that's what it took" (S1E1). Im politischen Zentrum Königsmund ist Sexualität dazu auch meist pervertiert. Der junge König quält sowohl seine Versprochene als auch die Huren aus reinem Spaß, und in den Bordellen kommt die zahlende Kundschaft in den Genuss von Nekrophilie, Pädophilie oder Amelotatismus (S1E5) –

---

9 *Ic was wilt, ic ben ghevan*
   ende bracht in mintliken bande;
   dat heeft ene maghet ghedaen
   (Zit. in Bernheimer 1952, S. 139, 211)
10 Vgl. dazu auch Bartra 1994, S. 137, 141.

Abb. 12
Dany träumt von einer Wilden Familie.
Standbild aus *Game of Thrones*.

Abb. 13
Die wilde Familie als Bild natürlicher Harmonie. Kupferstich (Ausschnitt). 1470–90.

künstliche Sünden, die dem wilden und nicht sehr einfallsreichen Drogo gar nicht in den Sinn kommen könnten (und ihm deshalb auch verwehrt bleiben).

Entgegen dieser degenerierten Sexualität im Zentrum verdreht sich mit dem Einfluss Danys die Beziehung des Mädchens mit dem Wilden Mann ins Ursprünglich-harmonische. Gegenüber den rein politischen Allianzen und unnatürlichen Perversionen im Zentrum scheint am Rande der zivilisierten Welt eine natürliche Liebe greifbar – so wie dies auch bereits frühe Verarbeitungen des Motivs einer in natürlicher Idylle lebenden wilden Familie versprechen. In den schwärmerischen Reiseberichten eines Louis Antoine de Bougainville und Georg Forster über die in einem goldenen Zeitalter lebenden edlen Wilden auf Tahiti im späteren 18. Jahrhundert fand dieses Motiv einen Höhepunkt.

Aber nicht nur der Khal verändert sich unter Danys Einfluss. Mit ihrem zur Hälfte wilden Kind im Bauch wird Dany stärker. In einem blutigen Ritual muss sie vor den Augen der Dothraki ohne zu Erbrechen das rohe Herz eines Hengstes verschlingen. Dany übersteht die Initiation und die Zeichen stehen gut, dass ihr Kind der „Hengst, der die Welt besteigen soll" werden wird, der Khal, der alle Khalassars unter sich vereinigt. Obwohl Dany am Ende der ersten Staffel sowohl ihre Frucht als auch ihren Mann verliert, scheint die Mischung aus wildem Samen und Blut in ihr reagiert zu haben. Der Zuschuss an Wildheit führt sie zur Befreiung eines wahren Selbst. „See how fierce she grows", sagt der Khal nicht lange vor seinem Tod anerkennend, „that is my son inside her, the stallion that will mount the world, filling her with his fire" (S1E8). Die rechtmäßige Thronfolgerin wird zu einer harten aber barmherzigen Führerin, sammelt um sich eine Armee und zieht Richtung Westeros.

Im wilden Norden entwickelt sich ein analoges Spiel zwischen einer zivilisierten und wilden Sexualität, wenn auch unter anderen Vorzeichen. Durch sein ritterliches Gelübde ist Jon – „Liebe ist der Tod der Pflicht" (S1E9) – der Kontakt mit einer Frau untersagt. Seine Enthaltsamkeit wird nun in der zweiten Staffel bis zum Äußersten getestet. Auf einem Zug nach jenseits der Mauer nehmen die Männer der Nachtwache das Wildling Mädchen Ygritte gefangen. Jon wird mit der Aufgabe zurückgelassen, die schöne Rothaarige zu töten. Der Junge bringt dies nicht über sein Herz und verliert sich mit Ygritte in der Wildnis. Bereits in der ersten Nacht wird er von der mit Stricken gebundenen Ygritte versucht: „We will stay warmer if we stay close" (S2E6). Noch widersteht Jon. Am Morgen entbrennt dann darüber ein Streit: „Did you pull a knife on me in the night" (S2E7), begrüsst die Wilde Frau den zölibatären Mann der Nachtwache, deren Mitglieder jenseits der Mauer auch despektierlich „Krähen" genannt werden. Jon schreckt auf. „You're a boy who's never been with a girl" […] „Are there no girl crows?", fragt Ygritte. „There are no women of the Night's Watch, no", antwortet Jon. „So the lads just do it with each other?" „No." „Never?" „Never." „Do you have sheep at the Wall?" Von Jon kommt keine Antwort. „With your hands then? No wonder you're all so miserable." „Would you please shut up!", empört sich Jon. Und Ygritte entgegnet heftig: „You think you're better than me, crow. I might be your prisoner, but I'm a free woman!" „If you're my prisoner, you're not a free woman. That's what 'prisoner' means." „And you think you're free? You swore some stupid oath and now you can never touch a girl!" „It was my choice to say the words." „So you don't like girls?" „Of course I like girls." „But you chose never to touch them." „That's the price you pay if you want to be a man of the Night's Watch." „So instead of getting naked with a girl, you prefer to invade our land" (ebenda). Im Gegensatz zur Beziehung zwischen Dany und Drogo, innerhalb derer die zivilisierte Frau den Wilden Mann zähmen muss, damit dieser Liebe entwickeln kann, ist es im Norden Ygritte, welche Jon die Fragwürdigkeit einer durch einen rigiden gesellschaftlichen Eingriff unterdrückten männlichen Sexualität vor Augen hält. Es ist die Wilde Frau, die den Zivilisationsmenschen versucht und nach einigem hin und her schließlich auch gewinnt. Ygritte stiehlt Jons Schwert und lockt den zögerlichen Jungen in eine Höhle: „You swore some vows. I want you to break 'em. I want you to see me. All of me" (S3E5).

Der Topos der starken Wilden Frau, die den Ritter verlockt, ist natürlich keine Erfindung einer feministischen Postmoderne. In vielen frühen Legenden sind es hässliche oder betörend schöne Wilde Frauen, welche den zivilisierten Mann verführen oder gar vergewaltigen und später, sehr oft und mit verheerenden Folgen, mit Hexerei in Verbindung gebracht wurden (Bartra 1994: S. 101f)[11].

---

11 Zur Figur der Wilden Frau im Mittelalter vgl. auch Habiger-Tuczay 1999.

Abb. 14
„Du hast Eide geschworen. Ich will, dass du sie brichst. Ich will, dass du mich siehst. Alles von mir." Standbild aus *Game of Thrones.*

Abb. 15
Wolfdietrich wird von einer Wilden Frau versucht. Holzschnitt aus dem Epos Wolfdietrich, in *Das Heldenbuch mit synen figuren.* Strassburg 1509.

In ihrer attraktiven Erscheinung sind diese Wilden Frauen beinahe unwiderstehlich. „We shouldn't", flüstert Jon. „We should", entgegnet Ygritte. Es kommt schließlich unvermeidbar doch zu Jons Initiation. Ironischerweise ist es der jungfräuliche Jon, der ein Stück elaborierter Sexualität aus dem Zentrum nach jenseits der Mauer trägt: „That thing you did with your mouth? Is that what lords do to their ladies in the South? […] Who told you that?" „There's been no one else. Only you" (S3E5). Jon wird am Ende der dritten Staffel seine Wilde Frau zugunsten der Eide, die er geschworen hat, verraten. „I have to go home now", sagt er ihr unter Tränen. „I know I love you. I know you love me […]. I have to go home now". „I know you won't hurt me", ist der Ritter der Nachtwache überzeugt – doch Ygritte durchbohrt ihn mit drei Pfeilen („you know nothing, Jon Snow"), deren Wunden Jon nur knapp überlebt. Wie bei Dany hinterlässt der Austausch mit den Wilden Leuten bei Jon aber nicht nur physische Spuren. Der Zuschuss an Wildheit führt auch ihn zur Befreiung eines wahren Selbst. Ygritte wird in der vierten Staffel durch seine Hand tragisch zu Tode kommen. Er aber wird zum Anführer der Nachtwache werden.

5   Der Wilde Mann geht aufs Ganze

Nach Richard Bernheimer ist der Wilde Mann Ausdruck eines psychologischen Bedürfnisses nach steter physischer Selbstvergewisserung, das in uns allen wohnt. Er ist die symbolische Auslagerung unterdrückter Sehnsüchte nach einem freien Körper mit der Möglichkeit ungebremster Aggression gegenüber Anderen (Bernheimer 1952: 3f). In dieser psychoanalytischen Deutung wäre der Wilde Mann eine (hilflose) Verkörperung des Freudschen Es *(Id)*, des triebhaften Unbewussten. Die androzentrische Aussage einer Nebenfigur in *Game of Thrones* wäre demnach ernst zu nehmen: „There's a beast in every man, and it stirs when you put a sword in his hand" (S3E3).

Diese psychologische Deutung alleine vermag allerdings nicht ganz zu befriedigen. Zum einen partizipiert sie selbst am Mythos des Wilden Mannes, zum anderen bricht sie die Figur auf die Ebene individueller Bedürfnisse herunter.

Ich sympathisiere unter gewissen Vorbehalten mit Hayden White: Die Auffassung von „Wildheit" gehört zu einem Set von selbstvergewissernden Mechanismen, wozu auch „Wahnsinn" oder „Häresie" gehören. Diese Begriffe bezeichnen aber nicht in erster Linie einen bestimmten positiven Seinszustand, sondern bestätigen den Wert ihrer dialektischen Antithesen: Zivilisation, Gesundheit und Orthodoxie. Sie beziehen sich also nicht so sehr auf ein spezifisches Ding, einen Ort oder einen psychologischen Zustand sondern diktieren eine bestimmte Haltung über eine gelebte Realität und eine Region problematischer Existenz (White 1972: 4).

Die Möglichkeitsbedingungen für das effektive Erscheinen der Wilden Leute sind also auch auf einer überindividuellen Ebene sozio-kultureller Diskurse zu suchen. Die Wilden Leute sind Ausdruck jener Grenzregionen, die sich immer dann öffnen, wenn ein „Wir" erscheint. Der Wilde Mann ist der Antagonist eines *Autozentrums,* einer Ordnung des Eigenen. Dieses Zentrum trägt je nach sozio-kulturellem Kontext andere Gesichter und bedingt meist multiple Zentren. So sind die Wilden Leute „nicht ganz menschlich" und stehen einem Zentrum wahren Menschseins gegenüber. Da dieses Anthropozentrum meist aber nur im Besitz einer einzigen (meist androzentrischen) diskursiven Gruppe ist, übersetzt der Wilde Mann ebenso eine Differenz zwischen einem Ethnozentrum und einer Peripherie unzureichenden Menschseins, verschränkt sich ein Ethnozentrum mit einem Anthropozentrum. Die Wilden Leute sind zugleich nicht-europäisch und nicht-menschlich; dasjenige, was „wir" nicht sind.

In der kolonialen Reiseliteratur des 19. Jahrhunderts wird der Ausschluss der Wilden Leute von einem Reich wahren Menschseins überdeutlich. So glaubt Henry Morton Stanley, der David Livingston in Afrika aufgespürt hat, mit den

Mbutti-Pygmäen den von den Evolutionisten verzweifelt gesuchten Missing-Link vor Augen zu haben[12]:

> The monkeyed woman had a remarkable pair of mischievous orbs, protruding lips overhanging her chin, a prominent abdomen, narrow, flat chest, sloping shoulders, long arms, feet turned greatly inwards and very short lower legs, as being fitly characteristic of the link long sought between the average modern humanity and its Darwinian progenitors, and certainly deserving of being classed as an extremely low, degraded, almost a bestial type of a human being. (Stanley 1890: 374f)

In dieser Stellung sind die Wilden Leute ausschließlich negativ bestimmte Phänotypen mit einer taxonomischen, räumlichen und zeitlichen Zwischenstellung. Bei Guy Burrows ist die einzige „Qualität" der Pygmäen die Absenz jeglicher Qualität:

> Pigmies have apparently no ties of family affection, such as those of mother to son, or sister to brother, and seem be wanting in all social qualities […]. The low state of their mental development is shown by the following facts. They have no regard for time, nor have they any records or traditions of the past; no religion is known among them, nor have they any fetich [sic!] rights; they do not seek to know the future by occult means, as do their neighbours. […] Having no religion, no family ties, no joy in sports or games, and no fixed home, their one object and occupation is hunting. (Burrows und Stanley 1898: 182f)

Zwar verschleiert der Pygmäe so wie die Wilden Leute in *Game of Thrones* seine negative Existenz, indem er als ein identifizierbares Ding an einem identifizierbaren Ort auftritt. Aber im Grunde hat er keine Identität und kein Habitat: er baut nicht, pflanzt nicht, kennt keine institutionalisierte Regierung, bildet keinen Staat, bringt keine Kunst hervor, kennt keine Schrift, kontrolliert weder den Sexualtrieb noch die Aggression etc. Und da der nicht-sesshafte Wilde immer woanders ist, ist er im Grunde von nirgendwo[13]. Der Wilde ist damit im umfassenden Sinn „nicht-wir" und „nicht-hier". Und dennoch kann er sich von diesem „Wir" nicht lösen. Der fantastische Andere – und so verstanden ist jeder „Andere" fantastisch – bleibt aus sozial- und kulturanthropologischer Sicht stets ein Element der Gruppe und speist sich nur aus dem, was „wir" bereits kennen. Er hat eine parasitäre Scheinexistenz.

Damit haben wir es bei den Wilden Leuten nicht mit einer Figur eines einfachen dialektischen Spiels zu tun. Es stehen sich nicht auf einer analogen Ebene zwei Dinge gegenüber, wovon eines der Wilde wäre. Der Wilde ist weder *ein* Ding noch ein *anderes* Ding. Er hat Teil an einem Spiel, in dem die Lücken zwischen den

---

12 Zur prekären Stellung der „Pygmäen" in der neuzeitlichen Anthropologie vgl. Toggweiler 2012.

13 Vgl. Julia Kristeva (2010: 20): „Immer woanders, ist der Fremde von nirgendwo."

Differenzen und die Grenzen der Ordnung der Welt stets dazugehören und deshalb auch analytisch mit einbezogen werden müssen. Ja, der Wilde ist *gerade* in dieser Lücke zu suchen. Dabei ist er weder etwas *(thing)* noch ist er nichts *(nothing)*. Der Wilde ist ein Un-Ding *(no-thing*[14]*)*. Er ist die paradoxe Identifikation einer nicht identifizierbaren Mitte oder Grenze. In dieser prekären Stellung, die sich auch in seiner Wohnstätte auf den Grenzen der bekannten Welt („beyond") veräußerlicht, eignet ihm im wahrsten Sinne des Wortes eine monströse Existenz (von lat. monstrare, zeigen). Der Wilde ist – nicht zuletzt aufgrund seiner Körperlichkeit – ein unübersehbares Zeichen. Aber worauf zeigt er?

Man könnte mit einem gewissen Recht zum Schluss kommen, dass der Wilde nur dazu da ist, *ex negativo* bestimmte (durchaus wandelbare) sozio-kulturelle Codes eines Zentrums zu bestärken oder wieder herzustellen. Das heißt, er lässt hervortreten, was männlich ist, was vernünftig ist, was richtig, hygienisch, rein, heilig etc. ist. Damit wäre er reine Selbstvergewisserung. In der Tat lesen sich die Stellen bei Stanley und Burrows wie Negativpausen eines Katalogs wahren Menschseins gegen Ende des 19. Jahrhunderts. Wir erfahren nichts über Pygmäen, sondern ausschließlich über ein modernes, europäisches, zivilisiertes, erwachsenes (auch im 19. Jahrhundert nicht immer nur geliebtes) Ideal eines Menschen, welcher sich vom Natürlichen und Triebhaften unterscheidet – gutaussehend, interessiert, klug, treu, gesellig, kinderlieb, gelehrig, gehorsam, den Besitz achtend, arbeitsam, monogam, kultiviert, fortschrittlich, familiär, sesshaft, häuslich, moderat, sportlich und sich seinem Platz in der Geschichte sowie seiner Endlichkeit bewusst. Dass solche überaus kruden Entsubstantialisierungen außerhalb einer politisch entschärften Fantasy-Serie im kolonialen Kontext und darüber hinaus an hegemoniale Ansprüche gekoppelt waren und verheerende reale Folgen gehabt haben, braucht kaum betont zu werden. Und vereinzelt hat eine wohlgemeinte aber unreflektierte Kritik an der Repräsentation der „Anderen/Fremden/Wilden/Primitiven" im Zuge des Anti- und Postkolonialismus diese Pseudokategorien ebenso wie jegliche Art der Romantisierung oder positiver Umdeutung eher bestärkt denn unterminiert. Der Versuch der Rehabilitierung des „Wilden" reproduziert den „Wilden", ganz gleich, ob man aus politischer Korrektheit die Etikettierung vertauscht.

Dennoch ist dies vielleicht nicht alles. Auch als reines Phantasma zeigt der Wilde wohl immer auch über die Grenze hinaus, auf der er sich niedergelassen hat. In seiner Zwischenstellung bestärkt er nicht einfach nur die Struktur, die Regel, das Orthodoxe und Normale. Er unterminiert zugleich die gängigen Klassifikationen, Regeln und Strukturen. Er zeigt, dass sie nicht immer schon dagewesen, sondern

---

14 Das Oxymoron verdanke ich Julia Kristeva (2010), welche „den Fremden" als „no-thing" charakterisiert.

geworden sind und stellt so die ewige Gültigkeit einer jeden Struktur, Norm oder Regel in Frage. So mag ihm auch ein subversives Potential zukommen. Er ist eine „Spur" (Jacques Derrida) zu einem *ganz Anderen*, zu etwas, was noch kommen mag. Er stellt die verlockende Möglichkeit in Aussicht, dass etwas anders sein könnte. Im Wilden schreibt sich eine vage Spur von etwas ein, was „wir" nicht hätten erfinden können. In dieser ambivalenten Stellung kommt im Wilden auf einen Schlag alles zum Ausdruck. Das macht ihn, wie alle fantastischen Anderen, beunruhigend und erregend zugleich. Eines scheint gewiss: Die Wilden Leute in *Game of Thrones* sind keine adäquaten oder inadäquaten Darstellungen nicht-europäischer Ethnizität. Sie sind das (wohl nicht einmal nur westliche) Phantasma eines nie zur Ruhe kommenden und höchst instabilen Spiels der Identifikation. Der Wilde Mann ist damit wirklich ganz allein „unser" Problem.

Literatur

Medien

Game of Thrones (Season 1-3), Produced and created by David Benioff und D. B. Weiss, Written by Bryan Cogman, George R.R. Martin et al., HBO, 2011-2013, Television.
„Inside Wildlings" [Production Video 2013]:
  http://www.hbo.com/game-of-thrones/index.html#/video/video.html/eNrjcmbOYM5n-LlTPz0lxzEvMqSzJ TA5ITE-1S8xN1SzLTEnNh4k65+eVpFaUcDIysqWnZeaUpBbZpqUm-lpQWpaaoARXaGhobmBuamQLZqeW2ea U5OWqJpSX5BTmJlbYlRaWpbIxsjADuYySj
„Khal Drogo" [Production Video 2011]: http://www.hbo.com/data/content/global/videos/embed/data/1167939.html
"Making of" [Staffel 1, 2011]: http://www.hbo.com/game-of-thrones/index.html#/video/video.html/eNrjcmbOYM5nLlTPz0lxzEvMqSzJTA5I TE- 1S8xN1SzLTEnNh4k65+e-VpFaUcDIysqWnZeaUpBbZpqUmlpQWpaaoARXaGhqaG5kYGgLZqeW2eaU5OWqJpSX5BTmJlbYlRaWpbIxsjADtuSSd

Literatur

Bartra, Roger. 1994. Wild men in the looking glass. The mythic origins of European otherness. Ann Arbor: Univ. of Michigan Press.
Bernheimer, Richard. 1952. Wild men in the Middle Ages. Cambridge: Harvard University Press.
Bitterli, Urs. 1976. Die Wilden und die Zivilisierten. Grundzüge einer Geistes- und Kulturgeschichte der europäisch-überseeischen Begegnung. München: Verlag C.H. Beck.

Burrows, Guy, Henry Morton Stanley. 1898. The Land of the Pigmies. New York: Crowell.

Ellingson, Ter. 2001. The Myth of the Noble Savage. Berkeley: University of California Press.

Friedman, John Block. 2000. The monstrous races in medieval art and thought. 1. Syracuse Univ. Press ed. Syracuse NY: Syracuse Univ. Press (Medieval studies).

Habiger-Tuczay, Christa. 1999. Wilde Frau. S. 603-616 in: Ulrich Müller und Werner Wunderlich (Hg.), Dämonen, Monster, Fabelwesen. Mittelaltermythen. Bd. 2. St. Gallen: UVK..

Hintz, Ralf Ernst. 1999. „Der Wilde Mann" – ein Mythos vom Andersartigen. S. 617-626 in: Ulrich Müller und Werner Wunderlich (Hg.), Dämonen, Monster, Fabelwesen. Mittelaltermythen. Bd. 2. St. Gallen: UVK..

Hodgen, Margaret T. 1998. Early anthropology in the sixteenth and seventeenth centuries. 1st paperback ed., [reprinted]. Philadelphia: University of Pennsylvania Press.

Kohl, Karl-Heinz. 1981. Entzauberter Blick. Das Bild vom Guten Wilden und die Erfahrung der Zivilisation. Berlin: Medusa Verlag.

Kristeva, Julia. 2010. Fremde sind wir uns selbst. Frankfurt am Main: Suhrkamp.

Stanley, Henry Morton. 1890. In darkest Africa. Or the quest, rescue, and retreat of Emin Governor of Equatoria. 2 Bände. New York: Scribner.

Tinland, Franck. 2004 [1968]. L'homme sauvage. Homo ferus et homo sylvestris;de l'animal à l'homme. Paris: L'Harmattan.

Toggweiler, Michael. 2008. Kleine Phänomenologie der Monster. Bern: Institut für Sozialanthropologie der Universität (Arbeitsblätter / Institut für Sozialanthropologie, Nr. 42).

Toggweiler, Michael. 2012. Die Odyssee der Pygmäen. Eine prekäre Figur auf den neuzeitlichen Spieltischen anthropologischer Differenz. Unveröffentlichte Dissertation (erscheint 2014).

White, Hayden. 1972. The Forms of Wildness. Archaeology of an Idea. S. 3–38 in: Edward Dudley und Maximilian E. Novak (Hg.), The wild man within. An image in Western thought from the Renaissance to Romanticism. Pittsburgh: Univ. of Pittsburgh Press.

Abbildungen

Abb. 1: Standbild aus Game of Thrones. Unter: http://itsmegodece.files.wordpress.com/2014/03/khal-drogo.jpg
© Home Box Office (HBO)

Abb. 2: Schäufelein, Hans Leonhard, Wilder Mann und seine Familie, Holzschnitt 1545, Sammlung British Museum. Unter: http://www.zeno.org/Kunstwerke/B/Sch%C3%A4ufelein,+Hans+Leonhard%3A+Wilder+Mann+und+seine+Familie (gemeinfrei)

Abb. 3: Standbild aus Star Trek: The Next Generation. Unter: http://www.thethinkingatheist.com/forum/Thread-Star-Trek-Screw-Ups-Lets-Get-Nerdy
© Columbia Broadcasting System (CBS) und Paramount Domestic Television

Abb. 4: Standbild aus The Hills have Eyes. Unter: http://riversofgrue.com/2014/03/06/the-hills-have-eyes-2006/
© 2006 Dune Entertainment, Major Studio Partners (Produktion) und Fox Searchlight Pictures (Distribution)

Abb. 5: Standbild aus Game of Thrones. Unter: http://images5.fanpop.com/image/photos/31100000/Wildlings-game-of-thrones-31113102-960-638.png
© Home Box Office (HBO)

Abb. 6:   Standbild aus *Game of Thrones*. Unter: http://lounge.obviousmag.org/aquempos-
           sainteressar/Game-of-Thrones-game-of-thrones-24330597-850-566.jpg
           © Home Box Office (HBO)
Abb. 7:   Standbild aus *Game of Thrones*. Unter: http://www.moviefleece.com/wp-content/
           uploads/2013/03/GoT-War-Preview-6.jpg
           © Home Box Office (HBO)
Abb. 8:   Standbild aus *Game of Thrones*. Unter: http://images4.fanpop.com/image/pho-
           tos/23100000/Khal-Drogo-khal-drogo-23130896-1052-700.png
           © Home Box Office (HBO)
Abb. 9:   Standbild aus *Game of Thrones*. Unter: http://static.screenweek.it/2011/6/6/game-
           of-thrones-1x08-the-pointy-end-khal-drogo-cap_mid.jpg
           © Home Box Office (HBO)
Abb. 10:   Standbild aus *Game of Thrones*. Unter: http://images5.fanpop.com/image/pho-
           tos/31100000/Dany-and-Drogo-daenerys-targaryen-31147287-1280-720.png
           © Home Box Office (HBO)
Abb. 11:   Wilder Mann und Maid. Detail einer Miniatur aus den Taymouth Hours. (MS
           Yates Thompson 13, f. 62r). Im Besitz und digitalisiert von der British Library.
           Quelle: http://www.bl.uk/catalogues/illuminatedmanuscripts/ILLUMIN.ASP?-
           Size=mid&IllID=29056 (gemeinfrei)
Abb. 12:   Standbild aus *Game of Thrones*. Unter: http://img1.wikia.nocookie.net/__
           cb20120629191841/gameofthrones/images/a/a7/Dany_Drogo_with_Rhaego_Valar.
           jpg
           © Home Box Office (HBO)
Abb. 13:   Wilde Familie. Kupferstich (Ausschnitt), 1470-90. In: Bartra 1994: 138.
           (gemeinfrei)
Abb. 14:   Standbild aus *Game of Thrones*. Unter: http://img1.wikia.nocookie.net/__
           cb20120629191841/gameofthrones/images/a/a7/Dany_Drogo_with_Rhaego_Valar.
           jpg
           © Home Box Office (HBO)
Abb. 15:   Wolfdietrich und die wilde Frau. Holzschnitt aus dem Epos Wolfdietrich. In: *Das
           Heldenbuch mit synen figuren*, Strassburg 1509.
           (gemeinfrei)

Red Cylon, Blue Human: Becoming Alive in a Postcolonial *Battlestar Galactica*

Sabrina Weiss

For several generations now, science fiction, speculative fiction, and other fantastic genres have raised important questions of what it means to be a human and a person; the ways in which these questions are presented vary widely in style, approach, and intended audience. Historically, science fiction has been targeted at a subset of straight (white) males by focusing on standardized men's stories that used women as objects, plot devices, and prizes. In recent decades, this has changed as an increasing diversity of writers and characters have developed more interesting and inclusive stories. Additionally, the ways that these stories accomplish their goals usually either are through challenge/critique of the status quo or by offering a completely new "normal" that "makes strange" our accepted reality.

The new *Battlestar Galactica* series is a transgressive and transformative work that takes the second approach through a combination of world-building and restructuring of social norms in radical ways. Although it relates to the original series in drawing heavily from Greek mythology and current political events, these references take a back seat to pervasive questions about what it means to be a person. Thus, *Galactica* confronts and reconstructs narratives and categories by appropriating the familiar and reapplying it in a subversive way.

Rather than look to the explicit discussions of personhood and citizenship that occur in the series, this essay will focus on two main approaches used in the series to symbolically draw attention to and then disrupt human identity. First, visual color motifs, specifically red and blue, are used to indicate what is "other" and what is human. Because creators *queered* the difference between Cylon and human throughout, the use of color indicators for a *performative identity* helps to stabilize the narrative for viewers by tapping in to commonly recognized themes of "red as blood/organic" and "blue as cerebral/mental/detached." Second, mythologically inspired discussions of life and death are contextualized in the ethical distinction of humans as mortal beings. Notable about these two approaches is the way that they are leveraged to later subvert audience expectations and communicate deeper problematizations of human identity and categorizations. By focusing on the Cylons primarily and by *making strange* the humans, this piece performatively disrupts the "view from nowhere" that is often assumed by the "unmarked normal" perspective (Haraway 1988). Just as feminist science studies challenges naturalized norms of objectivity and detachment, so too does this essay challenge norms of separation and identity by beginning with connectedness and the "inhuman" before moving to those who are explicitly labeled as "human" in the series.[1] As Karen Barad asks, "What if it is only in the encounter with the inhuman—the liminality of no/thing-ness—in all its liveliness, its conditions of im/possibility, that we can truly confront our inhumanity, that is, our actions lacking compassion?" (2013) Indeed, through this engagement, we are offered a highly disruptive and provocative proposal for a new way to think about gender, but we as viewers can only perceive this invitation if we are willing to let go of our constraining binary definition.

Before beginning this discussion, a few notes for consideration. First, this essay takes a longitudinal view of the series to emphasize the long-term journeys of several characters and the development of key themes; as a result, there are numerous "spoilers" that give away significant plot points that may not be as enjoyable if they were already known. Second, there are multiple names given for characters; a balance has been attempted to consistently refer to characters while also keeping in mind important transformations they undergo, such as promotions or actual renamings.[2]

---

1   Likewise, as a rejection of the often disproportionate focus on the active parties in sexual assault and objectification of a rape survivor, events like the rape/near rape of Sharon/Athena in "Pegasus" will be contextualized not within the culture of the Pegasus crew, but instead in the narrative of Athena's journey to become a person through her active choices.

2   Some character names of note:
     Commander Bill Adama is promoted to Admiral after "Resurrection Ship, Part II."
     President Laura Roslin is the appointed then elected President of the Colonies, although she was voted out between "Lay Down Your Burdens, Part II" and "Exodus, Part II" (Season 3).
     Kara "Starbuck" Thrace is referred to more as "Kara" in later seasons, perhaps to reflect her transformative journey.
     Sharon "Boomer" Valerii is often referred to by her callsign even though she is a model Eight.
     Sharon "Athena" Agathon begins as an imposter for Boomer, and does not gain a new name until she marries Karl "Helo" Agathon (taking his last name), and later is given the callsign "Athena" to distinguish her.
     Caprica Six is known as such throughout to distinguish herself from other Sixes. Head-Six is some other entity who usually only appears to Gaius Baltar. Likewise, Head-Baltar

1 Battlestar Galactica: Rebooted

Itself a "reborn" project, *Battlestar Galactica* was "rebooted" by Ronald Moore and David Eick from the original series that aired in from 1978 to 1979 in the United States. The original series, written by Glen A. Larson, was represented as a "wagon train to the stars" story heavily infused with both Greek mythology and Mormon cultural symbols. Representative of typical science fiction-as-entertainment, the original *Battlestar Galactica* catered heavily to a male audience, with few female actors (and those who were there were not considered to be strong actors) in gender-typical roles of schoolteachers and entertainers, clear lines drawn between heroes and villains, and little questioning of the anthropocentric perspective. The series, cancelled after one year of episodes, experienced several attempts at revival (led by lead actor Richard Hatch) but ultimately fizzled.

Moore's and Eick's reboot of the story twenty years later brought significant changes to the setting, characters, storylines, and symbolism. Foundational to the reboot was Moore's "Naturalistic Science Fiction" essay (Moore 2003), which expounded on criticisms of the portrayal of science fiction stories through "space opera" in media; Moore's perspective was clearly informed by his experience writing for three *Star Trek* series: *The Next Generation, Deep Space Nine,* and *Voyager.* As a response to these shortcomings, Moore outlined an approach that would allow for "the presentation of a fantastical situation in naturalistic terms." With such a genre-critical approach at the forefront of their minds – this essay would become the "manifesto" given to all of the actors as part of the information on the project – Moore and Eick developed a new story that better reflected the cultural gestalt of the new millennium.

First, the main plot, while still a post-apocalyptic survival story, opened with an attack on the twelve human colonies that was deeply reminiscent of the 9/11 terrorist attack on the United States. This link to current events is palpable throughout the series across its four seasons as questions arose about infiltrators, treason, justice, and even terrorist acts committed by the humans against occupiers. Second, many core conflicts revolved around the moral uncertainty of the creation/slave rebelling against the domination of creator/master in the form of the Cylons. While in the original series they were robotic beings created by reptilian aliens, in this remake they were intelligent robots created by humans as servants. Third, issues of ethnicity, culture, and gender were directly engaged in the form of a multiethnic cast,

is an entity who usually only appears to Caprica Six. Both of these entities serve as a psychological counterpoint and are suggested to be known as angels.
Cylons in general are referred to by their model's common name (ie: Sharon) and their model number (ie: Eight) to emphasize their growing named identities as recognized by the humans themselves.

storylines revealing cultural differences and tensions between the twelve colonies, and significant equity both in casting (some male characters became female in the transition to the reboot – see Benedict 2006) and in setting (the opening miniseries features a unisex bathroom). In a director's commentary on the final episodes, Moore described how he had written a "co-ed strip club" that had both male and female strippers and patrons in various combinations but that it did not end up in the filmed footage. Fourth, the core question of the series was no longer just about survival against a foe, but about what the nature of humanity and personhood could be, as well as the question of what role morality played in determining this. These questions, contextualized in the richly sociological setting (as outlined in the third point), achieved a special level of depth and realism that has rarely been achieved in science fiction. This impact has notably been recognized by the United Nations, which in 2009 hosted some of the cast from the show to participate in a panel discussion on international issues like human rights, terrorism, and armed conflict[3]. Although not postcolonial in an academic sense, the story of *Battlestar Galactica* mostly takes place after the destruction of the original Twelve Colonies, and the struggles of the human society to come to terms with this permanent change form an important social backdrop throughout; it is because of this that one can consider this to be, literally, a post-colonial story that benefits from a similar willingness to approach a different world from a generous and non-hegemonic perspective.

2   Blood Red, Military Blue: Coloration as Symbolic Indicators

A popular symbolic indicator in visual media, color helps to identify tone, affect, and even identity when used systematically. Blue and red are popular colors to identify friends and foes, respectively: *Galactica* retained the use of red from the original series to indicate Cylons and contrasted that with blue for the Colonials/ humans. However, this assignment of color is subverted by also associating red with the emotional, material, and embodied, while blue is associated with separation and militarism. This messiness goes beyond simply delineating opposing sides in a conflict; it also allows for and encourages a type of "passing" made visible through

---

3   It is notable that lead actor Edward James Olmos, who plays Commander/Admiral Adama, managed to upstage the UN delegate when he emphasized that "there is one race – the human race" to show how the language of race used in the UN Declaration of Human Rights was outdated and based on problematic colonial constructions of race as a way to ensure otherness.

the adornment of different characters with specific colors that don't match their faction identity. Additionally, a third color – white (sometimes yellow) – is also included to represent a type of spiritual otherness that inspires revelation, once again troubling a more conventional dichotomy.

2.1 Red: Blood, Materiality, Connection

Throughout the series, the color red, especially in clothing, is used to represent Cylons, sensuality, and vital materiality. This is demonstrated through characters clothed in red, especially Baltar's "HeadSix" and red lighting present in backgrounds, such as on the Cylon baseships; the Sharon/Eight who would become Athena wears a bright red jumpsuit as a hostage while helping Roslin and her group look for the Tomb of Athena on Kobol ("Home, part 1"). Characters wearing red tend to interact more with their surroundings: HeadSix often drapes herself on furniture or people and reaches out to touch Baltar. Backgrounds with red in them, such as the baseships streaked with red lighting in the walls and outfitted with red, goop-covered control panels, hint at sentience akin to that of the Cylon Centurions (who don't speak but who have an oscillating red eye that constantly watches) and a vital materiality that needs touch from the humanoid Cylons to interface properly (they plunge their hands into the goop to connect to the panels below).

Indeed, the Cylons as a whole bring a much more relaxed and intimate relationship with machines and other things usually considered inanimate or non-agential. The humanoid Cylons regularly speak to the Centurions like servants rather than as robots and consider the flying Raiders to be of similar sentience to pets or trained work animals ("Six Degrees of Separation"). The Hybrids, humanoid beings that lay in tubs of liquid in a semi-conscious state, appear to babble meaningless phrases as chaff from their rapid calculations; while humans would usually label these beings as "vegetative," indicating a lack of consciousness or agency, the Cylons see them as the interface to their living ship and hold them in awe for their rich and complex perception of reality. Some even believe that the utterances not only have meaning, but represent messages from God filtered through the Hybrid – in other words, they speak in prophecies and gospels.

Throughout *Galactica*, the first (and last) instinct of the Cylon is to reach out and make physical contact with another; it is through this contact that decisions are made about the nature of the possible relationship that can be created. In "A Measure of Salvation," a group of dying Cylons make a final effort to clasp hands with each other in a type of prayer as their waited for death. This perversity of touching (Barad 2013), both repels and fascinates the humans, who are bewildered at the Cylon's need to touch each other as they die. Are they bewildered because they are doing something odd, or that they are doing something odd *for beings who are not people*? While it should be the latter, there is a distinct impression that it is instead the former – that seeing Cylons in the process of dying *makes them seem more human* to the extent that the humans focus on their odd death ritual, rather than ask why the machines think they are dying in the first place.

Red is also indicative of closeness for less personified or even inanimate objects or settings. The Cylon Centurions of the rebel faction paint themselves with a streak of red to distinguish themselves as the Cylons who have their own will and who have accepted the alliance between Cylon and Human ("Daybreak"). And the ongoing Opera House visions culminate with Caprica Six and Baltar carrying baby Hera into the Opera House itself, guided by the red carpet underfoot; they walk towards the future of the Cylon and Human on the path of connection and integration. Thus, red is a motif of closeness, physicality, and messiness – it is sensible and sensual materiality at its most visible.

2.2   Blue: Military, Separation

In contrast to the stimulating and sensual color red, the cool blue-greys of the Colonials are present in their uniforms, the ships, and in the pervasive cool lighting throughout. The first part of the series consists largely of the (post-)Colonial fleet running *away* from their Cylon pursuers; although fearful, the integration of military operational planning through Galactica promotes a type of clockwork shepherding, especially notable in the first episode, "33," where the fleet had to jump every 33 minutes because the Cylons kept finding them. Because their performativity is less identifiable – it is a *lack* of connection and interaction that we see – this blue-grey evokes connections to Haraway's masculine "unmarked category" (Haraway 1988) – a presumed monolithic majority so pervasive that it becomes invisible by becoming the "normal." This precarious grouping is predicated on the Colonial's absolutist distinction between "human" and "Cylon," a binary distinction reinforced through acts that would be considered atrocities were it not for the pervasive adherence to the labeling of Cylons as "other" and therefore without moral consideration: execution by throwing out an airlock ("Flesh and Bone"), torture and rape ("Pegasus"), suicide bombing ("Occupation" and "Precipice"), throwing into a sewage tank to drown ("Faith"). This rigid dichotomy is doomed to obliteration by the end of the series because of Haraway's shift to viewing from a body that is truly *in the world* rather than a disembodied view *from above* or *from nowhere*. Performatively, the series slowly incorporates more and more of the

Red Cylon motifs – both by showing activity on board Cylon basestars, but also by showing more characters demonstrating red coloration or even more sensual/connected ways of being. Even Galactica eventually becomes a hybrid ship; to delay the disintegration of the ship, the organic resin used by the Cylons is applied to the ship to help support its failing materials. This resin ends up forming a rudimentary nervous system throughout the ship, turning the formerly nonliving ship into a cyborg by introducing life. All of these occurrences gradually build up in enough numbers to challenge the primacy of the "normal" Blue Human.

2.3   Shifting Colors, Shifting Performances

One human who serves as a "color pivot" is Laura Roslin, the President of the Colonies, reflecting her (often unconscious) queering of boundaries between human and Cylon as well as between other identities. Although she often is seen wearing dark blues and greys, much like the other humans, while on New Caprica (a season Three storyline), she donned a flowing red dress during the groundbreaking celebrations ("Unfinished Business"). Besides signifying sensuality and femininity, as appreciated by Admiral Adama, this dress also represented Roslin's temporary acceptance of New Caprica as a home (she had previously been the strongest opponent of settling on the planet ["Lay Down Your Burdens Parts 1 & 2"]). In her conversation with Adama, who was examining the sandy soil ("alluvial deposits") while still outfitted in his blue-grey military uniform, Roslin commented on the beauty of a nearby flowing creek and described her tentative plans to build a cabin by it. Once again, blue-grey represents utilitarian detachment while red indicates a desire to engage in a co-becoming with one's surrounding materiality in a vital and agential way. Later on, Roslin's return to the blue-grey attire of humans is made starkly visible in a diplomatic meeting between the humans and Cylons where she stands with Admiral Adama in a blue-grey suit that mirrors the Colonial uniform ("The Eye of Jupiter"). Roslin also is dressed in a dark maroon suit when she realizes that her visions of the opera house are shared actively with Athena, Caprica Six, and possibly Hera ("Crossroads, Part II"); she is closer to the Cylons psychically and in her coloring. This oscillation of color parallels Roslin's queering of roles, body, and even spatiality: she is the civilian leader in contrast to the military leader (Admiral Adama), yet she is often more brutal and utilitarian, and her cancer is temporarily cured by a transfusion of some of Hera's hybridized blood, making her a human-Cylon cyborg of sorts. More interestingly, Roslin moves between spaces frequently, whether at her leisure or while fleeing a coup: throughout the series, she visits Galactica, both for meetings and for medical appointments; she also flees to other ships under the protection of Tom Zarek when martial law was declared by Colonel Tigh after the near-assassination of Commander Adama ("Resistance" and "The Farm") and she frequently moves between the President's ship – Colonial One – and Galactica. As a final subconscious disintegration of her boundaries, Roslin flees to the Cylon rebels' basestar to escape the anti-Cylon mutiny led by Zarek ("Blood on the Scales") and proceeds to threaten to destroy Zarek with every weapon at her disposal (including the Cylon ship).

Inverting this appropriation of redness, Sharon "Athena" Agathon is a Cylon who rejects their ways to become more human. Besides conceiving and giving birth to a baby in a human fashion and always wearing the military uniform (either the blue-grey uniform or the dark grey-green flight suit), she also takes ideological positions that performatively realize her internalization of human norms. But her intentional transformation/performance of humanity/personhood relies on a constant rejection of the Cylon materiality; this pattern is often seen in reinforcements of masculine performances that treat anything feminine as a contamination and invalidation. Colonel Tigh, when he discovers that he is one of the Final Five Cylons ("Crossroads, Part II"), also utilizes this performative definition of what it is to be a human, albeit in a more existentially positive way:

> **Saul Tigh:** My name is Saul Tigh, I am an officer in the Colonial Fleet. Whatever else I am, whatever else it means, that's the man I want to be. And if I die today, that's the man I'll be.

One of the less featured Cylons, Doral/Five, follows this color coding in two notable scenes: first, in the Miniseries, a Doral clad in blue is seen leading a media team through Galactica shortly before the attack on the Colonies; second, a Doral dressed in a red suit serves openly as a Cylon overseer ("Bastille Day").

These are three examples of how color, while initially serving as a symbolic indicator of distinct kinds of beings – Cylons or human – operates as a framework that is readily *queered* and appropriated both front-stage and back-stage qua Goffman.

2.4   White: Spirituality and Revelation

Another color – white – is also sparingly used as a *third* alternative to the red/blue conflict. This color is most frequently worn by D'Anna/Three, who begins her journey cynical but ends it searching for connection with the Final Five. This character only began appearing in white after finding the hybrid baby Hera, as predicted by a prophetess on New Caprica; her journey associates this color with an openness to spiritual transformation. Notably, D'Anna is seen wearing a white dress on the basestar in "Collaborators," a white suit in "A Measure of Salvation," where she tortures Gaius Baltar for information, provoking his deeper connection with Head-Six and an eerie proclamation of love towards D'Anna, and a white shirt and pants in "The Passage" when she takes Baltar to see the Hybrid. She again wears her white suit when negotiating with the Colonials about accessing the Temple of the Five in "The Eye of Jupiter," where she hopes to see the faces of the Final Five Cylons. Finally, D'Anna wears a white bathrobe when unboxed by Cavil at the resurrection facility in "The Hub" (Season 4).

This fits with other notables uses of white clothing on characters. Looking back to the first season, Laura Roslin has dream visions where a Two/Leoben is telling her something important; in the dreams, she is dressed in white. Gaius Baltar, when he awakens on the Cylon basestar after leaving New Caprica, is given only a white bathrobe to wear ("Collaborators"). While with the Cylons, he gains new insights into the Cylon's God and his own mind-body connection; he also meets one of the Cylon Hybrids for the first time. Interestingly, Head-Six, who is not in fact a Cylon, but a type of Messenger, eventually exchanges her red dress for a white one as Baltar becomes the leader of his cult in Season 4.

This *third* option is *parasitic* on the other two, relying on the two parties as a substrate from which to emerge (Serres 2007). It is also a *transformative* indicator – rather than flagging identity, white marks a character who is in the process of seeking enlightenment beyond what is apparent. I argue here that rather than being seen as an *absence* of color, white is instead the *presence* of all light, a state of *abstractio* (from Kant, in Stingl and Weiss 2013), of openness to new possibilities. Thus white is very much emergent and narrative in its temporality.

2.5   From Ocularcentrism to Empathy

Even this visual color motif is challenged through the progression of the storyline, reflecting the shift away from ocularcentrism – a fixation on the visual – towards more subjective and empathetic modes of sensing. Of the senses, the visual was seen as the most objective and refined by the Greeks (Korsmeyer 1999), with aural a close second, and touch and taste dismissed as the most base and crude (as well as intimate). The character of Kara Thrace/Starbuck serves as an indicator of different phases for the humans and forces a convergence of these three colors through the mandala/Eye of Jupiter symbol but eventually discards the visual symbol for the more true audio clues manifested as music and a song – "All Along the Watchtower." The mandala symbol first appears in the second season episode, "Valley of Darkness," when Helo and Starbuck return to Starbuck's old apartment on Caprica. It is painted on the wall as part of Kara's random assortment of doodles and artistic dabblings: concentric circles of white, blue, red, and white/yellow. Much later, in "The Eye of Jupiter," the Temple of Five is discovered to have a nearly identical mandala, a connection made by Helo, and in "Rapture" the star near the planet goes supernova, producing a similar looking explosion. These layers correspond to the polytheistic religion of the humans, containable within icons and artifacts (white), the humans (blue), the Cylons surrounding the Fleet (red), and finally the Cylons' One True God (white/yellow), uncontainable and believed to surround all.

First, Starbuck simply opposes the Cylons unreflectively, as do all of the humans but Baltar and Helo. Then, from "Rapture" through "Escape Velocity," she became visually fixated on the colored mandala pattern that she sees in the clouds of a gas giant ("Maelstrom"). After her rebirth ("Crossroads, Part II"), Kara focuses more on "hearing" a signal that she believes will lead her back to Earth (which she remembers finding), but she integrates her newfound sound sense with visions of a star-shaped comet by a gas giant with rings ("Escape Velocity"), which turns out to be the rebel basestar with which the Colonials ally. She also visually identifies a signal picked up by her aircraft that leads them to (first) Earth – which was destroyed in an nuclear apocalypse millennia ago – but does not notice that the device's needle jumps in time to a hidden beat ("Revelations"). Although she was one of the first humans to accept the personhood of Athena, when Kara apparently returns from the dead she tells Anders that he was remarkably tolerant for claiming he would still love her if she were a Cylon since she would kill if if he were one ("He That Believeth in Me"). Yet, Kara eventually admits to a comatose Anders (who had since been revealed as one of the Final Five Cylons and shot in the head) that the human-Cylon distinction didn't seem to matter anymore ("Islanded in a Stream of Stars"). This parallels her shift as Kara becomes more inwardly focused as she responds to memories of music – a piano piece she played with her father – that eventually help her take the fleet to (our) Earth. Unlike her visual experiences, which were seen by her alone and ultimately led her to a dead planet, her memory of the music was one she experienced *with* her father in an interactive engagement and shared with the Final Five Cylons, four of whom had been awoken by that very song. Following that song proves to be the proper course in the end.

This shift from noninquiry to visual to aural contemplation represents stages of critical development for the human community as they are first ignorant to the identities of the humanoid Cylons, then use the visual appearance of the Cylons to identify the enemy (while actively refusing to listen to their statements of agency and personhood), then finally develop empathy as they stop fixating on the appearance of the models and begin to listen to them as individual persons with agency.

3 Living and Dying as People

Fundamental to issues of identity and membership throughout *Battlestar* are questions about life, death, and birth. One of the key distinguishing features between Cylons and humans is the ability of Cylons to be resurrected after death. As long as a Cylon dies while near a resurrection facility (usually located on a special "resurrection ship"), their consciousness and memories can be downloaded into a new, identical body. This applies not just to the human-like Cylons, but also to the flying Raiders, which are revealed to be biomechanical creatures with rudimentary intelligence and emotions ("Scar"). This ability is viewed practically by Cylons early on – it is a chance to learn from one's mistakes. However, it is implied that this ability to resurrect interferes with the ability to procreate, and this question drives the Cylons to investigate this issue in depth. Indeed, the question, "Are you alive?" is the first line of dialogue spoken in the opening scene of the miniseries. One of their attempts to understand the secrets of human procreation led to the pairing of an Eight/Sharon with Karl Agathon/Helo in an attempt to conceive a child. Although their relationship began with deception – this Sharon posed as Boomer, to whom Helo held unrequited attraction – they soon fell in love and became a strong family unit throughout the series. Their child, Hera, served a pivotal role in the future of both Cylons and humans as a representation of a new type of life that brought together these two races. There is another successful impregnation of a Cylon – Caprica Six – by one of the Final Five Cylons (descendants of the lost Thirteenth Tribe of Kobol who designed the seven humanoid Cylon models), but because Cylon pregnancies require love to be viable, the pregnancy self-terminated when the love of the father came into question. Thus, the hybrid Cylon-human child Hera remained the only potential future for the continued existence of the Cylon race.

3.1 "We're Alive!": The Rise of the Living Cylons

The episode "Downloaded" focused on the question of living by following the emotional growth of two key characters – Caprica Six and Sharon Valerii/Boomer[4] – who become known as "Heroes of the Cylon." Caprica Six had died earlier

---

4 Coincidentally, the two actresses for these characters, Tricia Helfer and Grace Park, both have been complimented by Ron Moore and others for how much they matured as actors over the course of the series. In many ways, these two actresses did much of the "heavy lifting" by playing multiple versions of their basic character (sometimes in the same scene) in ways that were distinctive and recognizable.

protecting Gaius Baltar during the attack on Caprica at the beginning of the series, but only in this episode was she shown being resurrected. Boomer began the series on Galactica as a sleeper agent; she had no knowledge of being a Cylon and thought she was a human pilot. At key moments, Boomer sabotaged the humans through unconscious programming; this culminated in her shooting Commander Adama and nearly killing him ("Kobol's Last Gleaming, Part II"). After this incident, she was incarcerated and later assassinated by an angry crewmember ("Resistance"). Upon dying on Galactica, Boomer was downloaded into a new body among the Cylons, confirming her fears that she was indeed a Cylon.

In this same episode, Hera, the hybrid daughter of Sharon/Athena and Helo, is born (the "reborn" as Isis in a Moses-like adoption story). Like Caprica and Sharon/Boomer, she too emerges from unconsciousness into existence with a shock while surrounded by loving people. And like Sharon/Boomer in particular, she does not take a breath for a while, even though she is admonished to breathe. In Hera's case, her lungs were not fully developed – not quite able to process the cold outside air. In Boomer's case, she was not quite ready to process the cold truth that she is a Cylon and not a human. Boomer, in her old apartment, mirrors Hera in her incubator – shielded from the truth of the world but touched by those interested in her coming out. Boomer is visited by Caprica, and Hera by her parents. Helo, Hera's father, talks to her, telling her that she has to stay in until she gets strong enough to come outside. Caprica, prodded by both D'Anna/Three and by HeadBaltar, tells Boomer it is time for her to come out and leave her past behind. But in the case of Caprica and Boomer, Caprica is changed by her connection with Boomer – realizing that she must not leave behind the love she has for Baltar, but embrace it and act through it. In accepting the love she felt for Baltar, Caprica was able to understand the love that her God had for her and her people – and to act with it to show others that love.

"Downloaded" ends with both a realization and a proclamation by Sharon and Caprica Six: "We're alive!" Although in the context of emphasizing that they survived the bombing of the coffee shop to the search-and-rescue team, this statement indicates a deeper epiphany: by embracing their transformation through love of a human, these two Cylons have developed an individual identity and a power from their difference. In this perspective, although they downloaded at the beginning of the episode, they were not truly *reborn* until the very end. This bookends the question, "Are you alive?" that is the first line uttered at the start of this show ("Miniseries"): a Six (in a stunning red suit dress) enters the Armistice Station and asks this of the human liaison officer… before sexually assaulting him (the station is then destroyed by the Cylons as the start of the attack on the colonies). However, the contrast between the Six at Armistice Station, who forces herself on the man there, and both Caprica and Boomer, who each loved a human man and valued the love others held (as demonstrated by their mercy towards Anders, beloved of Starbuck) is made clear; to become alive means to love and appreciate another's personhood. Through this self-reflection and self-questioning, Caprica and Boomer go beyond their original programming to realize larger moral truths – that the attack on the Colonies was wrong, that murder and vengeance are contrary to what their God wants. Additionally, they realize that as "Heroes of the Cylon," they have an individual identity and voice that carries more weight than the collective desires of their models. These hard-earned understandings are dismissed by Cavil/One as "contamination" and flaws; it is fitting that these activities are in fact the necessary components of personhood that the Cylons were originally missing since the aspirations of Cavil/One are to make the Cylons adhere completely to their machine identity and reject humanity/personhood. These struggles are referenced by Ron Moore's commentary, where he notes that the Cylon are a young race without a long history on which to fall back, so they are taking small steps to try to understand their own truths.

3.2 Learning to Kill, Learning to Die

Part of the Cylon's beliefs as prescribed by their God is a strict valuation of life; suicide is prohibited and Cavil/One insisted that the Cylons valued life more than did the humans, and while he himself proved this statement hypocritical with his later advocacy, it is apparent that the Cylons had a different valuation of life from the human at the start. For example, they have a prohibition against suicide, despite the easy ability to download and resurrect. However, in her pursuit to know the Final Five Cylons, D'Anna/Three repeatedly arranges for Centurions to kill her so that she can repeatedly experience her vision where she almost sees their face in the Opera House ("Hero"), demonstrating a slow slide away from the rigid starting beliefs of the Cylons and towards a more agential personhood. Indeed, even Cavil/One kills himself at the very end by committing suicide – a final nail in the coffin of the old Cylon morality ("Daybreak").

However, along with this rejection of absolute beliefs, there are also signs of growth and nuance. When seriously wounded by falling debris in an attack on a coffee shop on Caprica ("Downloaded") Caprica Six rejects the "easy way out" of simply downloading/resurrecting to escape her injured body despite D'Anna/Three's offer to euthanize her. In his commentary, Ron Moore comments that "she's becoming a little bit more human than I think she ever anticipated." Although Caprica Six is later killed during the occupation of New Caprica ("Precipice"), this initial change of ethos signals her growth as a person. It is also notable that to save

Anders, who set up the attack on the coffee shop, Caprica Six kills D'Anna savagely (slamming a piece of concrete on her head) in a moment evocative of the "ape kill ape" turning point in *Battle for the Planet of the Apes* (1973); this happens just a little while after D'Anna declares that "Humans don't respect life the way we do" ("Downloaded"). Caprica Six acts again later to save an important person – Hera – when Boomer threatens to snap her neck ("Rapture"). Their earlier bonding over their love of humans had turned to alienation as Boomer denounced her past relationships with Tyrol and Adama, perhaps precipitating Caprica Six's awareness that Boomer was no longer an ally and making her easier to kill. In this act, Caprica Six perhaps atones for her killing of a human baby before the Cylon attack on the Colonies ("Miniseries")[5] even as she continues on her journey where among the many things she learns, she learns how to kill her fellow Cylons.

Despite the change in ethos by some Cylons regarding life and death, it is their ability to resurrect that stands in the way of being accepted by the humans as people. In order to gain full personhood, or even humanity, the Cylons had to become mortal – a theme reflected in other stories like *Bicentennial Man* (1999). In this, their voluntary transformation is a literal enactment of Cohen's historization of the European modernity shift from immortal souls to mortal bodies (Cohen 2009).

Although the Cylons got a first taste of mortality when Pegasus and Galactica destroyed the Resurrection Ship with that particular Cylon fleet ("Resurrection Ship, Part I & II"), the true shift came much later in the fourth season after the fragmenting of the Cylons during their civil war. As a condition for gaining asylum with the Colonial Fleet, the rebel Cylons told the humans of the existence of the Resurrection Hub, the main control center for all resurrection ships ("Guess What's Coming to Dinner?"). Destroying it would end resurrection for all Cylons, making them all mortal. When asked why they would give this up, Natalie/Six, the appointed leader of the rebel Cylons,[6] emphasized the importance of mortality to being able to truly live:

> "In our civil war, we've seen death. We watched our people die. Gone forever. As terrible as it was, beyond the reach of the Resurrection Ships, something began to

---

5   That scene is still considered controversial because of its ambiguity: Caprica Six wonders aloud about how a baby's head can stay attached with such a frail neck, and shortly after that, the baby is found dead. There are different interpretations of this scene: 1) Caprica Six killed the child out of malice, 2) she accidentally killed the baby while exploring its body, or 3) she killed the child out of mercy, knowing that all of humanity was going to die. Regardless, there is distinct closure in her future protection of a young child from having her neck snapped.

6   Interestingly, Natalie speaks to the humans while dressed in blue, the motif color for the Colonials.

change. We could feel a sense of time. As if each moment held its own significance. We began to realize that for our existence to hold any value it must end. To live meaningful lives we must die, and not return. The one human flaw, that you spend your lifetimes distressing over – mortality – is the one thing...well, it's the one thing that makes you whole." ("Guess What's Coming")

Natalie speaks from hard experience: at the beginning of the Cylon civil war, she gave the Cylon Centurions the ability to make decisions and allowed them to kill the ringleaders of the other faction ("Six of One"), and just before joining the Fleet, she had executed another Six on the rebel basestar for killing a human crewmember ("Faith"). This Six was traumatized by being killed on New Caprica by being thrown into a sewage tank, and although Natalie and the Six had tried to talk through it, she couldn't stop having nightmares. To protect the fragile alliance with Kara Thrace, Natalie embraced and kissed the Six, then pulled the trigger on Anders' gun to kill her; this was permanent since they were not near a Resurrection Ship. Ironically, Natalie herself is killed shortly thereafter by Athena, who develops paranoia that a Six was going to take away Hera.

Towards the end of the series, the rebel Cylon faction (composed of Leobens/Twos, Sixes[7], and Sharons/Eights [minus Boomer]) had fully integrated into the fleet; they were allotted an elected representative on the council, for example ("Deadlock"). One of the first acts by this representative, Sonja/Six, was to request the return of Boomer to their people – not for release, but to try and punish her for treason, ostensibly through execution. When the humans responded with surprise, Sonja explained that before they became mortal, the death penalty had no meaning; it was only after they lost the ability to resurrect that it came to be seen as the most effective punishment. As a counterpoint to this somewhat depressing mimicry of humans, it was observed in the same episode that these Cylons had begun posting pictures of their dead companions in Galactica's "Memorial Hallway" – a sacred place for people to remember their deceased love ones ("Deadlock"). Although in an earlier time the picture may have been protested or defaced by humans who felt their sacred place was being defiled, there was no evidence of this, another indication of the growing acceptance (or weariness of maintaining bigotry) by the humans.

---

7   It is interesting that the Sixes adopted their own individual names and so were referred to collectively as "Sixes" while the Twos and Eights tended to be called "Leobens" and "Sharons".

3.3   Bringer of Death: Sharon/Eight as Persephone Figure

In many ways, the Sharons/Eights embody different aspects of Death, the thirteenth trump of the Tarot[8], and of Persephone, the daughter of Demeter and wife of Hades. Not only does Athena act in many ways as an agent of death, it is through death that Athena and the other Sharons precipitate significant plot points in the climax of the series. But Death in the Tarot also represents change and loss, which also are strongly demonstrated through both Athena and Boomer. The Greek goddess Persephone likewise carries ties to death and transformation; as a maiden she is naive and innocent, but after her abduction (or seduction and elopement, depending on interpretation) by Hades she begins her journey to grow into the queen of the Underworld. One etymology for her name derives from φέρειν φόνον, *pherein phonon*, "to bring/cause death".[9] Although the Sixes, notably Caprica Six, have killed as well, their killings tend to be contextualized within political calculations or personal growth as reactions to events: the baby killed by Caprica Six ("Miniseries"), D'Anna killed to save Anders ("Downloaded"), Boomer killed to save Hera ("Rapture"), and a Six executed by Natalie ("Faith") to save the Cylon-human alliance.

Abduction is the beginning of both Boomer's and Athena's stories. Boomer, as a sleeper agent, did not know that she was a Cylon and suffered as she slowly came to the realization that she was losing time as she was "abducted" by her programming to sabotage Galactica and the fleet ("Water", "The Plan"), culminating in her attempted (possibly averted)[10] assassination of then-Commander Adama ("Kobol's Last Gleaming, Part II"). After being killed by a crewmember, Boomer awoke on a resurrection ship, confirming to her horror that she was indeed a Cylon ("Downloaded"). Later in the series, it becomes apparent that she was engaging in a relationship with a Cavil/One in a dark version of the Hades-Persephone relationship (as it later comes to light that the Ones precipitated the destruction of the Colonies ["The Plan"]) and, despite her protests that he was killing fellow Cylons

---

8   In an amusing numerological coincidence, the actress who plays the Sharons, Grace Park, inadvertently increased the number of Cylon models from the originally intended 12 to 13. When asked what model number she wanted to be, she chose Eight, even though for consistency she should have been limited to One through Seven. The resulting wrinkle did not manifest until late in the fourth season with the "cult of Daniel," a dedicated group of fans who attributed more plot importance to the Seven model than intended by Ron Moore.

9   http://www.perseus.tufts.edu/hopper/text?doc=Perseus:text:1999.04.0104:entry=persephone-bio-1

10   Since Boomer shot the Commander from point-blank range and had the element of surprise, it seems unlikely that she would have accidentally missed; it is possible that she disrupted the sleeper-agent programming enough to not kill Adama outright.

permanently, stood by him as he ambushed the rebel Cylon models as the next assault in their civil war ("The Ties That Bind"). Although Boomer gains power throughout her journey beginning in "Downloaded" as she joins Caprica Six in using her voice and individual identity to change the Cylon's plans, she ultimately fails to mature from the Kore/Cora ("maiden" or "daughter") to Queen Persephone, as evidenced by her need to be drawn out by others ("Downloaded"), her vulnerability to fear and cynicism, and her reliance on Cavil/One as an incestuous father figure; at one point he refers to her as his "pet Eight" ("The Hub"). Ron Moore, in the commentary for "Deadlock," noted that, "We married her up, so to speak, not literally married her up, with the character of Cavil to play their relationship and play someone for Cavil to deal with." Only in the end does she make a decision that reflects her own agency, and she accepts her own death as a consequence ("Daybreak"). Athena[11] instead represents the agential elopement story – the alternative interpretation that posits that Hades and Persephone fell in love and ran away together in a mutually consensual act. Her introduction to the story begins as a ploy to attempt to cultivate a relationship with Karl "Helo" Agathon, who had always harboured secret feelings for Sharon Valerii. Sharon fools Helo into thinking that she is Boomer, who came back to get him ("33"). As part of the ruse, Sharon rescues Helo, who had been captured by Cylons, by shooting the Six holding him hostage (an interesting foreshadowing of future events in "Guess What's Coming to Dinner" in season 4). They have sex and she becomes pregnant, after which Sharon realizes that she is actually in love with Helo, and so defects away from the other Cylons and tries to save him ("Water"); this is an interesting contrast to inverted events on Galactica with Boomer's sabotage story. Eventually Helo finds out that she is a Cylon, but decides to stay with her, and over time they cultivate one of the strongest and most equal partner relationships on the show. Together they become a lethal team, later nicknamed "the fighting Agathons" ("Unfinished Business") who also are dedicated parents (when they had Hera with them). However, they also suffer many trials together, largely due to the repeated abductions of Hera – once right after she was born by President Roslin ("Downloaded") and once by Boomer ("Someone to Watch Over Me") – but also because of the resistance of the humans to recognizing Sharon as a person and, by proxy, Helo as a loving partner and not just as a "toaster lover." So in this, their story together carries themes of loss, but also of change and transformation, as the relationship between Sharon and Helo serves as the "shape of things to come" and a harbinger of the future of humans and

---

11   In this section, Athena will be referred to as "Sharon" because she is not named "Athena" until much later in Season 3, "Torn".

Cylons. Interestingly, the conclusion of this family's story includes a discussion of hunting and growing crops in their new home on Earth:

> **Helo:** "Daddy's going to teach you how to hunt."
> **Athena:** "Haha! Noo, Mommy's going to teach you how to hunt."
> **Helo:** "Hey, don't you listen to Mommy, Daddy is a great hunter!"
> **Athena:** Mommy's gonna teach you how to hunt. Real hunting. Yeah, and I'm gonna teach you how to build a house, and how to plant crops…"

This dialogue not only represents the equality of Helo and Athena as parents (and their mutual respect and love for each other), but also serves as a little nod to both Artemis and Demeter, goddesses of the Earth, rather than of the Underworld.

In her journey to differentiate herself as a person worthy of consideration, Athena often finds herself at odds with other Cylons, especially other Eights, yet because of her ability to pass as a Cylon (is it really passing?) she also acts in pivotal moments to drive change. For example, she infiltrates the Cylon's headquarters on New Caprica to take the launch keys that would allow the Colonial ships to take off. While there she runs into a Three/D'Anna, and shoots her in the kneecaps to buy time to get away. When the humans discover a virus that could wipe out all of the Cylons ("A Measure of Salvation"), Athena supports the action even as Helo opposes it because it would be genocide; when he asked her how she could support such an atrocity, Athena argued that she constantly had to make the right choices to be considered a person:

> **Athena:** I made a choice to wear a uniform, to be a person.
> **Helo:** You were a person before you put on that uniform, before I fell in love with you. You don't have to prove it.
> **Athena:** I have to prove it every day. My entire race may be wiped out. This Cylon will keep her word, even if it means she's the last Cylon left in the universe. Can a human being do that?

Through this dialogue, Athena emphasizes that personhood is ultimately performative, relying on the interaction of observers who evaluate whether the entity in question fulfills the standards of personhood adequately. Athena's hard fought journey – from defector to mother to wife (in that order) to officer – reveals the hurdles that are often easy to forget, but that are experienced in the real world to vary degrees.

Later, Athena identifies Boomer[12] as a member of the Cylon delegation that tried to negotiate with the humans about accessing the Temple of the Five; Boomer then tells Athena that Hera is alive with the Cylons (Hera was given to a woman by the President; the woman later died on New Caprica, leaving her to be picked up by D'Anna [Exodus, Part II]). Boomer and Athena even come into conflict directly when Boomer infiltrates Galactica and abducts Hera while posing as Athena, perpetuating the cycle of abduction and loss ("Someone to Watch Over Me"). But in a last act of redemption, she makes the choice to give Hera back to her mother, who then kills her ("Daybreak"):

Boomer: Tell the old man I owed him one.
Athena: Doesn't change anything you did though!
Boomer: No. We all make our choices. Today I made a choice. I think it's my last one.

Here again, while a different Eight, Boomer also emphasizes the importance of choices to identity and personhood. This emphasis is lampshaded in an earlier interaction between Athena and a group of Eights [13]who ask her to help them displace Natalie from power right after the Cylon civil war ("Faith"):

Eight: The Sixes have made one mistake after another. They have to be stopped before they get the rest of us killed. ... You could help us.
Athena: You want me to lead a mutiny against the Sixes?
Eight: It's the only way.
Athena: You guys make me sick.
Eight: Why?
Athena: Because you pick your side and you stick. You don't cut and run when things get ugly. Otherwise you'll never have anything. No love. No family. No life to call your own.

---

12 It is never explained *how* the Cylons can distinguish individuals among models; while the actors appear to look at each other, it could be surmised that it is not a visual signal but something more subtle.

13 In an interesting evolution, this group of Eights is clothed, albeit all in the same shade of periwinkle. Back in "Kobol's Last Gleaming, Part II," Boomer meets a similar group of Eights who are completely naked. While they have grasped the concept of clothing (and shame?), the Eights do not seem to have developed individualized fashion sense.

3.4   Death as Weapon, Death as Gift

While the main weapon of the Sixes is attraction and love (suggesting an affinity for Aphrodite), the Eights regularly use death as a weapon and, more interestingly, as a tool, evoking comparisons between Buffy, from *Buffy the Vampire Slayer*, who was told by Sineya, the First Slayer, "Death is your Gift." ("Restless"). More interestingly, death when connected to an Eight often drives significant plot developments. Boomer's sabotage of the water tanks early on drives Galactica to look to prison labor to harvest water to replenish their supplies, leading to the release of Tom Zarek, a political terrorist ("Bastille Day") who plays a significant political role throughout the series. Her later assassination attempt on Adama produces the first season cliffhanger and throws the fleet into chaos ("Scattered"). Athena's (non-permanent) killing of the Six holding Helo hostage gains his trust and precipitates the conception of Hera ("33", "Water"), the first human-Cylon hybrid. Much later, Athena's actual killing of Natalie (the Six who led the rebel Cylons) because of her trauma at losing Hera in the past ("Guess What's Coming to Dinner") causes the rebel basestar to suddenly jump away with President Roslin and a strike team on board; they later successfully destroy the resurrection hub ("The Hub") and return to the fleet. This action also marks Admiral Adama's clear acceptance of Cylons, at least the rebel Cylons, as people; he asks Athena why she killed "an unarmed woman" in reference to Natalie. Thus, in dying, Natalie unequivocally becomes a person in Adama's eyes.

It is noteworthy that an Eight plays a pivotal role in convincing the humans and Cylons to work together; she had previously downloaded some of Athena's memories and ends up working closely with Helo during the mission. She even explicitly compares herself to Athena, drawing on Athena's earned credibility as a person among the Colonials:

> **Eight**: Hey, hey! Pilots, you've flown with Cylons. You've flown with Athena. You've put your life in her hands and she hasn't betrayed you. Well I am the same as her. Now all of these Cylons here, all of these people, they're pilots like you and they're going to be out in the soup, with you, taking out other Cylons, just like Athena does every time she's asked to. And when that hub is taken out, all of their lives will be at risk, just like yours. So you might want to think about how you're going to work together, because we're all dead if you don't.

The mission was successful, which meant that the ability of all Cylons to download and resurrect was destroyed:

D'Anna Biers: And with a whimper, every Cylon in the universe begins to die.
Eight: Yes, that's right, and it's a good thing, D'Anna, because now there's
no difference. We can all start trusting each other.

Through her interventions, this Eight served as a proxy for Athena and helped to
bring death to the entire Cylon race. In this, she resembled the Slayer by bringing
death as a gift – a gift that allowed the Cylons to finally be seen as people because
of their shared mortality.

Athena also uses death as a way to transport herself: When she and Helo discovered that Hera was alive and being held by the Cylons, she made him kill her (suicide
is a sin to the Cylons) so that she would download on the resurrection ship and be
able to take Hera back ("Rapture"). Another Eight, a side character from a webisode
sometimes called "Sweet Eight" ("The Face of the Enemy"), is trapped in a Raptor
with Felix Gaeta and several other people. She kills each of them surreptitiously,
and when discovered, claims that she did it to save Gaeta and herself by giving the
more air; when challenged, she then claims that she was saving Gaeta by keeping
him from killing the others out of a desire to survive. She then reveals that instead
of saving people on lists Gaeta gave to her during the occupation of New Caprica,
she had them killed intentionally as a strategic move; outraged, Gaeta kills her by
stabbing her in the neck – a parallel to his attack on Gaius Baltar ("Taking a Break
From All Your Worries").

But important events happen not just because Eights cause death; they also
happen when Eights die. In "Faith," an Eight is shot by a Centurion as she attempts
to unplug the rebel Cylon's Hybrid. Her blood mixes in with the Hybrid's white
water, staining it pink, then red. Immediately, the Hybrid, who was previously
making the usual disorganized utterances, snaps into lucidity and looks directly
at Kara and proclaims:

Thus shall it come to pass. A dying leader will know the truth of the Opera
House. The missing Three will give you the Five who come from the home
of the Thirteenth. You are the harbinger of death, Kara Thrace. You will lead
them all to their end. End of line.

This prophecy has strong bearing on the rest of the series, giving key guidance
on the next courses of action as well as inspiring President Roslin to come to the
baseship to see the Hybrid right before it jumps in response to Athena's killing of
Natalie ("Guess What's Coming to Dinner"). But another deep impact happens as
the Eight dies: she reaches out to Athena to touch her as part of the Cylon death

ritual, but Athena balks, once again rejecting her Cylon identity. Instead, Anders, who has been pensive the whole time on the baseship because of his confusion over being one of the Final Five Cylons, holds the dying Eight and tells her that he's with her. A similar scene happens later when an Eight is mortally injured when Galactica suffers a hull breach ("Islanded in a Stream of Stars"); as she is lying in sickbay, she asks Colonel Tigh to stay with her:

> **Eight:** Thank you.
> **Tigh:** Thank me? For what?
> **Eight:** For the privilege of finally being able to meet my father before I die.
> **Tigh:** You shouldn't be thanking me. I spent most of my life trying to kill your kind.
> **Eight:** Too much confusion.[14]

Even in dying, the Eights, who fulfill the Kore/daughter role more than any other models, remind Anders and Tigh of their important roles as fathers of the Cylons and assist them in their own journeys through death and rebirth of their identities as people.

4 Conclusion: Cylon Gender as Disrupted Performativities

> How truly sublime the notion that it is the inhuman—that which most commonly marks humanity's inhumanity as a lack of compassion— that may be the very condition of possibility of feeling the suffering of the other, of literally being in touch with the other, of feeling the exchange of emotion in the binding obligations of entanglements. – Karen Barad (2013)

Science fiction has a long history of putting us in uncomfortable positions where we must look at something that is Other and realize that the Other is us, or that we are Other. Often, by using an Other who is clearly different from us – an alien or a zombie, for example – we are more easily able to be charitable and concede some shared suffering or happiness. Ironically, it is when confronted with an Other who is too similar that we balk in a moral uncanny valley; the need to shore up our

---

14 This is a line from the song, "All Along the Watchtower," which becomes a central motif of the final season.

own identity becomes all the more urgent when the boundary becomes nebulous and frayed.

A more troubling or liberating implication that can be drawn from *Galactica* is both a challenge and an answer to the question of gender as a concept: if gender is not necessarily tied to sex[15] or bodily configurations, and gender is not tied to reproduction (because we accept all sexual orientations as valid), then what constitutes gender and what does gender constitute or do? Is it merely aesthetic? One way out of this distressing result is to argue that gender, or more precisely, gendering, allows us to rely on social norms to predict and enforce certain behavioral standards among people, who are classified somehow into groups (*genera*).

In this then, the Cylons, with their seven extant models, offer a postsexual (or presexual) gender alternative: each model is a gender. The apparent masculinity or femininity (as imposed by viewers' preconceived notions of gender) has no bearing on sexual attraction or reproduction; as admitted earlier, they had tried all configurations and combinations to conceive children, but had failed. And the different Cylon models' genders are never used to distinguish them, only the numbers of their models: every gross stereotyping of a model's behavior could have "women" or "men" substituted for the model number and the statement would parse. Thus, Leobens/Twos are obsessed with Kara Thrace, D'Annas/Threes are fixated on discovering the Final Five, Sixes are seductive, and Sharons/Eights are emotional yet fickle: these are all gender performativities in the spirit of Judith Butler. The three "rebel" models – Leobens, Sixes, and Sharons – do not get gendered as "women" or "men" by the humans, only identified by model number as Cylons, and much later, accepted as people after they became mortal. A final argument for framing the models as genders lies in the way that to the humans, it is nearly impossible to distinguish between individuals of the same model, yet Cylons are able to quickly determine who is whom ("Rapture", "Someone to Watch Over Me"). Likewise, gender is often used as a gross categorization to describe otherwise indistinct people even though people familiar with the individual would point to other features as well.

Battlestar Galactica weaves together a multi-layered transformational narrative (both for its characters and for its viewers) by setting up easy motifs like color that become appropriated as vehicles for communicating difficult truths: not only do the convenient indicators of what is self and what is Other not guarantee security of identity, but the very reliance we have on those indicators is inherently flawed and subject to challenge. This is the challenge we face in today's uneasy world where

---

15 Sex itself is not as simple as some make it out to be, as it is a complex and fragile gestalt of chromosomes, hormones, development, anatomy, gametes and reproductive performativity that are far from certain or testable.

nonhumans, whether organic or inorganic, evoke discomfort and empathy; will we be ready to look at the Other and hear what they have to say?

Life is short, but the next one's not
Let your heart adrift, and your soul will get caught
Believe the lies, ignore the truth
Listen to me, I will show you the proof.
Speak from your heart: say the things you know to be true

Head-Baltar to Caprica Six in "Downloaded"

References

Akasaka, K. *Battlestar Galactica: A Retrospective*. Online Videorecording. UN Department of Public Information's Creative Community Outreach Initiative. United Nations, 2009. http://www.youtube.com/watch?v=_oXeZQzfQsM.

Barad, K. 2013. "On Touching--The Inhuman That Therefore I Am." *Differences* 23 (3) (January 11): 206–223. doi:10.1215/10407391-1892943.

Benedict, Dirk. 2006. "Starbuck: Lost in Castration." *DirkBenedictCentral*. Online at: http://www.dirkbenedictcentral.com/home/articles-readarticle.php?nid=5.

Cohen, Ed. 2009. *A Body Worth Defending: Immunity, Biopolitics, and the Apotheosis of the Modern Body*. Durham: Duke University Press.

Haraway, Donna. 1988. "Situated Knowledge: The Science Question in Feminism and the Privilege of Partial Perspective." *Feminist Studies* 14 (3): 575–599.

Korsmeyer, Carolyn. 1999. *Making Sense of Taste: Food & Philosophy*. Ithaca, NY: Cornell University Press.

Moore, Ronald D. 2003. "Battlestar Galactica: Naturalistic Science Fiction or Taking the Opera out of Space Opera". Battlestar Wiki. http://en.battlestarwiki.org/wiki/Naturalistic_science_fiction.

Moore, Ronald D. 2013. "Daybreak: Podcast Commentary." *Battlestar Galactica*.

"Restless." *Buffy the Vampire Slayer*. DVD. Directed by Joss Whedon. 2003; Los Angeles, CA: 20th Century Fox, 2003.

Serres, Michel. 2007. *The Parasite*. Translated by Lawrence Schehr. Vol. 1. Posthumanities. Minneapolis, MN: University of Minnesota Press.

Stingl, Alexander I., and Sabrina M. Weiss. 2013. "Beyond and before the Label: The Ecologies and Agencies of ADHD." In *Krankheitskonstruktionen Und Krankheitstreiberei*, edited by Michael Dellwing and Martin Harbusch, 201–231. Wiesbaden: Springer Fachmedien Wiesbaden. http://link.springer.com/10.1007/978-3-531-18784-6_9.

Romantische Allianzen: Gefährlicher Sex und kontingente Liebe in True Blood

Bernhard Unterholzner

1   Magischer Malstrom: Wesen, Blicke, Ereignisse

Es beginnt mit einer rasanten nächtlichen Autofahrt, einer Passage in die Dunkelheit der Provinz. Wie einst Jonathan Harker die Leser mitnahm auf die Reise ins Vampirland, so wird man auch hier, aus der Windschutzscheibe eines Autos blickend, überführt an einen Ort, der außerhalb des gewohnten Raums liegt. Während die Passage lange Zeit im Vampirfilm ein bedeutender[1] und zeitintensiver, ein langsamer und schrittweiser Übergang war, lässt die HBO-Serie True Blood nur noch andeutungsweise aufscheinen, dass hier der Weg aus einer bekannten Realität in eine fantastische Wirklichkeit führt. Der erste Blick des Zuschauers ist nicht von außen auf einen Protagonisten gerichtet, begleitet nicht dessen schrittweises Eintauchen in immer mysteriösere Zustände, sondern er fällt in einer point-of-view Einstellung auf die dunkle Straße. Insofern ist das Eintauchen in die magische Realität der Serie kein Begleiten oder Nachlesen, vielmehr wird das Kamera-Auge direkt in die ungewisse dunkle Zukunft der kommenden möglichen Ereignisse geschossen.[2]

Der Zeit entsprechend führt der Weg zum anderen Ort der Vampire nicht mehr über Bahnhöfe und Postkutschenstationen, sondern in irgendeinem Privatauto über abgelegene Straßen und eine Tankstelle. Der Eintritt in die Welt des Fantastischen erfordert hier nicht mehr eine vorsichtige Annäherung, sondern eine abrupte Vollbremsung: Die junge Frau, die gelangweilt das Gefährt führt und dabei ihren Gefährten masturbiert, stoppt auf sein Verlangen mit quietschenden Reifen. Denn er sah die Werbetafel einer Tankstelle, welche das neue synthetische Blut Tru Blood

---

1   Insbesondere in Friedrich Wilhelm Murnaus Nosferatu und Tod Brownings Dracula. Zur Passage im Film: Font, Domènec. 2008., "Menschliches, Allzumenschliches. Rituale des zeitgenössischen Vampirismus," S. 38–50 in: *Wort und Fleisch: Kino zwischen Text und Körper*, ed. Sabine Nessel and Pauleit, Winfried. Berlin: Bertz + Fischer.
2   True Blood 1,1

zum Verkauf anbietet, das den Vampiren ihr ‚outing' ermöglichte. Hierin deuten sich zwei grundlegende Konstellationen der Serie an: Das Übernatürliche ist erstens nicht mehr in exotischen Regionen hinter irgendwelchen Wäldern verortet, sondern es liegt buchstäblich am Wegesrand. Der Zuschauer begleitet nicht mehr einen von außen kommenden Beobachter, der in der Fremde auf Vampire stößt und damit die Geschichte ins Rollen bringt, vielmehr befindet man sich bereits in einer Provinz, die noch kein Ort der Blutsauger ist, sondern an den sie erst noch gelangen müssen. Daher ist weniger eine Expedition vonnöten, um mit dem Fantastischen in Kontakt zu kommen, sondern vielmehr ein Unterbrechen und Innehalten. Dieses Ausscheren aus dem nach vorne gerichteten Verkehrsvektor erscheint zweitens als erstrebenswert, ein coitus interruptus als geringer Preis für eine Flasche Kunstblut und die Aussicht auf Kontakt mit Vampiren.

Und während der Reisende in Dracula – und mit ihm der Leser – von abergläubischen Einheimischen auf das kommende Unheil des Vampirs eingestimmt wird, übernimmt hier ein in der Ecke vor sich hinflimmernder Fernseher die Aufgabe, die Grundkonstellation der Serie zu skizzieren. Denn anders als in vorhergehenden Vampirgeschichten sind in True Blood die Vampire aus dem Schatten getreten und haben ihre Existenz der menschlichen Öffentlichkeit enthüllt. Im Fernsehen spricht nun die Sprecherin der American Vampire League, Nan Flannagan, von den neuen Möglichkeiten der friedlichen Koexistenz von Mensch und Vampir, die sich aus der Erfindung der Menschenblutsynthese ergeben. Was in der Serie sinnigerweise als ‚coming out of the coffin' bezeichnet wird, ist wahrlich eine Revolution in der Erzählung populärer Vampirmythen. Denn wie der oberste Vampirjäger Van Helsing mit autoritärer Expertise feststellte, ist die Stärke des Vampirs, dass die Menschen nicht an seine Existenz glauben.[3] Dementsprechend ist das klassische Narrativ beinahe jeder Vampirerzählung gebunden an die Demaskierung und darauf folgende Vernichtung der Untoten. In diesen „positivistischen Schauergeschichten"[4] stellen sich die Menschen den Vampiren meist unter der Führung dubioser Gelehrter entgegen, welche hinter den naturwissenschaftlichen Wahrheiten tiefere Weisheiten erkannt haben, dem Aberglauben zu seinem Recht verhelfen, um dann mit einer Mischung aus akribischer Spurensicherung, apotropäischen Abwehrmethoden und jeweils modernster Technik gegen die Blutsauger vorzugehen.

---

3   Auerbach, Nina und David J. 1997. Skal Bram Stoker, *Dracula*, 1st ed. New York, London: W. W. Norton & Company, S. 279.

4   Brittnacher, Hans R. 1994. Ästhetik des Horrors: Gespenster, Vampire, Monster, Teufel und Künstliche Menschen in der phantastischen Literatur, 1. Aufl. Frankfurt am Main: Suhrkamp.

Das nimmt meist viel Zeit in Anspruch: bis die nüchternen Bürgersmänner überzeugt sind, endlich das „Unglaubliche zu glauben"[5], kann der Vampir sein klandestines Treiben fortsetzen. Demgegenüber geht True Blood in medias res, bereits in den ersten Minuten wird klar, dass es Vampire gibt, dass sie aufgrund der Möglichkeit, sich von Kunstblut zu ernähren, in die Öffentlichkeit gegangen sind, dass sie eine politische Vertretung haben und Bürgerrechte anstreben, dass sie nicht wie klischeehafte Gothics aussehen, sondern eher wie der nette Hillbilly von Nebenan, und dass man sich in abgelegenen Gegenden befindet. Nicht die Wälder Transsilvaniens oder der Steiermark sind es hier, sondern die Bayous Lousianas, und nicht Wolfsgeheul lässt den nächtlich Reisenden erschaudern, sondern die Geräuschkulisse der Fauna der Sümpfe kündet davon, dass im Dunkeln Einiges lauert. Die stete, bei jeder nächtlichen Außenaufnahme wiederholte, Soundwall der unzähligen im Off zirpenden Zikaden lässt bereits erahnen, dass dort tatsächlich einiges lauert, Übernatürliches wie Irdisches: Vampire, Dämonen, Werwölfe und -panther, shapeshifter, Feen, Hexen sowie Serienmörder, Rednecks, bigotte Nachbarn und religiöse Fanatiker.

Während im Fernsehen Vampirvertreterin und Moderator diskutieren, welche ‚race', Menschen oder Vampire, die blutigere Geschichte hinter sich hat, versucht der als Gothic gestylte Kassierer der Tankstelle sich als Vampir auszugeben und den auf Tru Blood und Vampire neugierigen jungen Leuten Furcht einzuflößen. Dieser wiederum wird vom ‚Normalo', der in dieser Szene der echte Vampir ist, bedroht, dass er sich nicht fälschlich als Vampir ausgeben solle. Dieses Spiel mit den Maskierungen des Paramenschlichen treibt die Serie Stück für Stück voran, bis zu einem Punkt, an dem die ‚echten' Menschen beinahe in der Minderheit scheinen, angesichts der zahllosen ‚superhumans'. So gerät der Reisende im Verlauf der Serie zunehmend in einen „imaginative whirlpool"[6] aus Magie und Wesen.

Zentrum des fantastischen Malstroms, den die Serie entfaltet, sind Kopf und Körper von Sookie Stackhouse, einer telepathisch veranlagten Kellnerin in Merlotte's Bar, dem zentralen öffentlichen Ort der Serie. Sookie ist nur leidlich in der Lage, ihren Kopf vor den heranstürmenden Bildern und Klangfetzen abzuschotten, die ihr aus den Köpfen der Barbesucher entgegenwehen. Die daraus zu gegebener Zeit resultierende Verwirrtheit, sowie ihr manchmal unheimlicher Wissensvorsprung haben Sookie in der Gemeinde Bon Temps den Ruf eingebracht, ein wenig wunderlich zu sein, oder in ihren eigenen Worten: ein Freak.

---

5   LeFanu, Sheridan. 1968. "Carmilla," in *Von denen Vampiren oder Menschensaugern: Dichtungen U. Dokumente*, ed. Dieter Sturm und Klaus Völker. München: Hanser, S. 505.

6   Stoker, *Dracula*, 10.

Dementsprechend neugierig und aufgeregt zeigt sich Sookie, als ein Jahr nach dem vampirischen Coming-Out der erste Vampir endlich Merlotte's betritt. Das Interesse beruht auf Gegenseitigkeit, aber doch ist es ihr Blick, der als erstes auf den hereinkommenden blassen Mann fällt. In einer von tragender Klaviermusik begleiteten Sequenz werden Sookie und der Vampir Bill Compton wechselweise in immer näheren Kadrierungen gegeneinander geschnitten, als würden ihre Blicke immer weiter von den Augen des anderen angezogen und durch den Raum näher an das Objekt herantreten. Er versucht dabei einen erst etwas scheuen, dann hypnotischen Verführerblick, ihre Augen sind erstaunt und fasziniert aufgerissen.[7] In diesem Kreuzen der Blicke liegt bereits der Kern dessen begründet, was die Liebesgeschichte zwischen Freak und Vampir tragen wird: Angesichts seiner magischen Existenz normalisiert sich ihr Anderssein, gerade dieses ist es wiederum, das den Vampir anzieht. Die Sichtbarkeit der otherness und die Kreuzungen des Blicks übernehmen hier die Aufgabe, die „Schwierigkeiten des Anfangens" zu überwinden, welche „auftreten, weil man in Situationen, die primär durch unpersönliche Erwartungen geordnet sind, ein Interesse am Persönlichen sehen und zum Ausdruck bringen muß, ohne dafür über gesellschaftlich geprägte Anlaufformen (Galanterie) zu verfügen."[8]

Vermutlich daher auch der Erfolg der ‚Liebe auf den ersten Blick' im Film: Die visuelle Verfallenheit ist kameratechnisch viel einfacher herzustellen als mit der Sicht menschlicher Augen. Kamera und Schnitt visualisieren persönliches Interesse und schaffen so eine filmisch geprägte Anlaufform, welche den nächsten Schritten des Anfangens einen Weg bahnt. Die derart von einer unpersönlichen (Kellnerin/Kunde) in eine persönliche (Freak/Vampir) umgeschlagene Situation setzt sich in den Anfang einer intimen Beziehung fort, Sookie und Bill führen ausgiebige persönliche Gespräche, haben Sex und trinken gegenseitig ihr Blut.

Sookie, deren ungewollte Telepathie den deutlichsten Exponenten ihrer magischen Fähigkeiten darstellt, genießt „after a lifetime of blablablabla"[9] insbesondere die Ruhe im Kopf, denn die Gedanken des Vampirs sind ihr verschlossen, es herrscht Stille zwischen ihren Gehirnen. Dieses Nichtwissen erst ermöglicht Sookie – deren Kenntnis um die Gedanken der Männer ihre Einsamkeit begründete – sich einzulassen. Der entscheidende Punkt liegt allerdings jenseits der Stille seiner Gedanken, es ist vielmehr beider Konstitution als Außenseiter und die gegenseitige

---

7   True Blood 1, 1, 15.

8   Luhmann, Niklas. 1994. *Liebe als Passion. Zur Codierung von Intimität*, 1. Aufl. Frankfurt am Main: Suhrkamp, S. 205.

9   True Blood, 1, 2, 10.

Anerkennung ihrer jeweiligen speziellen Identität: you will never find a human man you can be yourself with.[10]

Die Welten der Menschen und der Vampire berühren sich an ihren Rändern, so scheint es. Nicht nur Sookie steht vor dem Hintergrund ihrer eigenen Besonderheiten wie auch in ihrer Neugierde in Bezug auf Vampire am Rande. Ebenso wird Bill als untypischer Vampir eingeführt, der kaum eine Gelegenheit auslässt, Sookie vor den Vampiren im Allgemeinen zu warnen. Er weist Sookie explizit darauf hin, dass es gefährlich sei, allein mit einem hungrigen Vampir zu sein, und dass Vampire im Allgemeinen menschliche Normen und Werte nicht teilten.[11] Sookies Freunde warnen sie ebenfalls: Vampire sind per se unheimlich, Menschen, die Sex mit Vampiren haben, verschwinden, und auch der Einwand, dass die Vampire nun das synthetische Tru Blood tränken, wird gekontert: Wer kann sich schon vorstellen, den Rest seiner Existenz slim fast anstatt des Lieblingsessens zu konsumieren.[12] Kurzum, das menschliche Umfeld von Sookie hält es für eine sehr schlechte Idee, sich mit einem Vampir einzulassen.

Tatsächlich erscheinen die Vampire, die in Bon Temps auftauchen, nicht ungemein vertrauenerweckend. Vor allem das ‚Nest' um Malcolm repräsentiert eine hedonistisch-sadistische Libertinage, deren höchstes Ziel es ist, ‚fun' zu haben, was letztlich bedeutet, Macht über Menschen auszuüben und sie zu töten, weil man es kann. In den drei Charakteren des Nests sammeln sich Vampirfiguren der Populärkultur, neben dem maliziös-bösartigen, an Anne Rice's Lestat erinnernden Malcolm eine schwarze Vampirfrau, die zugleich einen Vamp par excellence darstellt, sowie ein tumber, beinah zombiehafter Körper der reines Begehren ohne jede Imagination inkarniert.[13] Das Böse erscheint hier als Dreifaltigkeit aus männlich-machiavellistischer Macht, weiblich-entwaffnender Verführung und den reinen Trieben des Körpers, Sex und Blutsaugen. Diese Eigenschaften wiederum werden naturalisiert und als Grundkonstitution des Vampirwesens gesehen, oder wie Malcolm es ausdrückt: „If we can't kill people, what's the point of being a vampire?"[14]

Mit den Extrempositionen, Menschen rein als Futter zu betrachten und umgekehrt, Vampire als das verkörperte, unabänderliche Böse ausrotten zu müssen,

---

10 True Blood 1, 3, 15. Luhmann spricht von „Selbstdarstellung" und deren sozialer Abstützung in gegenseitiger Bestätigung. Vgl. Luhmann 1994, *Liebe als Passion*, 208 f.

11 True Blood, 1, 1, 26.

12 True Blood, 1, 1, 18

13 Einen Überblick zu Vampirfiguren bieten: Silver, Alain and James Ursini. 2011. *The Vampire Film: From Nosferatu to True Blood – Fourth Edition*, Revised. New York: Limelight Editions. Darin auch überblickend zu True Blood: Brookover, Linda. *Vampire Politics and* True Blood, S. 314-320.

14 True Blood 1, 3, 31.

stehen sich die naturalistischen Argumentationen unversöhnlich gegenüber. Diese fungieren in True Blood jedoch nicht mehr als Ausgangspositionen für einen Kampf eines klar abgegrenzten Guten gegen ein identifizierbares Böses. Es stehen sich hier nicht dialektisch verbunden Vampir und Jäger gegenüber, die in einer erlösenden Synthese der Pfählung schließlich zusammenkommen.[15] Ebenfalls sind keineswegs klare Gruppenzuschreibungen als Opfer oder Täter auszumachen, Menschen töten Vampire, Vampire töten Menschen, und aufgrund der Verfügbarkeit von synthetischem Blut sowie freiwilligen Blutspendern ist das Böse nicht mehr reine ‚Natur‘, sondern zum Teil Trieb, zum Teil dessen Kontrolle.

Zwischen den extremen Rändern finden sich zahlreiche Abstufungen und Wendungen des Mensch-Vampir-Problems. Dieses ist insofern komplex, als dass die schlimmsten geäußerten Befürchtungen hinsichtlich der Vampire auch irgendwann im Verlauf der Serie eintreten. True Blood spielt mit der Paranoia der Protagonisten, indem in einer Art Überaffirmation noch das unmöglichste vorgestellte Ereignis eintritt, wenn auch meist mit anderen Hintergründen als den vermuteten. In gewisser Weise sind die Bewohner Bon Temps Drehbuchautoren ihrer selbst und ihre dunklen Vorahnungen self-fulfilling prophecies, die immer nur ein wenig daneben liegen.

So ist, ab dem Zeitpunkt, an dem Russell Edgington live vor laufenden Kameras einem Nachrichtensprecher das Rückgrat mit bloßer Hand herausreißt, offenbar völlig klar, dass dies hatte geschehen müssen, wie unvorstellbar es zuvor auch gewesen sein mag. In diesem Akt beweist der Vampir, dass alle Ängste in Bezug auf die Untoten berechtigt waren, und übertrifft sogar noch die Fantasien des Publikums.[16] Ab dem Moment, an dem dieses Ereignis eintritt, entfaltet es seine Wirkmacht nicht nur in die Zukunft, indem es Handlungsoptionen verschiebt, sondern auch in die Vergangenheit, indem Zeichen, die sich zuvor zeigten, nun auf das Ereignis hin gelesen werden können, das dadurch – retrograd teleologisch[17] gelesen – sich

---

15 Vgl hierzu Kittler, Friedrich A. 1993. *Draculas Vermächtnis: Technische Schriften / Friedrich Kittler*, 1. Aufl. Leipzig: Reclam; Sturm, Dieter. 1968. "Literarischer Bericht," in *Von denen Vampiren oder Menschensaugern: Dichtungen u. Dokumente*, ed. Sturm, Dieter and Völker, Klaus. München: Hanser.

16 Ein weiteres Beispiel wäre die Geschichte Taras, die stets das schlechteste von Vampiren und Weißen denkt, noch bevor unter Anderem ein weißer Cop ihren Lover erschiesst und sie von einem (ebenfalls weißen) Vampir entführt und mehrfach vergewaltigt wird. Es erscheint ebenso zwingend wie absurd, dass ausgerechnet Tara schließlich zu einem Vampir wird.

17 Vgl. Bunz, Mercedes. 2005. Wann Findet Das Ereignis Statt? Geschichte Und Der Streit Zwischen Michel Foucault Und Jacques Derrida. Vortrag Am Graduiertenkolleg Transnationale Medienereignisse Der Neuzeit, Gießen, 26. Januar., n.d., 13, http://www.mercedes-bunz.de/wp-content/uploads/2006/06/bunz_ereignis.pdf.

zusammen mit den sich angedeutet habenden Zeichen zu einer sinnhaften Einheit verschmilzt. Mit Eintreten des Ereignisses und seiner rückwirkenden Interpretation bekommen jene recht, die es immer schon gewusst haben, und zugleich haben sie unrecht, weil die Situation sich nicht in ihren Vorwarnungen auflöst.[18]

Die narrative Logik in True Blood unterliegt daher nicht einer psychologischen Charakterentwicklung oder der Hinführung auf einen kathartischen Höhepunkt, vielmehr ist es eine Kette an Ereignissen, welche zunächst unmöglich scheinen und nur in den schlimmsten Vermutungen der Protagonisten aufscheinen, dann aber eintreten und den neuen Rahmen vorgeben, in dem die Vorkommnisse einerseits als Ergebnis zwangsläufiger Entwicklung erscheinen, andererseits, da sie nun eingetreten sind, neue, wiederum nur als unmöglich vorzustellende Ereignisse befördern müssen.[19]

True Blood wird attestiert, „die Metaphorisierung des Vampirs ins Extrem"[20] zu treiben. Das ist neben der seriellen Erzählstruktur in Form einer eskalierenden Ereigniskette der langen Genretradition des Vampirs geschuldet. Nach beinahe 300 Jahren seit seinem ersten wirkmächtigen Erscheinen[21] in der europäischen Öffentlichkeit hat sich um den Vampir ein überbordendes Archiv an Mythemen etabliert, das einerseits aufgrund der Popularität der Figur schwerlich ignoriert werden kann, da jeder potentielle Zuschauer etwas Halbwissen zum Vampir besitzt; andererseits müssen Vampirgeschichten – wie jede fantastische Erzählung – innerhalb der Narration die zugrunde liegenden Naturgesetze erläutern oder zeigen. In der Erzähltradition der Vampire sind es meist Experten, die erklären, was der Vampir kann oder nicht, und vor allem, wie er erkannt und vernichtet werden kann. Dieses Wissen tradiert sich, seit einige Gelehrte der Aufklärung den aktenkundigen Vampir der Habsburgischen Bürokratie auf seine physikalischen wie psychologischen Grundlagen geprüft haben, über obskure Schriften in dunklen Ecken der Bibliotheken von Vampirjäger zu Vampirjäger.[22] Spurensicherung,

---

18 Vgl. Derrida, Jacques. 2003. *Eine gewisse unmögliche Möglichkeit, Vom Ereignis zu sprechen*. Berlin: Merve-Verl., S. 35. Das Ereignis ist bei Derrida ein Wiedergänger, eine unmögliche Möglichkeit, die „nur als Wiederkehr, Heimsuchung und Spuk" (S. 36) erlebt werden kann.

19 zb. die Eskalation zwischen *sanguinistas* und Mainstream-Vampiren in der post-Russel-Edgington-Ära, True Blood 5.

20 http://www.faz.net/aktuell/feuilleton/medien/2.1756/fernsehkritik-true-blood-viel-schluerfen-tief-schuerfen-1605341.html

21 Vgl. hierzu Augustynowicz, Christoph und Ursula Reber. 2011. *Vampirglaube und magia posthuma im Diskurs der Habsburgermonarchie*. Münster: LIT.

22 Steinhauer, Eric W. 2011.*Vampyrologie für Bibliothekare: Eine kulturwissenschaftliche Lektüre des Vampirs*, 2., korrigierte und erg. Aufl. Hagen-Berchum: Eisenhut-Verl..

Recherche, Kombinieren und das Aushecken eines Planes zur Vernichtung der Blutsauger nehmen dementsprechend in der Tradition der Vampirerzählungen einen wichtigen Platz ein. Das alles wird in True Blood aufgrund der veränderten Grundkonstellation obsolet, der Vampirexperte wird durch einen Vampir ersetzt, das Archiv durch Gedächtnis und die Bibliothek durch ein Badezimmer. Dort erklärt der Vampir Bill Compton seiner menschlichen Geliebten Sookie in wenigen Minuten die Vampirregeln: Sonnenlicht und Holzpflöcke sind fatal, Kontakt mit Silber quälend und schwächend, das fehlende Spiegelbild ein Mythos, den die Vampire zu ihrer Tarnung selbst in Umlauf gebracht hätten, und ein Haus im Besitz eines Menschen könnten sie nur auf Einladung eines rechtmäßigen Bewohners betreten.[23] Hier zeigt sich eine weitere Modernisierung der klassischen Mythologie: Meist sind es Frauen, die diese Einladungen aussprechen, und erst in True Blood können sie diese auch wieder zurück ziehen. Bisher war ihnen nicht zugestanden worden, ihre Meinung zu ändern: eine Einladung an den Vampir, einmal hereinzukommen, war zugleich die Erlaubnis zur ewigen Heimsuchung.[24]

2   Der gefährliche Sex: Mäßigung, Homogenisierung, Mainstreaming

Das Archiv des Vampirdiskurses bildete sich in seinem narrativ-motivischen[25] Teil insbesondere im 19. Jahrhundert aus, als die „Schwarze Romantik" und die Ausläufer des britischen gothic das Medienereignis um die serbischen Vampire aus dem 18. Jahrhundert aufgriffen. Dabei wurde die Heimsuchung des Vampirs mehr oder minder explizit stets auch als sexuelle Verführung verstanden.

Insbesondere Bram Stokers Dracula-Roman wurde ausgiebig in Hinblick auf seinen sexuellen Gehalt interpretiert. Die meisten Interpretationen folgen dabei jener Grundannahme, die Foucault „Repressionshypothese"[26] nennt, also dass der Sex unterdrückt und das Sprechen darüber zum Schweigen gebracht wurde.

---

23 True Blood 1, 7, 2

24 Man beachte die mythologische Analogisierung von Haus und weiblichem Körper, worin Türen und Fenster als ein Symbol der Geschlechtsorgane vorgestellt werden. Benthien, Claudia. 1999. *Haut. Literaturgeschichte, Körperbilder, Grenzdiskurse*, Orig.-Ausg. Reinbek bei Hamburg: Rowohlt-Taschenbuch-Verl., S. 35f.

25 Im 20. Jahrhundert fügte der Film dann die ikonograpisch-imaginären Teile hinzu.

26 Foucault, Michel. 1983. *Der Wille zum Wissen. Sexualität und Wahrheit 1*, 1. Aufl. Frankfurt am Main, S. 17.

Von der Repression der Sexualität ausgehend ergaben sich Lesarten, die in Vampirgeschichten vor allem Formulierungen unterdrückten Begehrens ausmachten: This has been accompanied by an increasing tendency to identify with the vampire as the "sexually liberated" Other, an erotic force which creates undue anxiety for the repressive society which it invades. Consequently, the Victorians become the villains while the vampires promise the sexual liberation that Victorian England supposedly denied.[27]

Einiges spricht dafür, dass der Repressionshypothese ein Missverstehen der Historie zugrunde lag. Philipp Sarasin legt überzeugend dar, dass ein „hygienischer Diskurs" das 19. Jahrhundert durchzog, der nicht nur das hervorbringt und festigt, was Foucault das Sexualitätsdispositiv nennt, sondern der darin auch stark um den „gefährlichen Sex" kreiste. Sarasin zufolge setzte der Diskurs eine Dynamik frei, „die mehr mit Fieber, Neugier und Ergötzen zu tun hatte als mit Gesundheitsrücksichten, eine Dynamik allerdings, die den Sex auch in neuer, vielfältiger Weise ‚gefährlich' erscheinen ließ."[28] So stand der Vorstellung von notwendigem ehelichen Sex und der dahingehenden „Mäßigung" die Gefahr des „Exzesses" gegenüber. Exzess zielte in diesem Kontext weniger auf Frequenz sondern vielmehr auf die Qualität des Sexes und bedeutete vor allem: alles außer vaginaler Geschlechtsverkehr innerhalb der Ehe. In der Konsequenz entwickelte der hygienische Diskurs in seinem Sprechen über normale Sexualität und in den Fragen nach Mäßigung und Exzess eine ausgiebige Beschäftigung mit den „Technologien der Lust."[29] Zwei Effekte ergaben sich daraus: Zum Einen wurde in der Verschiebung von einer moralischen zu einer biologischen Grundlegung des richtigen Sexes eine Norm geschaffen, welche erst die Abweichung zur furchterregenden Krankheit macht: „Diese somatische Kodifizierung trug maßgeblich dazu bei, all diejenigen in neurasthenische oder hysterische Krisen zu stürzen, deren Begehren nicht oder nicht vollständig Raum im Ehebett fand und deren sexuelles Verhalten sich nicht ins rigide Schema der Geschlechterdifferenz fügte."[30] Zum Anderen litt der Diskurs unter der Angst vor Degeneration, und so wurde der „bewusste, vorgeschriebene, gesunde und nützliche Sex" zum Ort an dem sich nicht nur das Individuum, sondern der von „Gefahren und Devianzen bedrohte ‚Volkskörper'" reproduzierte.[31]

---

27 Miller, Elizabeth. 2006. "Coitus Interruptus: Sex, Bram Stoker, and Dracula," *Romanticism on the Net* 44, doi:10.7202/014002ar.

28 Sarasin, Philipp. 2001. *Reizbare Maschinen: Eine Geschichte des Körpers 1765-1914*, Originalausgabe. Frankfurt am Main: Suhrkamp Verlag, S. 361.

29 Ibid., S. 362.

30 Ibid.

31 Eine Lesart, die Dracula mit diesem gefährlichen Sex verknüpfte, könnte der sexuellen Deutung des Romans einiges beifügen jenseits der Suche nach Phallussymbolen und

Der Diskurs um den Sex trifft sich im Kreisen um den „gefährlichen Sex" mit den Vampirerzählungen, wobei das Sprechen über den Sex und seine Gefahren dabei nicht festgeschrieben, sondern historisch variabel ist. Sowohl verlieren sich manche Gefahren oder es tauchen neue auf, andere Stränge bleiben in mehr oder weniger veränderter Form bestehen. Der gefährliche Sex in True Blood ist nicht mehr von genau denselben Gefahren durchdrungen, wie es etwa der gefährliche Sex in Dracula war. Gerade die Selbstbefriedigung scheint rehabilitiert, die Homosexualität verschiebt sich vom Kranken zur Exotik, und auch einige der „minderen Perversionen", insbesondere Sadomasochismus[32] als häufigste deviante Spielart scheinen bei Jason Stackhouse, also im Mainstream, angekommen.

Während Sookie und Bill die ersten Blicke austauschen und die warnenden Stimmen sich erheben, wird in einer parallel geführten Sequenz Sookies Bruder Jason eingeführt. Die erste Einstellung zeigt ihn zwischen den Beinen einer Frau beim Cunnilingus, wobei er an ihrem Oberschenkel einen Vampirbiss entdeckt. Zwar irritiert davon, dass Maudette, die er gelegentlich trifft, sich mit einem Vampir eingelassen hat, will er die Geschichte dennoch hören: der Vampir bot ihr viel Geld, es war unheimlich und „way too rough". Maudette hat die Szene gefilmt und gemeinsam schauen die beiden den Vampir-Amateurporno: Maudette und ein muskulöser, tätowierter, glatzköpfiger Vampir[33] stehen im Raum, die Hände der Frau sind an einen Haken an der Decke gefesselt, der Vampir penetriert sie im Stehen von hinten, überpornographisch mit hoher Frequenz, lautem Grunzen und blecken der Fangzähne. Da Jason fasziniert davon ist, dass Maudette es „rough" mag, spielen sie die Szene nach, inklusive Würgen.[34]

Allein im Verlauf der ersten Staffel lotet Jason Stackhouse diverse leichte perverse Zusätze in seiner Sexualität aus: Skopophilie, und vor allem Sadomasochismus. Dabei bleibt er aber dem „normalen Sexualziel", also dem vaginalen Geschlechtsverkehr, treu. Es sind die kleinen Perversionen der „Normalen", von denen bereits

---

der ödipalen Triangulierung. Jonathan Harker erschiene dann als Neurastheniker und Onanist, Lucy Westenra als schändliche Masturbatorin, die sich der Ehe verweigert und sich in ihren Träumen aufreizt, Mina Harker als zugleich erotische und maßvolle bürgerliche Gattin, die mit ihrer auch körperlichen Liebe die Rettung bietet, und Dracula als das Übel der maßlosen Lust.

32   Zur Erweckung der ehelichen Sinne wurde Flagellation bereits von einigen Hygienikern empfohlen, vgl. Sarasin, *Reizbare Maschinen*, 396.

33   Das reine Begehren aus Malcolms Nest.

34   True Blood 1, 1, 13/18/21

Freud sprach.[35] Indes, Sex mit Vampiren stellt für Jason eine tatsächliche Grenzüberschreitung dar.

In dieser Grenzüberschreitung liegen nach wie vor die Gefahren des Sex' begründet. Es sind allerdings nicht unbedingt jene, die man beim Thema Vampirsex
erwarten würde. So wie im hygienischen Diskurs Geschlechtskrankheiten eher ein
Nebenschauplatz waren, ein Problem, das mit Prostitution und deren Regelung
verknüpft war, nicht mit Sex im allgemeinen, so spielt auch in True Blood das
Problem der Ansteckung eine bemerkenswert untergeordnete Rolle, wenn man
die sich aufdrängende Parallelisierung von Vampirismus und HIV-Infektionen
betrachtet.[36] Als ansteckende Blutkrankheit im Kosmos von True Blood taucht
lediglich „Hep D" auf, eine Infektion, welche die Blutsauger zwar nur schwächt,
was ihnen aber zum Verhängnis werden kann, wenn andere Vampire ihnen nach
dem Leben trachten. „Hepatitis D", das in der Romanvorlage noch „Sino-Aids"[37]
hieß, ist durch Menschen übertragbar, gefährdet diese jedoch nicht. Die Serie spielt
das Motiv nicht durch, es taucht lediglich in einer Szene kurz auf, in welcher der
Vampir Bill – als Loyalitätserklärung an sein „Nest" – einen jungen Mann beißen
soll; dieser jedoch, so sieht Sookie in seinen Gedanken, hat sich aus Gründen
der Rache absichtlich mit „Hep D" infiziert, um sich dann von Vampiren beißen
zu lassen.[38] Fast wäre das Unterfangen gelungen, der bioterroristische Anschlag
scheiterte jedoch an Sookies Warnung. Der Junge bezahlt den Verrat mit dem
Leben, auch Heldinnen können im Namen der Volksgesundheit wie der Liebe zu
Denunziantinnen werden.

Eine weitere Gefahr des Sex waren stets ungewollte oder ungesunde Schwangerschaften. Dieses Thema wird in True Blood weitestgehend aufgelöst. Eine Ge-
genüberstellung von Prinzipien der Abstammung und jenen der Ansteckung, die
impliziert, der Vampir stünde für ungeordnete Wucherung und virale Verbreitung,
funktioniert in der Serie nicht mehr.[39] Es ist ein derartiger Aufwand notwendig,
um einen Vampir zu ‚machen' – Auswahl der zu vampirisierenden Menschen,

35 Vgl. Freud, Sigmund. 1972. „Drei Abhandlungen zur Sexualtheorie" (1905), ed. Alexander
    Mitscherlich and u. a., vol. V. Frankfurt am Main, S. 70.

36 Vgl. hierzu u. a. Weingart, Brigitte. 2002. Ansteckende Wörter. Repräsentationen von
    AIDS, Orig.-Ausg., 1. Aufl. Frankfurt am Main: Suhrkamp; Jung, Uli. 1997. Dracula.
    Filmanalytische Studien zur Funktionalisierung eines Motivs der viktorianischen
    Populärliteratur. Trier: WVT, Wiss. Verl. Trier.

37 Harris, Charlaine. 2001. *Dead Until Dark. A Sookie Stackhouse Novel.* New York (Ace),
    S. 68.

38 True Blood 1, 3, 2. Die absichtliche Ansteckung, ein Phantasma der Aids-Hysterie

39 Vgl. Deleuze, Gilles and Felix Guattari. 1992. *Tausend Plateaus. Kapitalismus und
    Schizophrenie.* Merve; Matheson, Richard. 2008. *Ich bin Legende.* München: Heyne.

Durchführung der Rituale und Erziehung des ‚progeny' -, dass eher von Adoption als von Ansteckung gesprochen werden muss. Vielmehr scheinen hier die Vampire ihrerseits im hygienischen Diskurs angekommen, der sich um die Rahmenbedingungen der Zeugung sorgt, indem sie ihre Zeugung streng reglementieren und sie vielmehr durch die ‚authority' der Vampirgesellschaft gefördert wie gefordert wird, als dass sie sich unkontrolliert ausbreitete.[40]

Im Verhältnis zwischen Menschen und Vampiren wiederum herrscht Sterilität, was nicht nur Inzest mit den eigenen Vorfahren ermöglicht[41], sondern in Kombination mit den fehlenden Krankheiten jegliche Vorsichtsmaßnahme überflüssig erscheinen lässt. Insofern erscheint der Sex mit Vampiren in True Blood als das Phantasma des befreiten konsequenzlosen Sex: keine gefährlichen Krankheiten, keine ungewollten Schwangerschaften können sich daraus ergeben.

Es werden also weder Probleme der perversen Praktiken, der Krankheit oder der Fortpflanzung unter dem Gesichtspunkt des gefährlichen Sex in True Blood thematisiert. Die Gefahren lauern anderswo, vor allem im Sein der Vampire, zumal der Vampirmann in True Blood jenem negativen Bild des modernen Mannes entspricht, in welchem „die Moderne ihre Ressentiments gegen sich selbst"[42] fixiert: Männer seien dementsprechend „ihrer ‚Natur' nach … gewalttätig, egoistisch, asozial, unmoralisch, hypersexuell, triebhaft, gefühlskalt, kommunikationsunfähig und verantwortungslos."[43] Um eine Einbindung in die Gesellschaft zu erreichen, musste der Trieb des Mannes gezähmt, aber auch angeregt werden. Diese Ambivalenz entstand aus der Vorstellung, dass der männliche Egoismus in den Solipsismus führte, würde nicht der Trieb den Mann immer wieder zur Frau drängen. So war der Sexualtrieb die Kraft, die zugleich beherrscht werden musste, als auch „jene Kraft, die den Mann aus seiner sinnlichen, egoistischen Selbstbezüglichkeit herausführen konnte. Streng genommen sollte nicht der Mann sich selbst beherrschen, sondern sich von der Liebe, der Ehe beherrschen lassen."[44] Die damit einhergehende Vorstellung, dass es Aufgabe der Frau sei, den wilden Mann zu zähmen, findet sich nun auch in True Blood wieder. Gerade Bill, der Vampir, der Anschluss in der Gemeinde sucht, der „mainstreaming" und Normalität erstrebt, ist ein Signum jenes Mannes, der sich von der Liebe beherrschen lassen möchte um Zugang zur Gesellschaft zu finden. Wiederholt weist er Sookie auf sein eingeschränktes Gefühlsleben und

---

40 True Blood 1, 10, S. 32ff.

41 Zumindest in der hygienischen Sichtweise von Portia Bellefleur, nicht in der dynastischen von Bill.

42 Kucklick, Christoph. 2008. *Das unmoralische Geschlecht. Zur Geburt der negativen Andrologie*, Orig.-Ausg., 1. Aufl. Frankfurt, M.: Suhrkamp, S. 13.

43 Ibid., S. 12.

44 Ibid., S. 128.

seine gewalttätige Disposition hin, betont sein Ringen um Menschlichkeit und seine Liebe zu ihr.[45]

Neben diesen Gefahren stand im Diskurs um den ‚normalen' Sex stets auch die Homosexualität unter Beobachtung, ein Topos, den True Blood offenkundig fortführt. Tatsächlich werden Parallelen zur schwulen Subkultur „mit ausdauernder Hingabe"[46] gezogen, vom Slogan der fundamentalreligiösen Vampirhasser – „God hates fangs" – bis hin zur dauernden Rede vom ‚coming out' der Vampire. Dazu kommen noch ein paar gay characters[47], allen voran Lafayette Reynolds – Koch in Merlotte's und „entrepreneur" – der in einer Mischung aus flamboyantem Camp und geschickter Selbstbehauptung den Klischees positiv konnotierter gayness nahe kommt. Allerdings erscheint es schwierig, die Parallelen zwischen gays und Vampiren zu eng zu ziehen. Obwohl man der Serie kaum unterstellen kann, besondere Sympathien mit den religiösen Fanatikern der „Fellowship of the Sun" oder anderen Vampirhassern zu unterhalten, taugen auch die Vampire kaum als Bild der freundlichen Homosexuellen von Nebenan: „If these murderous, evil creatures are figures for gay people, then they are figures for the religious right's worst nightmare of what gay people are.[48]

Ebenso scheint es schlecht um den Sex der Homosexuellen bestellt: Die einzige Szene in den bisher 60 Episoden der Serie, welche Geschlechtsverkehr zwischen zwei Männern zeigt, endet nach wenigen Sekunden mit dem Tod des passiven Partners. Eric Northman nutzt hier die Gelegenheit, dass Talbot, der Lover seines Erzfeindes, ihn äußerst attraktiv findet, und pfählt ihn während des Sex um eine alte Rechnung zu begleichen.[49] Das ist zumindest bemerkenswert für eine Serie, in der heterosexueller Verkehr beinahe exzessiv ausgestellt wird, und die zudem noch im Ruf steht, ‚gay' zu sein.

Dem stehen wiederum die als liebevoll und zärtlich dargestellte Beziehung zwischen Lafayette und dem Krankenpfleger Jesus, sowie die kurze, aber intensive Amour von Tara Thornton mit ihrer Kickboxerfreundin gegenüber. Jedoch, außer

---

45 Insbesondere in True Blood 1, 2/3; als Gegenentwurf erscheint zunächst Eric Northman als unnahbar und cool. Allerdings, als er sein Gedächtnis verliert und nicht mehr an seine Geschichte gebunden ist, will auch er sich von der Liebe beherrschen lassen, vgl. True Blood 4.

46 http://www.faz.net/aktuell/feuilleton/medien/2.1756/fernsehkritik-true-blood-viel-schlu-erfen-tief-schuerfen-1605341.html

47 Deren schlichte Anzahl die Serie bereits als ‚schwul' auszeichne; http://www.queer.de/detail.php?article_id=12828

48 http://io9.com/5071755/lets-face-it-true-blood-hates-gay-people?op=showcustomob-ject&postId=5071755&item=0

49 True Blood 3, 8, 53.

Kuscheln, einigen eher zarten Küssen und viel Fröhlichkeit im Bett ist nicht viel zu sehen, im Gegensatz zu den heterosexuellen Arrangements – insbesondere im Gegensatz zum Vampirsex – wird hier stets diskret abgeblendet und die Protagonisten bleiben bekleidet.

Von kulturellen Möglichkeiten der Darstellung gleichgeschlechtlichen Verkehrs einmal abgesehen, müsste man der Serie hier die Perpetuierung gängiger homophober Klischees unterstellen, die Homosexualität jenseits freundschaftlicher Zuneigung als krankheits- und todbringend verstehen.[50] Doch die Parallelisierung von Schwulen und Vampiren in True Blood scheint auf etwas anderes zu verweisen, als auf die alten Kämpfe der Bürgerrechtsbewegungen und die neuen Zuckungen religiöser Fundamentalismen in Bezug auf Homosexualität. Sicherlich haben die Vampire hier einiges an schwuler Motivik geerbt, von den Slogans bis zur Einrichtung der Vampirbar ‚Fangtasia'. Aber der Serie scheint es nicht konkret um Homosexualität zu gehen, sondern eher um die allgemeine Frage, wie eine ‚normale' Mehrheit mit ‚Anderen' umgeht. Verfolgt man diese Frage auch anhand der Sexualität, bietet sich das Archiv der ‚schwulen Bilder' geradezu an, wurde und wird diese Frage doch vor allem anhand der Rechte der Homosexuellen öffentlichkeitswirksam verhandelt. Was dahingehend Homosexuelle wie Vampire gleichermaßen betrifft, sind die Voraussetzungen der Toleranz:

> „Die scheinbare Liberalität postmoderner Gesellschaften zum Beispiel in Bezug auf (monogame) Homosexualität wird nämlich um den Preis erkauft, dass nur noch jene Formen von Homosexualität geduldet werden, zu denen ihre Träger sich voll und ganz bekennen (...); also zum Beispiel die dem vorherrschenden Ideal heterosexueller Lebensformen nachempfundenen Formen homosexueller Monogamie. So ist der Homosexuelle der Homo-Ehe erträglich: er ist sozusagen ein vollkommen ‚homogenisierter' Homo – einer, der seine Homosexualität (eben wie nur einen einzigen Partner) voll und ganz – und nichts sonst – möchte. Alles aber, womit keine volle Identifizierung möglich ist, alles, was sich dem Einklang mit dem eigenen Selbstbild ein wenig entzieht, ist dadurch nun noch weitaus mehr geächtet als vorher."[51]

So kann auch der freundliche Vampir Bill in der Gemeinde Bon Temps die Vorbehalte der Menschen nur dadurch einigermaßen bremsen, indem er sich wiederholt und nachdrücklich zum ‚mainstremaing' bekennt und dem Laster des Bluttrinkens abschwört. Bill gibt sich alle Mühe, jene Teile seiner ‚Vampirnatur' zu verheimlichen, die dem homogenisierten Vampir widersprechen, und seine Kontinuitäten

---

50 Lavigne, Carlen. 2004. "Sex, Blood and (Un)Death. The Queer Vampire and HIV. Journal of Dracula Studies 6 (n.d.), http://blooferland.com/drc/images/06Carlen.rtf.

51 Pfaller, Robert. 2008. Das schmutzige Heilige und die reine Vernunft. Symptome der Gegenwartskultur. Frankfurt, M.: Fischer-Taschenbuch-Verl.

zur Mehrheitsmenschengesellschaft zu betonen. Insgesamt ist die offizielle Politik der Vampire darauf bedacht, den freundlichen kunstbluttrinkenden Vampir darzustellen, nicht zuletzt, um keine Pogrome zu provozieren, sollte man die Toleranz der Menschen zu sehr herausfordern. Dies gipfelt darin, dass in der angespannten Lage nach Russell Edgintons Attentat gar Vampire exekutiert werden, die sich beim -einvernehmlichen- Saugen an Menschen haben erwischen lassen.[52] Die Kosten der Toleranz sind hoch, vor allem, wenn ein grundlegender Sex-Hunger-Trieb das nicht zu tolerierende Problem darstellt.

Michel Foucault schreibt, das moderne abendländische Individuum inklusive seines Selbst, Körper, Seele, Individualität und Geschichte, sei „unter das Zeichen einer Logik der Begierde und des Begehrens geraten." Diese Logik des Sexes sei nun der „Universalschlüssel, wenn es darum geht zu wissen, wer wir sind."[53] In True Blood wird diese Logik konsequent durchgespielt, eine dauernde Befragung des Begehrens erweist sie jedoch zunehmend als brüchig, die „Jagd auf die Wahrheit des Sexes, auf die Wahrheit im Sex"[54] fördert keine Erkenntnisse mehr zutage. Was in Dracula noch den Exegeten überlassen blieb, spielen in True Blood die Figuren selbst durch: „Every possible variation has been explored."[55]

Volkmar Sigusch sieht in einer dritten Welle der sexuellen Revolutionen eine gesellschaftliche Entwicklung hin zu Neosexualitäten, also einer massiven Diversifizierung der sexuellen Möglichkeiten, der Enttabuisierung der Perversionen und zugleich einer gewissen Ernüchterung und Langeweile im Sex. Die ungemeine Ausweitung der sexuellen Freiheiten ist genau deshalb möglich, „weil Sexualität heute nicht mehr die große Metapher des Rausches, des Höhepunktes, der Revolution, des Fortschritts und des Glücks ist. Je unablässiger und aufdringlicher das Sexuelle öffentlich inseriert und kommerzialisiert wurde, desto mehr verlor es an Sprengkraft, desto banaler wurde es."[56]

In diesem Problem sind auch die Menschen in True Blood gefangen: Sie sind ermüdet von all den Fragen an den Sex, ermattet vom vielen Wissen, und der Wille nach noch mehr Wissen kann nur noch in die Eskalation, also in die Arme eines Vampirs führen. Wenn die Normalen bereits sexuelle Überfälle und Fesselspiele inszenieren, wenn alle pervers sind und in ihren Perversionen auch nicht mehr zu

---

52 True Blood 4.
53 Foucault, *Der Wille zum Wissen*, S. 80.
54 Ibid., S. 81.
55 "Coitus Interruptus."
56 Sigusch, Volkmar. 2005. Neosexualitäten. Über den kulturellen Wandel von Liebe und Perversion. Frankfurt/Main: Campus-Verl., S. 8.

unterscheiden, dann kann man den Sex nicht mehr zu seiner Identität befragen.[57] Es bleibt die Möglichkeit, nach etwas Anderem zu fragen, oder noch einmal die Grenzen zu verschieben und nach mehr und anderem Sex zu fragen. In beiden Fällen landen die Menschen in True Blood bei den Vampiren. Die Untoten bieten nämlich zwei vermeintliche Auswege aus dem Dilemma des Sexualitätsdispositivs, dass die Wahrheit im Sex zu suchen und dort nicht (mehr) zu finden ist.

Der eine Weg führt in eine Verschiebung der Grenzen, es ist der Weg der ‚fang-banger‘, die auf der Suche nach mehr Lust Sex mit Vampiren suchen. Wiederholt wird im sexuellen Diskurs der Serie klar gemacht, dass der Sex mit Vampiren wilder, ungestümer, geiler ist als alles menschenmögliche. Wie wirklich leidenschaftlicher Vampirsex aussieht – den kein Mensch überleben würde – führen die Vampire Bill und Lorena vor, und genau darin liegt für Bill auch die Begründung, mit Lorena und nicht mehr mit Sookie zu schlafen: Er müsse jetzt nicht mehr so überaus vorsichtig sein.[58] Gerade in der sexuellen Einlassung mit den Vampiren zeigen sich die ‚fangbanger‘ als knietief ins Dispositiv der Sexualität verstrickt:

> „Der faustische Pakt, dessen Versuchung uns das Sexualitätsdispositiv ins Herz geschrieben hat, lautet: tausche das ganze Leben gegen den Sex, gegen die Wahrheit und die Souveränität des Sexes. Der Sex ist den Tod wohl wert.“[59]

Das Anziehende an den Vampiren liegt hierbei darin, dass sie innerhalb des Sex-dispositivs eine Erweiterung des Wissens und der Lüste bieten. Wie der minderen Perversionen zugetane Jason Stackhouse und andere Charaktere zeigen: Vampire sind die letzte wahre Perversion (der Serie). Dazu kommt, dass der Vampirsex we-sentlich weniger „Diskurssex“ ist, sondern vielmehr die Hoffnung auf reine Lust bietet. Damit ermöglichen Vampire hier die Flucht aus menschlichen Zwängen und aus dem Sexdispositiv: Sex ist (beinah) reines Reales und kein Diskurs mehr. Dazu trägt bei, dass der Trieb der Vampire nicht ausdifferenziert zwischen Libido und Hunger unterscheidet, sondern vielmehr als ein Komplex aus beidem auftritt. Freud stellte in seinen Abhandlungen zur Sexualtheorie die Analogie von „Trieb nach Nahrungsaufnahme“ und „Geschlechtstrieb“ an den Anfang, um davon aus-

---

57 Wobei eine Unterscheidung von ‚guten‘ und ‚schlechten‘ Perversionen durchaus noch Bestand zu haben scheint und sich die Verschiebungen innerhalb dieses Feldes abzeichnen. Zwar enttabuisiert sich das Sprechen über Sadomasochismus, und die leichten Varianten des SM sind mittlerweile Bestandteil einer allgemeinen sexuellen Kultur, jedoch ist zb. Koprophagie immer noch ein Tabu.

58 Obwohl Bill dies nur sagte, um Sookie zu ihrem eigenen Schutz von ihm fernzuhalten, lieferte er in der Interaktion mit Lorena einen eindrucksvollen Beweis, dass es trotzdem stimmt. True Blood 3, 3/4

59 Foucault, *Der Wille zum Wissen*, S. 150.

gehend weiter zu differenzieren.[60] Die fehlende Differenzierung im vampirischen Sex dagegen lässt diesen aus dem Diskurs heraus- und in die Sphäre des rein triebhaften Realen hineinfallen. Insofern folgen die ‚fangbanger' hier dem Phantasma des vordiskursiven, rein triebhaften Sex, der in der menschlichen Gesellschaft stets nur als Utopie auftauchen kann. Dabei tauschen sie zwar häufig den Sex gegen den Tod, jedoch scheint im Falle ihres Überlebens auch keine Wahrheit im reinen Sex außerhalb des Diskurses zu liegen.[61]

Der faustische Pakt, den die Menschen in True Blood mit den Vampiren geschlossen haben, funktioniert nicht, weil auch im Vampirsex keine Wahrheit mehr liegt. Zudem ist dieser Pakt nicht nur im Hinblick auf die Verteilung der Macht, sondern auch vor dem Hintergrund der unterschiedlichen Fragestellungen asymmetrisch. Denn während die menschlichen Protagonisten noch tief im Sexualitätsdispositiv verstrickt sind, trachten die Vampire hier in erster Linie nach Befriedigung ihres Sexhungers. Alles Weitergehende betrifft sie zunächst nicht, der Sex ist keine identitäre Angelegenheit für Vampire, was sich nicht zuletzt in ihrer sexuellen Variabilität zeigt. Für die Gestaltung von Gemeinschaft haben die Vampire jedoch gänzlich andere Regeln. Von Bedeutung sind hier das Alter des Vampirs, die Beziehung zwischen ‚maker' und ‚progeny', sowie die politische Position innerhalb der Vampirgesellschaft, die in einer Mischung aus feudal vergebenen Pfründen und dem richtungsweisenden Schattenkabinett der ‚authority' organisiert ist. Bleibt man bei der Unterscheidung Foucaults zwischen den identitätsbildenden Dispositiven, dann funktioniert die Gesellschaft der Vampire nach dem Allianzdispositiv – in welches ursprünglich die Aristokratie eingelassen war:

> „Denn auch die Aristokratie hatte die Eigenart ihres Körpers behauptet; dies geschah in der Form des *Blutes*, d.h. des Alters der Aszendenzen und des Wertes der Allianzen. Die Bourgeoisie hingegen sah, um sich einen Körper zu geben, auf ihre Deszendenz und auf die Gesundheit ihres Organismus. Das Blut der Bourgeoisie war ihr Sex.“[62]

Damit schließen die Vampire in True Blood in gewisser Weise recht klassisch an den Byronschen Vampir der Romantik an, welcher den Prototyp des aristokratischen Blutsaugers abgibt, und der in Dracula zu sich kommt, in dessen Adern nicht nur das Blut „of many brave races" fließt, sondern auch das alter mächtiger Hexen und gar Attila des Hunnenkönigs.[63] Wie die Aristokratie ist der Vampir ein Archiv aus

---

60   Freud, "Drei Abhandlungen zur Sexualtheorie," S. 47.
61   Auch der Vampir kann die Lücke zwischen besoin und demande nicht schliessen, das désir bleibt.
62   Foucault, *Der Wille zum Wissen*, S. 122.
63   Stoker, *Dracula*, S. 33f.

Blut, in seinen Adern zirkuliert die Historie und die sich daraus ergebende Macht. Dementsprechend gilt auch in True Blood: Je älter ein Vampir, desto stärker und mächtiger ist er im Serienkosmos. Dabei geht es nicht ausschließlich um wachsende Körperkraft, auch zunehmende Erfahrung, taktisches Geschick und Selbstkontrolle spielen eine Rolle.

Darüber hinaus ist von grundlegender Bedeutung, wer der jeweilige ‚maker‘ war, denn die Loyalität zum Erzeuger ist unverbrüchlich. Wenn der ‚maker‘ befiehlt, muss das Kind gehorchen, und das ist hier kein müssen im moralischen, sondern im ganz konkreten Sinn: was auch immer es ist, und wie sehr ein Vampir sich auch sträuben möchte gegen Befehle des Meisters, mit den Zauberworten „As your maker I command you" geht eine konkrete nekromantische Macht einher, wie eine Marionette führt sie den abstammenden Untoten, keinerlei Gegenwehr ist möglich. Diese Auffassung der Zusammengehörigkeit von Besitzer und geliebtem Besitz durchzieht die sozialen Beziehungen der Vampire. Dementsprechend können weder Bill noch Eric zwischen „I love you" und „You are mine!" unterscheiden.

Diese Bedeutung der Abstammung wird ergänzt durch die Wichtigkeit der Allianzen. Die hart umkämpfte Macht in der Gesellschaft der Vampire, die von dauernden Treueschwüren und -brüchen, taktischen Spielen, Bündnissen und Seitenwechseln gekennzeichnet ist, generiert sich aus dem jeweils letzten Bündnis mit der ominösen ‚authority‘. Ohne und gegen sie kann kein Vampir lange existieren. Aber die authority ist launisch, die Positionen darin hart umkämpft und das Streben nach Macht endet für nicht wenige Vampire endgültig fatal.

3   Die kontingente Liebe: Ökonomie, Entropie, Allianz

Es stehen sich also Menschen und Vampire in unterschiedlichen Dispositiven gegenüber, von denen ausgehend sie ihren Sex und ihr Selbst verorten. Dass dies immer wieder problematisch ist, zieht sich durch die ganze Serie, der Sex scheint kaum einmal als utopisch-befreiendes Moment auf, vielmehr scheint er von Gewalt und Einsamkeit durchzogen, was sich vor allem an den nichtssagenden Wiederholungen des Immergleichen in Jasons sowie an der schieren Gewalt in Taras Intimleben zeigt.

Allerdings sind in True Blood alle von diesem Problem betroffen, nicht allein die Randständigen, der gefährliche Sex ist allgegenwärtig. Die Serie thematisiert einerseits Ehen und eheähnliche Beziehungen mit Fokus auf deren mehr oder weniger alltägliche Probleme, wobei kein Unterschied zwischen Paaren unterschiedlicher Sexualität gemacht wird. In dieser Hinsicht sind Lafayette und Jesus mit Arlene und Terry gleichgestellt. Die Hauptfiguren dagegen sind in ständiger Anstrengung, mit ihrem Sex und ihrer Liebe zurechtzukommen, und diese Anstrengungen sind es, für die sich die Serie interessiert: Wie kann man miteinander zu recht kommen, wenn man gar nicht zueinander passt? Dieses Problem stellt sich nicht nur, aber in besonderem Maße für die Mensch-Vampir-Liebenden, allen voran Sookie, die zwischen den Vampiren Eric und Bill hin- und hergerissen ist.

Es ist ein Problem, das auftaucht, sobald aus dem ersten sexuellen Begehren mehr geworden ist. Niklas Luhmann sieht darin einen Effekt der Freigabe sexueller Beziehungen, dass nun nicht mehr das Schmachten und Zueinanderkommen das Problem darstellt, sondern das Miteinander-Auskommen:

> „Das Sich-einlassen auf sexuelle Beziehungen erzeugt dagegen Prägungen und Bindungen, die ins Unglück führen. Die Tragik liegt nicht mehr darin, daß die Liebenden nicht zueinanderkommen; sie liegt darin, daß sexuelle Beziehungen Liebe erzeugen und daß man weder nach ihr leben noch von ihr loskommen kann."[64]

Die Serie führt diese Wendung noch einen Schritt weiter: Nicht nur Sex erzeugt Liebe, sondern vor allem auch das Trinken von Vampirblut. So verfällt Sookie Bill Compton, nachdem sie dessen Blut getrunken hat, muss sich gegen die Annäherungsversuche von Eric wehren, der ihr sein Blut quasi einflößte, und die unweigerliche Anziehung von Bills ‚child' Jessica auf Jason Stackhouse, die sowohl ihre Beziehung als auch Jasons Freundschaft zu Hoyt Fortenberry beendet, resultiert ebenfalls aus Vampirblutgenuss.

Doch damit nicht genug: Die Romanze von Sookie und Bill entpuppt sich nach und nach als vom Vampir durchgeplantes Unterfangen, das dem Zweck dient, Nachforschungen über die von Feen abstammende junge Frau anzustellen. Deren Blut wiederum ist von solcher Anziehungskraft auf Vampire, dass nie zweifelsfrei geklärt werden kann, ob nicht die gegenseitige Anziehung im Blut liegt, und weniger in „echten" Gefühlen.

Die ‚blood ties' zwischen Mensch und Vampir sind sowohl kontingent als auch unverbrüchlich und bei aller Romantik kann nie die Frage ausgeblendet werden, ob die Liebe nicht einfach einem mechanischen Prinzip der Ansteckung folgte. Diese Konstellation der Anziehungen in True Blood, die Darstellung, in der die Liebe zugleich so grundlos wie ausweglos erscheint, legt einen Punkt offen, den sonst die „gesellschaftliche Mystifikation der Liebe" verdeckt. Demnach „schöpft die Liebe ihren Wert aus sich selbst", wird zum Fetisch und Selbstzweck, und zwar zur fetischisierten Utopie eines unmittelbaren zwischenmenschlichen Verhältnisses, das dem „Diktat des Tauschs" enthoben sei. Dennoch gilt, nicht nur in True Blood: „keine Zärtlichkeit ohne Hintergedanken, keine Verliebtheit ohne Verschlingen,

---

64 Luhmann, *Liebe als Passion*, S. 203.

keine Freundschaft ohne Verbrauchen, kein Sichschönmachen ohne Reklame, keine Hingabe ohne Besitzenwollen".[65]

Diese Ambiguitäten werden in True Blood keineswegs ausgeblendet, sondern ziehen sich als zentrales Problem durch die Serie. Die Ökonomie macht hier keinen Halt vor der Liebe[66], und diese wird zugleich zum obersten Fetisch erklärt, als auch in ihrer Fetischisierung offen gelegt. Die Romanze von Sookie und Bill bedient sich in einer Geste der Überbetonung klischeehaft-romantischer Momente: ahnende Träume, weiße Kleider, unweigerliches Zueinanderstreben, gemeinsame Bäder, Küsse auf dem Friedhof. Dennoch wird schnell deutlich, dass die Liebe nicht aus Seelenverwandtschaft und romantischer Performanz erwachsen ist, sondern dass dies lediglich die Formen sind, in denen die Liebe realisiert wird. Allerdings: Dass die Liebe vom Bluttrinken kommt, tut ihr noch lange keinen Abbruch. Mensch und Vampir treffen sich hier auf Augenhöhe. Die Liebe zwischen Mensch und Vampir ist eine integrierende Kraft in ihrer Ausübung, auch wenn sie irrwitzig erscheint und durch nichts außer gegenseitigem Bluttrinken fundiert ist.

> „Auch als Fetisch ist unsere Liebe lebenserhaltend. Sie ist eine erwärmende Rausch-
> droge in der gesellschaftlichen Kälte, die dem Leben einen Sinn zu geben vermag,
> die vereinsamende Distanzen und furchterregende Abstraktionen überstrahlt."[67]

Das Problem der Fundierung einer intimen Beziehung tritt hier offen zutage in der Ausgangslage, dass das Trinken von Vampirblut – das auch jeder andere Mensch hätte trinken können – die Liebe erzeugt. Aber die Liebe ist nicht nur in ihrer Fundierung, sondern auch in ihrer Realisierung alles andere als unproblematisch. Luhmann vertritt die Ansicht, dass in der historischen Entwicklung mittlerweile der Code der Passion nicht mehr adäquat erscheint um Liebesbeziehungen zu semantisieren, dass Heftigkeit und Exaltiertheit überlieferte Formen sind, die sich ursprünglich dezidiert gegen die bürgerliche Ehe positionierten, so dass sie nicht mehr funktional erscheinen, wenn die Ehe keinen der Liebe äußerlichen Zwängen mehr folgen muss. Stattdessen gilt nun „ein schwer zu formulierendes Prinzip, das zum Ausdruck zu bringen sucht, daß der *Liebende selbst Quelle seiner Liebe ist*[68]. Wo dies nicht reine gesellschaftliche Mystifikation bleiben will, erscheint eine Um-stellung von einem Code der Idealisierung und Paradoxierung hin zu einem Code der Problemorientierung gegeben. Da die Ansprüche an die moderne Liebe hoch

---

65 Sigusch, *Neosexualitäten*, S. 18.

66 Nicht nur Blut und Liebe werden zwischen Sookie und den Vampiren ausgetauscht, sondern auch beträchtliche Geldsummen.

67 Sigusch, *Neosexualitäten*, S. 18.

68 Luhmann, *Liebe als Passion*, S. 209.

sind unter den Bedingungen der unpersönlichen ökonomisierten Gesellschaft, der Forderung nach Authentizität der Liebenden und der gesuchten „Validierung der Selbstdarstellung"[69] in der Liebe, ja die Liebe mit totalitären Vorschriften beinahe überfrachtet wird, entstehen

> „geradezu erwartbare Probleme, die weder im Ideal einfach ignoriert, noch als Paradox angemessen formuliert werden können. So führt das Gebot des Sicheinlassens auf die Weltsicht des anderen vor die Frage, ob man auch unbegründete Ängste, selbstschädigende Ansichten, lebensgefährdende Gewohnheiten übernehmen, anerkennen, bestätigen soll. Psychologischer Alltagsscharfblick und moderne Sensibilität treiben diese Frage ins Zentrum des Liebes-Ethos."[70]

Es ist die Frage, die sich Sookie und Bill ständig gegenseitig stellen und die von ihrem Umfeld an sie herangetragen wird. Die Inkompatibilitäten einer Mensch-Vampirbeziehung werden nur anfangs überdeckt von romantischer Idealisierung und der Imagination, im Verlauf der Serie werden sie aber zunehmend als Problem der Liebe thematisiert. Die gegenseitigen Versuche des Sicheinlassens führen den Vampir an die Grenzen seiner Einpassungsfähigkeit in der Welt der Menschen[71] und Sookies Einlassungen auf die Welt der Vampire werden wiederholt lebensbedrohlich. Wo zunächst diese Probleme noch als Kern der Liebe zugehörig verstanden werden, scheitert die Beziehung schließlich an der fehlenden Aufrichtigkeit Bills: Nicht, dass das Blut die Anziehung Sookies auslöste, sondern dass Bill vorsätzlich eine Situation herbeiführte, in der er Sookie sein Blut verabreichen kann, wird als der nicht zu entschuldigende Verrat verstanden.[72] Es ist also nicht die Kontingenz der Liebe, die diese scheitern lässt, sondern ein Verstoß gegen das Gebot der Aufrichtigkeit und damit ein Bruch in der Kette der „zwischenmenschlichen Interpenetration", in der das Handeln des Einen immer zugleich das Erleben des Anderen ist: „Man kann in Liebe nur so handeln, daß man mit genau diesem Erleben des anderen weiterleben kann."[73]

Bill wiederum scheitert an seinen Versuchen der Eingliederung in die menschliche Gesellschaft – wo sie nicht ohnehin reine Makulatur waren – und setzt nach dem Ende seiner Liebesgeschichte mit Sookie nur umso rücksichtsloser und egoistischer auf Durchsetzung seiner Begehren und Mehrung seiner Macht. Aus dem

69 Ibid., S. 208.
70 Ibid., S. 213.
71 Was vor allem im Problem der inkompatiblen Tag-Nacht-Rhythmen von Sookie und Bill dargestellt wird.
72 True Blood 3, 12.
73 Luhmann, *Liebe als Passion*, S. 210, 219.

gescheiterten Versuch der Einbindung kippt er ins andere Extrem des absoluten Herrschaftswillens und letztlich der absoluten Zerstörung. Die Macht des Vampirs zeigt hier nur noch ihre rein destruktive Seite, nur noch der Blutrausch und dessen rasche Befriedigung stehen im Zentrum, es ist dies nicht mehr die überlegte und gestaltende Macht der Authority. Dieser Macht zur Entropie entspricht die Entropie von Bills Körper, der sich in eine Blutlache auflöst und als hautloser Blutkörper, rein durch Kohäsion zusammengehalten, sich wieder formiert.[74]

Bill ist als sich-einlassender Liebender aus der Welt Sookies und damit der Menschen herausgefallen und zurückgekehrt in eine ihm natürlicher erscheinende Umgebung. Diesem Rückzug auf eine solipsistische Extremposition, die in religiösem Fanatismus gipfelt, setzt Sookie ihre problemorientierte Liebe entgegen. Weil die Liebe nachwirkt und weil sie selbst die Schwierigkeiten kennt, sich einem Umfeld einzufügen: „Und gerade wenn man sehr genau und aus intimer Kenntnis nachfühlt, wie der andere mit ‚seiner' Umwelt eine Symbiose sucht, die negativ auf ihn zurückwirkt, gerade dann fordert Liebe Bestätigung und Widerspruch zugleich."[75]

Aus dem Widerspruch Sookies gegen Bills selbstzerstörerische Tendenzen erfolgt letztlich eine politische Allianz, die sich der vampirischen Entropie entgegenstellt. Die Gruppe, der Menschen, Vampire und shapeshifter angehören, verfolgt zwei Ziele: Rettung der Geliebten sowie Rettung der Welt. Die Liebe ist keine freischwebende, die selbstreferentiell mit sich und dem Liebesobjekt zufrieden wäre, sondern gleichzeitig benötigt sie eine Umwelt, in der man lieben kann. Daher gehen zwar die Impulse zur Handlung von der Liebe aus, aber da in True Blood kein banales Alltagsleben nachgestellt wird, sondern es stets um den Fortbestand der Menschen geht, fällt die Rettung der Geliebten und die Rettung der Welt in eins. Das ist bei der Ereignisdichte in True Blood kein geringes Unterfangen, daher nimmt es nicht wunder, dass keine positive Politik betrieben wird, im Sinne von aktiver Formulierung von Problemen und Machtwillen zur Umsetzung der eigenen Agenda. Es bleibt eher dabei, dass eine Allianz verschiedenster Wesen sich nur in einer negativen Politik verständigen kann, also in der Verhinderung von umfassender Zerstörung und der Ausschaltung mächtiger Monstren wie Mänaden, Vampirterroristen oder Blutgottheiten. Sie handeln gemeinsam zum Erhalt der Welt, weitergehende Kompromisse erscheinen sowohl nachrangig als auch unwahrscheinlich. Sie haben kein Programm, keine Utopie einer Welt, in der Menschen, Vampire, Werwölfe und shapeshifter friedlich zusammenleben. Im dauernden Ausnahmezustand der Serie geht es um nicht mehr – aber auch nicht weniger – als um den Erhalt der Ordnung in einem Grade, welcher das nächste Ereignis ermöglicht. Die Guten sind

---

74 True Blood 5, 12
75 Luhmann, *Liebe als Passion*, S. 213.

hier diejenigen, die bei allen Differenzen, die sie ansonsten haben, einer Allianz beitreten, die sich gegen den zerstörerischen Wahn stellt. Das Gute in True Blood kann durchaus seine Schattenseiten haben (siehe Eric), solange es sich der Entropie entgegenstellt. Sogar Liebe als enttarnter Fetisch ist dabei keineswegs diskreditiert, sondern erscheint vielmehr als die Kraft, Allianzen zu binden, und vermag dies auch effizienter und unproblematischer als die volatilen, auf Macht gegründeten Allianzen der Vampire. Die persönlichen Beziehungen sind die letzte Rettung angesichts eines systematischen Versagens der unpersönlichen Beziehungen von sowohl Menschen- als auch Vampirgesellschaft gegenüber dem Ausnahmezustand.

Die Liebe erscheint als etwas Zwangsläufiges in True Blood, als unverbrüchliche Blutsbrüderschaft oder als Infektion des Blutes; darin ist die Serie zutiefst romantisch. Allerdings geht es hier weder darum, die Liebe einem tragischen Höhepunkt entgegen zu treiben, noch darum, zu sehr an einem bestimmten Liebesobjekt festzuhalten. Die Liebe muss also weder in einer Tragödie enden, noch ausschließlich bleiben.[76] Vielmehr geht es in True Blood weniger um eine bestimmte Liebe – auch wenn die Beziehung zwischen Sookie und Bill den meisten Raum einnimmt – als um Liebe und Bande an sich. Alle Handlungen zielen darauf ab, in Ruhe lieben zu können. Dabei nehmen die Protagonisten derart viel auf sich, und retten aus Liebe und mit ihren Lieben wiederholt die Bürger von Bon Temps oder gar die Welt, dass man kaum glauben kann, hier handle es sich lediglich um Erzähltaktik einer Serienproduktion. Freilich erscheint Liebe in ihrer Struktur ohnehin durchaus mit einer seriellen Narration verträglich, aber in True Blood wird keineswegs serielle Monogamie gelebt, sondern Sookie kommt nie von Bill richtig los, die Anziehung zu Eric war ebenso stets latent vorhanden. Eine bestehende Verbindung wirkt nach und eine noch nicht eingegangene ist bereits latent präsent, zwischendurch tauchen etwa mit Alcide noch weitere Kreuzungen auf. Sookies Liebe ist ein Netz aus Verbindungen und Verbindlichkeiten, in das sie eingewoben ist und das ihre Handlungen leitet. Das ist sowohl für Sookie als auch ihre Männer ein kompliziertes Unterfangen, welches wiederholt scheitert, Brüche verursacht und doch den Keim der Bindung nie auslöschen kann. Die Liebenden in True Blood haben massive Schwierigkeiten mit ihrer Liebe, aber sie finden auch keinen Ausweg daraus:

„Vielleicht war es noch nie so schwierig, zu lieben, so oder so, und vielleicht waren wir zugleich noch nie so auf Liebe und Gegenliebe angewiesen wie heute, auf Freundlichkeit, Rücksichtnahme, Achtung, Trost, Geborgenheit, letztlich auf sittliche Werte und einen Sinn fürs Leben. Wo aber finden wir das im gesellschaftlichen Leben? Umso

---

76 Sie ist ersetzbar und nichtexklusiv, vgl. Ben-Zeev, Aharon. 2009. *Die Logik der Gefühle. Kritik der emotionalen Intelligenz*, Orig.-Ausg., 1. Aufl. Frankfurt, M.: Suhrkamp, S. 230ff.

zutreffender ist wohl: Noch nie war die utopisch-emanzipatorische Dimension der Liebe historisch so von Belang wie heute in der hiesigen Gesellschaft und Kultur."[77]

Das erscheint als der Kern der Vampirserie : Im Sex liegt keine Wahrheit, die Entgrenzung des Begehrens führt ins Leere und der Liebe ist nicht mehr zu trauen. Dem kann nur entgegengesetzt werden, trotzdem zu lieben, da nur in der Liebe überhaupt noch die Möglichkeit aufscheint, dem Handeln eine Richtung oder gar einen Sinn zu geben. Nur die Allianzen – und zwar jene, die auf sympathischer Bindung und nicht auf Kalkül basieren – scheinen noch einen Weg zu bahnen . Und obwohl dieser Weg auch nicht allzu vielversprechend erscheint – er ist gefährlich und die Beständigkeit der Bindungen ist zweifelhaft – so bleibt er dennoch der einzig gangbare. In einer Welt, die dauernd vor dem Kollaps steht, ist eine Fortsetzung des L(i)ebens bereits mehr, als ein Einzelner zu erreichen imstande ist.

---

77   Sigusch, *Neosexualitäten*, S. 16.

Yo Ho und eine gute Portion Synkretismus
Zum Umgang mit *Other*, Aneignungsprozessen und Grenzüberschreitungen in der Welt von *Pirates of the Caribbean*

Ursula Ganz-Blättler und Franziska Lienert

1   Einleitung

Same und *Other* sind zentrale Konzepte in den Kulturwissenschaften. Es geht bei der Aushandlung von Gruppenzugehörigkeiten immer auch um Identitäts- und damit Abgrenzungsfragen: Mit wem sympathisiere ich und fühle mich verbunden aufgrund von Neigungen, von geteiltem Wissen und gemeinsamen Erfahrungen? Wo liegen meine Allianzen – und wen oder was schließe ich als Identifikations- und möglichen Kooperationspartner im Sinne von *Same* aus, sei es aufgrund bewusst getroffener Entscheidungen oder aufgrund von Hörensagen und (bestätigten wie nichtbestätigten) Stereotypen?

Mediatisierte Fiktionen bieten in ihrer Eigenschaft als Projektionsfläche nicht nur ideale (weil: kommunikativ geteilte) Plattformen für spielerische Aushandlungsprozesse von Same und Other im Zusammenhang mit der eigenen Identitätsentwicklung, sondern prägen auch unsere entsprechenden Weltbilder als nicht zu unterschätzende soziale Realität und Lernumgebung bzw. Sozialisierungsinstanz (vgl. Seiter 1986). Dabei appellieren insbesondere fortgesetzte, populäre Fiktionen wie Buch-, Film- und Fernsehserien (aber auch: Spielapplikationen, mit oder ohne Vernetzungsoption) an die Bereitschaft der Nutzer zur Kooperation und Identifikationen mit einzelnen oder mehreren Protagonisten, weil sie zum einen über extensive und periodisch wiederkehrende Wissenslücken verfügen, die zum Spekulieren einladen, und zum anderen dauerhafte, individuell wie kollektiv begeh- und bewirtschaftbare virtuelle Welten hervorbringen, die über das Interesse aller am Bau und dem Erhalt beteiligten Konstrukteure (… auf Produktions- wie Rezeptions- und insbesondere Fanseite) am Leben erhalten werden.

Gemäß Alfred Schütz (2003) lassen sich insbesondere die nichtalltäglichen „mannigfachen Wirklichkeiten" zu Ausflügen in alternative Seinszustände nutzen, weil sie unsere üblichen, durch vielfache Verantwortungen und entsprechend begrenzte Handlungsoptionen gekennzeichneten Lebensumstände aushebeln, auf Zeit zumindest. Und das bedeutet, dass wir „dort", in dieser jeweils „anderen" Parallelwelt, die Allianzen und Zugehörigkeiten, aber auch die Abneigungen und Ausgrenzungen, wie in einem Labor austesten können, um die Ergebnisse wiederum in unsere eigenen Orientierungen im Sinne – alltagstauglicher – Betrachtungen und Handlungsanweisungen einfließen zu lassen. Entgegen einem weitverbreiteten Vorurteil ist dabei das Privileg, als Fan ausgiebig zu lieben (und: zu hassen) nicht nur jugendlichen Mediennutzern vorbehalten, sondern tritt als Phänomen überall dort auf, wo Menschen wiederholt die Grenze zu (bestimmten) anderen Welten überschreiten. Es ist die von Samuel Taylor Coleridge erwähnte „poetic faith" (als zeitweilig aufgehobener Unglauben an die Unwahrscheinlichkeit der Ereignisse in der besuchten Fiktion; dazu später mehr) und der damit verbundene ambivalente Zustand zwischen Hellwachsein und Träumen (gemäß Schütz), der die Imagination beflügelt. Und das bewirkt, was Hanif Kureishi als einen – in jedem Fall lehrreichen – Identitäts-Switch beschreibt (Kureishi 2005):

> Our stories, dreams, poems, drawings, enable us to experience ourselves as strange to ourselves. It is also where we think of how we should live.

Mit anderen Worten: Der Andere als Fremder und Alien, aber eben auch als zeitweiliger Zeitgenosse, mit dem wir uns wissentlich und willentlich austauschen, fordert uns heraus, die – seine wie auch unsere – Welt mit *anderen* Augen zu sehen.

2   Zur Geschichte der *PoTC*-Franchise

Am Anfang war ein sogenannter *dark ride*, eine mit Schauereffekten gespickte populäre Attraktion für Besucher des 1967 eröffneten Themenparks *Disneyland* (Anaheim, Kalifornien) sowie des 6 Jahre später erbauten *Magic Kingdom* (Orlando, Florida).[1] Wer die originalen Disney-Bahnen bzw. einen der beiden jüngeren Ableger in Tokio bzw. Paris besucht hat, wird sich an die gewaltigen Warteschlangen vor den *Pirates of the Caribbean* erinnern, die nur vom Zuschauerandrang vor dem *Haunted House* getoppt wurden – einer klassischen Geisterbahn, die allerdings mit modernster Illusionstechnik und spektakulären Hologramm-Effekten aufwartete. Das Karibik-Abenteuer war demgegenüber „alte Schule" und hätte – mit entsprechenden Anpassungen der Ausstattung und Begleitmusik – auch in einem

---

1   Das originale *Disneyland* öffnete 1967, das *Magic Kingdom* 1973. Spätere Ableger mit POTC-Rides sind *Disneyland Tokyo* (1983) und *Disneyland Paris* (1992).

nachgebauten Venedig angesiedelt werden können: Man stieg in ein auf gefluteten Schienen laufendes Boot (... in diesem Fall ein „Piratenschiff") und ließ sich auf den Wellen eines künstlichen Kanals im Zickzackkurs durch eine Pappkarton-Karibik mit animierten Szenerien von Säbelkämpfen und Rum-Gelagen schippern. Allerdings dürfte der tatsächlich beängstigende Moment der Initiation gleich zu Beginn der Reise in markanter Erinnerung bleiben: Man stieg nämlich ein und gondelte los – und dann wurde es dunkel. Und nass. Und laut. Ohrenbetäubend laut. Das Rauschen schwoll an, das Boot fuhr schneller und schneller, man verlor erst die Orientierung und dann die Kontrolle ... und stürzte schließlich im Dunkeln einen veritablen Wasserfall hinunter, mitten in diese *andere,* exotische Welt, in der die Piraten hausten und die Puppen tanzen ließen. Und lauthals Piratenlieder brüllten, bis einem Hören und Sehen verging.

Eigentlich stand denn auch am Anfang ein Piratenlied: die von George Bruns und Xavier Atenco komponierte Ballade „Yo Ho: A Pirate's Life For Me".[2] Und es grenzt im Nachhinein an ein Wunder, dass aus der in den 60er Jahren begründeten Franchise bis zur Jahrtausendwende nicht ein weltweit erfolgreiches Musical geworden ist, sondern „nur" eine fortlaufende Serie von bislang vier narrativ miteinander verknüpften Filmen mit – passend zum Ursprung einer von Walt Disney konzipierten Familienattraktion – diegetischen Erweiterungen in Büchern und Spielen für ein jugendliches Zielpublikum.

Entscheidend für diese Entwicklung dürfte das perfekte Timing gewesen sein, das zentrale Figuren aus dem immer wieder totgesagten *Swashbuckler*-Genre mit einer kruden Mischung aus Totenschädelkult und Hippie-Nostalgie paarte. Und die glückliche Fügung, dass für die Rolle des charmanten Schlitzohrs Jack Sparrow als Protagonist und Held der Franchise (... den es im ursprünglichen *ride* genauso wenig gab wie andere herausragende Figuren oder eine erkennbare Handlung) ausgerechnet Johnny Depp verpflichtet wurde. Der dieser zwiespältigen und nicht wirklich durchschaubaren Figur eines „Tricksters" (eines Gauners, aber auch Grenzgängers, nach Mikhail Bakthin)[3] die Aura eines dauerbekifften Rockstars mit wenigen lichten Momenten verlieh. Und damit Hollywood-Geschichte schrieb.

---

2 Vgl. http://en.wikipedia.org/wiki/Pirates_of_the_Caribbean_%28attraction%29 (20.5. 2013)

3 Zur literarischen Gestalt des Tricksters Bakthin 1981, stärker kontextualisiert auch Monsma 2000. Zu Jack Sparrow als Trickster-Figur insb. Mader 2007.

3   Nachhaltige (Film-)Erzählungen als kollektiv Imaginiertes

Bevor auf die Rolle und Funktion des Fantastischen in der von magischen Elementen durchsetzen Filmwelt der *Pirates of the Caribbean* eingegangen werden kann, ein paar Bemerkungen zur Herkunft des Stoffes – und weiterführende Bemerkungen zu dem, was populäre Filmerzählungen als solche erweiterbar, aber auch anschlussfähig macht .

Zentrale Handlungselemente aus der zwischen 2003 und 2007 entstandenen *PoTC*-Trilogie („The Curse of the Black Pearl", „Dead Man's Chest" und „At World's End") lassen sich auf die – gleichfalls in einer von Piraten bevölkerten Karibik angesiedelten – Abenteuerspielserie *Monkey Island* aus dem Hause George Lucas (=LucasArts) zurückführen.[4] Dabei scheinen die Bezüge zwischen den beiden im Lauf der Zeit weiter ausgebauten Serienwelten wechselseitiger Natur zu sein: Während sich die 1990 lancierte Spielreihe gemäss Mitautor Ron Gilbert entscheidend vom Ambiente der originalen *rides* inspirieren ließ,[5] bedienten sich die Macher der Filme ihrerseits bei diversen Storylines der Spiele. Und beuteten damit wiederum eine andere implizite Vorlage der Spiele aus, nämlich den 1987 erschienenen Roman *On Stranger Tides* von Tim Powers. Bereits dort findet sich die bezeichnende Kombination von Hochsee-Abenteuer und Säbelkampf, mit seiner langen Tradition in Literatur und Film, mit unheimlichen Phänomenen bzw. Schwarzer Magie. Und auch die Namen des Helden Jack Sparrow (bei Tim Powers: Jack Shandy) und seines Gegenspielers Hector Barbossa (aka Blackbeard) erinnern an die Buchvorlage. Mit anderen Worten: Das Fantastische in den Filmen stammt ursprünglich aus einem Roman, der zu einer Reihe von eher humoristischen Computerspielen Anlass bot, die wiederum die Filmemacher der – immer noch witzigen, aber doch signifikant „dunkleren" – Filmreihe inspirierten. Zu ergänzen ist hier, dass Disney die Rechte des Buches 2009 abkaufte und den mittlerweile erschienenen vierten Teil der *PoTC*-Reihe (2011) als explizite Verfilmung von *On Stranger Tides* betrachtet. Wobei schon vorher zahlreiche intertextuelle Querbezüge bestanden und Eingeweihte belustigten: Wer *Monkey Island* spielt(e), findet offenbar

---

4   Den Hinweis auf die intertextuellen Bezüge zwischen *Monkey Island* und *POTC* verdanken
    wir dem an der Universität Genf lehrenden Komparatistikforscher und Computerspiel-
    experten Julian Reidy.

5   Vgl. http://en.wikipedia.org/wiki/Monkey_Island_%28series%29 (22.5.2013). Der
    Rückgriff auf die populäre, kollektiv bewirtschaftete Internet-Enzyklopädie (und ihren
    spezifischer auf *PoTC* gemünzten Wiki-Ableger) geschieht im Wissen um das Experten-
    wissen aktiver Fans, die dafür sorgen, dass die Referenzseiten „ihrer" populärkulturellen
    Stoffe umfassend betreut und à jour gehalten werden.

in den ersten drei Filmen zahlreiche satirische wie auch parodistische Seitenhiebe auf die nahe Verwandtschaft zwischen den (erst seit 2009 bzw. 2012 auch offiziell verknüpften) fiktionalen Welten.[6]

Die Filmsoziologie als Teilbereich der Kultur- und Mediensoziologie befasst sich – im Gegensatz zur klassischen Literaturwissenschaft – weniger mit den wechselseitigen Beziehungen, die (bestehende, dank ihrem materiellen Substrat auch als Werke fassbare) audiovisuelle Texte einerseits mit ihren Urhebern unterhalten und andererseits mit ihren Rezipienten, in Form von sinngenerierenden, interpretationsabhängigen Diskursen. Sondern sie beschäftigt sich, quasi auf einer Metaebene, mit dem Film als mehr oder weniger vielbeachteter, je nachdem breit rezipierten, aber auch zielgruppenorientierten Medienerzählung und vor allem mit dem, was durch diese Erzählung bewirkt wird als Prozess. Dabei kann von sozialen Phänomenen die Rede sein, die beobachtet, systematisch beschrieben und im Hinblick auf bestimmte gesellschaftliche Kontexte interpretiert werden, um deren Verständnis zu fördern. Oder der Fokus liegt auf den sozialen Problemen, auf die der Gebrauch dieses kulturellen Gegenstandes verweist, die ihrerseits kritisch beleuchtet werden und womöglich, als weitere Zielsetzung der Untersuchung, eine Intervention nahelegen.

Hier wird deshalb zunächst, am Beispiel der ersten drei Filme aus der *Pirates of the Caribbean*-Reihe, ganz kurz aufgezeigt, wie populäre, von Genrekonventionen und älteren Arche- bzw. Stereotypen geprägte Medienerzählungen als kollektiv imaginierte Fantasien „funktionieren", indem sie eine reiche, sowohl kanonische (von den ursprünglichen Autoren abgesegnete) wie auch von Fans generierte, selbstbestimmte Textur von Anschlusskommunikationen hervorbringen.

Gemäß Noël Carroll haben wir es im Fall von Fiktionen mit Stories bzw. Geschichten zu tun, „... that authors want readers, listeners and viewers to imagine".[7] Diese Definition geht zurück auf den englischen Dichter und Literaturwissenschaftler Samuel Taylor Coleridge, der 1821 für den korrekten Leseprozess das Zugeständnis von „poetic faith" als unentbehrlich erklärte. Darunter verstand er die Bereitschaft des Lesers, den im Alltag grundsätzlich gegebenen prinzipiellen Zweifel an dem, was andere behaupten, zwischenzeitlich aufzugeben zugunsten eines bewusst naiven Zweckglaubens im Sinne einer „suspension of disbelief", die „wilful" zu geschehen habe, also im Sinne eines bewussten Aktes, und lediglich für eine bestimmte Zeitspanne („for the moment") aufrechtzuerhalten sei. [8] Damit aber sind Fiktionen nicht als auktoriale Handlungen einer oder mehrerer Erzähler-

---

6   2012 hat Disney LucasArt aufgekauft und ist somit Besitzerin aller drei Franchises.

7   Carroll 1998, S. 273.

8   Coleridge 1985 (Reprint), S. 314.

figuren zu verstehen, die einen Transport von narrativen „Inhalten" von A nach B
bewerkstelligen und damit ein – zuvor ahnungsloses – Publikum über bestimmte
Verhältnisse in den betreffenden fiktionalen Welten in Kenntnis setzen, sondern
schlicht als Vereinbarungen zu gemeinsamem, unterhaltsamem, imaginativem Tun.
Es braucht zu diesem gemeinsamen Tun gewiss Fantasie. Aber es braucht auch,
notwendigerweise, Vorkenntnisse und Regeln. Erstere ergeben sich aus dem, was
es über die gemeinsam imaginierte Welt immer schon zu wissen gibt (aus älteren
Abenteuern, womöglich, aber auch aus Paratexten wie Inhaltsbeschreibungen
oder Trailern, aus Filmkritiken und vom Hörensagen). Letztere ergeben sich aus
Konventionen, die z.b. generischer Natur sein können, aber auch aus allgemeingül-
tigen, seit alters überlieferten Themenkreisen mit ihren wiederkehrenden Motiven
stammen. Zum Beispiel ist „Fantasy" ein Genrebegriff, der auch Nichtnutzern der
entsprechenden Medientraditionen (sei es Literatur, Comic, Film, Fernsehserie
oder Spiel) einen Begriff von dem vermittelt, was in Fantasy-Universen zu erwarten
ist. Dazu gehört etwa: eine alternative Welt, die in Bedrängnis gerät und damit
unsere Parallelwelt mit gefährdet. Bestimmte, vorgegebene Figurenensembles, die
antagonistisch strukturiert sind und unterschiedliche Kräfte (zum Teil auch über
magisch besetzte Gegenstände) ausbilden. Signifikante Kampfhandlungen, die das
Genre als ein actionorientiertes ausweisen. Eine Ausstattung, die – in der Regel,
aber nicht notwendigerweise – an unser westliches Mittelalter als Referenz-Ära
erinnert. Und ein Befreiungsziel, das (mindestens) einer Hauptfigur der Erzählung
zum Ansporn wird, sich selber zu übertreffen und die eine oder andere Form von
„Transzendenz" zu erreichen.[9]

Während das Fantasy-Genre vielfach als Untergenre der Gattung des „Fantastischen" angesehen wird, wählen wir hier einen anderen Ansatz und bezeichnen
das „Fantastische" als ein Stilmittel, welches – ähnlich wie das „Dunkle" im *film
noir* – genreübergreifend eingesetzt werden kann, um der Erzählung eine bestimmte
(z.B. atmosphärische) Färbung zu verleihen. Für den *noir*-Begriff hat Burkhard
Röwekamp die entsprechende Umdeutung vorgenommen, indem er das Dunkle
zur Methode erklärte, die ganz unterschiedlichen Erzählgattungen zu einen spezifischen, je nachdem pessimistischen oder expressionistischem Touch verhelfe.[10]
Ähnlich argumentiert Durst für das Fantastische in der Literatur, indem er der alten
Definition über die während der Filmdauer „außer Kraft gesetzten Naturgesetze"
widerspricht und darauf verweist, dass jede Fiktion eine magische Aura habe, weil
ja jede Autorschaft im Konstruktionsakt selber eine fiktionale Welt quasi aus dem
„Nichts" schöpft. Der Einsatz des Übersinnlichen mache den Konstruktionsakt als

---

9   Zur Begriffsbestimung von Fantasy als Genre vgl. Struck 2007 und Weinreich 2007.
10 Röwekamp 2003.

solchen erst sichtbar. Er könne damit als Stilmittel der Brechung gesehen und als solcher verstanden werden.[11] Das lässt sich auf den fiktionalen (Blockbuster-)Film insofern umdeuten, als jede zu Filmzwecken erstellte (oder: adaptierte) Welt eine Bühne darstellt, auf der eigens gescriptete und entsprechend inszenierte Ereignisse in Ton und Bild festgehalten werden (dazu Ganz-Blättler 2004). Die *poetic faith* des geneigten Zuschauers setzt bereits mit der Akzeptanz dieser Bühnenwelt als einer „gegebenen" ein, nicht erst in dem Moment, da bestimmte Glaubensinhalte innerhalb dieser Bühnenwelt thematisiert werden, die den aufgeklärten *homo rationabilis* in seinem Alltag als magische (und damit per se fremdartige) Phänomene des Fantastischen irritieren bzw. herausfordern würden. Eher zeichnet sich der fantastische Film – genauso wie den Katastrophenfilm, der sich derselben aufwändigen Special Effects bedient – durch einen gewissen Hang zur Selbstreflexion oder auch Selbstironie aus, weil das Denkbare ja von vornherein möglich ist (… technische und finanzielle Mittel vorausgesetzt) und damit letztlich das „Wie" der Realisierung bzw. Umsetzung in den Vordergrund rückt.

Für eine solche Betrachtungsweise (das „Fantastische" als Ausdrucksmittel, nicht als Kernelement einer bestimmten Sorte von Film) spricht einerseits der Umstand, dass magische Gegenstände und einschlägige Handlungen magisch begabter Personen grundsätzlich in jedem gängigen Literatur- bzw. Film- oder Spielgenre auftreten können: in der romantischen (Hexen-)Komödie genauso wie in der Detektivgeschichte, im religiös geprägten Science-Fiction-Roman (Bsp. *Solaris*) ebenso wie im von fliegenden Mönchen bevölkerten Martial-Arts-Epos. Andererseits ist es gerade für die Filmgeschichte symptomatisch, dass Zauberhandlungen – insbesondere im Rückblick – stilistische Brüche markieren, die auf einen früheren Stand der Filmtechnik verweisen und damit die einschlägige Erzählkunst erst recht als das demaskieren, was sie ist: eine Fiktion.

Es bleibt noch festzuhalten, dass die zuvor geäußerte Behauptung, wonach Fiktion auf gemeinschaftlichen Imaginationen beruht und somit auf der Partnerschaft ganz unterschiedlicher Erzählinstanzen, gerade in der hier näher untersuchten „Piratenwelt" vielfache Belege findet. Nicht nur haben sich die Autoren des *PoTC*-Kanons großzügig bei anderen fiktionalen Welten bedient (*Monkey Island, On Stranger Tides*) und spielen augenzwinkernd mit entsprechenden Referenzen. Sondern es sind die „Leser, Zuhörer und Zuschauer", die sich als Fans ausgiebig mit den Versatzstücken der einmal kreierten Welt beschäftigen, einzelnen Handlungsfäden medienübergreifend folgen, die einschlägigen Zusammenhänge für andere Fans in Form von laufend aktualisierten Enzyklopädie-Einträgen sammeln und aufbereiten – und schließlich die Welt auch aktiv erweitern via Fan Art und Fan Fiction.

---

11   Dazu näher Durst 2010.

Das können Darstellungen und Geschichten sein, die dem von den ursprünglichen Autoren (bzw. hier: von der Disney Corporation) etablierten liturgischen Kanon entsprechen und diesem folgen. Aber auch Darstellungen und Geschichten, die von diesem Kanon bewusst abweichen, die Handlung eigensinnig umdeuten und das Stammpersonal für eigene imaginative Zwecke usurpieren. Davon wird im Zusammenhang mit der ebenso wandelbaren wie einflussreichen Figur der Calypso, die als Helferin wie auch als Gegnerin in Erscheinung tritt, noch die Rede sein.[12]

Wie der Titel der Franchise erahnen lässt, gibt es in dem erdachten, oder besser: zum Imaginieren freigegebenen fiktionalen Universum der *Pirates of the Caribbean* keine eindeutige Hauptfigur. Es gibt aber ein festes Ensemble von Personen, die in wechselnden Konstellationen – seltener zu Land, häufiger auf den Weltmeeren – unterwegs sind, um entweder a) wertvolle Items mit tatsächlicher oder metaphorischer Schlüsselfunktion zu finden, deren Spur sich verloren hat, oder b) Schulden materieller oder auch persönlicher Natur zu begleichen bzw. einzutreiben oder c) ihre eigene Haut zu retten, sofern sich die Lage wieder einmal aufgrund von unheilvollen Verquickungen aus a) und b) derart zugespitzt hat, dass nur noch die beiden Optionen Angriff oder Flucht bleiben. Dabei sind zwei Lager zu unterscheiden, die als Protagonisten und Antagonisten in Erscheinung treten, nämlich (tatsächliche oder als solche gebrandmarkte) Piraten und Kolonialherren, mit wechselnden strategischen Allianzen und Zielsetzungen. Und es sind die Schiffe zu nennen, die diesen Allianzen und Zielsetzungen genauso wie den insgeheim geschmiedeten Ränken und taktischen Sabotageplänen eine Plattform bzw. eine Bühne bieten: Allen voran die wendige „Black Pearl" als ständiger Zankapfel der zwei rivalisierenden Piratenkapitäne Jack Sparrow und Hector Barbossa; zum anderen die „Endeavour", das Flaggschiff der englischen Besatzungstruppe unter Cutler Beckett (in Teil 2 und 3 der Serie), und zum dritten der „Fliegende Holländer" – das in zahlreichen Volkssagen überlieferte Geisterschiff des „Flying Dutchman", der als Kapitän (nahezu) unsterblich ist, zwischen den Fronten laviert und das Element des Fantastischen in besonders offensichtlicher Weise thematisiert / verkörpert.

Bricht man diese „Spielanordnung" auf das Individuelle der einzelnen Spielfiguren herunter, so lassen sich leicht die Entwicklungen herausschälen, die die

---

12 Während in der längeren „Ruhepause" zwischen dem Erscheinen des 4. Teils der Saga (2010) und dem angekündigten 5. Kapitel (angekündigtes Release-Datum: 2015) die offizielle Distribution von Medien – DVDs, Bücher, Spiele, ein Comic – deutlich stagniert, geht die kulturelle Teilhabe an den fanorientierten Plattformen der Sozialen Medien unvermittelt weiter. Dies lässt vermuten, dass die schon bestehenden (... und wiederholt konsumierten) Teile einer narrativen *Franchise* als kommunikative Anregung zum kreativen Austausch innerhalb der einschlägigen Community wirken können, auch wenn offizielles Material zum Weiter-Imaginieren nicht zeitnah in Aussicht gestellt wird.

Erzählhandlung der ersten drei Filme über weite Strecken bestimmen: Aus erbit-
terten Feinden (hier: Jack Sparrow, dort Hector Barbossa) werden wohl oder übel
Komplizen, die gemeinsam (und in der Allianz mit sieben anderen „pirate lords")
gegen den übermächtigen Gegner Davy Jones, den Kapitän der „Flying Dutchman",
ins Feld ziehen. Aus Elizabeth Swann, der Tochter des britischen Governeurs, und
ihrem Geliebten William Turner junior, dem Sohn eines verfluchten Piraten, der
auf der „Flying Dutchman" Dienst leistet, werden im Verlauf der verwickelten
Handlung waschechte Piraten und Abenteuerhelden, die ihrerseits ein wahrhaft
legendäres Schicksal inklusive Heldenstatus erwartet. Dazwischen findet sich ein
buntes Stammpersonal von Gefolgsleuten der unterschiedlichen Lager, die ergänzt
werden um (ersetzbare) Crewmitglieder und Landratten aller Gattung und Couleur.

Soweit lässt sich das Personal der Reihe als ein „adventure"-orientiertes,
kampfsporterprobtes Actionensemble beschreiben, mit dem genreimmanenten
Entwicklungspotenzial zur Liebes- und Freundschaftsgeschichte. Dazu kommen
nun aber, wie schon erwähnt, diverse Elemente, die der Handlung zusätzliches fantastisches Potenzial – und damit, aus der Sicht des Publikums, zusätzlichen Event-
charakter – verleihen. Jede Figur des Stammensembles trägt ihre Vorgeschichte (sei
es als Familiengeschichte oder Reihe folgenschwerer individueller Entscheidungen)
in Form von – häufig verzauberten, magisch aufgeladenen – Amuletten mit sich
und muss sich irgendwann der mit diesen, durchaus handlungsleitenden, Items
verknüpften Backstory stellen, in der einen oder anderen Form. Für zusätzliche
Komplexität sorgt der Umstand, dass nicht alle der zuletzt genannten „Hilfsfiguren"
(Crewmitglieder und Landratten) das sind und bleiben (müssen), was sie anfangs
zu sein scheinen. Setzt man voraus, dass auch sie ihre Vorgeschichte haben, die,
vielleicht, in einer späteren Episode, handlungswirksam werden wird, lässt sich
im Prinzip jede von ihnen zur Hauptfigur befördern. Sei es, dass rückwirkend bis
dahin unbekannte Beziehungen, Bindungen und Verpflichtungen sichtbar werden
– sei es, dass sie, womöglich aufgrund dieser Vorgeschichte, an Schlüsselstellen der
Handlung ungeahnte Kräfte und Talente entwickeln.

Eine derart komplexe Figur ist Tia Dalma, die in Teil 2 und 3 der PoTC-Trilogie
als Helferin von Jack Sparrow und seinen Getreuen auftritt, dabei aber ihre ureigenen
Geheimnisse hütet. Geheimnisse, die die Handlung der Trilogie vorantreiben (dazu
gehört der magische Kompass, zum Beispiel, den Jack schon vor dem Beginn des
1. Teils von ihr erhalten hat); Geheimnisse aber auch, die den Lauf der Geschichte
in entscheidender Weise verändern.

Im ersten Teil der Trilogie versucht Jack Sparrow sein (als besonders wendig
gepriesenes) Schiff zurückzugewinnen, die von seinem Konkurrenten Hector
Barbossa geraubte „Black Pearl". Dabei verbindet sich das Element der (zunächst
kompetitiven, später kooperativen) Schatzsuche mit der Suche nach Möglichkeiten,

den Fluch aufzuheben, der auf dem Schiff und seiner Mannschaft liegt. Ziel ist es, die aufgrund eines Fluches zum zeitweiligen Zombie-Dasein verdonnerte Crew des Schiffes wieder dauerhaft lebendig (damit aber auch: sterblich) zu machen. Der zweite und dritte Teil der Trilogie widmet sich zum einen dem Kampf der vereinigten Piratenlords gegen die verbrecherische, von Geldgier und Raubtierkapitalismus geprägte Kolonialherrschaft der East India Trading Company, wie sie durch den berechnenden und skrupellosen Geschäftsmann Cutler Beckett vertreten wird mit dem Ziel, alle Piratentätigkeiten zu unterbinden.[13] Zum anderen aber geht es um das Schicksal der sagenumwobenen „Flying Dutchman" bzw. um die Frage, wer als Kapitän die Nachfolge des zynischen und opportunistischen, aber auch tragischen, weil auf ewig zum Befahren der Weltmeere verurteilten Krakenmannes Davy Jones antritt, sollte dieser vom Fluch der Unsterblichkeit befreit werden. Die Antwort ist überraschend, erzählt von einer – doppelten – Liebesgeschichte und enthüllt schließlich auch die Doppelnatur der indigenen Priesterin Tia Dalma, die das Schicksal des umtriebigen Kolonialherren Beckett und seiner stolzen „Endeavour" ebenso in der Hand hat wie jenes von Davy Jones, ihrer großen und tragischen Liebe. Allerdings nur „with a little help of her friends" – und das heißt eben, mit der Hilfe der sich zum Seeräuberkonzil einfindenden Piratenlords.

4   Magische Elemente und religiöse Einflüsse

In diesem Kapitel werden die religiösen afrokaribischen Einflüsse aufgezeigt, die in der Filmfigur Tia Dalma zitiert werden.

Die nachfolgenden Überlegungen stammen teils aus Lienert (2006), zum Teil aus Gesprächen mit Franziska Lienert im Vorfeld dieses Aufsatzprojekts. Zunächst ein Hinweis auf die synkretische Natur der afrokaribischen Religionen: Synkretismus wird häufig als „Mischung unterschiedlicher Einflüsse" übersetzt, die statt einer Verschmelzung (mit der Folge einer einheitlichen Identität) ein spannungsvolles Nebeneinander von neu und alt bzw. fremd und eigen zulässt. Dazu gehört als wesentlicher Bestandteil eine großzügig bemessene Bandbreite an „zulässigen" Zuschreibungen und Terminologien, die Verschiedenes in der einen

---

13   Es lassen sich hier durchaus Parallelen ziehen zwischen den Antagonisten innerhalb der Filmhandlung („Big business" versus „Piraten") und dem rechtlichen Spannungsfeld, wie es in der Welt der Produktion und Distribution seit jeher ausgesteckt und laufend ausgehandelt wird zwischen den offiziellen Betreibern der Franchise (der Disney Corporation) und ihren mehr oder weniger respektvollen (oder auch: kanongläubigen) Nutzern.

Form erkennt und diese Form wieder als außerordentlich dehn- und füllbar betrachtet. Synkretismus bezeichnet mit anderen Worten einen Prozess, nicht einen Zustand. Alles ist im Fluss und integrierbar – nichts ist gegeben. Von daher tragen Gottheiten häufig indigene wie auch katholische Namen, oder gewisse Praktiken sind dem Hinduismus wie auch der Kabbalah verpflichtet (Lienert 2006, 12). Vor allem aber tragen dieselben Gottheiten verschiedene Namen je nach Inselraum, in denen sie anzutreffen sind. In Trinidad wird die von afrikanischen Sklaven nach Westindien gebrachte Religion (heute) als *Orisha* bezeichnet. Sie beinhaltet noch immer erkennbare Aspekte der Yoruba-Kultur bzw. der ursprünglichen afrikanischen *Ifa* Religion und wird in anderen Teilen Westindiens als Voodoo (Haiti), Santeria bzw. Lucumi (Kuba) oder auch als Candomble oder Umbanda (Brasilien) begangen. Über die letzten 40 Jahre sind die entsprechenden religiösen Praxen, vor allem unter dem Einfluss politisch aktiver Betreibender, allgemein anerkannt und damit auch sichtbarer geworden – es stellen sich aber auch den verschiedentlich spürbaren Bemühungen um eine Verfestigung bzw. Institutionalisierung explizite *grassroots*-Bewegungen entgegen, die an der Offenheit und Freiheit – und auch: an der kleinräumigen Struktur – der verschiedenen von lokalen Gemeinschaften betriebenen *shrines* festhalten.

Tia Dalma ist die Priesterin, die Jack Sparrow mit dem Kompass ausgestattet hat, der keine Himmelsrichtungen kennt, seinen aktuellen Inhaber jedoch zielgerade zu dem von ihm am meisten gewünschten Ort – oder Menschen – bringt. Sie ist die geheimnisumwitterte Ratgeberin in Teil 2 und 3, die ihre Allianzen sehr genau prüft und für ihre Hilfe ein Entgelt einfordert. Und wie sich im Laufe der Handlung zeigt, ist Tia Dalma die in einem Menschenkörper gefangene Meeresgöttin Calypso, dessen afrokaribisches Pendant die *Orisha* (Gottheit) Yemoja ist.

Yemoja hat ihre Wurzeln in der Ifa Religion der Yoruba (Benin, Afrika) und taucht (als Folge des Sklavenhandels) in der ganzen Karibik unter verschiedenen Namen wieder auf. Referenzpunkt ist hier wiederum die trinidadische Wahrnehmung und Schreibweise dieser *Orisha*, die hier als Mutter Aller und als Repräsentantin des Meeres empfunden wird. Sie hat wie alle *Orisha* verschiedenste Charakterzüge: Sie ist nicht nur die gütige Mutter (wie Mutter Maria), sondern besitzt auch die wilde, unberechenbare und unbändige Kraft des Meeres, die aufpeitscht und lebensgefährlich sein kann.

Innerhalb des *PoTC*-Universums hat Calypso diese Eigenschaften ursprünglich auch besessen. Sie wurden ihr aber durch die neun Piratenkönige geraubt, die sie – in einem Moment der Blindheit und aufgrund ihrer Schwäche für ihren menschlichen Liebhaber Davy Jones – in einen menschlichen Körper bannten. Trotzdem verfügt sie immer noch über beachtliche magische Fähigkeiten, die an die Fähigkeiten der *Orisha*-Priesterinnen angelehnt sind. Sie weiss Orakel zu deuten, und sie verständigt sich mit den Krebsen, die für sie Botengänge erledigen und in einer Schlüsselszene des zweiten Teils das im Niemandsland gestrandete Schiff von Jack Sparrow wieder flottmachen. Der Umstand, dass sie eine in menschlicher Form „gebannte" Gottheit ist, lässt sich als (sehr) freie Verquickung von afrokaribischer Tradition und (westlichen?) Mythen deuten: So wie in *Orisha*-Zeremonien einzelne Teilnehmende zeitweilig zu *horses* werden, durch deren Mund die Gottheit spricht, ist in diesem Fall die Gottheit selber – durch eine unglückliche Fügung des Schicksals, nämlich als tragisch Liebende – im Körper eines Menschen gelandet, allerdings nicht aus freiem Willen und auch nicht nur „auf Zeit". Es braucht in der *PoTC*-Mythologie die – liebevolle – Ansprache eines anderen Menschen, um Calypso von ihrem Bann zu befreien: In Teil 3 der Filmreihe ist es der nicht eben als besonders intelligent oder hellsichtig bekannte einäugige Pirat Pintel, der als einziger von den Piratenlords, die an der Verschwörung gegen Calypso beteiligt waren, die richtigen Worte findet, um die gedemütigte Meeresgottheit von ihren Fesseln zu befreien – und gleich darauf ihre unbändige Wut auf den Verräter Davy Jones entfesselt, den sie im Strudel der nachfolgenden Ereignisse mit sich in die Tiefe des Meeres reißt. Und damit auch von dem auf ihm lastenden Fluch der Unsterblichkeit (endlich) befreit.

Damit zurück zur Fragestellung nach dem Stellenwert von *Same* und *Other* im Hinblick auf das Fantastische, wie es in der Auftakt-Trilogie *Pirates of the Caribbean* ausgehandelt wird. Es ist an dieser Stelle darauf hinzuweisen, dass *PoTC* sehr wohl als ambivalentes Universum rezipiert wird, in der Film- und allgemein in der Kulturwissenschaft. Fradley (2012) weist insbesondere auf die ausgeprägte *queerness* hin, die den Stoff und seine Behandlung (vor allem im Spiel der Akteure Johnny Depp, Keira Knightley und Orlando Bloom) auszeichnet. Wir möchten diesen Hang zur Ambivalenz unterstreichen, indem wir auf die Bedeutung des Fantastischen als Mittel zur Offenlegung von Zwei- und Doppeldeutigkeiten verweisen. Offensichtlich ist Tia Dalma die Figur, die stärker noch als die Piraten im allgemeinen, stärker als die mit Genderstereotypen spielenden bodenständigen Liebenden Elizabeth und Will – und stärker als das notorische Schlitzohr Jack Sparrow – Übergänge markiert. Sie ist Gott, und sie ist Mensch. Sie ist allumfassend, aber gebunden und schwach. Sie ist als Naturgewalt zerstörerisch, aber als Liebende zutiefst verletzt. Und das bedeutet: Nicht die Tatsache, dass sie (als einzige Figur der Trilogie) aktiv und aus eigenem Antrieb über magische Kräfte verfügt, zeichnet sie als bemerkenswerte Figur aus – und auch nicht ihre Funktion als treibende (Hilfs-)Kraft, die der Trilogie zu entscheidenden Wendepunkten verhilft. Was sie auszeichnet – und zur Sympathieträgerin macht, in diesem Fall – ist ihre zutiefst nachvollziehbare Geschichte als (tragisch) Liebende zwischen Bindung und Freiheit, Rache und Versöhnung.

Betrachtet man die Fiktionen der einschlägig tätigen Fans, die Calypso / Tia Dalma oder wichtigen Bezugspersonen (also: Jack Sparrow oder auch Davy Jones) gewidmet sind, zeigt sich rasch, dass sie zwar durchaus als von ambivalenten Interessen bestimmt und als „cunning" (also: schlau) geschildert wird. Das steht aber ihrer Zeichnung als Sympathieträgerin nicht im Weg. Sie erscheint, auch da, entweder als Protagonistin oder Komplizin und tritt je nach Kontext (und zeitlicher Einbettung in den Kanon) als Zauberin in Erscheinung oder als mächtige Gottheit, bleibt aber stets auf „unserer Seite".[14]

5 Zusammenfassung und Fazit

Wie es zu deuten bleibt, dass Tia Dalma weder innerhalb der kanonischen Film-handlung noch im Zusammenhang mit den ihr gewidmeten Fangesänge als *other* in Erscheinung tritt, sondern durchwegs als *same* – nämlich als vielschichtige Identifikationsfigur mit Tiefgang und Würde – wollen wir an dieser Stelle nicht weiter erörtern. Festhalten lässt sich, dass im Universum der von Disney erdachten (oder besser: abgekupferten) Piratensage sowohl die Form der Erzählung als nach-haltige Serie mit komplexem Stammpersonal und erheblichem Anschlusspotenzial (Teil 5 geht demnächst in Produktion) wie auch deren Inhalt, der von handfesten ökonomischen Interessen, von Piratenehre und entsprechend wechselvollen Allian-zen handelt, dazu einlädt, Gegebenes nicht als sakrosankt zu betrachten. *Same* ist dort, wo der Fokus liegt. Und das ist im Fall von *PoTC* nicht eine feste Destination. Sondern immer der Ort, wo man hinwill. Wo die Nadel des Kompasses hinführt.

Literatur

Konsultierte DVD-Box:

Pirates of the Caribbean / Die Piraten-Quadrologie. 5-Disc-Set (inklusive Bonus Disc). Walt Disney Studios: Home Entertainment Division 2012.

---

14 Ausgewählte Seiten mit Fangeschichten zu Tia Dalma / Calypso finden sich in der Bib-liographie als Links vermerkt. Ein wesentlicher Bestandteil bei solchen gemeinschaftlich betriebenen kreativen Schreibtätigkeiten ist wiederum die Anschlussfähigkeit: Es gilt als schlechter Stil, *fan fiction* nur zu lesen, ohne auch (anerkennende) Worte zu hinterlassen und womöglich eigene Fiktionen beizutragen oder zumindest Geschichten anderer Beiträger als Betaleser zu lektorieren.

Internetquellen:

Offizielle *PoTC*-Seite mit Angaben zur Disney-Franchise: http://disney.go.com/pirates/index.
html?cmp=wdsmp_pir_url_disneypirates#/past-voyages/map/ (20.5.2013).
Zur Geschichte der *PoTC*-Rides in den USA, in Japan und Frankreich: http://disney.go.com/
pirates/index.html?cmp=wdsmp_pir_url_disneypirates#/parks/ (20.5.2013).
Wikipedia-Eintrag zu den originalen Disney-Themenparks (ab 1967): http://en.wikipedia.
org/wiki/Pirates_of_the_Caribbean_%28attraction%29 (20.5.2013).
Wikipedia-Eintrag zur Spielserie *Monkey Island* (1990-2009): http://en.wikipedia.org/wiki/
Monkey_Island_%28series%29 (22.5.2013).
Wikipedia-Eintrag zum Roman *On Stranger Tides* (1987): http://en.wikipedia.org/wiki/
On_Stranger_Tides (22.5.2013).
Wikipedia-Eintrag zu den *PoTC*-Filmen (2003, 2006, 2007, 2010, 2015): http://en.wikipedia.
org/wiki/Pirates_of_the_Caribbean_%28film_series%29 (20.5.2013).
Wikipedia-Eintrag zu den *Jack Sparrow*-Kinderbuch-Prequels: http://en.wikipedia.org/wiki/
Pirates_of_the_Caribbean:_Jack_Sparrow (20.5.2013)
Wikipedia-Eintrag zu den *Brethren of the Court*-Jugendbuch-Prequels: http://en.wikipedia.
org/wiki/Pirates_of_the_Caribbean:_Legends_of_the_Brethren_Court (20.5.2013).
Wikipedia-Eintrag zur „mother goddess": http://en.wikipedia.org/wiki/Mother_goddess
(5.6.2013)
Wikipedia-Eintrag zur Göttin Agwé: http://en.wikipedia.org/wiki/Agw%C3%A9 (5.6.2013)
Wikipedia-Eintrag zur Göttin Yemaya: http://en.wikipedia.org/wiki/Yemaja (5.6.2013)
Wikipedia-Eintrag zur Meeresgöttin Calypso: http://en.wikipedia.org/wiki/Calypso_
(mythology) (5.6.2013)
Amazon-Seite zu den Jugendabenteuern von Jack Sparrow: http://www.amazon.com/
Rob-Kidd/e/B001JPC6LQ/ref=ntt_dp_epwbk_0 (20.5.2013).
Frei editierbare *PoTC* Enzyklopädie: http://pirates.wikia.com/wiki/Main_Page (26.5.2013).
PoTC Enzyklopädie, Eintrag zu Tia Dalma: http://pirates.wikia.com/wiki/Tia_Dalma
(26.5.2013).
Ausgewählte Seiten mit Fan Fiction zur Figur der Tia Dalma: http://jackxtia.livejournal.
com/ (26.5.2013). http://www.fanfiction.net/community/Tia-Dalma/36177/ (26.5.2013).
http://www.mibba.com/Stories/Theme/Tia-Dalma/ (26.5.2013). http://www.wattpad.
com/ (26.5.2013).
Wiki zu *PoTC*-bezogenen Fangeschichten und Rollenspielen: http://potcroleplaying.wikia.
com/wiki/POTC_Roleplaying_Wiki (26.5.2013)
Wikipedia-Artikel zum Fantastischen in der Literatur: https://de.wikipedia.org/wiki/
Phantastik (25.5.2013)

Bücher und Aufsätze:

Aiyejina, Funson & Rawle Gibbons. 1999. Orisa (Orisha) Tradition in Trinidad. Referat
gehalten in Port of Spain, Trinidad, anlässlich des 6. World Congress of Orisa Tradition
and Culture.
Bakhtin, Mikhail. 1981. The Dialogic Imagination. Four Essays. Texas: University of Texas
Press.

Bisnauth, Dale. 1898. History of Religions in the Caribbean. Kingston, Jamaica: Kingston Publishers Limited.

Carroll, Noël. 1998. A Philosophy of Mass Art. Oxford: Clarendon Press.

Claypole, William. 1989. Caribbean Story. Book II. London: Longman Group.

Coleridge, Samuel Taylor. 1985. Biographia Literaria (urspr. 1814). Reprint Princeton: Princeton University Press.

Deren, Maya. 1992. Der Tanz des Himmels mit der Erde. Die Götter des haitianischen Vaudou. Wien: Promedia.

Durst, Uwe. 2001, 2010. Theorie der fantastischen Literatur. Berlin: Lit-Verlag.

Fatunmbi, Awo Fa'okun. 1994. Iba Se Orisa. Ifa Proverbs, Folktales, Sacred History and Prayer. Bronx, New York: Original Publications.

Fiske, John. 1992. The Cultural Economy of Fandom. S. 30-49 in: Lisa A. Lewis (Hrsg.), Adoring Audience. Fan Culture and Popular Media. London & New York: Routledge.

Fiske, John. 1990 (1983). Surfalism and Sandiotics. The Beach in OZ Culture. *Australian Journal of Cultural Studies* 1, 2:120-148. Reprint S. 43-76 in: Ders. Reading the Popular. London & New York: Routledge.

Fradley, Martin. 2012. Why Doesn't Your Compass Work? *Pirates of the Caribbean*, Fantasy Blockbusters, and Contemporary Queer Theory. S. 294-312 in: Karen Ross (Hrsg.), The Handbook of Gender, Sex, and Media. Chichester: John Wiley & Sons.

Ganz-Blättler, Ursula. 2000. Knowledge Oblige. Genrewissen als Statussymbol und Share-Ware. S. 195-214 in: Udo Göttlich und Rainer Winter (Hrsg.), Politik des Vergnügens. Zur Diskussion der Populärkultur in den Cultural Studies. Köln: Herbert von Halem.

Ganz-Blättler, Ursula. 2007. National- und andere Ideologien im populären Mittelalter-Epos. *Braveheart* und *First Knight* aus filmsoziologischer Sicht. S. 359-372 in: Mischa Meier und Simona Slanicka (Hrsg.), Antike und Mittelalter im Film. Konstruktion – Dokumentation – Projektion. Köln, Weimar und Wien: Böhlau.

Ganz-Blättler, Ursula (2004): Scripted and Staged Media Realities. *Studies in Communication Sciences* 4, 1:111-128.

Gibbons, Rawle. 1995. Syncretism and Secretism in the Manifestation of African Spirituality. The Restitution of the Spirit. S. 67-84 in B. Sankeralli, At the Crossroads. Trinidad / Tobago: Cariflex.

Houk, James T. 1995. Spirits, Blood, and Drums. The Orisha Religion in Trinidad. Philadelphia: Temple University Press.

Hügel, Hans-Otto. 2007. Ästhetische Zweideutigkeit der Unterhaltung. Eine Skizze ihrer Theorie. S. 13-32 in: Ders., Lob des Mainstreams. Zu Begriff und Geschichte von Unterhaltung und Populärer Kultur. Köln: Herbert von Halem.

Karenga, Maulana. 1999. Odu Ifa. The Ethical Teachings. Los Angeles: University of Sankore Press.

Kiefer, Marie Luise. 1998. Die ökonomischen Zwangsjacken der Kultur. Wissenschaftliche Bedingungen der Kulturproduktion und -distribution durch Massenmedien. S. 97-114 in: Ulrich Saxer (Hrsg.), Medien-Kulturkommunikation. Opladen: Westdeutscher Verlag.

Kureishi, Hanif. 2005. The Carnival of Culture S. 95-100 in: Ders., The Word and the Bomb. London: faber & faber; urspr. erschienen in *The Guardian*, vgl. www.guardian.co.uk/world/2005/aug/04/religion.uk). Dt. ersch. als: Der Karneval der Kulturen. Ein Plädoyer gegen fundamentalistische Wahrheitsbegriffe. *Neue Zürcher Zeitung* vom 11.8.2005, S. 41.

Lienert, Franziska. 2006. Getting Touched by Oshun. An Orisha History of Trinidad. Zürich: Studentenverlag.

Luhmann, Niklas. 2004. Unterhaltung. S. 96-129 in: Ders., Die Realität der Massenmedien. Opladen: VS Verlag für Sozialwissenschaften.

Mader, Elke. 2007. Mythische Figuren und Motive im Kino – *Pirates of the Caribbean*. S. 184-194 in: Dies., Anthropologie der Mythen. Wien: Facultas Universitätsverlag.

Monsma, Bradley John. 2000. Active Readers, Obverse Tricksters. Trickster Texts and Recreative Readings. S. 153-171 in: John C. Hawley (Hrsg.), Divine Aporia. Postmodern Conversations about the Other. Lewisburg: Bucknell University Press.

Röwekamp, Burkhard. 2003. Vom *film noir* zur *méthode noire*. Die Evolution filmischer Schwarzmalerei. Marburg: Schüren.

Schütz, Alfred. 2003 (1945). Über die mannigfaltigen Wirklichkeiten. S. 177-248 dt. in: Ders., Theorie der Lebenswelt 1. Die pragmatische Schichtung der Lebenswelt. Konstanz: Universitätsverlag Konstanz.

Seiter, Ellen. 1986. Stereotypes and the Media. A Re-Evaluation. *Journal of Communication* 36, 2:14-26.

Struck, Wolfgang. 2007. Fantasy. Die Spuren eines historischen Unbewussten. S. 115-126 in: Mischa Meier und Simona Slanicka (Hrsg.), Antike und Mittelalter im Film. Konstruktion – Dokumentation – Projektion. Köln, Weimar & Wien.

Weinreich, Frank . 2007. Fantasy. Eine Einführung. Essen: Oldip.

The Talking Dead: Revisionen des Zombies in den britischen TV-Serien *The Fades* (2011) und *In The Flesh* (2013)

Grandma:	*What's happening now?*
Norman Babcock:	*Well, the zombie is eating her head, Grandma.*
Grandma:	*That's not very nice. What's he doing that for?*
Norman Babcock:	*Cause he's a zombie, it's what they do.*
Grandma:	*He's gonna ruin his dinner. I'm sure if they just bothered to sit down and talk it through, it'd be a different story.*

(ParaNorman, 2012)

Oma Babcock ist längst tot und kann als schwebender Geist allein von ihrem 11-jährigen Enkel Norman gesehen werden. Das Problem, das sich der jungen Frau in dem billigen Zombiestreifen stellt, den sich Norman mit seiner Oma zu Beginn des Animationsfilmes *ParaNorman* (2012) ansieht, erfasst sie jedoch sogleich. Freilich nimmt die äußerst vernünftige Einschätzung der erfahrenen Geister-Oma keine Rücksicht auf populäre Figuren oder Horrorszenarien. Würde sie über das nötige populärkulturelle Vorwissen verfügen, wäre der verstorbenen Dame bestimmt klar, dass sich nicht alle Probleme mit einem Tässchen Tee und einem klärenden Gespräch bereinigen lassen. Der kleine Norman, dessen Zimmer voller Zombie-Fanartikel ist und der sich den Gruselfilm mit sichtbar großem Genuss reinzieht, hinterfragt diese Filmszene hingegen nicht: Zombies, wie wir sie aus Filmen, Comics und jüngst auch aus TV-Serien wie etwa *The Walking Dead* (seit 2010) kennen, fressen Menschen. Und wie Genrekenner Norman genau weiß, ist es die Mühe nicht wert, mit ihnen verhandeln zu wollen, da ihnen das, was sie am meisten begehren – nämlich menschliches Gehirn[1] – schlicht fehlt.

---

1 Obwohl die besondere Vorliebe der Zombies für menschliche Gehirne (und der damit verbundene Schlacht- bzw. Grunzruf „Brains!") fester Bestandteil des populären Zom-

Unter den zahlreichen Monsterfiguren, die im Laufe der Jahre in Literatur, Comics, Filmen und TV-Serien für Angst(lust) und Schrecken gesorgt haben, nehmen Zombies eine gewisse Sonderstellung ein. Denn während andere übernatürliche Kreaturen meist denkende Wesen mit einem Bewusstsein sind, weisen Zombies selten individuelle Züge oder Intelligenz auf. Zum einen sind sie selten einzeln anzutreffen, sondern treten grundsätzlich in Massen auf, zum anderen sind Individualität und Bewusstsein an sich kaum mit der Figur des Zombies vereinbar, da sein verrottetes Gehirn es ihm weder zu denken noch menschliche Gefühle zu empfinden erlaubt. Gerade weil der Zombie ein verwesender Leichnam[2] ist, der außer der menschlichen Gestalt keine Ähnlichkeit mit seinem früheren lebenden Ich hat, bezieht er

> „die Wucht seiner Wirkung vor allem aus einer Reduktion auf eine rein physische, automatenhafte Existenz: er ist Verhandlungen nicht zugänglich und bietet letztlich keine Interaktionsmöglichkeiten, die über vernichten oder getötet werden hinausgehen. Obwohl aufgrund fehlendem Bewusstseins außerhalb der Moral stehend, begegnet er uns als das absolute Böse, denn er tötet ohne Maß und ohne Unterschied auf die älteste aller Arten: durch Zerfleischen und Verschlingen. Das Vorhandensein eines einzigen Exemplars ist eine Bedrohung globalen Ausmaßes. Der moderne Zombie ist ein agnostisches Produkt des Zerfalls, es gibt keine Absicht hinter seinem Handeln außer dem Fressen, er ist der Existenzialist unter den Filmmonstren. (Neumann 2011: 65f.)

Die Beobachtung, dass Monsterfiguren sich auf vielfältige Weise als Allegorien für gesellschaftliche Phänomene, Konflikte und Ängste ihrer Zeit und Kultur einsetzen lassen, trifft somit auf besondere Weise auf die wandelnden (Un)Toten zu: Ihr tabubrechendes, kannibalisches Essverhalten, das oftmals grausig-vergammelte Aussehen, vor allem aber ihre mehrfach grenzübergreifende Existenz zwischen Leben und Tod, zwischen Mensch und triebhaft weitertaumelndem „Massenwesen" (Robnik 2012: 84) macht sie zum personifizierten Anderen schlechthin. Insbesondere die besagte Absenz der einstigen Persönlichkeit und die damit erfolgende Reduktion auf wenige typische Eigenschaften ermöglichen es, die Figur des Zombies mit ganz unterschiedlichen Bedeutungen aufzuladen. Wie die bereits umfangreiche vorhandene Forschungsliteratur zum Thema aufzeigt, bietet das Zombiemotiv beispielsweise das Potenzial, als Kritik an der Konsumgesellschaft, als Allegorie auf

---

biebildes zu sein scheint, wurde dieses Element erst mit der Horrorkomödie *Return of the Living Dead* (1985) popularisiert (Berriman 2013: 86).

2   Allerdings sind die seit einigen Jahren häufiger auftretenden „schnellen Zombies", die im Gegensatz zu ihren klassischen, steif herumtorkelnden Vorgängern auch rennen können, nicht zwangsläufig tot: In *28 Days Later* (2002) etwa werden die Betroffenen von einem aus einem Versuchslabor freigelassenen *Rage-Virus* infiziert, der sich schnell verbreitet und die Infizierten zu rasenden Mördern macht.

Rassen- und Klassenkonflikte und besonders seit Beginn des 21. Jahrhunderts auch als Verbildlichung der Angst vor Pandemien oder Terrorismus gelesen zu werden (vgl. z. B. Bishop 2010, Fürst, Krautkrämer und Wiemer 2011).

Während im Zuge des seit einigen Jahren anhaltenden Fantasy-Booms bei anderen klassischen fantastischen Horrorfiguren zunehmend eine Entwicklung weg vom bösen und unbedingt zu bekämpfenden Monster hin zum weitgehend positiv besetzten Individuum erkennbar ist, zeigt der Zombie nur langsame Entwicklungen in diese Richtung. Vampire und Werwölfe treten längst als leidende Wesen und sympathische (Helden-)Figuren auf, und besonders in an ein jüngeres Publikum gerichteten Erzählformaten (prominent in den Fantasy-TV-Serien der letzten Jahre und Urban-Fantasy-Literatur) haben sie sich wohl aufgrund der ihnen inhärenten Erotik häufig zum *romantic love interest* gemausert.[3] Eine dem analoge Individualisierung des Zombies, der mit Vampir und Werwolf immerhin den infektiösen Biss gemeinsam hat, schliesst Kyle William Bishop hingegen weitgehend aus: „Without dramatic alterations to the zombie's essential identity, such a re-casting of the walking dead seems to remain an illogical impossibility for creators of zombie tales and film." (2010: 31). Zwar gibt es vereinzelte Beispiele, in denen Zombies mehr oder weniger ausgeprägt als Individuen mit Bewusstsein und Persönlichkeit inszeniert werden[4], in der Regel sind sie jedoch kaum mehr als leere menschliche „Hüllen", weshalb die Zombie-Existenz als weitaus schlimmer als der Tod gilt. Sympathien entstehen höchstens für den Menschen, der die wandelnde Leiche einst war, weshalb man Zombies in solchen Geschichten auch ohne Schuldgefühle töten kann und meist sogar soll, um die Betroffenen von ihrem grausigen Schicksal zu erlösen.

Interessanterweise hat der britische TV-Sender BBC Three jedoch bereits zwei TV-Serien produziert, die sich dem Thema der lebenden Toten auf dezidiert eige-

---

3   Als Beispiele seien etwa *Buffy the Vampire Slayer* (1998-2004), *Moonlight* (2008), *True Blood* (seit 2008), *The Vampire Diaries* (seit 2009), *Being Human* (UK-Version 2008-2012, US-Remake seit 2010) und *Teen Wolf* (seit 2011) genannt.

4   In George A. Romeros Film *Land of the Dead* (2005) scheinen sich die Zombies ansatzweise an ihr vergangenes Leben erinnern zu können; am Ende deutet sich an, dass auch ihnen das Recht auf ihr (Un)Leben zugestanden wird. Die Satire *Fido* (2006) präsentiert eine Fünfzigerjahre-Idylle, in der Zombies dank eines Kontrollhalsbandes als Haussklaven verdingt werden. Im Laufe des Filmes, der die Ausbeutung von Minderheiten und patriarchale Familienstrukturen kritisiert, macht der Zombie Fido eine Art Sozialisierungsprozess durch, bei dem er vom „Haustierersatz" zum Freund der Familie wird und letztlich sogar den engstirnigen Familienvater ersetzt. *Wasting Away* (2007) zeigt eine Liebesgeschichte aus Sicht eines Zombie-Paares. In *Warm Bodies* (Roman: 2010, Film: 2013) ist die Zombieexistenz als eine Art Autismus lesbar, die durch die Liebe zwischen dem Zombie „R" und einer lebenden jungen Frau letztlich sogar heilbar ist.

ne Art nähern. Sowohl *The Fades* (2011) als auch *In The Flesh* (2013) handeln von jugendlichen Protagonisten, die sich auf unterschiedliche Weise mit der Existenz von Zombies beziehungsweise von Zombie-ähnlichen Wesen konfrontiert sehen. Während es Paul aus *The Fades* mit Geistern zu tun bekommt, die durch den Verzehr von Menschenfleisch wieder einen (fast unzerstörbaren) Körper bekommen und die Menschheit auszulöschen drohen, gehört Kieren aus *In The Flesh* selbst zu den Untoten, die nach einer Therapie und medikamentöser Behandlung wieder in die *post zombie war*-Gesellschaft eingegliedert werden sollen. Obwohl die Serien unabhängig voneinander produziert wurden und auch völlig unterschiedliche Welt- und Zombie-Konzeptionen präsentieren, weisen sie unübersehbare Parallelen auf: Beide Serien zeigen Untote, die Bewusstsein haben, die kommunizieren können und somit keineswegs nur automatenhafte, gefährliche Wesen sind, die es zu vernichten gilt. Den Deutungsangeboten, welche diese eher untypischen Umsetzungen des Zombie-Motivs bereitstellen, wird im Folgenden anhand der Entwicklung der beiden Hauptfiguren nachgespürt. Dafür wird als erstes ein kurzer Überblick zur populären Figur des Zombies gewährt, um die Umsetzung des Zombie-Motivs in den betreffenden TV-Serien situieren zu können. Mit besonderem Blick auf das Thema Tod und den selbstreflexiven Umgang mit Genres und populären Erzählformaten sollen anschließend die gesellschaftlichen Ängste und Diskurse aufgezeigt werden, die sich in den beiden Serien manifestieren.

1   Vergammelt, aber nicht totzukriegen: Zombies als populäre Figur

Zombies gelten als eine der wenigen cineastischen Horrorkreaturen, die keiner literarischen Tradition entnommen sind, sondern aus dem sogenannten „Volksglauben" direkt den Sprung ins Medium Film geschafft haben. Laut Bishop werden sie als einziges kanonisiertes Filmmonster nicht auf eine europäische Herkunft zurückgeführt (wie etwa der Vampir), sondern entstammen der afrikanisch-haitianischen Vodoun- bzw. Voodoo-Tradition (2010: 31). Diesen Vorstellungen zufolge kann ein sogenannter *bokor*, ein Vodoun-Priester bzw. Hexer Menschen – vor allem als gesellschaftliche Sanktion – mithilfe eines „Zombie-Pulvers" in einen todesähnlichen Zustand versetzen. Aus diesem können sie zwar „wiederbelebt" werden, ihre geistigen Fähigkeiten sind danach jedoch stark eingeschränkt und der *bokor* hat von nun an die Kontrolle über die Betroffenen (vgl. MacIntosh 2008: 2-3; Lenz 2012: 104). Aus dieser Tradition tritt der Zombie auch in die westliche Populärkultur ein, v.a. in Filmen ab den 1930er Jahren. Erst George A. Romeros genreprägende Filmreihe, die mit *Night of the Living Dead* (1968) ihren Anfang nimmt, ersetzt den *bokor* durch einen inneren Trieb. Von nun an ist es ist es nicht mehr ein Meister, der das Handeln der Zombies kontrolliert, sondern einzig ein unstillbarer Hunger nach Menschenfleisch und damit verbunden der Trieb, ihren unnatürlichen Zustand zwischen Leben und Tod weiterzuverbreiten. McIntosh weist diesbezüglich darauf hin, dass der Zombie in dieser neuen, modernen Form gänzlich andere Implikationen bezüglich Individualität und Gemeinschaft mit sich bringt:

> „It is also interesting to note how these movies played on issues of individuality and social cohesiveness. Unlike peasants in traditional Haitian society who fear being taken from the community to become the One (a zombie), the characters in the post-*Night* zombie movies – and, by extension, the audience watching the films and identifying with the characters – fear losing their individuality to become one of the Many." (MacIntosh 2008: 10)

Dieser Bedeutungswandel ist wohl auf die unterschiedlichen sozialen Kontexte zurückzuführen, da es in der westlichen Welt grundsätzlich möglich und auch erwünscht ist, sich sein soziales Umfeld selbst zu gestalten, während die Zugehörigkeit zu einer homogenen Gemeinschaft tendenziell weniger stark betont wird als Werte wie Selbstbestimmung und Individualität.

Obwohl die Figur des Zombies vor allem auf haitianische Vorstellungen zurückgeführt wird, darf nicht vergessen werden, dass sich die Angst der Lebenden vor einer Wiederkehr der Toten auch in anderen Kulturkreisen und Epochen wiederfindet, was sich etwa im Grabbrauchtum aus dem Neolithikum bis zum europäischen Mittelalter erkennen lässt. In den altisländischen Sagas etwa werden unterschiedliche Ausformungen von Untoten bzw. Wiedergängern erwähnt, die auch zahlreiche Eigenschaften aufweisen, die wir heute eher mit dem Vampir in Verbindung bringen.[5] Der Hauptterminus *draugr* beschreibt dabei sowohl den Untoten, der in seinem Grabhügel fortlebt, ohne die Gemeinschaft der Lebenden zu stören, als auch den Wiedergänger, der bereits zu Lebzeiten durch antisoziales Verhalten aufgefallen ist und dies nun auch nach seinem Tod weiterführt. Auch in der mittelalterlichen Sagaliteratur ist der Motivkomplex der Wiedergängerei also vor allem als ein sozialanthropologisches Phänomen aufzufassen, „in dem

---

5   Teichert weist zwar darauf hin, dass sich diese Formen des Untoten nicht ohne Weiteres in eine direkte Traditionslinie mit heutigen Figuren der *gothic fiction* bzw. des Horrors einreihen lassen, führt jedoch zahlreiche Aspekte auf, in denen sich der *draugr* und moderne fantastische Untote, allen voran der Vampir, ähnlich sind, etwa bei Abwehr- und Vernichtungsstrategien sowie die Verbindung der Wiedergängerei mit Wahnsinn und Seuchen (S. 27f.).

eine existentielle Bedrohung oder zumindest eine fundamentale Kritik der vor-
herrschenden moralischen, gesellschaftlichen oder politischen Verhältnisse und
Institutionen zum Ausdruck kommt" (Teichert 2012: 5), worin sich wiederum
Überschneidungen mit dem Zombie erkennen lassen.

Die kultur- und epochenübergreifend zu beobachtende Beschäftigung mit dem
Tod und die Ungewissheit, was danach kommen könnte, ist dem Zombie-Motiv
inhärent, da er als Personifizierung des Todes zur *memento mori*-Figur (Bishop
2012: 22) wird und uns nicht zuletzt durch seinen zunehmenden körperlichen
Zerfall unsere eigene Sterblichkeit vor Augen führt. In einer Gesellschaft wie der
unseren, in welcher der Tod weitgehend aus dem Alltag verbannt wurde, bedeutet
dies zwangsläufig, dass Zombieerzählungen durch die Konfrontation der Rezi-
pientInnen mit dem Verdrängten einiges an kritischem Potenzial bieten. Einerseits stellt der Zombie so nicht einfach eine externe tödliche Gefahr dar, sondern
bezieht sein verstörendes Potenzial ausdrücklich aus dem „Grauen des Eigenen"
(Nohr 2011: 263), indem er uns durch sein menschliches Aussehen daran erinnert,
dass er einer von uns war und wir durch seinen Biss ebenso zum „Weiterleben" als
Untote verdammt würden.

Andererseits verwischen sich in seiner Figur die Grenzen zwischen dem Selbst
und dem Anderen; dies auch, weil dem Zombie in seiner untoten Existenz kaum
etwas von seiner einstigen Identität bleibt. Julia Kristeva beschreibt das Abjekte,
das Ekelhafte, das unbedingt verworfen werden muss, als „what disturbs identity,
system, order. What does not respect borders, positions, rules" (1982: 4), womit sich
die Bedrohung des Zombies – und in der Tat zahlreicher anderer Monsterfiguren
– sehr gut beschreiben lässt. Der verwesende, wandelnde Leichnam, der nur dazu
existiert, um uns zu verschlingen und seinen unnatürlichen Zustand als Untoter
zu verbreiten, stellt zweifellos die Antithese zum mit einer Identität versehenen
lebenden Menschen dar und ist somit der Inbegriff des Abjekten: „The corpse, seen
without God and outside of science, is the utmost of abjection. It is death infecting
life. Abject." (4). Die oftmals sehr heftige Reaktion auf Zombies – sei es auf Ebene
der Figuren in den jeweiligen Geschichten, sei es beim Publikum – erklärt sich
nicht nur durch sein zum Teil äußerst abstoßendes Äußeres, sondern auch durch
die Tatsache, dass ein solches Wesen schlicht nicht existieren dürfte und entsprechend vernichtet bzw. verworfen (abjected) werden muss, um das eigene Leben
retten und das Überleben der Menschheit bzw. der menschlichen Gesellschaft
sichern zu können.

Der moderne Zombie zeichnet sich zudem durch ein gewisses Maß an Uneindeutigkeit aus, insbesondere was seine Herkunft betrifft. Zwar werden meist (pseudo-)
wissenschaftliche Erklärungsansätze für den Ausbruch der Zombieapokalypse
geboten, so etwa radioaktive Strahlung oder ein aggressives, häufig von Menschen

künstlich erschaffenes Virus; dieses Rätsel wird jedoch nur selten eindeutig aufgelöst. Zum einen lässt sich hier eine deutliche, im Genre Science Fiction häufige und bereits seit Mary Shelleys Roman *Frankenstein* (1818/1831) zu beobachtende wissenschaftskritische Haltung erkennen, die davor warnt, sich um des Fortschritts willen und ohne moralische Bedenken zu sehr in die Natur einzumischen. Zum anderen bedeutet die ungeklärte Herkunft der Zombieplage fast zwangsläufig, dass eine wirksame Bekämpfung verhindert wird. So sind Zombies auch wie kaum eine andere Gestalt der Fantastik eng verknüpft mit der jeweiligen Weltkonstruktion einer Geschichte. Wandeln erst einmal Massen von Untoten unter den Lebenden, bedeutet dies meist das Ende der „zivilisierten" Welt, wie wir sie kennen, weshalb auch häufig viel eher die Konflikte der Überlebenden in den Fokus rücken als der Kampf gegen die Zombies selbst. Spätestens wenn sich die Menschen in einer Welt ohne Gesetze gegenseitig an die Gurgel gehen, wird klar, dass es der lebende, denkende und für den eigenen Vorteil planende Mensch ist, von dem die eigentliche Gefahr ausgeht. Zombies, die zwar in Massen auftreten und den Lebenden buchstäblich ans Fleisch wollen, sind im Vergleich eine erstaunlich berechenbare Gefahr und eher mit Tieren oder einer Art Naturgewalt vergleichbar. Vor allem in den prägenden Filmen von Romero lässt sich so auch eine äusserst pessimistische Sicht der Welt und insbesondere der gegenwärtigen Gesellschaft erkennen, deren Absinken in die Zombie-Apokalypse mehr oder weniger der eigenen Verderbtheit der Menschheit geschuldet ist, „nicht das Produkt einer Invasion [...], sondern das Ergebnis eines gesellschaftlichen Zersetzungsvorgangs" (Nohr 2011: 263). Folglich bleibt bei vielen Genrevertretern ein finales Happyend aus, und wenn es doch ein versöhnliches Ende gibt, bedeutet dies meist, dass man schlicht gelernt hat, sich mit einer Welt voller (lebender und untoter) Monster zu arrangieren.

Doch welche Konsequenzen hat es, wenn zu den hier aufgeführten Merkmalen des Zombies plötzlich ein Bewusstsein, eine Persönlichkeit sowie Gefühle und Erinnerungsfähigkeit hinzukommen? Wie im Folgenden gezeigt werden soll, ist es gerade der bewusste Umgang mit den bekannten Elementen aus dem Horror-Genre und der Populärkultur überhaupt, welche in den Serien *The Fades* und *In the Flesh* eine interessante Neuinterpretation des Zombie-Motivs ermöglichen.

2   Von Geistern und Menschenfressern: *The Fades*

> „*Heaven is a big word. This is about death.*"
> (The Fades, Episode 1)

Die insgesamt sechs Folgen umfassende TV-Serie *The Fades*, die 2012 mit dem BAFTA-Award[6] für die beste neue Serie ausgezeichnet wurde, erzählt eine mit Horror-, Fantasy- und Endzeitelementen versehene Auserwähltengeschichte. Genaugenommen kann man *The Fades* nicht ohne weiteres als Zombie-Narrativ bezeichnen, da zahlreiche ganz unterschiedliche Elemente aus diversen Genres zusammengewürfelt werden, sodass die Serie auch wichtige Einflüsse aus Geister-, (Super-)Helden- und Erlösergeschichten aufweist. In der Tat wird nur in einer einzigen Szene das Wort „Zombie" erwähnt.[7] Trotzdem sind die titelgebenden Fades im Verlauf der Serie durchaus als Zombie-ähnliche Wesen zu erkennen und lassen einige der bereits erwähnten Merkmale erkennen.

Im Mittelpunkt der Geschehnisse steht der 17-jährige Schüler Paul Roberts, ein schüchterner Außenseiter, der seit seiner Kindheit von apokalyptischen Alpträumen heimgesucht wird und deshalb auch als Jugendlicher noch immer ins Bett macht. Pauls Leben ändert sich jedoch schlagartig, als er zufällig in einem verlassenen Kaufhaus dem eigenbrötlerischen Neil begegnet, der bei ihrem ersten zufälligen Zusammentreffen von einem humanoiden, menschenfressenden Wesen mit gelben Augen angegriffen wird. Paul, der wegen seiner Träume schon länger in Therapie ist, beginnt nun erst recht an seinem Verstand zu zweifeln, bis er erfährt, dass er nicht verrückt ist, sondern Visionen von der Zukunft sieht, die das Ende der Welt ankündigen. Wie Neil gehört Paul zu den Angelics, einer Gruppe von Auserwählten, die als Einzige die sogenannten Fades sehen und mit ihnen kommunizieren können. Fades sind die Geister der Verstorbenen, die nach ihrem Tod nicht ins Jenseits übertreten konnten, da sich seit einigen Jahrzehnten die sogenannten *ascension points* zunehmend schließen, durch die verstorbene Seelen ins Jenseits hinübertreten. Wer eine solche Stelle nicht für den Übertritt nutzen

---

6   Der BAFTA (British Academy of Film and Television Arts) ist die bedeutendste britische Auszeichnung für Film und Fernsehen und gilt als Gegenstück zu den US-amerikanischen Oscars. Die prestigeträchtige BAFTA-Auszeichnung konnte *The Fades* allerdings nicht davor bewahren, bereits nach der ersten Staffel wieder abgesetzt zu werden.

7   Nicht überraschend ist es Pauls ständig mit Zitaten aus der Populärkultur um sich werfender bester Freund Mac, der das Wort Zombie verwendet: Mac: „[...] he's a zombie. He was dead. Now he's not, which makes him a zombie." – Paul: "It's more complicated than that." – Mac: "In fact, you were dead and now you're not. Makes you a zombie." (*The Fades*, Episode 5).

kann, muss auf ewig auf der Erde ausharren, was in mehrfacher Weise ein wenig beneidenswertes Schicksal ist. Zwar lassen sich in der Serie einige Anspielungen auf Religion erkennen – etwa bereits bei Worten wie Angelics oder *ascension*, das wohl nicht zufällig an Christi Himmelfahrt erinnert –, trotzdem handelt es sich nicht um eine Art göttliches Gericht, das gute Menschen belohnt und schlechte bestraft, denn jeden kann dieses Schicksal treffen. Neil erklärt das Phänomen der Fades folgendermaßen:

> Neil: *They're the dead. And they're trapped here. [...] When people die, they go up or they stay here. Some go up, some stay here. These are those that stay here. We call them the Fades.*
>
> Paul: *So these are bad people?*
>
> Neil: *Good, bad. Why people believe death is somehow fair. Death is random, same as life is. Life has famine, illness, shittiness. Death is similarly crap. That's why the problem exists.*
>
> Paul: *The problem?*
>
> Neil: *You imagine being trapped in a world that you can't touch, you can't taste. Hate grows. Those that get left behind, they get shitty.*
>
> (The Fades, Episode 1)

Das Grundkonzept von *The Fades* lässt sich einerseits als Auseinandersetzung mit der Ungewissheit über das, was nach dem Tod kommen könnte, lesen, andererseits als Kritik daran, wie die Menschen mit ihrer Umwelt und miteinander umgehen. Die Ursachen, warum Menschen nach ihrem Tod zu Fades werden, sind in der Serie nicht gänzlich geklärt, doch ist klar, dass es sich dabei nicht um ein rational erklärbares Phänomen handelt, sondern um eines, das aus einem unbekannten übernatürlichen Anlass geschieht. Vermutungen zufolge ist das vermehrte Auftreten der Fades auf die hohe Anzahl von Toten während des Zweiten Weltkriegs und den Raubbau des Menschen an der Natur zurückzuführen. Damit verbunden ist die Vorstellung, dass der Mensch durch sein Verhalten und die Entwicklung der Geschichte etwas so Fundamentales wie eben den Tod „kaputt" machen kann. Die Idee, dass die Betroffenen als Geister zwar weiterhin bei ihren Familien sind, von diesen jedoch nicht wahrgenommen werden können und so auf ewig isoliert vor sich hinvegetieren müssen, stellt so das weitaus schlimmere Schicksal dar als bloß zu sterben, wie in der Serie am Beispiel der Angelic Sarah eindrucksvoll gezeigt wird.

Obwohl es sich bei den Fades anfänglich um Geister handelt, lässt sich an ihnen bereits der Zombie-typische Verfall erkennen, da sie, obwohl sie keinen materiellen Körper mehr haben, trotzdem weiter altern, irgendwann ihre Stimme verlieren und so schließlich nicht einmal mehr mit den Angelics kommunizieren können. Spätestens jedoch als einer dieser alten, verfallenen Fades (im Abspann Polus genannt) zufällig entdeckt, dass es möglich ist, durch den Verzehr von Menschenfleisch wieder einen Körper zu bekommen, geht *The Fades* von einer Geister- in eine Zombiegeschichte über. Polus, und mit ihm andere Fades, beginnen Menschen anzugreifen und zu töten, allen voran die Angelics. Schließlich verpuppt sich Polus in eine Art Kokon und wird als John wiedergeboren: Äußerlich nicht mehr von einem Menschen zu unterscheiden, ist er nun unzerstörbar; einzig sein unstillbarer Hunger nach Menschenfleisch und der schwarze Schleim, den er regelmäßig auskotzt – auch hier ein unverkennbares Zeichen des Abjektes –, kennzeichnen ihn als etwas anderes als menschlich.

Tatsächlich lässt sich bei John und den anderen Wiedergeborenen eine erstaunliche Uneindeutigkeit erkennen, die derjenigen in anderen Zombie-Filmen, wie etwa *Shaun of the Dead* (2004), entgegengesetzt ist, indem nicht die Menschen als Lebende bereits wie Zombies nur noch automatenhaft funktionieren, sondern sich ganz im Gegenteil die Untoten perfekt tarnen und unter die Lebenden mischen können. Deshalb werden die Taten der Fades auch lange nicht als übernatürliche Ereignisse erkannt, da sie schlicht als „normale" Verbrechen eines Serienmörders interpretiert werden, der die sonst friedliche britische Kleinstadt heimsucht. Da die Fades bei der langsamen Unterwanderung der Menschen vom Wiedergeborenen John kontrolliert werden, erinnert dies sowohl an den haitianischen *bokor* als auch an Alieninvasionsfilme wie *Invasion of the Body Snatchers* (1956) oder *The Faculty* (1998), in denen Menschen durch Aliens ersetzt werden bzw. von ihnen besessen sind, um die Welt auf diese Weise unerkannt an sich zu reißen.[8]

John, der seine Wiedergeburt lakonisch kommentiert („I died for a bit. And now I live." (*The Fades*, Episode 4)) – wird zwar klar als dunkle Gegenfigur zum gutgläubigen und stets moralisch handelnden Paul dargestellt, da er zahlreiche Menschen tötet und auch Paul mit allen Mitteln vernichten will. Gleichwohl ist sein Wunsch nach Leben durchaus nachvollziehbar; überhaupt werden die Fades trotz ihrer zum Teil brutalen Taten bis zum Schluss als grundsätzlich bedauernswerte, leidende Wesen mit Gefühlen gezeigt. Als John etwa von seinem jahrzehntelangen Unleben als Fade erzählt, wird ersichtlich, welches unverschuldete Martyrium er vor seiner Wiedergeburt erleiden musste:

---

8   Eine Parallele zu solchen Alien-Invasionen, bei denen die Menschen durch das Ersetzt-werden bzw. durch die Infektion durch einen Parasiten teils ihre Gefühle verlieren, vor allem aber von Unsicherheiten und Sorgen befreit werden, zeigt sich etwa, als die Wiedergeborene Natalie Pauls Freundin Jay gefangen hält und ihr von den Vorteilen des Untotseins berichtet: „Don't cry. This life's gonna be better for all of us. I never was happy as a human. But when the change happens to you, and it will, the world just … opens up." (*The Fades*, Episode 5).

John: *I was one of the first. Sicily, 1943. Killed by a mortar. One of many that*
          year. There was so much death, it's no wonder the ladder got broken.
          And when it did, I, along with thousands, possibly millions of others,
          became trapped in a world in which I couldn't touch. I could only
          watch as my loved ones carried on without me. (weint) *And, while I*
          watched, my body continued to age, and rot. Not a nice situation. I
          didn't deserve it. None of us did. (erbricht schwarzen Schleim)
Paul: *So you killed people... to make it better?*
John: *No, I didn't kill. That's not how it started. I was saved. By my wife, as it*
          happens. We were married at 18. At 20, I was sent to war, at 22, I didn't
          return. I watched her marry again to a man that beat her. I watched
          her give birth to children who didn't think that much of her. And then
          ... when the cancer came ... I watched her choose dignity. (Man sieht,
          wie eine ältere Frau mit Rasierer in eine Badewanne steigt, Blut tropft
          ins Wasser) *All I could do was watch. I couldn't touch. I couldn't cry*
          out. (Eine blutige Hand hängt über den Badewannenrand.) *The*
          pain of that first drop of blood on my face was excruciating. But the
          thought of leaving her was even more excruciating. So I lay there ...
          took the pain. Three days of her blood dripping on me, drying on me,
          enveloping me. And it was that blood ... that saved me. It burnt me,
          and where it burnt me, I grew new skin. Skin I could feel with. I found
          a way ... to be free.
Paul: *But to be free... you became a killer.*
John: *Don't even think what I did even starts to compare with what the*
          Angelics did.
Paul: *What did the Angelics do that was so bad?*
John: *From the start, we begged them for help. We said that there must be*
          a way for them to reopen ascension. That they had to reopen ascen-
          sion. So they met, they talked, and they decided that interfering with
          ascension was beyond the Angelic remit. We'd just have to learn to
          accept our pain.
Paul: *They ref... refused to help?*
John: *We couldn't touch the living but they became afraid of what we might*
          do. So they made guns tipped with organic matter to hurt us. They
          herded us like cattle. They became our prison guards. This is my truth,
          Paul, and it is the truth, and I think you know it.
                                                                    (The Fades, Episode 4)

Zwar wird kurz darauf klar, dass John mit seiner tragischen Geschichte vor allem Paul verunsichern und auf seine Seite ziehen will; jedoch wird durch diesen Bericht auch die heftige Kritik an den Angelics verständlich, die sich ja eigentlich als Vertreter des Guten für Unschuldige einsetzen müssten, sich stattdessen aber nicht um das Leiden der Fades kümmerten.

Im Verlauf der sechs Folgen entwickelt sich *The Fades* zu einem düsteren Endzeitszenario, in dem die uneingeweihte Bevölkerung nicht ahnt, was um sie herum geschieht, während die Angelics weitgehend vergeblich gegen die wiedergeborenen Fades zu kämpfen versuchen. Trotz dieses vermeintlichen Gut-gegen-Böse-Konfliktes greift die Serie kaum auf eine simple Schwarzweißmalerei zurück. So sind die Fades trotz ihrer mörderische Taten einerseits immer noch fühlende Wesen, die Liebe zu ihren Angehörigen sowie zueinander empfinden können. Andererseits vollbringen sie zwar schreckliche Taten und töten zahlreiche Menschen, sind jedoch auch als durch ihre unverschuldet ausweglose Situation als Getriebene dargestellt: Als Fades suchen sie eine Möglichkeit, wieder aus ihrer Isolation zu finden, sei es, indem sie endgültig ins Jenseits übertreten können oder irgendwie wieder lebendig werden; als Wiedergeborene sehen sie zwar wie normale Menschen aus, sind jedoch von einem unstillbaren Hunger getrieben, der am Ende doch wieder konform mit traditionelleren Zombie-Darstellungen alles andere aus ihrem Bewusstsein auslöscht. Obwohl sie kommunizieren und auf Argumente eingehen könnten, zählen letztlich doch nur die Gier nach Menschenfleisch und der Trieb, das eigene Weiterleben zu sichern. Eindrücklich wird diese Entwicklung der Fades an Sarah gezeigt, die in der ersten Szene der Serie von Polus ermordet wird, daraufhin als Geist versucht, wieder Kontakt zu ihrem Ehemann aufzunehmen, sich im Kampf gegen die Wiedergeborenen dazu entschließt, selber eine von ihnen zu werden, nur um am Ende (zumindest für kurze Zeit) die Seiten zu wechseln, weil Hunger und der Wunsch der Selbsterhaltung auch ihren Glauben an das Gute trübt.

Gleichsam sind auch die Angelics keineswegs nur positiv gezeichnete Gutmenschen. Gerade Neil, der Paul von Anfang an für den Kampf gegen Polus und die Fades einspannen will, entwickelt sich immer mehr zum Fundamentalisten, der zu allen Mitteln bereit ist, um seine Ziele zu erreichen. Im Glauben, nur so die Welt retten zu können, foltert er Fades und bedroht bzw. erschießt sogar unschuldige Menschen, um Paul dazu zu bewegen, ihm bei der Umsetzung seiner Pläne zu helfen. Den unerbittlichen Kampf gegen die Untoten überlebt Neil zwar, trotzdem ist er am Ende auch fast so „entmenschlicht" wie ein Fade.

Paul hingegen steht dabei zwischen diesen Fronten und lässt sich nie vollends für Neils Ziele einspannen, sondern versucht stets, zwischen den verschiedenen Parteien zu vermitteln und Gewalt möglichst zu verhindern. Dieses Dilemma wird notabene bereits vor Auftreten der ersten Wiedergeborenen angedeutet, als in der

Schule im Geschichtsunterricht vom Holocaust erzählt und die Frage aufgeworfen wird, mit welchen Mitteln man unglaublicher Gewalt entgegentreten kann, ohne selbst dieselbe Härte anzuwenden. Als Angelic mit besonderen Kräften – neben seinen prophetischen Visionen hat er auch Heilkräfte und ihm können Engelsflügel[9] wachsen – ist er der Auserwählte, in den die anderen Angelics ihre Hoffnungen setzen. Er kann als Einziger die sonst unzerstörbaren wiedergeborenen Fades vernichten, doch versucht er, dies zu vermeiden. Tatsächlich werden in der ganzen Serie nur zwei wiedergeborene Fades getötet. Anstatt wie Neil dies fordert in einen – für Zombie-Narrative üblichen – Überlebensmodus zu schalten, in dem alle Wiedergeborenen abgeschlachtet werden, möchte er den Fades helfen und ihnen die bisher verwehrte *ascension* ermöglichen. Dies gelingt ihm auch am Ende, so dass die Menschheit (zumindest vorerst) vor den Fades gerettet werden kann. Da am Ende der letzten Folge jedoch angedeutet wird, dass Johns *ascension* nicht korrekt verlaufen ist, handelt es sich nur um einen vorläufigen Triumph des Guten: Der Himmel färbt sich in bedrohlichen Rottönen und die drohende Apokalypse scheint höchstens verschoben – welche Folgen dies haben wird, bleibt jedoch der Fantasie der Zuschauer überlassen, da die geplante zweite Staffel leider nie zustande kam.

3   Zombies in the Closet: *In the Flesh*

Kieren: You can't talk like that to my folks!
Amy: Why not?
Kieren: Because they don't like admitting that I'm...
Amy: What? The undeeeead?
Kieren: Yeah.
Amy: Shouldn't they start getting used to it?
Kieren: No.
Amy: Shouldn't YOU start getting used to it?

(In the Flesh, Episode 2)

Im Gegensatz zu *The Fades* erzählt die im Frühling 2013 erstmals ausgestrahlte Serie *In the Flesh* nicht von einer Zombie-Invasion, sondern setzt erst vier Jahre danach ein. Die bisher drei Folgen umfassende Serie präsentiert eine alternative

---

9   Die Engelsflügel lassen sich recht eindeutig als religiöse Anspielung verstehen, da Paul der Auserwählte ist, der die Menschheit (und die Welt) als Einziger retten kann. Dies wird allerdings auch ironisch gebrochen, denn das erste Mal wachsen ihm die Flügel beim Masturbieren.

Version unserer Welt, in der sich 2009 plötzlich alle aus ihren Gräbern erhoben, die im Jahr zuvor verstorben waren, um als Untote die Lebenden anzugreifen. Nach einer Zeit des Chaos, in der man allmählich lernte, sich mehr oder weniger gegen die sogenannten „rotters" zu verteidigen und sich vor allem die Bevölkerung in den ländlichen Gegenden Englands zur Human Volunteer Front (HVF) zusammenschloss, um sich gegen die Untoten verteidigen zu können, fand man schließlich eine wissenschaftliche Lösung für das Problem: Dank des Medikaments Neurotriptyline können sich die Zellen in den Gehirnen der Zombies soweit regenerieren, dass sie ihren Hunger nach Menschenfleisch verlieren und wieder denk- und kommunikationsfähig werden. Das Phänomen Zombie wird somit als offizielles Krankheitsbild angesehen – Partially Deceased Syndrome (PDS) genannt –, das man behandeln kann, was es letztlich auch möglich macht, dass die PDS-Erkrankten ihr altes Leben wieder aufnehmen könnten.

Die Handlung setzt ein, als der 18-jährige Protagonist Kieren – dessen Nachname bezeichnenderweise Walker ist – noch in Therapie ist, aber kurz vor der Entlassung steht. Da er sich noch nicht mit seinem Zustand abfinden kann, fühlt er sich jedoch nicht wirklich bereit dafür; insbesondere die Flashbacks, die er wegen des Medikamentes hat, in denen er sich an seine Taten als Zombie erinnert, sowie die bevorstehende Rückkehr zu seiner Familie, quälen ihn. In der Therapie muss er deshalb lernen, seinen Selbsthass zu überwinden:

Dr. Shepherd:	*Your Parents. They're looking forward to seeing you again. Why wouldn't they?*
Kieren:	*Because I'm a zombie and I killed people.*
Dr. Shepherd:	*No. Kieren, what are you? Look at me. You are...*
Kieren:	*I am a Partially Deceased Syndrome sufferer.*
Dr. Shepherd:	*And...?*
Kieren:	*And what I did in my untreated state was not my fault.*

(In the Flesh, Episode 1)

Ein Zombie in der Reha, der Schuldgefühle empfindet, seine Taten bereut und in der Therapie lernen muss, dass er für seine Gräueltaten nicht verantwortlich ist – eine untypischere Darstellung der Untoten gibt es wohl kaum, und der Einstieg in die Serie spielt auch bewusst mit den Erwartungen der Zuschauer, indem die erste Folge mit einer Jagd zweier Zombies beginnt, nur um nach knapp zwei Minuten zu offenbaren, dass es sich dabei um die Erinnerung eines der Zombies handelt, der auch gleichzeitig der Protagonist der Serie ist.

In the Flesh setzt das Zombie-Motiv als Gesellschaftsdrama um und verzichtet weitgehend auf Horrorelemente, um stattdessen den gesellschaftlichen und privaten

Konsequenzen aller Beteiligter bei einer realistisch imaginierten Zombieapokalypse nachzuspüren. Bald zeigt sich, dass die in der Serie dargestellte Welt tief und in mehrfacher Weise gespalten ist. Da wäre auf der einen Seite die lebende Bevölkerung, die sich während dem als *The Rising* bekannten Ereignis gegen die Zombies wehren musste und deshalb den „rotters" gegenüber ein tiefsitzendes Misstrauen hegt. Zu frisch sind die Erinnerungen an die Taten der Untoten, zu sehr hat man den Überlebenskampf gegen diese verinnerlicht. Zudem weiß niemand, ob das Medikament unbegrenzt wirken wird, oder ob die Zombies irgendwann nicht mehr zu kontrollieren sind und erneut zur tödlichen Gefahr werden könnten. Obwohl die Regierung bestimmt hat, dass die PDS-Erkrankten noch immer Bürger Großbritanniens sind und – freilich unter strengen Auflagen und Beobachtung der Behörden – wieder in ihre Gemeinden zurückkehren sollen, wehren sich viele gegen diese Maßnahmen. Auch weil sich die Regierung während der Zombiekrise in erster Linie um die Städte kümmerte und die ländlichen Gegenden sich selbst organisieren mussten, wehren sich viele, vor allem konservativ eingestellte Landbewohner, gegen diese Reintegration der Zombies. In Kierens Heimatstadt Roarton, wo die HVF gegründet wurde, ist es den „rotters" beispielsweise verboten, bei den normalen Gästen im Pub zu sitzen; stattdessen müssen sie in einen speziell segregierten Nebenraum (genaugenommen in den Vorraum zu den Toiletten) ausweichen. Die unverkennbaren Elemente eines vorurteilbeladenen sozialen Konflikts lassen die Zombies so als eigene Klasse, soziokulturelle Gruppierung oder als eine Art ethnische Minderheit lesen, die zwar durchaus heterogen ist, da PDS in allen Schichten, Ethnien und Altersgruppen vorkommt, von der nichtbetroffenen Bevölkerung jedoch als homogene Gruppierung betrachtet wird, die als Gefahr angesehen und deshalb vorverurteilt und ausgegrenzt wird.

Auf der anderen Seite reagiert auch die Zombie-Bevölkerung ganz unterschiedlich auf ihre neue Situation. Kieren beispielsweise fühlt sich schuldig und leidet darunter, ein Zombie zu sein. Vor allem ein Flashback, in dem er sich daran erinnert, wie er die beste Freundin seiner jüngeren Schwester angriff und tötete, verfolgt ihn. Andere sind hingegen davon überzeugt, dass sie sich in ihrem unbehandelten Zustand nur instinktiv verhalten hätten, um zu überleben. Kierens Zimmergenosse Alex etwa hält es für unfair, dass sie sich einer Therapie unterziehen müssen und vom Staat gezwungen werden, sich „heilen" zu lassen, während die Lebenden keine Sanktionen befürchten müssen. Angestachelt von einem mysteriösen Zombie-Propheten, der über das Internet anonym Zitate aus der Offenbarung des Johannes verbreitet und verkündet, dass er die Zombies vereinen wolle, da sie aus einem bestimmten Grund zurückgekehrt seien, verweigert sich Alex der Therapie und wird schließlich abgeführt; sein Schicksal wird nicht weiter verfolgt, es ist jedoch anzunehmen, dass er – wie alle anderen Zombies auch, bei denen die Behandlung

nicht anschlägt – von der Armee „beseitigt" wird. So wird auf beunruhigende Weise
klar, dass die schiere Zahl der PDS-Erkrankten es zwar erfordert, dass man sie
wieder in die Gesellschaft zu integrieren versucht, dass ihre Existenz de facto aber
lediglich nur solange geduldet wird, wie sie den strengen Vorlagen von Regierung
und Militär gehorchen.

Durch die Therapiesituation sowie durch die wissenschaftliche Erklärung des
Zombieszustandes und dessen Kategorisierung als anerkanntes Krankheitsbild lassen
sich Parallelen zu psychischen Erkrankungen erkennen. Tatsächlich muss Kieren
nicht nur seine neue Existenz als Untoter verarbeiten, sondern auch die Umstände
seines Todes mit seiner Familie bereinigen. Wie nur langsam aufgedeckt wird, hatte
sich Kieren damals das Leben genommen, ohne allerdings einen Abschiedsbrief zu
hinterlassen. Die Narben und Entstellungen, welche den PDS-Erkrankten sichtlich auf den Körper geschrieben sind, sind somit ebenso eine Erinnerung an ihre
Erlebnisse als Zombies, wie auch ein Hinweis auf die Notwendigkeit einer Auseinandersetzung mit der eignen Lebenssituation, in der sich die Betroffenen vor dem
eigenen Tod befanden. Kieren und seine Familie müssen sich beispielsweise nicht
nur damit abfinden, dass der junge Mann ein Untoter ist, sondern auch mit den
Gefühlen des Verrats, welche die Familie aufgrund von Kierens Suizid empfindet.
Dass diese Probleme lange nicht angesprochen werden, zeigt sich u. a. in den Ver-
weigerungstaktiken des Vaters, der sich bis fast am Ende der letzten Folge schlicht
weigert, über die Situation zu sprechen und stets Ausflüchte sucht, während sich
die Mutter darum bemüht, das einstige Familienleben zu reinszenieren. Dies zeigt
sich besonders eindrücklich, als Kieren beim ersten gemeinsamen Abendessen
erklärt, dass er nicht mehr essen muss (und es auch nicht sollte, da Nahrungsmittel
für PDS-Erkrankte toxisch sind), die Mutter ihn aber bittet: „Pretend for me." (*In
the Flesh*, Episode 1). Als Resultat verbringt die Familie jede gemeinsame Mahlzeit
damit, über Belanglosigkeiten zu plaudern, während Kieren mit Messer und Gabel
in der Luft schneidet und das Essen lobt, das er gar nicht probieren kann, nur um
für seine Eltern den Anschein von bürgerlicher Normalität zu wahren.

Andere können diese neue Situation jedoch gut annehmen: Amy Dyer, mit der
Kieren als Zombie auf die Jagd ging und die er in seinem Heimatdorf zufällig auf
dem Friedhof wiedertrifft, genießt ihr neues Leben beispielsweise in vollen Zügen.
Sie war damals an Leukämie gestorben und sieht den großen Vorteil dieses zweiten
Lebens, nun endlich ohne Angst und Schmerzen leben zu können.

> Amy: *What is every living person afraid of?*
> Kieren: *Us?*
> Amy: *Death. The big sleep. Deep down, fearing the reaper is the reason why*
>   *everyone's so messed up in the head. They know the end is nigh but*

*there's nothing they can do about it so it drives them nuts and they
live their lives with one eye on the clock. We don't have to do that. We
can smash the clock to pieces, that is an incredible blessing.*

(In the Flesh, Episode 2)

Amy, die auch Sympathien für den Propheten hegt und der Meinung ist, dass die
Zombies nicht für ihre Taten verantwortlich sind, bereut im Gegensatz zu Kieren
weder ihr Dasein als unkontrollierter Zombie, noch hadert sie jetzt mit ihrem
Zustand, sondern nimmt ihre zweite Chance dankend an und denkt nicht daran,
sich zu schämen oder zu verstecken.

Weil sich in der Bevölkerung religiöser Eifer und Hass breit machen und die
PDS-Erkrankten befürchten müssen, von der restlichen Bevölkerung angefeindet
oder gar ermordet zu werden, wird allen angeraten, sich möglichst „normal" zu
geben. Bei der Entlassung aus der Reha erhält deshalb jeder Make-up, um die
bleiche Haut und die auffälligen Narben zu kaschieren sowie Kontaktlinsen, um
die gelbe, unmenschliche Augenfarbe zu verdecken. Dass sie so nicht mehr wie
klassische Zombies aussehen, hilft einerseits dabei, das normale Leben wieder
aufzunehmen und die Familienangehörigen nicht zu sehr zu erschrecken. Der
Versuch, die Betroffenen wieder möglichst wie früher aussehen zu lassen, lässt aber
auch erkennen, dass versucht wird, die Existenz der Zombies weitgehend aus dem
Bewusstsein der Öffentlichkeit zu verdrängen. Als Kieren von seinen Eltern abgeholt
wird, wird dies besonders deutlich: Kieren muss sich auf der Heimfahrt im Auto
auf der Rückbank verstecken, um nicht von Bekannten gesehen zu werden, und
zuhause spähen zahlreiche Nachbarn durch die Vorhänge ihrer Häuser, wodurch
unverkennbar eine Atmosphäre von Bespitzelung, Misstrauen und Heimlichkeit
entsteht. Spätestens als klar wird, dass auch vermeintlich rechtschaffene, „rotter"
hassende Bürger selber einen betroffenen Verwandten bei sich versteckt halten,
lassen sich Parallelen zur Doppelmoral bezüglich soziokultureller Gruppierungen
der realen Welt erkennen. Gerade weil die Existenz der vermeintlich Verstorbenen
geleugnet wird, sie durch das Versrecktwerden faktisch eine unsichtbare Bevölke-
rungsschicht der Gesellschaft darstellen und sie sich, falls sie sich wirklich einmal
aus dem Haus wagen sollten, als „normal" tarnen sollen, lässt sich die Existenz
als resozialisierter Zombie deutlich als Leben im *closet* lesen. Diese Lesart wird
sogar bildlich deutlich umgesetzt, indem Kieren in einer Szene von seinem Vater
in einen Schrank gesperrt wird, damit er nicht von einem Besucher gesehen wird.
Parallelen zu *closet* und Coming Out sowie der Bigotterie Konservativer, welche die
Andersartigkeit der PDS-Erkrankten aus der Öffentlichkeit fernhalten wollen, lassen
sich auch an anderer Stelle erkennen. So erhalten PDS-Erkrankte etwa Fanpost von
Leuten, die von erotischen Abenteuern mit Untoten träumen; und nachdem ein

Mitglied des konservativen Gemeinderates mit Amy im Bett war, betont dieser am nächsten Morgen, dass niemals jemand davon wissen dürfe, weil dann nicht nur sein Ruf ruiniert wäre: „If people found out I've slept with a rotter, I'd be strung up." (*In the Flesh*, Episode 3).

Mit besagter Problematik der (Un)Sichtbarkeit bzw. mit ihrem Coming Out als Zombie müssen sich alle drei der PDS-Erkrankten, die in der Serie eine wichtige Rolle spielen – Kieren, seine einzige Vertraute Amy und sein bester Freund Rick –, auf ihre eigene Art befassen. Amy geht es dabei vor allem um ihre Identität als Untote und die Freiheit, ihr eigenes Leben ohne Versteckspiel gestalten zu können. Als sie beschließt, sich dem Versteckspiel zu verweigern und ab sofort nur noch *au naturale* unter die Leute geht, ist das für sie äußerst befreiend; andere sehen das jedoch als Provokation. Ein Mitglied des HVF kommt schließlich zu ihr nach Hause und bedroht sie, da er meint, sie habe sich gefälligst an die Gepflogenheiten anständiger Menschen zu halten und solle nicht ohne „Kostüm" an die Öffentlichkeit: „This won't do. Going around like you are. [...] Walking around bare. It is a slap in the face of this community, to war heroes like me. [...] In this village, you cover up your rotten face." (*In the Flesh*, Episode 3). Als er ihr mit roher Gewalt Lippenstift ins Gesicht schmiert, verliert Amy endgültig den Glauben daran, dass es für sie möglich ist, in Roarton wohnen zu bleiben. In der Hoffnung, eine Gemeinschaft zu finden, wo man sie so akzeptiert, wie sie ist und sie nicht als anders ausgrenzt, beschließt sie deshalb, sich dem Propheten anzuschließen und verlässt – notabene wieder mit Schminke und Kontaklinsen getarnt – ihr Heimatdorf.[10]

Die Parallelen zum Coming Out sind bei Kieren und Rick noch deutlicher, da die beiden, wie im Laufe der zweiten Folge angedeutet wird, mehr als nur Freunde waren. Zwischen den Teenagern hatte sich tatsächlich eine homosexuelle Beziehung entwickelt, die jedoch durch äußere Umstände verunmöglicht wurde. Nun könnte es durchaus heikel sein, Zombies als eine Metapher für Homosexualität umzusetzen, schließlich handelt es sich hier ja im klassischen Sinne um Monster, die schreckliche Taten vollbringen. Insbesondere weil es sich um eine Krankheit handelt, die schließlich mit Medikamenten behandelt werden kann – ja, sogar laut Vorgabe des Staates behandelt werden muss –, birgt die Umsetzung dieser Thematik enormes Potenzial für problematische, wenn nicht gar homophobe Lesarten. Allerdings zeugt der konkrete Umgang der Serie mit Formen von Andersartigkeit, die sich am Zombie-Motiv erkennen lassen, durchaus von einer Komplexität, die über die Gleichsetzung von Zombie-Dasein und Homosexualität hinausgeht.

---

10   Was es mit dem Prophet auf sich hat, der notabene wie die religiösen Anti-PDS-Grup-
     pierungen auf die Offenbarung des Johannes verweist und seinerseits die Untoten
     aufzustacheln scheint, wird im Laufe der ersten Staffel nicht klar. Im Gegensatz zu *The
     Fades* wurde *In the Flesh* jedoch fortgesetzt; Staffel 2 lief im Frühling 2014.

Immerhin wird nie davon ausgegangen, dass PDS-Erkrankte eine einheitliche Gruppe darstellen, vielmehr werden sie als ganz unterschiedliche Menschen mit ihren eigenen Erfahrungen und Werten dargestellt, die alle in einer ähnlich schwierigen Position innerhalb der Gesellschaft sind. Anstatt also die Zombies als eine Gesellschaftsgruppe zu zeigen, die als Untote als abnormal gilt und dies eins zu eins als Metapher für Homosexualität zu inszenieren, setzt *In the Flesh* vielmehr bei der Identitätsbildung an und zeigt Verhandlungen mit der eigenen Situation und Identität auf, die Anklänge auf ganz unterschiedliche Formen von Andersartigkeit erkennen lassen, jedoch starke Parallelen zu Problemen aufweisen, welche ganz prominent bei den Queer Studies und in Medienprodukten mit homosexuellen Figuren zur Sprache kommen.[11] Gerade durch Kierens sexuelle Orientierung wird das Zombie-Motiv deutlich als Metapher eingesetzt, mit der sich Themen wie Homophobie sowie der Kampf um Anerkennung und Akzeptanz umsetzen lassen; nicht indem Homosexualität mit der Zombieexistenz gleichgesetzt wird, sondern indem das (Un)Leben als Zombie die Konflikte vor dem Tod der jeweiligen Figuren wieder aufleben lässt und sie sogar noch intensiviert. Vielmehr als eine Abwertung und Negierung gewisser Gruppierungen lassen sich die Zombies so als Aneignung und Umcodierung einer einstigen Monsterfigur verstehen, mit der Außenseitertum und Andersartigkeit auf komplexe Weise in einer TV-Serie umgesetzt werden (vgl. Fürst 2011: 118).

Wie man in der zweiten Folge erfährt, war Rick der Grund, weshalb sich Kieren damals das Leben nahm. Weil Ricks Vater Bill die Freundschaft zwischen Rick und Kieren nie billigte und es auf keinen Fall akzeptiert hätte, dass sein Sohn schwul[12] ist und eine Beziehung mit dem in seinen Augen schwachen Kieren führt, trat Rick ohne Abschied von Kieren in die Armee ein und wurde schließlich im Krieg in Afghanistan getötet. Weil Kieren sich die Schuld für Ricks Eintritt in die Armee und damit auch für seinen Tod gab und weil er ohne ihn keinen Sinn mehr im Leben sah, schnitt er sich deshalb in einer nahegelegenen Höhle die Pulsadern auf, wo ihn sein Vater erst nach einigen Tagen auffand. Als Rick nun Jahre später doch noch gefunden wird und sich bei seiner Heimkehr zeigt, dass auch er an PDS erkrankt ist, verschweigen Kierens Eltern ihrem Sohn, dass Rick wieder da ist. Obwohl sie

---

11 Für eine umfangreiche Untersuchungen zu Homosexualität in nicht-fantastischen TV-Serien vgl. Frei 2012.

12 Das Wort „gay" wird interessanterweise in der ganzen Staffel kein einziges Mal erwähnt, die Hinweise sind aber deutlich: Kieren tönt kurz an, dass er und Rick vor dessen Eintritt in die Armee rumgemacht hätten, und gegen Ende der dritten Folge wirft er Bill vor, dass er aus seinem Haus verbannt worden sei, bloß weil er Rick eine Mix-CD (eines der (klischierten) Mittel, wie junge Menschen ihre Gefühle für andere ausdrücken können) geschenkt habe.

Kierens Sexualität zu akzeptieren scheinen, fürchten sie, dass Kieren erneut in eine Depression fallen könnte, wenn er Rick wiedersieht. Vor allem wollen sie aber nicht, dass Bill von Kierens Rückkehr weiß, da er einer der militantesten Kämpfer gegen die „rotters" ist, sich immer mehr in einen religiösen Wahn hineinsteigert und in einer Nacht- und Nebelaktion sogar die PDS-erkrankte Frau eines Nachbarn der Walkers aus dem Haus zerrt und erschießt.

Als Kieren erfährt, dass Rick wie er zurückgekommen ist, wagt er sich endlich an die Öffentlichkeit und hat sozusagen sein Coming Out als Zombie, indem er das Pub betritt, wo Rick mit seinem Vater und dem Rest der HVF ist. Dabei zeigt er sich nicht nur erstmals seit seiner Rückkehr vor der Dorfbevölkerung, sondern stellt sich auch einer Situation, der er sich niemals ausgesetzt hätte, als er noch am Leben war. So erklärt er Amy: "What am I doing? I'm banned for life. [...] It's not just a pub. The people in there. They hated me before I was like this. Cos I wasn't like them." (*In the Flesh*, Episode 2). Indem Kieren das Pub betritt, zu dem er zu Lebzeiten keinen Zutritt hatte, provoziert er nicht nur – insbesondere weil er von Amy begleitet wird, die weder Schminke noch Kontaktlinsen trägt –, sondern vollzieht in gewisser Weise eine einfache, aber extreme Form des Comic Outs, indem er schlicht öffentlich macht, dass er überhaupt existiert. Etwas später lässt er schließlich noch den letzten Teil seiner „Tarnung" fallen: Als er Rick und die Mitglieder der HVF bei der Jagd auf zwei noch nicht medikamentös behandelte Zombies begleitet, überzeugt er Rick davon, den Befehlen seines Vaters nicht zu gehorchen und die beiden wilden „rotters" nicht zu erschießen, wobei er schließlich eine Kontaktlinse herausnimmt, um seinen Freund daran zu erinnern, dass sie beide ja auch untot sind und sich letztlich nicht wirklich groß von den Gefangenen unterscheiden.

Während sich Amy und Kieren mit ihrer neuen Situation abfinden können, verdrängt Rick dies weitgehend. Bei seiner Rückkehr wird er von seinem Vater als Kriegshelden gefeiert – die Tatsache, dass er einer der verhassten „rotters" ist, scheint Bill jedoch schlicht nicht erkennen zu wollen. Auch Rick verhält sich so, als sei er noch am Leben, obwohl seine großen Narben im Gesicht es überdeutlich machen, dass er und sein Vater die Wahrheit schlicht verdrängen. Nachdem Rick Kieren im Pub bei sich am Tisch hat sitzen lassen und sich schließlich dazu überreden lies, die Zombies nicht zu erschießen, sondern den Behörden zu übergeben, fühlt sich Bill von seinem Sohn verraten. Er verlangt von diesem, dass er Kieren tötet, weil dies Gottes Wille sei, doch Rick weigert sich. Zum ersten Mal tritt er seinem Vater ohne Schminke entgegen und gibt ihm zu verstehen, dass Kieren sein bester Freund und wie er sei. Die vermeintliche Aussprache zwischen Vater und Sohn endet jedoch keineswegs in einer Versöhnung, wie Kieren schmerzhaft erfahren muss: Nachdem Rick sich für Kieren ausgesprochen hat, glaubt Bill in seinem religiösen Wahn, dass Rick doch nicht sein Sohn sei, sondern ein unnatürliches Wesen, das nur so aussieht wie dieser, weshalb er seinen eigenen Sohn ermordet und dessen Leiche vor Kierens Haustüre ablegt. Auch in der Gewalt gegen die Zombies und der Argumentation bezüglich ihrer vermeintlichen Widernatürlichkeit lassen sich somit deutliche Parallelen zu Homophobie und religiöser Verblendung erkennen.

4   (B)Romance and the Dead: Zombies, Männerfreundschaften und Endzeitfantasien – ein Fazit

Im Gegensatz zu gängigen Darstellungen von Zombies als wandelnde Untote ohne Bewusstsein, Intelligenz oder Individualität zeigen die britischen Serien *The Fades* und *In the Flesh* Untote, die sprechen können, ihren Wunsch nach Leben explizit artikulieren und es durch die so erreichte Individualisierung auch ermöglichen, die bekannten Schemata von Zombiegeschichten aufzubrechen. Bishop beschreibt die klassische Zombiegeschichte als apokalyptische Invasion der Welt durch Horden von kannibalischen, ansteckenden wandelnden Leichen, die laut seinen Ausführungen (welche sich vor allem auf Filme konzentrieren) bemerkenswert konform in Bezug auf Plot und Entwicklung sind:

> „These generic protocols include not only the zombies themselves and the imminent threat of violent death, but also a post-apocalyptic backdrop: the collapse of societal infrastructures, the resurgence of survivalist fantasies, and the fear of other surviving humans. All of these plot elements and motifs have been included with surprisingly few variations in most zombie films since *Night of the Living Dead*, but they have become even more relevant to a contemporary and post-9/11 audience." (Bishop 2009: 19)

Alle diese Elemente sind auch in den besprochenen Serien wiederzufinden, wenn sie auch nicht ohne weiteres übernommen, sondern adaptiert, umgewertet oder ironisch gebrochen werden. Das selbstreflexive Spiel mit populärkulturellen Klischees und dem Vorwissen der Zuschauer zeigt sich in beiden Serien immer wieder. So wird die Idee des infektiösen Bisses in *In the Flesh* beispielsweise auf humoristische Weise aufgenommen, als HVF-Mitglied Dean von einem der „rotter" gebissen wird und sich das Leben nehmen will, um nicht zum Zombie zu werden, vorher aber noch schnell seine Liebe für die Verlobte eines Kumpels herausposaunt. Als Kieren ihn höflich, aber bestimmt darauf hinweist, dass PDS nicht durch einen Biss übertragbar ist, sondern nur diejenigen wiederauferstanden sind, die vor 2009 schon tot waren, steht Dean ziemlich dumm da. Freilich hat der Biss trotzdem negative Konsequenzen für Dean: Weil seine Freunde das populäre Bild des ansteckenden

Zombiebisses nicht ablegen können bzw. wollen, wird er eingesperrt, woraufhin sich viele gegen ihn wenden, ihn beleidigen, anspucken und sich sogar weigern, dem Diabetiker Essen zu bringen, um seinen Blutzuckerspiegel zu erhöhen. Fast schon tragische Züge nimmt das vermeintliche Wissen über Zombies bei den Eltern von Lisa an: Als Kieren ihnen gesteht, dass er Lisa (das Opfer aus seinen Flashbacks) getötet hat, danken sie ihm sogar dafür und verraten ihm, dass sie jede Nacht die Verandatüre offen lassen, weil sie noch immer darauf hoffen, dass Lisa irgendwann zurückkommen könnte. Wie Dean und seine Kumpels entnehmen auch Lisas Eltern einen Großteil ihres Wissens über Zombies aus der Populärkultur; Kieren bringt es jedoch nicht übers Herz, ihnen zu verraten, dass Filme und Realität gerade in dieser Beziehung nicht übereinstimmen und Lisa nicht als Untote zurückkehren kann. Interessanterweise schafft es die Serie gerade deshalb, das populäre Bild des Zombies zu negieren, indem (bei den Rezipienten wie bei den Figuren der Serie) wiederholt vermeintliches Wissen über die Untoten thematisiert wird.

The Fades treibt dieses Verweisen auf populärkulturelle Texte immer wieder auf die Spitze, da Paul und sein bester Freund Mac als Geeks dargestellt werden, die sich ihre Zeit mit endlosen Diskussionen über Fantasy-, Science-Fiction- und Horrorformate vertreiben. Im Grunde erzählt die Serie vom Aufstieg eines Losers zum Retter der Welt: Während Pauls Zwillingsschwester Anna stets zu den Beliebten der Schule gehört hat, wird Paul (zumindest zu Beginn der Serie) kaum von anderen wahrgenommen. So sagt sein bester Freund Mac treffend: „Like anyone pays the slightest attention to what we do. We're the unwashed, we're the unwanted, we're the invisible in this school." (*The Fades*, Episode 1). Einzig der popkulturaffine Mac ist eine Bezugsperson für Paul, der durch dick und dünn zu ihm hält, während andere – allen voran seine Mutter und seine Schwester – sein Verhalten seltsam bis bedrohlich finden und insbesondere aufgrund seiner übernatürlichen Kräfte nicht vor den Wiedergeborenen (von deren Existenz sie lange nichts wissen), sondern vor Paul selbst Angst bekommen.

Pauls Anstrengungen, zwischen Lebenden und Untoten möglichst gewaltfrei zu vermitteln, markieren ihn einerseits als (deutlich christlich konnotierte) Erlöserfigur; dies nicht zuletzt, als Paul am Ende der dritten Folge stirbt und, nachdem er die vierte Folge als Fade verbracht hat, auf unerklärliche Weise wieder als Mensch „auferstehen" kann. Pauls Bemühen, sein Privatleben mit Schule, Familie, Freunden und seinem sich doch langsam entwickelnden Liebesleben mit seiner Aufgabe als Angelic vereinen zu wollen, lässt zudem explizit formulierte Ähnlichkeiten mit der Berufung eines Superhelden mit einer geheimen Identität erkennen. So versucht Paul stets, sich an die moralischen Prinzipien eines Superhelden zu halten und diskutiert diese auch immer wieder konkret mit Mac, der ihn mehr als einmal mit Spider-Man und Batman vergleicht. Pauls Entwicklung im Laufe der Serie ist so gesehen auch als Ermächtigungsfantasie für Außenseiter lesbar, da er vom anfänglichen Loser zum (tragischen) Helden mit besonderen Fähigkeiten wird, eine Freundin findet und letztlich gar zum Retter der Menschheit sowie der Fades wird.

Diese Entwicklung vom unscheinbaren Geek zum heimlichen Helden, der enorme Opfer auf sich nehmen muss, um das Böse zu besiegen – am Ende erschießt Neil sogar Pauls Freundin Jay –, ist der Entwicklung von Kieren völlig entgegengesetzt: Während Paul eine düstere Zukunft verhindern muss, seine Geschichte also vorwärtsgewandt ist, ist die „Apokalypse" in *In the Flesh* bereits geschehen, und Kieren hat sich in erster Linie mit seiner Vergangenheit und sich selbst auseinanderzusetzen. Seine Taten haben (noch) keinen weitreichenderen Einfluss auf die Gemeinschaften der Lebenden oder Untoten, sondern sind fast völlig auf persönlicher Ebene angesiedelt. Durch die Auseinandersetzung mit seinen Schuldgefühlen wegen Lisas Tod, die Entscheidungen, die er beim Wiedersehen mit seiner großen Liebe Rick trifft, die Konfrontation mit Bills grässlicher Gewalttat, und nicht zuletzt durch die Aufarbeitung der vertrackten Situation mit seiner Familie vollzieht er jedoch eine deutliche Entwicklung vom ausgegrenzten Jugendlichen zum emanzipierten jungen Mann, der sich nicht weiter verstecken lässt, sondern sich selbst und seine Situation akzeptiert hat und auch dafür einsteht.

Beide Serien befassen sich durch die Existenz von Untoten bzw. die Konfrontation mit solchen Wesen mit grundlegenden Themen wie der Angst und Unsicherheiten vor dem Tod, dem Kampf um Anerkennung sowie die Aushandlung von Möglichkeiten der Koexistenz unterschiedlicher Gruppierungen. Vor allem stellen die Serien aber die Sehnsucht nach Normalität und die Wichtigkeit von Freundschaften und Liebe dar. Anstatt wie übliche Zombiegeschichten eine Bedrohung zu zeigen, die man ohne Gewissensbisse beseitigen kann, müssen sich die Protagonisten der Serien intensiver mit ihren Gegnern und Konflikten auseinandersetzen, was allein deshalb möglich wird, weil mit dem traditionellen Bild des grunzenden, zu komplexen Denkprozessen und Emotionen nicht fähigen Zombies gebrochen wird. Nun ließe sich fragen, ob diese Revision der wandelnden Toten nicht doch zu weit geht und diese neu zu beobachtende Individualisierung des Zombies ihn als Monster faktisch austauschbar macht. Könnten dieselben Geschichten auch mit Vampiren erzählt werden? Vielleicht. In Zeiten, in denen Vampirgeschichten immer häufiger für romantisch-erotische Projektionsfantasien herhalten müssen, ist es aber vielleicht doch der Zombie, der als Metapher für sozio-kulturelle Prozesse und Phänomene vielseitig einsetzbar ist und der Welt, aus der er entstammt, auf eindrückliche Weise den Spiegel vorhalten kann – selbst dann, wenn er als denkende, sprechende und vor allem empfindende Figur seinen populärkulturellen Wurzeln abtrünnig wird.

Literatur

Berriman, Ian. 2013. „Scare in the Community," SFX 233, May:84-87.

Bishop, Kyle William. 2010. *American Zombie Gothic. The Rise and Fall (and Rise) of the Walking Dead in Popular Culture*. Jefferson, NC and London: McFarland.

Butler, Chris und Sam Fell. 2012. *ParaNorman*. USA: Laika.

Frei, Dana. 2012. *Challenging Heterosexism from the Other Point of View. Representations of Homosexuality in* Queer as Folk *and* The L Word. Bern et al.: Peter Lang.

Fürst, Michael. 2011. "Zombies Over the Rainbow. Konstruktionen von Geschlechtsidentität im schwulen Zombiefilm." Pp. 99-120 in *Untot. Zombie Film Theorie*, herausgegeben von Michael Fürst, Florian Krautkrämer und Serjoscha Wiemer. München: belleville Verlag.

Fürst, Michael, Florian Krautkrämer und Serjoscha Wiemer. 2011. *Untot. Zombie Film Theorie*. München: belleville Verlag.

Kristeva, Julia. 1982. *Powers of Horror. An Essay on Abjection*. Translated by Leon S. Roudiez. New York: Columbia University Press.

Lenz, Christian. 2012. „Love your Zombie. Romancing the Undead." Pp. 103-117 in: *Collisions of Reality. Estabilishing Research on the Fantastic in Europe*, herausgegeben von Lars Schmeink und Astrid Böger. Berlin und Boston: De Gruyter.

Macintosh, Shawn. 2008. "The Evolution of the Zombie: The Monster That Keeps Coming Back." Pp. 1-17 in: *Zombie Culture. Autopsies of the Living Dead*, herausgegeben von Shawn Macintosh und Marc Levette. Lanham, Toronto und Plymouth: Scarecrow Press.

Mitchell, Dominic. 2013. *In the Flesh*. Grossbritannien: BBC Three.

Nohr, Rolf F. 2011. „Virale Zombifizierung. 'Who's to say we're not all zombies?'" Pp. 259-273 in: *Untot. Zombie Film Theorie*, herausgegeben von Michael Fürst, Florian Krautkrämer und Serjoscha Wiemer. München: belleville Verlag.

Neumann, Frank. 2011. „Leichen im Keller, Untote auf der Strasse." Pp. 65-84 in: *Untot. Zombie Film Theorie*, herausgegeben von Michael Fürst, Florian Krautkrämer und Serjoscha Wiemer. München: belleville Verlag.

Robnik, Drehli. 2012. „Das große Taumeln und die kleine Politik: Konturen einer politischen Ästhetik des neueren Zombiefilms." *Zeitschrift für Fantastikforschung* 1:76-97

Teichert, Matthias. 2012. „Nosferatus nordische Verwandtschaft. Die Erzählungen von vampirartigen Untoten in den Isländersagas und ihr gesamtgermanisch-europäischer Kontext." *Zeitschrift für deutsches Altertum und deutsche Literatur* 141:2-36.

Thorne, Jack. 2011. *The Fades*. Grossbritannien: BBC Three.

Untote und Spiegel – Bilder des Anders-Seins in *The Walking Dead*

Gerrit Retterath und Alessandro Tietz

1 Vorspann/Teaser

Wenn wir als Zuschauer*innen eine Fernsehsendung betrachten, glauben wir nicht an den Zufall. Wir gehen davon aus, dass alles, was man uns zeigt, uns bewusst gezeigt wird. Wir unterstellen, dass jemand das Bild ausgesucht hat und es in eine sinnvolle Anordnung mit anderen vorausgehenden und folgenden Bildern gebracht hat. Für den*die verstehende*n Zuschauer*in gilt: Die unterstellte *Intention* ist alles was ihm bleibt (vgl. Fish 2008; Intention is all there is). Wenn wir als Zuschauer*innen *Fernsehen lesen* (vgl. Fiske und Hartley 1988) – d.h. interpretieren –, dann mit dieser Unterstellung einer Sinnhaftigkeit hinter der ganzen Aufführung. Das heißt „a text doesn't become a text[1] – the vehicle of a message – until the assumption of purposive *design*, of intention, is in place" (Fish 2008: 1114; Herv. d. Autoren). Durch die Unterstellung einer Intention als umgesetzte Idee in einem Design- und Gestaltungsprozess wird ein Text zu einer verstehbaren Geschichte. Gleiches gilt für den vorliegenden Artikel.

Die Frage, die in dem vorliegenden Artikel beantwortet werden soll, richtet sich an Darstellungen des Anders-Seins und der Anders-Werdung und dem sozialen Umgang mit diesen Prozessen. Mit der Darstellung des Anders-Seins und der Anders-Werdung und dem Reagieren der übrig gebliebenen Gesellschaftsmitglieder auf diese Annahme – diesen Aushandlungsprozess – soll sich der vorliegende Text anhand der Serie *The Walking Dead* auseinandersetzen. Er ist der Versuch, *drei Ideen des Anders-Seins* aus der Serie einzufangen und deren Darstellung zu analysieren. Hierbei soll zunächst erstens auf den gezeigten *Umbruch der Umwelt des*

---

1 Wobei ein *text* auch mehr sein kann als eine bloße Abfolge von Buchstaben auf einem Blatt Papier. Abfolgen von Bildern mit Sprachausgabe (z.B. Fernsehserien) können auch unter den Begriff *text* fallen.

Menschen eingegangen werden und die krisenhaft wahrgenommene Veränderung der Außenwelt in der Serie aufzeigt werden. Daran anknüpfend sollen zweitens die *Auswirkung dieses Umbruchs, das Aufzeigen der Schwelle zum Anders-Sein,* auf die dargestellte Idee von Gesellschaft und der ihr als zugehörig verstandenen Mitglieder eingegangen werden. Die hierzu gehörige Definition des Mensch-Seins wird durch das Auftauchen der Zombies als kontingent offenbart und auf die Probe gestellt, wodurch das wechselseitige Verhältnis von dem Sozialen und dessen Umwelt aufgezeigt wird. Drittens soll gezeigt werden, dass auch *jenes vermeintliche Anders-Sein integrierbar sein kann*: Die Vorstellung des Zombies als infizierten Menschen ist dazu geeignet, die Vorstellung des Anderen im Eigenen denk- und handhabbar zu machen[2].

2 Fernsehen und Fernzeigen – Fernsehen lesen[3]

Das Bild zeigt Kinderfüße, eine Kinderhand hebt einen Teddybären auf. Dann kommt das Kind, ein Mädchen, mit dem Rücken in das Blickfeld.
Rick (aus dem Off): „Hey Kleine. Ich bin Polizist, bleib stehen!"
(AMC 2010, S1 E1 ab 3:19)
Rick ist zu sehen, wie er ein Hand nach dem Mädchen ausstreckt.
Rick: „Hab' keine Angst, okay?" (Er nähert sich dem Mädchen) „Hey Kleine!" (Der Arm ist noch ausgestreckt) (ebd.)
Das Mädchen dreht sich rum, das Gesicht zeigt Anzeichen des Verfalls – ein Zombie. Rick legt den Kopf leicht in den Nacken und lässt ein enttäuschtes und unsicheres, aber wissendes Seufzen ertönen.
Rick: „Oh mein Gott!" (ebd.)

---

2   Die hier aufgefasste soziologische Perspektive wurde durchaus auch von den Machern der Serie mitgedacht. So erklärt Robert Kirkman im Vorwort des Walking-Dead-Comics "Gute alte Zeit" (2012: 4): "Was uns gute Zombiefilme wirklich zeigen, ist, wie kaputt wir doch eigentlich sind. Sie bringen uns dazu, unseren Platz in der Gesellschaft zu hinterfragen, ebenso wie die Gesellschaft selbst. Natürlich zeigen sie uns auch Blut und Gewalt und all das andere coole Zeug. Aber es findet sich immer auch ein nachdenklicher, gesellschaftskritischer Unterton. [...] Mit *The Walking Dead* will ich herausfinden, wie Menschen mit Extremsituationen umgehen und wie sie sich dadurch verändern".

3   Innerhalb des vorliegenden Artikels wurden mehrere Szenen aus der Serie beschrieben. Diese wurden in Form von kursiv geschriebenen Textblöcken kenntlich gemacht und beinhalten eine Transkription des Gesagten sowie eine Beschreibung der weiteren dargestellten Geschehnisse.

Der Zombie nähert sich Rick, der daraufhin beginnt zurückzuweichen und zögernd, aber auch bestimmt nach seiner Waffe greift. Ein Schuss in den Kopf. Ricks Gesicht in Großaufnahme: Ein entsetzter, aber erleichterter Blick. Langsam lässt Rick die Waffe sinken.

Jeder Zombie war in der Regel einmal ein Mensch, also als solcher auch ein Träger und Produzent einer gemeinsam geteilten Wirklichkeit. Durch diese Nähe zum Menschen aufgrund ihres Ursprungs scheinen Zombies oftmals für die Reste der menschlichen Gesellschaft, das heißt für Gruppierungen aus Überlebenden einer vorausgegangenen Katastrophe, erst einmal eine große, sich aufdrängende und besonders ungewisse Bedrohung darzustellen. Durch ihr bloßes Zombie-Sein, also durch ihr zugeschriebenes Anders-Sein und der hiermit verbundenen Eigenschaft, nicht unmittelbar verstehbar zu sein, scheinen die Zombies das Recht auf (Über-) Leben verwirkt zu haben, auch wenn in vielen Zombie-Formaten über eventuelle Heilungschancen und damit über eine Reintegration der zombifizierten Menschen nachgedacht wird[4]. Das zeigt sich auch in der Serie *The Walking Dead* (a.a.O.), deren Rahmenhandlung den Polizisten Rick und verschiedene andere Überlebende in den Widrigkeiten der Zombie-Apokalypse begleitet.

Als der uniformierte Rick in der oben beschriebenen Szene für sich feststellt, dass es sich bei dem ihm gegenüberstehenden Wesen um einen Zombie handelt, schießt er ihm nach einem kurzen Moment der Enttäuschung mit einer Pistole in den Kopf. Gleichzeitig stellt die Szene für den Zuschauenden eine Nähe zwischen Zombie und Mensch her, da dieser das Zombie-Mädchen zuerst nur von hinten sieht, also sich selbst nicht sicher sein kann, mit wem es Rick hier zu tun hat. Hierdurch wird gleich in der Eingangsszene der Serie ein sicherlich häufig als skrupellos empfundenes Vorgehen präsentiert, welches jedoch auch symbolisch für den Werdegang der Serie zu stehen scheint. Bereits in dieser Szene zeigt sich *der problematische Umgang mit dem vormals Vertrauten und dem nun Fremden* – dem Ding, dem Zombie. Eine solche krisenhafte Veränderung der Gesellschaft verlangt ein Reagieren der Gesellschaftsmitglieder. Das neue Phänomen muss auf irgendeine Art gedeutet und mit Wesens-Zuschreibungen versehen werden. Das Anders-Sein des Zombies sei somit als das ihm zugeschriebene Ergebnis einer intersubjektiven Aushandlung (Prus 1999) zu verstehen; als etwas, das in der Welt

---

4 Das Problem des Plötzlich-Anders-Sein des Anderen und die Notwendigkeit des Umgangs damit findet sich auch in anderen Kontexten fernab der fiktiven Fernsehformate: So erwähnt Hitzler in einer Arbeit über Komapatienten den Zweifel der Angehörigen der Patienten „daran, es mit einem Subjekt zu tun zu haben" (ebd. 2012: 2). Rosenberg sieht die Grundlage für eine Zuschreibung von Geisteskrankheit in der unterstellten Unfähigkeit, seine Rollen nicht angemessen wechseln zu können (vgl. ebd. 1984).

nicht einfach so gefunden, sondern vielmehr an Phänomene herangetragen, ihnen zugeschrieben werden muss, um in Erscheinung zu treten. Im hier besprochenen Setting einer Zombie-Apokalypse ist besonders der Wegfall durch die oft unterstellte Anders-Werdung von Personen, die vorher Teil dieser Gesellschaft waren, eine hochproblematische Situation.

Hier offenbart sich die Idee der Kontingenz, welche grundlegend für das Selbstverständnis der Soziologie ist. Kontingenz als „Gegenbegriff zu dem der Notwendigkeit" (Joas 2012: 33) rekurriert hier unmittelbar auf das Denken in Alternativen: Eine bestimmte soziale Ordnung mag stabil sein, eine bestimmte Sichtweise mag die Welt erklären oder eine bestimmte Norm mag durchaus als richtig gelten – keinesfalls ist sie jedoch ohne Alternative[5]. Somit ist der Begriff der Kontingenz auch immer ein Statement für Wahlfreiheit des Einzelnen und der Kritik der Zustände. Dieses potenziell Mögliche findet sich auch in der klassischen Definition von Niklas Luhmann:

> „Kontingent ist etwas, was weder notwendig ist noch unmöglich ist; was also so, wie es ist (war, sein wird), sein kann, aber auch anders möglich ist. Der Begriff bezeichnet mithin Gegebenes (zu Erfahrendes, Erwartetes, Gedachtes, Fantasiertes) im Hinblick auf mögliches Anderssein; er bezeichnet Gegenstände im Horizont möglicher Abwandlungen. Er setzt die gegebene Welt voraus, bezeichnet also nicht das Mögliche überhaupt, sondern das, was von der Realität aus gesehen anders möglich ist" (ebd. 1984: 152, vgl. auch ebd. 1975: 155f.).

Dass Luhmann hier von möglichen Abwandlungen spricht, macht zugleich deutlich, dass Kontingenz keinesfalls mit Willkür einhergeht. Jorge Galindo betont, ebenfalls unter Bezugnahme auf Luhmann, am Beispiel der Kommunikation: „Nicht jede Kommunikation ist für jede Situation geeignet" (Galindo 2006: 92). Es lässt sich zwar prinzipiell jeder beliebige Satz in jeder beliebigen Situation sagen, um verstanden werden zu werden, muss aber das Gesagte beim Gegenüber auf fruchtbaren Boden fallen, also in Form irgendeiner unterstellt gemeinten Bedeutung aufgefasst werden können.

Der hier zugehörige Luhmann'sche Begriff der Anschlussfähigkeit steckt also die Grenzen der Kontingenz ab: Gewisse Handlungsoptionen sind zweifelsfrei ge-

---

5 Der Versuch einer alternativen Schaffung von Wirklichkeit, im Kontrast zu der scheinbar aktuell erfahrbaren, wird ebenfalls in der ersten Episode der ersten Staffel angesprochen und gezeigt. Nachdem Rick in der für ihn neuen Welt angekommen ist, wirft er sich in seinem ehemaligen und nun verlassenem Wohnhaus auf den Boden und scheint zusammenzubrechen. Mit der flachen Hand klopft er mehrmals leicht auf den Parkettboden „Ist das wahr? Bin ich hier? (Rick haut sich mehrmals fest mit der Hand gegen den Kopf) Wach auf!" (AMC 2010, S1 E1 ab 23:40).

geben; Umdeutungen der Welt und alternatives Handeln sind möglich, findet sich jedoch kein Anschluss an Vergangenes, bricht eine Ordnung zusammen oder muss hinsichtlich der unüberschaubaren Komplexität der Welt neu arrangiert werden (vgl. ebd. 1984: 62, 79). Der klassische Gedanke der Komplexitätsreduktion kommt hier zum Tragen: *Jedes System, gleich ob Interaktions- oder Gesellschaftssystem, muss bestimmte Strukturen entwickeln, um seinen Bestand erhalten zu können und um die überkomplexe Umwelt erfassen zu können. Soziale Konstruktionen des Anders-Seins entstehen gerade in diesem Kontext der Krise, welche bisherige Deutungen scheitern lässt.* Dieser Zwang zur alternativen Auffassung stellt die Grundlage für Vorstellungen des Anders-Seins dar, mit welchen besonders neu auftretende Erscheinungen bedeutet werden.

3   Spiegel und Wandel – Umbruch der Umwelt des Menschen (Der verwelkte Blumenstrauß)

Ein weißes Bild, gepaart mit dem Piepen und Surren von Apparaturen. Schritte sind zu hören. Das Bild bekommt langsam Konturen, bleibt jedoch verschwommen und verzerrt. Ein Tropf, eine weiß gekachelte Decke. Der Blickwinkel scheint der eines im Bett liegenden Patienten zu sein. Jemand, Shane, mit Blumen in der Hand tritt in den Sichtbereich. Er ist der Partner von Rick bei der örtlichen Polizei und war bei der Schießerei dabei, bei der Rick getroffen wurde. Seine Stimme hallt beim Sprechen nach.

Shane: „Hey Rick, wir sind bei Dir und halten mit Dir durch! ... Tut mir leid, Mann. Ich erzähl immer nur Müll wenn ich hier herkomme! (Shane atmet durch) Für die Blumen haben die Kollegen zusammengelegt. Die sollte ich mitbringen. Sie sagen, sie hoffen dass du schnell wieder zurück bist. [...] Ich stell sie dir auf den Nachttisch, okay?!"
(AMC 2010, S1 E1 ab 12:40)
Der Blickwinkel wechselt. Vogelperspektive auf das Krankenbett. Jetzt sieht man Rick, an Apparate verkabelt und angeschlossen, in einem Nachthemd. Unrasiert und verschwitzt. Stille. Keiner der Apparate piepst oder surrt. Rick sagt etwas zu Shane, witzelt über die Blumenvase. Dann muss er husten.
Rick: „Shane? ... Shane? Shane? Bist du auf dem Klo?" (ebd. ab 13:50)
Der Blick fällt auf die Blumen, welche den Vordergrund des Bildes bilden, während Rick unscharf im Hintergrund zu erkennen ist. Eine Hand greift nach den Blumen. Verdorrt. Einzelne Blüten fallen von den Stängeln. Der Blick wendet sich zur Uhr. 17 Minuten nach zwei Uhr. Der Sekundenzeiger steht

still. Unsichere Blicke – die Augenlieder schlagen mit einer hohen Frequenz.
Rick schluckt ein, zweimal. Dann der Versuch, es in Worte zu fassen – nur
Laute – gefolgt von dem Versuch aufzustehen. Zusammenbruch.
Rick: „Schwester,… Hilfe! Schwester,… Hilfe!" (ebd. ab 15:10)
Niemand antwortet. Später der Blick auf den Krankenhausflur: Halbdunkel,
teilweise Licht, verstreute Unterlagen, Unordnung. Rick versucht zu telefonie-
ren. Tote Leitung…

Tagtäglich treten Menschen in sozialen Situationen zusammen und handeln ihr
Selbstbild, ihre Identität, ihren Platz in der Welt miteinander aus. Das heißt, dass
sich der *Mensch in den ihn umgebenden Menschen spiegelt* und auch von jenen
gespiegelt wird (vgl. Cooley 1983)[6]. Dass das Ergebnis der Spiegelung dabei nicht
schon auf der Hand liegt, nicht in einer fertig vorsortierten Welt gefunden und
einfach angewendet werden kann, sondern wie in einem Spiegelkabinett immer
wieder Verzerrungen und Akzentuierungen ausgesetzt ist, soll den Ausgangspunkt
dieses Artikels bilden (beispielhaft dazu Garfinkel 1977 31ff.; Degradierungszeremonien). Das Spiegelbild und damit auch das Selbstbild des Menschen ist folglich
in stetem Wandel.

Aber nicht nur der Mensch ist des Menschen Spiegel, vielmehr schafft der Mensch
sich ‚Stellvertreter-‘ oder ‚Erweiterungsspiegel‘ – *eine artifizielle Umwelt, eben ein*
Spiegelkabinett. Nach Hermann Hesse „(ist) jeder Mensch […] nicht nur er selber,
er ist auch der einmalige, ganz besondere, in jedem Fall wichtige und merkwürdige
Punkt, wo die Erscheinungen der Welt sich kreuzen" (ebd. 1971: 10; Herv. d. Autoren).
Die artifizielle Umwelt (vgl. Goffman 1982: 67f.; Besitzterritorien) – hier gelesen
in den *Erscheinungen der Welt* des Menschen erweitert den Vorgang des Spiegelns
und versetzt den Menschen in das besagte Spiegelkabinett. Die Wichtigkeit und
die Auswirkungen solcher, die Menschen umgebenden, Artefakte hat u.a. bereits
Goffman erkannt, wenn er z.B. von dem Bühnenbild (ebd. 2008: 100) oder den
Bühnenrequisiten spricht[7]. Trotz der Vielzahl möglicher Spiegel und damit Spie-

---

6   „Der Mensch erkennt sich nur im Menschen, nur das Leben lehrt jedem was er sei"
     (Goethe, zitiert nach C. H. Cooley 1983)"

7   Eine weitere pointierte und unterhaltsame Darstellung eines Spiegelkabinetts findet
     sich ebenfalls bei Goffman (2008: 8f.) in dem er auf die Romanfigur Preedy, dem
     Engländer auf Fernreise, zurückgreift: „Durch geschickte Manöver gab er jedem der
     hinschauen wollte, Gelegenheit, den Titel seines Buches zu bemerken – einer spanischen
     Homer-Übersetzung, also klassisch, aber nicht gewagt und zudem kosmopolitisch –,
     baute dann aus seinem Bademantel und seiner Tasche einen sauberen , sandsicheren
     Schutzwall (Preedy, der Methodische und Vernünftige) […] und schleuderte die San-
     dalen von sich (trotz allem: Preedy, der Sorglose!)" (ebd.). Die von Preedy präsentierten
     Artefakte ergeben in ihrer Anordnung ein spezifisches Bild, in denen sich Preedy mit

gelungen, bietet der Einsatz von Artefakten dem Menschen doch die Möglichkeit „das Bedürfnis nach Umweltstabilität" (Gehlen 2004: 14) zu befriedigen und die Lebenswelt vorhersehbarer, d.h. sicherer zu machen.

Das Bedürfnis nach Stabilität und Sicherheit wird in der zu Eingang beschriebenen Szene sehr anschaulich eingefangen. Der Zuschauende beobachtet das Geschehen aus Ricks Perspektive, sieht verschwommen den Besuch von Shane, welcher ihm einen Blumenstrauß überreicht. Der Besuch wird jedoch aus der verschwommenen, fast deliriös wirkenden Perspektive dargestellt. Als Rick auf das von Shane Gesagte antworten will, findet er sich aus dem Koma erwacht an einem späteren Zeitpunkt wieder (letzteres realisiert Rick erst später, es wird dem*der Zuschauer*in jedoch versucht nahezulegen, das ein Sprung in der Erzählzeit der Geschichte stattgefunden hat). Außer Rick ist niemand mehr im Raum und die Blumen sind verdorrt. Und doch ist er gleichzeitig nie wirklich ganz allein (gewesen). Auch in der Abwesenheit anderer Menschen ist Rick in ein soziales Netz eingebettet. Rick ist in dem Krankenzimmer beständig von Stellvertretern, d.h. Artefakten, umgeben, die darauf hinweisen, dass da noch jemand ist oder zumindest war, der, so kann angenommen werden, die Artefakte aus bestimmten Gründen dort platziert hat. Die Artefakte ermöglichen es Rick, einen Rahmen der Sicherheit um die Situation zu legen. Die vielen medizinischen Gerätschaften piepsen, d.h. sie messen beständig Ricks Vitalfunktionen. Solange sie piepsen und surren, kann Rick sich unter den für ihn für normal angenommenen Bedingungen sicher sein, dass die Ergebnisse der Messungen irgendwo ausgewertet und von einer ausgebildeten Person irgendwo vernommen und verarbeitet werden.

Der frische Blumenstrauß, der in einer Vase mit Wasser drapiert ist und dessen Übergabe Rick durch seinen Kollegen und Freund Shane vernimmt, zeigen ihm, dass er auch abseits der Krankenstation Menschen hat, die sich um ihn sorgen und dass sein Fehlen ‚in Ordnung' ist. Gerade das Verwelkt-Sein der Blume am Ende der Szene ist ein starkes Symbol für die umbruchhafte Situation, in welcher sich Rick von da an befindet: Während eine gepflegte Blume Gewissheit bietet, dass an Rick gedacht wird, ist die verwelkte Pflanze ein Zeichen der Verwahrlosung, der fehlenden Pflege auch an Rick als kranker und hilfsbedürftiger Person. Die Transformation der Blume von kultivierter, domestizierter Natur hin zu sich selbst überlassener Natur steht auch für den momentanen Wegbruch von Ricks sozialer Einbettung. Er wacht hier als auf sich allein gestellte Person inmitten von Unordnung auf, welche den Zwang zur Neuorientierung, zur Vergegenwärtigung der neuen Situation, in sich zu bergen scheint. Dies wird u.a. verdeutlicht durch

den weitreichenden Eindrücken befaßt die er in seiner Umgebung hervorzurufen glaubt. „Die Handlungen des Einzelnen, wenn er anderen gegenüber tritt, (beeinflussen) deren Deutung der Situation" (ebd.) – gleiches gilt auch im umgekehrten Fall.

das Schweigen, welches Rick auf seine Hilferufe nach Shane und einer Kranken-schwester entgegenschlägt. Ricks wird hier schlagartig mit etwas konfrontiert, was Holzinger als *Kontingenzbewusstsein* beschreibt: „Die Kontingenz in sozialen Zusammenhängen ist stets bezogen auf ein *Kontingenzbewusstsein*. Es überrascht nicht, dass Kontingenz etwas Subjektives ist, es hängt davon ab, wer wahrnimmt und welches Wirklichkeitsverständnis an die Welt herangetragen wird" (ebd. 2007 #3: 27). Kontingenz mag ontologisch permanent vorhanden sein, beginnt jedoch erst wirklich zu werden, wenn die einzelne Person sich mit einer alternativen Ord-nungsform des Sozialen konfrontiert sieht, diese also realisiert.

Ricks persönliche Krise ist somit auch eine gesellschaftliche. Dies wird bereits in der nächsten Szene der Serie verdeutlicht: Nicht nur das Krankenhaus, auch die nahe auf einem Hügel gelegene Militärbasis, auf welche Rick nach seiner Befrei-ung zusteuert, entpuppt sich als verlassen. Dem*der Zuschauer*in wird somit aus Ricks Perspektive nahe gelegt, dass sich die Unordnung des Krankenhauses auch in dessen Umgebung des städtischen Raums fortsetzt. Hier wird nochmals das Ausgeliefertsein der später inszenierten Überlebenden an die neuen Verhältnisse deutlich: Selbst das Militär mit allerhand moderner Technik und der Fähigkeit zu deren Koordination und Handhabung ist nicht in der Lage, auf die neue Situation stabilisierend zu reagieren. Diese Unzulänglichkeit gesellschaftlicher Institutionen im Hinblick auf die neu aufgetretenen Probleme findet ihre stärkste Metapher im Weiteren in der Großstadt. Diese strebt unter anderem eine möglichst umfassende Domestizierung bedrohlicher Phänomene an[8]: Unebene Wege mit Hindernissen werden zementiert, potenziell gefährliche Tiere werden räumlich ausgegrenzt oder in Käfige gesperrt und abschließbare Häuser schützen vor Witterung und dem Zugriff durch Fremde. Nun wird durch die Zombie-Apokalypse diese schützende und stabilisierende Funktion genau ins Gegenteil verkehrt: Bestehende routinierte Handlungsweisen finden keinen Anschluss mehr. Durch die Transformation der meisten Menschen in Zombies findet sich der neue Feind gerade inmitten der zuvor stark bevölkerten Großstadt. Diese starke Umdeutung hat sogar ihren Weg auf das DVD-Cover der ersten Staffel von *The Walking Dead* (ebd.) gefunden: Hier sieht man Rick auf einer freien Autobahnspur mit einem Pferd in Richtung der am Horizont

---

8   Zu Beginn unserer Analyse von *The Walking Dead* richteten wir unser Hauptaugenmerk zunächst auf das Versagen von gesellschaftlichen Institutionen, die eigentlich auf eine Naturbeherrschung abzielen sollten. Auch wenn die fast ökologische Unterscheidung Kultur/Natur, die Idee einer reziproken Anpassung von Kultur und Natur, nicht die Leitdifferenz des vorliegenden Textes ist, lässt sie sich ergebnisreich auch auf die Folgen der Zombie-Apokalypse in *The Walking Dead* anwenden und verdient eigentlich eine weitere Vertiefung. Aus diesem Blickwinkel werden Fragen nach der Angepasstheit von Institutionen und Personen an die neuen, umweltlichen Zustände gestellt, was auch innerhalb der Serie häufig thematisiert wird.

liegenden Großstadt reiten, während die Gegenfahrbahn, die Seite des Highways die aus der Stadt führt, mit verlassenen Autowracks blockiert ist. Wohingegen die Menschenmassen auf der Suche nach Sicherheit gerade aus der Stadt geflohen zu sein scheinen und dabei scheiterten, versucht der ‚einsame Reiter' Rick gerade in die Stadt zu kommen, um sich in das alte und zugleich neue Land aufzumachen. Das hier gezeigte Umschlagen der Großstadt von einem sicheren hin zum unsicheren Ort ist nur eins der vielen Beispiele, in welchem soziale Institutionen, bedingt durch das massenhafte Auftauchen der Zombies, ihre Wirkungsmacht verlieren und im Angesicht der neuen Spiegel in ihrer Erscheinung verändert werden[9].

Dass von dieser plötzlichen und massenhaften Verbreitung der Zombies eine derartig existenzielle Bedrohung für die wenigen menschlichen Überlebenden ausgeht, verschärft die Relevanz, dieser neuen Erscheinung auf irgendeine Art entgegenzutreten. Wie im Verlauf der Serie gezeigt wird, ist die Be-Deutung dieses Phänomens von starker Kontingenz gezeichnet, nicht zuletzt aufgrund des menschlichen Ursprungs, den ein jeder Zombie besitzt: Wie verhalte ich mich als Mensch gegenüber Zombies? Hier besteht nicht nur eine leibliche (trotz des Verfalls des Zombieleibs erinnert die Physis an einen Menschen[10]) bei gleichzeitig verblassender körperlicher (d.h. der semiotische Körper, die Person) Ähnlichkeit (vgl. hierzu u.a. Klein 2005) zwischen Mensch und Zombie, vielmehr begegnen die Protagonisten der Serie in Teilen auch Zombies, die frühere Bekannte, Freunde oder Verwandte von ihnen waren. Daraus resultiert die Frage danach, wie viel diese Zombies mit dem, was als Mensch oder treffender als Person definiert wird, noch gemein haben und wie dementsprechend auf die Bedrohung durch die nun Untoten[11] reagiert werden soll.

---

9 Ein weiteres Symbol hierfür ist die Darstellung wissenschaftlicher Institutionen, besonders des Seuchenschutzzentrums am Ende der ersten Staffel der Serie: Nachdem die Gruppe dieses betreten hat, trifft sie dort auf einen letzten Wissenschaftler, Dr. Edwin Jenner, der selbst mit modernster Technik nicht in der Lage ist, das neue Phänomen des Zombies zu erfassen und zu kontrollieren. Vielmehr ist der Mensch hier selbst nicht mal mehr in der Lage, das hypermoderne Forschungszentrum zu kontrollieren oder zu nutzen, um eine Verbesserung der Situation zu ermöglichen. Am Ende resigniert der Wissenschaftler: Er verbleibt als anscheinend letzter Vertreter der Wissenschaft im Forschungszentrum, während ein Mechanismus dafür, sorgt, dass sich das Zentrum selbst zerstört.

10 Gleiches gilt natürlich auch im umgekehrten Fall. In der Episode mit dem Titel ‚Chupacabra' (AMC 2011, S2 E5 ab 30:30) wird Daryl Dixon, der auf der Suche nach der verschwundenen Sophia einen Reitunfall erlitt und hierdurch ungepflegt aussieht, versehentlich mit einem Zombie verwechselt, sodass Andrea auf ihn schießt.

11 Der auch in der Serie verwendete Begriff der ‚Untoten' ist hier sehr vielsagend: So sind wörtlich genommen Menschen allein aufgrund ihres Lebendig-Seins quasi ‚untot' (d.h. in diesem Fall nicht tot, folglich lebendig), die Bezeichnung der Zombies als Untote

Innerhalb der Serienhandlung zeigt sich die problematisch gewordene Zuschreibung des Menschen/Personen-Status auch an Ricks erstem Kontakt mit Überlebenden nach seinem Aufwachen und Aufbrechen in die für ihn nun unbekannte Welt. Der Zombie als eine neue kontingente Komponente im Spiegelkabinett, muss für die Überlebenden erst einmal bedeutet werden. Wie unsicher eine solche Deutung sein kann, soll der nächste Szenenausschnitt zu zeigen versuchen:

Rick: *„Sie haben heute einen Mann erschossen."*
Morgan: *„Einen Mann?"*
[...]
Duane: *„Das war kein Mann."*
Rick: *„Sie haben ihn erschossen. Auf der Straße. In der Nähe des Hauses."*
Morgan: *„Mein Freund, Sie brauchen eine Brille. Das war eines dieser Dinger."*
(AMC 2010, S1 E1 ab 28:40)

Rick wird in dieser Situation erstmalig mit einer Erklärung für das ihm neue Phänomen der Zombies konfrontiert. Statt um, wie er vielleicht zuvor angenommen hat, verwirrte Menschen, handelt es sich bei den Zombies nach Morgan um ‚Dinger'. Rick reagiert auf das neue Phänomen im gewohnten Wahrnehmungsrahmen, sieht in den Zombies also zunächst Personen (vielleicht einen Nachbarn o.ä.). Irritiert über den anscheinenden Mord versucht er, sich mit Duane und Morgan zu verständigen und wird so mit einer neuen Deutung und der Kontingenz des Seins, die diese mit sich bringt, konfrontiert. Ricks Definition von menschlichen Wesen wird somit krisenhaft aufgebrochen. Dieser Wegbruch von Vertrautem ist die zugänglichste Art, auf welche sich die Kontingenz aller sozialen Seins-Zustände offenbaren kann. Diese Krise verdeutlicht in der oben geschilderten Szene ihren sozialen Charakter: Morgan und Duane verwerfen die von Rick zunächst vertretene Weltdeutung, nach der ein Mann als ein Mitglied der eigenen Gesellschaft erschossen worden sei, und stellen dieser das alternative Konzept des Zombies entgegen. Diese anscheinende Notwendigkeit der Umdeutung wird deutlich, wenn Morgan darauf verweist, dass Rick eine ‚falsche' Sicht auf die Sache heranträgt („Sie brauchen eine Brille") und eine alternative Definition anbietet („Das war eines dieser Dinger").

Dass diese Umdeutung relativ konfliktfrei von statten geht, lässt sich auf Ricks Unsicherheit gegenüber den neuen Zuständen zurückführen (so scheint es zumindest

---

unterstreicht hingegen nochmals deren eigenartige Form der Lebendigkeit, wenngleich sie durch ihren Zustand näher am Tod sind als es der lebendige Mensch ist. Die Idee der Untoten ist zumindest derartig zentral, dass sie den Weg in den Titel der Serie gefunden hat.

dem*der Zuschauer*in nahegelegt zu werden). Die Figur des Zombies entspräche der Figur des Fremden nach Zygmunt Bauman : „„Die Fremden' aber widersetzen sich dieser Trennung [zwischen Freund und Feind; Anm. d. Autoren]; man kann sagen, daß sie sich der Entgegensetzung selbst entgegensetzen: also Einteilungen jeder Art ebenso wie den Grenzen, die diese aufrechterhalten, und damit überhaupt der aus alldem resultierenden Klarheit der gesellschaftlichen Welt" (ebd. 2000: 79). Morgans Erschießung des Zombies stellt für Rick zunächst eine unverständliche Blackbox dar, die er durch vorwurfsvolles Ansprechen erklärt haben möchte. Morgan beginnt bei seiner Definition des Erschossenen als ‚Ding' damit, Rick eine neue Sicht auf das Geschehene darzulegen. Er versucht, die für Rick befremdliche Situation mit Morgan selbst als Handlungsperson als eine erlösende, damit wohlwollende und somit richtige Tat zu beschreiben. Hierbei kommt ihm sicherlich zugute, dass Rick selbst zuvor schon im Krankenhaus und auf offener Straßen mit der neuen, eigenartigen Erscheinung des Zombies konfrontiert wurde. Somit sind auch die Zombies selbst eine für ihn ambivalente Form, die weder Freund noch Feind darstellt, eine zunächst schwer einzuordnende Form zwischen Mensch und Ding. Durch das Gespräch mit Duane und Morgan wird ihm eine alternative Deutungsmöglichkeit, eine neue Sicht auf das, was da vor ihm liegt angeboten.

Innerhalb der Serie zeigt sich in dem hier beschriebenen Prozess eine *erste Figur des Anders-Seins in einer veränderten Umwelt*. Die Zombie-Apokalypse wird hier, indem sie von Duane, Morgan und Rick als etwas der Gesellschaft nicht inhärentes, d.h. als etwas Äußeres, erfasst wird, als eine *Veränderung des ohnehin schon Anderen* (die Welt der Natur) betrachtet. Sie ist somit kein bewusst mit einer Idee erzeugtes und damit geplantes Geschehen, sondern eine *nicht-intentionale, sich ereignende* Umwelt-Katastrophe. Dramaturgisch in die geistige Abwesenheit Ricks während seines Koma-Zustandes eingebettet, wird ihm nach seinem Aufwachen ein neuer, anderer Zustand der Welt präsentiert, welcher durch das Phänomen der Zombies und die dadurch verursachte gesellschaftliche Unordnung *bedeutungsfordernd* ist. Durch Duane und Morgan wird ihm die Deutung des Neuen als etwas Äußeres, Dingliches nahegelegt, die er zunächst auch akzeptiert. Mit der Zuschreibung des Ding-Charakters wird dem Zombie hier die Eigenschaft des Mensch-Seins abgesprochen. Die ersten Geschehnisse führen somit über die Darstellung eines veränderten äußeren Rahmens gesellschaftlichen Seins – eine durch das Auftreten der Zombies veränderte Umwelt – in eine Szenerie ein, in der sich die ihr ausgelieferten Figuren zurechtfinden müssen, indem sie eine Deutung und ein daran anknüpfendes weiteres Vorgehen entwerfen.

4   Das Andere im Eigenen

Wie der weitere Handlungsverlauf der Serie zeigt, ist jene Deutung keinesfalls
endgültig, sondern durch bestimmte Krisensituation ebenfalls angreif- und veränderbar, wie die Serie gerade an Morgan und Duane verdeutlicht, welche sogar selbst
eine besondere Definition für das neue Phänomen des Zombies finden müssen: In
der Nähe ihres verbarrikadierten Hauses hält sich die zombiefizierte Mutter bzw.
Ehefrau der beiden auf, welche gerade Morgan vor ein Deutungsproblem stellt: Ist
sie noch die Person, die er als seine Ehefrau und Mutter von Duane kennt oder ist
sie nun eines dieser ‚Dinger' geworden, die man zum Wohl ihrer selbst oder zum
Wohl von ihm und seinem Sohn besser erschießen sollte?

Hier spielt nicht zuletzt das Aussehen des Zombies eine Rolle: Die Zombie-Phy-
sis und seine Leiblichkeit erscheinen menschlichen Ursprungs (d.h. sie entspricht
anatomisch dem menschlichen Leib), in der Körperlichkeit der Zombies können
die Überlebenden noch infizierte Verwandte, Freund*innen und Bekannte erkennen (z.B. tragen Zombies noch Kleidung die an die Person erinnert), in ihrem Tun
entsprechen sie aber nicht mehr dem bekannten Verhalten der ehemals vertrauten
Mitmenschen. Hier lassen sich einige Parallelen zu der Beschreibung des sozialen
Umgangs mit Koma-Patienten ziehen, welche Ronald Hitzler erarbeitet hat: Aus
dem fehlenden Reagieren des Koma-Patienten „resultiert der erhöhte Deutungs-
aufwand aus der Ungewissheit darüber, ob man es mit Blick auf den Körper eines
Menschen im Wachkoma ‚nur' mit einem individuellen Organismus, oder ob man
es doch (auch) mit einer anderen Person zu tun hat" (2012 : 8). Innerhalb der Serie
zeigt sich dies besonders eindrucksvoll am Beispiel von Jim, welcher als Mitglied
der Überlebenden-Gruppe um Rick durch einen Zombie-Biss infiziert wird und
sich somit in dem aus Sicht der Gruppe höchstproblematischen Übergang zwischen
Mensch (Eigenem) und Zombie (Anderem) befindet.

5   Die Schwelle zum Anders-Sein – Jim hat's erwischt

Jaqui: *„Jim hat's erwischt, ein Streuner hat ihn gebissen!"*
[...]
Jim: *„Ich bin okay, ich bin okay, ich bin okay..., ich bin okay, ich bin*
          okay..., ich bin okay, ich bin okay, ich bin okay. ... ... Ich bin okay."
Jim sitzt abseits der Gruppe hinter Dales Wohnmobil. Die Arme auf den Knien
abgelegt wirft er kurze Blicke zu der versammelten Gruppe hinüber. In einem

Kreis versammelt steht der Rest der Überlebenden zusammen und hält Rat:
Was tun mit Jim?

Daryl: „Wir hau'n ihm 'ne Spitzhacke in den Schädel und auch dem toten
          Mädchen[12], dann ist es erledigt."

Shane: „Würdest du das auch für dich so wollen."

Daryl: „Ja! Und ich würde euch dafür noch danken."

Dale: „Ich hätte ja wirklich nie gedacht, dass ich sowas jemals sage, aber
          vielleicht hat Daryl ja wirklich recht."

Rick: „Jim ist kein Monster, Dale, oder irgendein tollwütiger Hund."

Dale: „Ich will ja nicht vorschlagen das..."

Rick: „Er ist ein kranker Mann. Wenn wir erst mal so anfangen, wo ziehen
          wir dann die Grenze?"

Daryl: „Die Grenze ist ziemlich klar: Keine Gnade mit Streunern oder denen
          die's bald sind."

Rick: „Vielleicht können wir Hilfe besorgen? Über's Zentrum für Seuchen-
          kontrolle."

Shane: „Die sollen an einem Heilmittel arbeiten, doch man hört jetzt so
          manches."

Rick: „Aber wenn das Zentrum immer noch existiert..."

Shane: „...Mann, das glaubst du wohl selbst nicht."

Rick: „Wieso nicht? Wenn es noch jemanden in der Regierung gibt, noch
          Strukturen da sind, dann würde man doch das Zentrum um jeden
          Preis schützen. Ich denke, das ist den Versuch wert. Zuflucht...
          Schutz...Rettung!"

[...]

Daryl: „Dann sucht ihr mal schön den Onkel Doktor und tut (dreht sich um,
          die Spitzhacke in beiden Händen und stürmt in Richtung Jim) was
          ihr nicht lassen könnt, aber jemand muss hier mal das verdammte
          Problem lösen!"

Rick: (zieht die Pistole und stürmt Daryl nach) „Hey, hey, hey" (richtet unter-
          dessen die Pistole auf Daryls Kopf) „Wir töten...keine...Lebenden!"

Daryl: (dreht sich zu Rick um und lässt die Spitzhacke sinken) „Zu komisch
          und das von 'nem Typen der mir 'ne Kanone an die Birne hält."

(AMC 2010, S1 E5 ab 5:55)

In der hier beschriebenen Szene ‚tritt' der Zombie-Biss an die Gruppe heran und
bringt die Weltsicht der Gruppe ins Wanken. Durch den Zombie-Biss scheint Jim

---

12 Amy, die Schwester von Andrea wurde kurze Zeit vor Jim von einem Zombie gebissen.

in den Augen eines Teils der Gruppe seinen Status als Person zu verlieren und zum Zombie/Streuner zu werden, welche die Gruppe der äußeren, feindlichen Dingwelt zuordnet. Dinge(r) – das heißt fremdartige Umstände – können an dieser Stelle im Weiteren auch unter der Idee des „Komplexe des Erstaunlichen" (Goffman 1980: 38) gefasst werden. Ähnlich wie in der soziologischen Literatur (vgl. Linde 1972) sind mit der Ding-Definition durch die Gruppe (im Beispiel von Daryl mit „Streuner" bezeichnet, was auf etwas der Gruppe Äußeres, zielloses, also nicht-intentionales hinweist) hier Umstände oder Ereignisse betitelt, die von außen an die Menschen herangetragen werden, aber eine signifikante Wirkung auf diese ausüben und die das menschliche Zusammenleben herausfordern – was Erstaunen und Unsicherheit hervorzurufen mag – ‚Was tun mit dem gebissenen Jim?‘. Während Artefakte von dem Menschen in seine Umwelt entlassen werden, soll der Begriff Dinge etwas beschreiben, das nicht dem menschlichen Tun und Handeln entsprungen ist[13] und auch nicht durch menschliche Einflüsse als Person geprägt worden ist. Dinge sind also etwas, das der Gruppe fremd ist und von außen kommt – wie ein Streuner („Keine Gnade mit Streunern oder denen die's bald sind. […] jemand muss hier mal das verdammte Problem lösen!"). Während Artefakte (und in gewisser Weise auch Personen, verstanden als Rollenträger/-bilder (vgl. Dahrendorf 2006: 28ff.)) ein Arsenal gesellschaftlich akzeptierter ‚responses‘ darstellen und bereits handlungs-relevant strukturiert seien (d.h. mit einer Art ‚Gebrauchsanweisung‘ versehen sind), sind Dinge hierzu im Unterschied „erst zu (definierende) ‚challenges‘, mit denen Momente des ‚natural environment‘ [gelesen als Dinge; die Verfasser] Verhalten und Handeln provozieren" (Linde 1972: 9). Dinge erscheinen so als etwas Fremd-artiges und aufgrund ihrer fehlenden gesellschaftlichen Deutbarkeit auch als etwas Herausforderndes, wie es auch der veränderte Status Jims nach dem Zombie-Biss ist. Hier lassen sich Bezüge zur Idee des Kontingenten herstellen: Eine ‚challenge‘ ist undefiniert, also ein Raum des Potenziellen, in dem alles Denkbare möglich erscheint. ‚Responses‘ hingegen haben diesen Raum des Potenziellen durch eine festgelegte Handlungsstrategien eingegrenzt. Das Verhalten eines Phänomens ist aufgrund der Erwartung im Sinne Luhmanns eingegrenzt: Es sind bestimmte Handlungsstrukturen, hier vielleicht besser Ideen von Handlungen benannt, wel-che schließlich eine Entscheidung, eine Handlung bedingen (vgl. ebd. 1984: 399).

Dinge als eine Art der ‚challenge‘ greifen diese alltäglich gesetzten Annahmen des Verstehbar-Seins, die gebrauchsfertige und unterstellte Vorstrukturiertheit von Situationen, an. Üblicherweise wird „in unserer Gesellschaft allgemein die sehr

---

13 In der Serie The Walking Dead wurde bisher zu keinem Zeitpunkt die Herkunft der Zombies geklärt. Ob sie einen natürlichen Ursprung oder einen kultürlichen (z.B. fehlgeschlagenes Experiment der Wissenschaft) haben, bleibt dem*der Zuschauer*in verborgen.

bedeutsame Annahme gemacht, dass alle Ereignisse – ohne jede Ausnahme – in das herkömmliche Vorstellungssystem hineinpassen und mit seinen Mitteln bewältigt werden können. Man nimmt das Unerklärte hin, aber nicht das Unerklärliche" (Goffman 1980: 40). Bezogen auf das Spiegelkabinett scheinen Ding-Definitionen einem Steinwurf gleich zu kommen: Der Spiegel zerspringt und beginnt zu zersplittern und zeigt aufgerissene Bilder, deren Verstehbarkeit nicht mehr ohne Weiteres gegeben zu sein scheint. Das Resultat ist eine Situation, die einer Neuorientierung bedarf.

In der hier beschriebenen Szene spitzt sich die Wirkungsmacht einer Ding-Definition zu, da es sich vielmehr um eine sich aufdrängende Um- bzw. Neu-Definition handelt. Das vorherige, feststehende Bild von Jim als Mensch und Person wird durch den von den anderen Gruppenmitgliedern bemerkten Biss des Zombies gebrochen („Jim hat's erwischt" oder „Keine Gnade mit Streunern oder denen die's bald sind" aus der oben beschriebenen Szene), Jim befindet sich somit für sie in einem Übergangsstadium, welches bisherige Spiegelungen zunehmend zu brechen scheint. Jims Zustand wird somit für ihn selbst und die Gruppe, wie die hier beschriebene Szene zeigt, zur ‚challenge': Er ist weder bloßer Mensch noch bloßer Zombie (weder vollständig Subjekt, noch Ding), sondern vielmehr ein Hybrid, ein Mensch, der unter dem Scheffel der Infektion steht. Sein Zustand ist ein ungewisser für die Gruppe, eine Betriebsanleitung hierfür wird erst in der oben beschriebenen Interaktion versuchsweise ausgehandelt und verfasst. Zombies waren einmal Menschen, welche Träger und Produzenten einer gemeinsam geteilten Wirklichkeit (vgl. Prus 1999: 10; „Human group life [...] is an intersubjective accomplishment") darstellen und obwohl Jim seinen Zustand durch die bis zur Unglaubwürdigkeit wiederholte Aussage „Ich bin okay" zu normalisieren versucht und vermenschlichen will, sondert sich die restliche Gruppe von ihm ab, um über seinen Zustand und den Umgang mit ihm zu diskutieren. Offen wird hier von Rick das Problem der Grenzziehung angesprochen („Jim ist kein Monster, Dale, oder irgendein tollwütiger Hund"), welches gerade in Jims Übergangsstatus vom Menschen hin zum Zombie problematisch ist. Gleichzeitig wird diese Definition der Situation jedoch durch die Anordnung in der Situation selber (vgl. Goffman 1982; Die Territorien des Selbst) kontrastiert d.h. angegriffen. Während die Gruppe einen Kreis formt, welcher dem*der Zuschauer*in eine Nähe und Verbundenheit der ihn bildenden Personen nahelegt, sitzt Jim abseits der Gruppe und befindet sich somit auch räumlich außerhalb der Gruppe. Trotz der räumlichen Trennung, welche die Uneinigkeit und Ausgrenzungspraktiken der Gruppe symbolisiert, tendiert Rick in der Situation zu einer Pathologisierung des Hybriden Jim, was ihm die Möglichkeit bietet, Jim am Rand der Gruppe zu halten, ohne ihn ganz auszustoßen. Jim sei noch Jim, nur erkrankt, was die Möglichkeit medizinischer Heilung in sich birgt und den Ausblick auf eine Reintegration gestattet, wenn auch nur als Fassade, die dem Menschen im

Übergang zugestanden werden soll. Durch den Status einer kranken und pflegebedürftigen Person würde Jim zwar von anderen Gruppenmitgliedern differenziert werden, jedoch weiterhin in die Gruppe eingebunden bleiben. Diese Perspektive teilt Daryl nicht und fordert ein, durch die Tötung Jims „das verdammte Problem [zu] lösen". Ricks Argumentation verweist hier auf zivilisatorische Institutionen der vorherigen Gesellschaftsordnung, indem er die staatlichen Strukturen und das Zentrum für Seuchenkontrolle erwähnt (das anscheinend Unerklärliche wird hier mit althergebrachten Mitteln und Definitionen zu erklären versucht – Krankheit und Aussicht auf Heilung), in welchem möglicherweise eine medizinische Lösung für das Zombie-Problem der Gruppe vorhanden ist. Auch die in dieser Szene erstmals aufkommende Frage nach Heilung fungiert wie ein neuer Spiegel, der in eine potenzielle Zukunft weist, in welcher Jims Status durch Heilung wieder ein eindeutig menschlicher Status werden *könnte*. Daryl denkt hier eher situativ im Rahmen der anwesenden Gruppe: Jegliche potenzielle Gefahr für diese muss zu Gunsten des eigenen Überlebens beseitigt werden. Diese unterschiedlichen Bezugssysteme entsprechen den Charakteren Rick und Daryl: Während Rick als vor-zombieapokalyptischer Polizist gerade dafür zuständig war, bestehende gesellschaftliche Institutionen und Regeln zu bewahren, war Daryl, seinen Erzählungen über sich selber nach, von jeher ein Außenseiter, der sich, wie auch die von ihm praktizierte Tätigkeit des Jagens verdeutlicht, auf seine eigene Art mit der natürlichen Umwelt auseinandergesetzt hat und weniger auf gesellschaftliche Strukturen und Wechselseitigkeit angewiesen zu sein schien. Diese ‚alte' Rollenaufteilung zeigt sich auch im Schluss der Szene: Rick bezieht sich Daryl gegenüber auf die scheinbar allgemeine Regel „Wir töten…keine…Lebenden", kommt jedoch nicht umhin, ihn mit vorgehaltener Pistole zur Annahme dieser Regel zwingen zu müssen.

Die Suche nach einer gemeinsamen Definition der Situation – welche vorübergehend auf die Reintegration Jims in die Welt der Lebenden hinaus lief, d.h. „Zuflucht…Schutz…Rettung" im Zentrum für Seuchenkontrolle zu suchen – wird jedoch im Folgenden durch Jims Eigeninitiative aufgebrochen, die von der Mehrheit der Gruppenmitglieder, wenn auch nicht ohne Bedenken, unterstützt wird:

Jim: *„Lasst mich hier. Das ist meine Wahl…Okay?! Meine Entscheidung. Du kannst nichts dafür."*

Rick: *(hat in der Zwischenzeit die Gruppe zusammengerufen) „Er sagt, dass er's so will."*

Carol: *„Und, ist er bei Verstand?"*

Rick: *„Es scheint ganz so. Ich würde meinen ja."*

Dale: *„Als ich im Lager sagte, Daryl könnte recht haben und Du mir über den Mund gefahren bist…ich wäre niemals…damit einverstanden…*

herzlos, einen, einen Menschen zu töten. Ich wollte nur, dass wir...
Jim fragen...was er will. Und wie's aussieht haben wir eine Antwort."
Shane: *"Wir sollen ihn einfach hier lassen und abhauen? Ich weiß nicht, ob*
          ich damit leben könnte."
Lori: *"Das habt ihr nicht zu entscheiden. Keiner von euch."*
(AMC 2010, S1 E5 ab 31:00)

Jim bemüht sich in der Szene darum für sich selbst und somit auch für die Gruppe
eine Entscheidung über den Umgang mit ihm festzulegen, d.h. eine gemeinsame
Definition der Situation zu schaffen. Er möchte, dass die Gruppe ihn sich selbst
überlässt, möchte also aktiv nicht mehr Teil der Gruppe sein. Carol stellt dies zunächst in Frage indem sie anzweifelt, dass er nicht mehr für sich selbst entscheiden
kann. Während Dale und Rick Jim hier diese Entscheidungsmacht zusprechen,
erinnert Shane, mit Bezugnahme auf sein Gewissen, an die Gruppenverantwor-
tung. Lori schließt jedoch die Szene, indem sie nochmals unwidersprochen Jim
die Entscheidungsgewalt über seine Zukunft zuspricht. Auch die Dramaturgie des
Szenenfortgangs unterstreicht die Eigenentscheidung Jims und damit den nicht
nur physischen Austritt aus der Gruppe: Jim bleibt auf eigenen Wunsch, aber mit
Zustimmung der Gruppe, alleine an einem Baum am Wegesrand sitzen, die restliche Gruppe setzt ihre Reise fort. Als Symbol für die eigene Entscheidungskraft
und die ihm somit durch die Gruppe zugeschriebene Noch-Menschlichkeit wollen
die Anderen Jim mit eine Pistole zurück lassen[14], mit der er, wenn er es möchte,
seinem Leben ein Ende bereiten kann. Damit liegt die Entscheidung, ob Jim ein
Zombie oder ein toter Mensch wird, in seinen Händen. Ob Jim sich letztlich für
den Selbstmord oder für eine Zombie-Werdung entscheidet, wird, diese Deutung
des ambivalenten Zustandes unterstützend, nicht gezeigt.

In der hier beschriebenen Szene offenbart sich die irritierende Wirkung des
Anderen im Eigenen. Jim, zuvor ein eindeutiges Mitglied der menschlichen Gruppe
der Überlebenden, wird durch den als willkürliches Natur-Phänomen und damit
nicht-intentional aufgefassten Biss in eine von Ambivalenz geprägte Rolle versetzt:
Jim ist in der Szene weder Person noch Zombie, sondern befindet sich somit an der
Schwelle zum Anders-Sein, indem er dem allmählichen Prozess der Veränderung
hin zum Zombie, also dem Prozess der Anders-Werdung *ausgeliefert* ist. Durch
dieses Anzeichen des Anderen im Eigenen wird die Idee der Kontingenz des Eigenen
vollzogen: Das Eigene ist nicht gefestigt und endgültig, sondern u.a. durch äußere,

---

14 Ob Rick ihm die Pistole letztendlich da lässt (im Szenenverlauf ist schwer zu erkennen,
    ob Rick die Pistole wieder geholstert hat, als er sich von Jim entfernt), bzw. ob Jim die
    Pistole annimmt, bleibt in der Szene selber undurchsichtig, da Jim betont, dass er sie
    nicht haben möchte.

nicht gewollte, aber sinnhaft aufzufassende, als willkürlich verstandene Einflüsse angreif- und veränderbar.

6 Das Eigene im Anderen – Hershels Farm

Die im vorherigen Abschnitt geschilderte Lösung für Jims problematischen Infekt, der Ausschluss aus der Gruppe und das damit verbundene, wortwörtliche Sich-Ihm-Selbst-Überlassen, stellt eine spezifisch situative Lösung dar. So zeigt der Verlauf der Serie, dass ein einfaches Entfernen von Infizierten oder Zombies aus der Gruppe keine Lösung sein kann, sobald das Verständnis davon, was ein Zombie im Kern ist, uneindeutig ist. Nicht nur das ambivalente Zwischenstadium zwischen Mensch und Zombie ist problematisch, auch Spiegelbilder von dem, was ein Mensch oder was ein Zombie ist, können zerbrechen, sollten ihnen alternative Sichtweisen gegenübergestellt werden. In der zweiten Staffel der Serie taucht diese Diskussion nochmals in den unterschiedlichen Deutungsweisen des Zombies als entweder erkrankte Menschen oder als drohende Gefahr auf. Hier trifft die Gruppe von Überlebenden um Rick auf eine Farm, die von weiteren Überlebenden bewohnt wird. Letztere haben ihre frühere Mitmenschen (Verwandte, Nachbar*innen etc.), die sich nun in Zombies gewandelt haben, in einer Scheune eingesperrt, um sie zwar in Schach, jedoch auch am Leben zu halten. Nachdem die Gruppe um Rick von der geheim gehaltenen Scheune erfahren hat, spricht Dale Hershel, das Familienoberhaupt der Farmbewohner*innen, darauf an:

Dale: *„Ich mag ihr Grundstück. War heut' morgen lange spazieren und*
          bin dann bei der Scheune gelandet." (presst die Lippen aufeinander
          und weitet die Augen, allg. wohl ein wissender, fordernder Blick)
Hershel: *(schaut kurz zu Dale, wendet sich dann ab)*
Dale: *„Ich hab da so'n Stöhnen gehört."*
Hershel: *„Was für ein Zufall." (striegelt weiter das Pferd, schaut nur kurz zu*
          Beginn zu Dale)
Dale: *„Sie haben ganz sicher ihre Gründe dafür das geheim zu halten."*
Hershel: *„Ich hab die Nachrichten gesehen bevor sie aufhörten. Die irrationale*
          Angst, die Grausamkeiten. Wie der Vorfall an meinem Brunnen."
Dale: *„Wir haben einen Beißer erledigt."*

Hershel: *(ein Blick, den man als moralischen, tadelnden Blick bezeichnen*
  könnte) „Sie haben einen Menschen getötet."
Dale: *„Wenn sie...dieselben Nachrichten gesehen haben wie ich, dann*
  wissen sie was Beißer anrichten. Töten! Die sind gefährlich."
Hershel: *„Ein paranoid Schizophrener ebenfalls. Wir erschießen auch keine*
  Kranken."
Dale: *„Bei allem Respekt, Sie sind hier von der Außenwelt abgeschnitten.*
  Ich habe Menschen, die ich sehr mochte, sterben und zurückkommen
  sehen...und da waren sie keine Menschen mehr." (langsam, leise,
  dramatisch, pointiert).
Hershel: *„Meine Frau und mein Stiefsohn sind in der Scheune.... Das sind*
  Menschen."
(AMC 2011, S2 E6 ab 11:00)

Nach einer smalltalkhaften Gesprächseröffnung spricht Dale Hershel zunächst auf
die Scheune an sich an, jedoch auf eine derartig aufdringliche Art, dass eigentlich
beide wissen (zu untermauern durch die ausweichenden Blicke Hershels und das
Beharren auf Seiten Dales), dass Dale weiß, dass in der Scheune von Hershel und
dessen Familie eine Gruppe Zombies eingesperrt ist. Jedoch erst nachdem Dale
Hershel direkt auf sein Geheimnis angesprochen hat, reagiert dieser mit einer
Rechtfertigung: Er bezieht sich hierbei auf die Berichterstattung über die Zombie-Apokalypse und betont die für ihn unangebrachte Grausamkeit gegenüber
den Zombies. Hieran anknüpfend macht er Dale und der gesamten Gruppe um
Rick zum Vorwurf, dass sie am vorherigen Tag einen Zombie getötet haben, der
im Brunnen von Hershel gefangen war. Er definiert diesen als Menschen; Dale
betont jedoch, ohne ihm zu widersprechen, die Gefährlichkeit der Zombies. Erst
nachdem Hershel aggressiver eine Analogie zwischen Zombies und Erkrankten
herstellt, somit also hoffnungsvoll auf eine potenzielle Heilung der Zombies und
einer damit verbunden Rücktransformation hin zum Menschen (ein Zurückholen
in das Eigene) hinweist, nutzt Dale persönliche Vergangenheitserzählungen, um
Zombies als Nicht-Menschen zu definieren. Hershel reagiert hier ebenfalls mit
biographischen Verweisen, indem er konstatiert, dass seine Frau und sein Stiefsohn
in der Scheune seien. Auch zwischen Glenn und Maggie, der Tochter von Hershel,
findet ein ähnliches Gespräch statt:

Glenn: *„Er [Hershel; Anm. d. Autoren] denkt sie wären nur krank. [...] Hättest*
  du Atlanta erlebt, hättet ihr keine Scheune voll mit Beißern."
Maggie: *„Hör bitte auf sie so zu nennen! ..."*
Glenn: *„Wie nennt ihr sie denn, Maggie?"*

Maggie: „Mum, ... Shaun, Mr. und Mrs. Fisher, Lacey, Dunken."
(AMC 2011, S2 E6 ab 22:25)

Während Glenn gerade versucht, Hershels Pathologisierung der Zombies Maggie gegenüber umzudefinieren, reagiert auch diese mit biographischen Bezügen: Sie distanziert sich von Glenns Bezeichnung der Zombies als ‚Beißer' und möchte somit nicht, dass die Zombies auf ihre aktivste Haupttätigkeit, das Beißen, reduziert werden, sondern sieht in ihnen vielmehr die ehemaligen Verwandten und Bekannten, indem sie die einzelnen Namen der in die Scheune eingesperrten Zombies nennt. Von der jeweiligen Definition der Zombies als Ding oder als kranker Mensch hängt die unterstellte Lebens(un)würdigkeit der eingesperrten Zombies ab, wodurch ihr Status als Gruppenmitglied oder äußerer Erscheinung geregelt wird. Auf Basis dieser Vorstellung entscheidet sich der Umgang mit Zombies, zu welchem sowohl die Gruppe um Rick wie auch die der Farmbewohner*innen ihren spezifischen Umgang mit ihnen entwickelt haben. Die Zombies sind für beide Gruppen nun keine reine ‚challenge' mehr, sondern vielmehr ein Phänomen, zu dem sich jeweilige Umgangsformen, ‚responses', als Form des Anschlusses herausgebildet haben. Statt das Problem, wie im Falle Jim, zu umschiffen und eine Festlegung zu vermeiden, haben sich hier beide Parteien auf eine jeweils spezifische Sicht auf die Zombiefizierten festgelegt. Dale, als Stellvertreter der Gruppe um Rick, zieht eigene biographische Erlebnisse heran, um den Status der Zombies als bedrohliches Phänomen zu bestimmen: *„Die sind gefährlich. [...] Ich habe Menschen, die ich sehr mochte, sterben und zurückkommen sehen...und da waren sie keine Menschen mehr"*. Er erkennt hier selbst den ihm ehemals nahestehenden Personen ihren Menschen-Status ab und spricht sich somit gegen Hershels pathologisierende Deutung aus, welche die Zombies aufgrund unterstellter Heilungschancen als Teil der Gruppe auffasst.

Während sich die Gruppe um Rick so in der aktuellen Station der Serie auf eine Definition des Zombies als vernichtenswerte Erscheinung geeinigt hat, sehen die Farmbewohner*innen um Hershel den menschlichen Ursprung der Zombies gerade als Grundlage für die genau gegensätzliche Sichtweise, setzen sie sogar in der artikulierten Deutung mit den ‚vorherigen' Personen gleich[15]. Jedoch reagiert

---

15 Interessant ist, dass die Serie den Zuschauer*innen selbst Abseits der gezeigten Aushandlungen durch Figuren der Serie Anhaltspunkte für das Kritisieren der jeweils aufgeführten Zombie-Bilder gibt. So wird bereits im Vorspann der Serie der Türknauf gezeigt, mittels welchem die zum Zombie mutierte Frau von Morgan die Tür *ihres* Hauses zu öffnen versucht. Das lässt sich, ebenso wie das Aufheben eines Teddys durch das Zombie-Mädchen aus der zuvor beschriebenen Szene der Serie, als eine Form des persönlichen, individuellen intentionalen Handelns sehen, die den Zombies in den Argumentationen in der Serie, auch von dem Wissenschaftler im Seuchenschutzzentrum,

auch ihre ‚response' auf den neuen Zustand ihrer alten Bekannten: Sie behandeln sie nicht als die früheren Personen, sondern als Schatten dieser Personen, die nach einem bestimmten Muster kontrolliert werden können. Durch die Einschließung in die Scheune verhindern sie Übergriffe der Zombies auf die anwesenden Menschen, durch die Fütterungen verhindern sie jedoch auch ein Sterben der Zombies. In dieser Entwicklung von *responses*, von intentionalen Umgangsweisen, lässt sich eine spezifische Lösung, eine Be-Handlung (wenn auch keine Heilung) des „Naturphänomens Zombie" ausmachen. Auch wenn diese situativ die Kontingenz, die möglichen alternativen Bedeutungen der Zombies, ausklammert, kann diese jedoch gerade in Form von kritischen Äußerungen in Diskussionen wieder eröffnet werden. Jede spezifische Deutung, jede Einordnung des Phänomens, bringt hier einen spezifischen Umgang mit dem Phänomen, eine spezifische ‚response' mit sich. An der Deutung von Hershels Gruppe ist nun interessant, dass sie die eingesperrten Zombies zentral unter dem Paradigma *des Anderen im Eigenen* sieht. Hier wird gerade das Ähnliche, die Facette des Mensch-Seins in den Zombies, betont, was dazu führt, die Betroffenen als schützenswert statt, so wie es die Deutung der Gruppe um Rick mit sich bringt, vernichtenswert zu sehen. Gemeinsam ist beiden Parteien somit die Deutung der Zombie-Infektion als äußeres, nicht-intentionales Naturphänomen; in den damit verbundenen Konsequenzen, dem unterstellt notwendigen Umgang mit Infizierten, unterscheiden sich die Gruppen aber als Folge der Schwerpunktsetzung innerhalb der Ambivalenz von Grund auf. Wohingegen das Sehen des Anderen im Eigenen eine Abwehrhandlung auslösen kann, kann das Sehen des Eigenen im Anderen eine Grundlage für Solidarität darstellen.

7   Abspann

Im vorliegenden Artikel wurden drei Formen der Darstellung des Anders-Seins in der Serie *The Walking Dead* herausgearbeitet, welche durch die Figuren der Serie selbst erzeugt wurden und die Grundlage ihres Handelns in Bezug auf die Erscheinung der Zombies darstellen. Das Anders-Sein drängt sich zunächst in sehr allgemeiner Form sowohl dem*der Zuschauer*in wie auch der Hauptperson der Serie Rick auf: Beide werden in der ersten Episode überraschend in eine veränderte Umwelt der sonst gewohnten Gesellschaft eingeführt. Dieser krisenhaften neuen Situation, dem neuen Rahmen muss mit neuen Bedeutungsleistungen begegnet werden, die Erschei-

abgesprochen wird. Somit finden sich auch biographische Elemente des „vorherigen" Lebens im Tun der Zombies selbst wieder.

nung des Zombies lässt sich vermeintlich nicht mit Routinen der ‚alten‘ Gesellschaft verarbeiten. Hier stellt die Frage nach den im Zombie befindlichen Überresten der Persönlichkeit des infizierten Menschen: Gerade der an Jims Grenzfall verdeutlichte und als ambivalent aufgefasster Zustand *zwischen* Mensch und Zombie weist auf diese Problematik hin. Auch wenn die Akteure der Serie an dieser Stelle das Problem aus der Welt schaffen, indem sie Jim sich selbst überlassen, steigt der Druck, sich festlegen zu müssen im weiteren Verlauf der Serie. Hier verdeutlicht sich die Notwendigkeit der Herausarbeitung von ‚Betriebsanleitungen‘, von ‚responses‘, die festlegen, auf welche Art dem neu aufgetretenen Phänomen des Zombies zu begegnen ist. Selbst das Aus-Der-Welt-Schaffen des Problems ist eine Reaktion, an welcher sich zeigt, dass *nicht nicht* gehandelt werden kann. Am Beispiel der eingesperrten Zombies auf Hershels Farm verschärft sich diese soziologisch interessante diskursive Aushandlung um das ‚wahre‘ Wesen der zomibifizierten Personen und den damit verbundenen Umgang mit ihnen ebenfalls. Hier sind, selbst unter Bezugnahme auf die Biographien der infizierten Menschen, verschiedene Deutungsweisen der Lebenswürdigkeit jener Infizierten denkbar, welche jeweils eine eigene Art des Umgangs, des Regierens auf diese Personen mit sich bringt[16]. Diese Kontingenz ist stets die Grundlage für die Umdeutung, für das Anders-Sehen von Phänomenen und stellt damit, wie sich sehr gut an der Diskussion um die zombiefizierten Personen auf Hershels Farm verdeutlichen lässt, die Grundlage jeder diskursiven Auseinandersetzung und Kritik dar. Diese ist keinesfalls nur rein kommunikativ, sondern ebenso praktisch folgenreich, da jede Deutung auch immer bestimmte Handlungs- und Umgangsweisen mit dem Bezeichneten nahelegt.

Hier zeigt sich das wechselseitige Bedingungsverhältnis des Eigenen und des Anderen: Über Zuordnungsprozesse von Nähe und Distanz, von Ähnlichkeit und Unterschiedlichkeit wird in sozialen Interaktionen, Aushandlungen und Taten sowohl das Eigene wie das Andere erschaffen. Das Andere im Eigenen ist somit eine Herausforderung, die das Eigene angreifen kann, was zu dessen Umdeutung,

---

16 Dieser von starker Kontingenz gezeichnete Grundzustand, welcher im vorliegenden Artikel herausgearbeitet werden sollte, ist keinesfalls nur in einem fiktionalem Serienformat wie *The Walking Dead* zu finden, sondern weißt Parallelen zu einer Vielzahl empirischer Phänomene unserer Gesellschaft auf: So lässt sich die in der Serie aufzeigte Zombie-Apokalypse auch als Metapher für den Klimawandel lesen und verdeutlicht so die Nicht-Ignorierbarkeit der Umwelt von Gesellschaft: Ähnlich der Zombie-Apokalypse handelt es sich hier um ein globales Phänomen, bei dem es keinen sicheren Bereich, kein Außen gibt. Aufgrund der Zuschreibung des großen Einflusses auf gesellschaftliches Sein entsteht hier ebenfalls eine Notwendigkeit, die zum Handeln, zum Sich-Anpassen, zum Reagieren auf die proklamierte Bedrohung anleitet. Auch die Omnipräsenz der Kontingenz sozialer Deutungsweisen lässt sich auf eine Vielzahl empirischer Phänomene übertragen.

Ausschluss oder gar Vernichtung führen kann. Das Eigene im Anderen hingegen konnte in dieser Arbeit als Grundlage für Solidarität und ‚Mitgefühl‘ herausgearbeitet werden: Es offenbart die Ähnlichkeit im Unterschiedlichen und nimmt Bezug auf das, was gleich ist. Dass diese Prozesse in keinem luftleeren Raum des Sozialen stattfinden, zeigt das Anders-Werden des Äußeren: Ein Wandel der Umwelt des Sozialen zeigt die Variabilität sozialer Erscheinungen und zugleich deren Angepasstheit an ihren spezifischen Bezugsrahmen. Soziale Phänomene sind somit nicht beliebig, sondern stets in Bezug auf ihren Kontext zu betrachten. Dieser Wandel der Umwelt wurde den beschriebenen Szenen keinesfalls von den Verfassern angedichtet, sondern wurde durch die Charaktere der Serie selbst angeboten: Sie sehen die Zombie-Apokalypse an sich als äußeres Phänomen, für welches es einen angemessenen Umgang, eine Betriebsanleitung herauszuarbeiten gilt. Dieser Umgang mit dem Phänomen Zombie war und ist dabei stets angreifbar, sodass hier Definitions-Kämpfe um den angemessenen Umgang mit dieser Erscheinung stattfanden. Jede Partei glaubt hierbei, die richtige Form, das wahre Wesen des Zombies erkannt haben und gemäß dieser Erkenntnis zu reagieren.

Innerhalb des Kosmos‘ der Serienhandlung sind diese verschiedenen Deutungsweisen des Phänomens Zombie jedoch alle so angelegt, dass sie dieses als eine nicht-intentionale Naturerscheinung auffassen. So wie die Zombie-Zuschreibung selbst als etwas Kontingentes dargestellt wird, sind auch die Umgangsformen mit ihm kontingent, aushandel- und ersetzbar. Hier lassen sich unterschiedliche Betriebsanleitungen verfassen, die ihren jeweils eigenen Umgang mit ihrem Thema mit sich bringen. Im Erstellen eines *Drehbuches*, in einer Geschichte, in der Idee und der Umsetzung der Serie *The Walking Dead* selbst, ist die Kontigenz jedoch ausradiert: Die Serie ist geskriptet, also im Gezeigten festgesetzt und über den Moment des unmittelbar Sichtbaren heraus vorherbestimmt. Die Intention, die wir als Zuschauer*innen und damit Interpreten*innen diesem Werk unterstellen, ist jedoch mindestens genauso kontingent, wie die Idee dessen, was einen Zombie denn nun ‚in Wirklichkeit‘ ausmacht.

Literatur-/Quellenverzeichnis

AMC, 2010: The Walking Dead. Die komplette erste Staffel. DVD.
AMC, 2011: The Walking Dead. Die komplette zweite Staffel. DVD.
Bauman, Zygmunt. 2000. Vom Nutzen der Soziologie. 1. Aufl. Frankfurt am Main: Suhrkamp
Cooley, Charles H.. 1983 [1902]. Human nature and the social order. New Brunswick: Transaction Books.

Dahrendorf, Ralph. 2006. Homo Sociologicus. Ein Versuch zur Geschichte, Bedeutung und Kritik der Kategorie der sozialen Rolle. Wiesbaden: VS.

Fish, Stanley. 2008. Intention is all there is: A critical analysis of Ahron Barak's purposive interpretation in law. [Elektronische Fassung] Cardozo Law Review 29 (3): 1109-1146.

Fiske, John und *John Hartley.* 1988 [1978]. Reading Televison. London: Routledge. Empfangen am 4.4.2013 von http://books.google.de/books?id=TBFWnPyLCRoC&printsec=frontcover&hl=de&sourso=gbs_ge_summary_r&cad=0#v=onepage&q&f=false.

Galindo, Jorge. 2006. Zwischen Notwendigkeit und Kontingenz. Theoretische Selbstbeobachtung der Soziologie. Wiesbaden: VS Verlag für Sozialwissenschaften / GWV Fachverlage GmbH.

Garfinkel, Harold. 1977. Bedingungen für den Erfolg von Degradierungszeremonien. S. 31-40 in Lüderssen, Klaus und Fritz Sack (H.g.), Seminar: Abweichendes Verhalten III. Die gesellschaftliche Reaktion auf Kriminalität. Band 2. Strafprozeß und Strafvollzug. Frankfurt a.M.: Suhrkamp.

Gehlen, Arnold. 2004. Arnold Gehlen Gesamtausgabe – Die Seele im technischen Zeitalter und analoge soziologische Schriften und Kulturanalysen. Frankfurt a.M.: Vittorio Klostermann. Empfangen am 5.4.2013 von http://books.google.de/books?id=QZnPjD-3tPwC&pg=PA14&lpg=PA14&dq=bed%C3%BCrfnis+nach+umweltstabilit%C3%A4t&source=bl&ots=ceq-LhF-Ao&sig=Fyrbp9yvx8j9DkbVZyWgWrIkeKE&hl=en&sa=X&ei=O6peUbShO8XtsgaVw4HIAg&ved=0CDEQ6AEwAg#v=onepage&q=bed%C3%BCrfnis%20nach%20umweltstabilit%C3%A4t&f=false

Goffman, Erving. 1980. Rahmenanalyse. Ein Versuch über die Organisation von Alltagserfahrungen. Frankfurt a.M.: Suhrkamp.

Goffman, Erving. 1982. Das Individuum im öffentlichen Austausch. Mikrostudien zur öffentlichen Ordnung. Frankfurt a.M.: Suhrkamp.

Goffman, Erving. 2008. Wir alle spielen Theater. Die Selbstdarstellung im Alltag. München: Piper.

Hesse, Herman. 1971. Demian. Die Geschichte von Emil Sinclairs Jugend. ORT: Suhrkamp Verlag.

Hitzler, Ronald. 2012. Die rituelle Konstruktion der Person. Aspekte des Erlebens eines Menschen im sogenannten Wachkoma. [Elektronische Fassung] Forum: Qulaitative Sozialforschung 13 (3): 1-19.

Holzinger, Markus. 2007. Kontingenz in der Gegenwartsgesellschaft. Dimensionen eines Leitbegriffs moderner Sozialtheorie. Bielefeld: Transcript.

Joas, Hans. 2012. Das Zeitalter der Kontingenz. In: *Katrin Toens, Ulrich Willems* und *Michael Th Greven* (Hg.): Politik und Kontingenz. Wiesbaden: Springer VS, S. 25–37.

Klein, Gabriele. 2005. Das Theater des Körpers. Zur Performanz des Körperlichen. S. 73-91 in Schroer, Markus (Hg.), Soziologie des Körpers. Frankfurt a.M.: Suhrkamp.

Kirkman, Robert. 2012. Vorwort. S. 4-5 in: Mergenthaler, Andreas und Hardy Hellstern (Hg.), The Walking Dead I: Gute alte Zeit. Ludwigsburg. Amigo Grafik GbR.

Linde, Hans. 1972. Sachdominanz in Sozialstrukturen. Tübingen: J. C. B. Mohr (Paul Siebeck).

Luhmann, Niklas. 1975. Soziologische Aufklärung 2. Aufsätze zur Theorie der Gesellschaft. Opladen: Westdt. Verl.

Luhmann, Niklas. 1984. Soziale Systeme. Frankfurt am Main: Suhrkamp.

Prus, Robert. 1999. Beyond the power Mystique. Power as intersubjective accomplishment.. Albany. State University of New York Press.

Teil III

Fernsehen als Triebkraft und Symptom des neuen Zweifels an der Wirklichkeit

Floris Bernhardt

Betrachtet man die Entwicklung fantastischer Anderer über die Geschichte hinweg, lässt sich mit der Alltäglichkeit des Fernsehens und dem Einläuten eines Wissenschaftszeitalters eine interessante Beobachtung machen.

Die Konstruktion des „Anderen", die daraus resultierende Konstruktion des Selbst und die erwarteten Erwartungen dieses Anderen, werden hier nur kurz theoretisch thematisiert. Grundsätzlich legt die basale Erkenntnis der Konstruiertheit der Anderen eine hohe Hürde für eine Auseinandersetzung mit der Frage nach dem „imaginären" Charakter dieser Anderen. Tappenbeck (1999) bietet mit ihrer Veröffentlichung „Die Fantasie der Gesellschaft" eine der wenigen soziologischen Auseinandersetzungen mit dem Begriff der Fantasie und der Imagination an. Sie beschreibt die Fantasie als eine grundlegende Bedingung für die Konstruktion von „Anderen" und daraus resultierend auch des „Selbst". Die Fähigkeit sich in den „Anderen" hineinzuversetzen, Erwartungen zuzuschreiben und sich aus dieser Perspektive selbst zu betrachten um daraus ein „Selbst" zu konstruieren, entzieht sich jeder körperlich-sinnlichen und somit objektivierbaren Erfahrung und zeichnet sich somit als ein Prozess der Fantasie aus, was jedoch nicht bedeuten soll, dass Fantasien nicht über bestimmte Prozesse mit sinnlich erfahrbarer Wirklichkeit zusammenhängen (vgl. Tappenbeck 1999).

Diese grundlegenden, im Nachhinein naheliegenden Erkenntnisse, machen die Auseinandersetzung mit dem imaginären Anderen jedoch problematisch. Wenn der „Andere" sich letztlich auf die Fähigkeit fantasievollen Denkens zurückführen lässt und jedes „Selbst" sich somit aus einer nicht erfahrbaren Wirklichkeit dieses „Anderen" ableitet, wie kann dann noch eine klare Trennung von imaginären Anderen und nicht-imaginären Anderen vorgenommen werden? Inwiefern lassen sich also ein Vampir, Geist oder Gott vom besten Freund, Nachbarn oder dem „Polizisten" analytisch unterscheiden? Die genannten Beispiele mögen überspitzt erscheinen, verdeutlichen jedoch die Problematik der Auseinandersetzung mit diesem Thema. Das Alltagswissen und die Erwartungen an diesen Alltag lassen uns sofort den Unterschied zwischen einem Vampir und dem Nachbarn erkennen, der eine ist sinnlich erfahrbar und vor allem ist er „echt", der Andere ist nur in der „Fantasie" vorstellbar aber offensichtlich „nicht-echt".

Unabhängig von der Konstruiertheit beider Charaktere, schreiben wir dem einen Echtheit zu, dem Anderen nicht – selbst wenn der Nachbar niemals gesehen, gehört oder irgendwie wahrgenommen wurde.

Das imaginäre Wesen muss also, um überhaupt als imaginär erkannt zu werden, von vornherein als solches konstruiert werden. Dieser imaginäre Charakter des „Anderen" verläuft jedoch an hart umkämpften Grenzen, an denen der Charakter des „Anderen" als imaginäres Konstrukt ausgehandelt wird.

1   Die Geschichte des „imaginären" Anderen bis zu Aufklärung und Positivismus

Bis zum Beginn des Zeitalters der Aufklärung war der „imaginäre" Andere nicht als solcher vorhanden. Das Territorium der sinnlich nicht erfahrbaren Welt war nicht das Reich der Fantasie, noch waren diejenigen „Anderen", die heute in dieses Reich verbannt werden, zwangsläufig sinnlich nicht erfahrbar im Konzept vor-antiker, antiker bis mittelalterlicher Gemeinschafts- und Gesellschaftsstrukturen (z.B.: Hexen, Zauberer, Geister). Innerhalb von Theater und Tragödie trat der Schauspieler selbstverständlich als „imaginärer" Anderer auf, jedoch nur in dem Maße imaginär, als dass er eine lediglich die Rolle eines Helden oder Gottes spielt, der selbst jedoch nicht imaginär ist.

Betrachtet man diese Gemeinschaften/Gesellschaften waren da zum einen die weltlichen Konstruktionen der „Anderen" als Feinde, Herren, Sklaven oder Verbündete. Eine auf geographische Punkte, manifeste Körper oder „politische" Beziehungen gerichtete Konstruktion von Anderen und den an sie gestellten Erwartungen und Erwartungserwartungen, stellt somit die eine Seite des Prozesses der Konstruierbarkeit von Anderen dar. Diese Form der Anderen, mit Erweiterungen um eine Vielzahl von manifesten Knoten um die der Andere gebildet werden kann (Kleidung, Einstellung, Ernährungsgewohnheiten etc.) war und ist in der westlichen Welt eine der vorherrschenden Ebenen der Konstruktion von Anderen. Die Techniken der Konstruktion Anderer waren in vor-aufklärerischen Gemeinschaften/Gesellschaften jedoch um eine Ebene erweitert, die auch heute noch – jedoch in anderer Form – maßgeblich Einfluss auf Selbstkonstruktionen und daraus resultierenden Handlungen nimmt. Die Rede ist hier von Wesen und Entitäten, deren Konstruktion nicht oder nur lose mit manifesten Knotenpunkten in der beobachtbaren Welt verknüpft sind. Die Konstruktion von Geistern, Ungeheuern, Göttern etc. entstand ohne eine Verortbarkeit, Körperlichkeit oder Beziehung die tatsächlich als Träger dieser Konstruktion herhalten konnte. Einzig Unerklärliches, Unerreichbares oder Unvorstellbares wurden als Bestätigungen genutzt um das Konstrukt und ihre Existenz zu untermauern. Die Verbindlichkeit und Stärke ihrer Einwirkung auf die Selbstkonstruktion von Gruppen und Einzelnen jedoch unterschied und unterscheidet sich qualitativ nicht von weltlichen Anderen. Die Konstruktion des Anderen als Nicht-Mensch oder der Menschenwelt zugehörig, erfolgte über die Zuschreibung von Kräften und Fähigkeiten, für welche sich nur hier und dort Hinweise finden lassen; das erfolglose Suchen nach ihnen ist Teil der Bestätigung ihrer Andersartigkeit, da sie an Orten verweilen, die kein Mensch betreten kann und ihr Erscheinen so vielseitig wie ihre Macht ist, dass jeder ihnen in jeder Form begegnen kann. Diese Anderen, auf die einzig Hinweise gefunden werden konnten und welche sich nur bestimmten (meistens sich fehl- oder ideal verhaltenden) Gruppen und Personen offenbarten, stellten ein mächtiges Mittel – ob nun bewusst gesteuert oder als soziale Tatsache anerkannt – zur Schaffung sozialer Ordnung her.

Die Existenz dieser Anderen war auf eine Art und Weise brüchig und stabil zu gleich – zum einen waren sie nur als Andere existent als das über sie geredet wurde bzw. Handeln an ihnen gemessen und ausgerichtet wurde. Zum anderen war es jedoch nicht möglich sie zu widerlegen oder von ihnen eine Gegendarstellung über ihr Wesen zu erhalten, so dass kaum etwas getan werden konnte um ihre Bedeutung als soziale Bezugspunkte zu beeinträchtigen. Einzig Personen mit Geheimwissen war es möglich mit diesen Anderen in Verbindung zu treten und zu verkünden wie und ob sie Anweisungen geben, sich veränderten oder gar zu verschwinden vorhatten. Trotz all dieser, aus moderner Sicht, absurden Bedingungen dürfen diese „Anderen" nicht als imaginär im Kontext damaliger Gesellschaftskonzepte gedacht werden; diese Zuschreibung ist einzig retrospektiv zutreffend. Diese Form der „Anderen" waren bis zum Zeitalter der Aufklärung hierarchisch in keinster Weise den weltlichen Anderen untergeordnet, über lange Zeit hinweg sogar bildete das Heer dieser nicht-weltlichen Anderen die basale und verbindlichste Form der Handlungsorientierung und Selbstentwicklung.

Mit der geisteswissenschaftlichen und technologischen Entwicklung und dem Eintritt der Menschen in das Zeitalter der Aufklärung verschoben sich die Relevanzen dieser Anderen. Die Aufklärung verstanden als „[...] der Wunsch danach, dass menschliche Angelegenheiten von der Vernunft geleitet werden, anstatt durch Religion, Aberglauben oder Offenbarung; und der Glaube an die Kraft der menschlichen Vernunft die Gesellschaft zu verändern und das Individuum von den Fesseln der Tradition oder der willkürlichen Autorität zu befreien." (Outram 1995: 3 dt. übersetzt) schuf neue Quellen für die Konstruktion Anderer, des Selbst oder sozialer Ordnung. Sie alle mussten manifeste, nach den damaligen Regeln „beweisbare" Entitäten sein um die herum Wirklichkeit konstruiert werden konnte. Nationalstaaten und deren Bürger, Kunstkreise und deren Angehörige, ferne exotische – aber entdeckbare Orte und deren Bewohner, waren legitime Knotenpunkte der Konstruktion einer Welt der Anderen. Die Mythen von einst, die sich auf unentdeckbare Monster und niemals sichtbare Götter beriefen, die die Welt der Anderen anhand von Dingen erschuf, die längst „wissenschaftlich" erklärt werden konnten, wurden in das Reich der Märchen und amüsanten Geschichten verbannt. Die historisch gewachsene Stärke der christlichen Institutionen ließ den aufklärerischen Gedanken vorerst nicht an die Frage nach Gott heran. Dennoch bildeten sich im Geiste der Aufklärung Strömungen der Glaubensrichtungen heraus, die „Gott" nicht mehr als willentlich eingreifenden Herren verstanden, sondern einen rationalen Kern des Glaubens postulierten, so z.B. dass Gottes Weisheit sich über die Vollkommenheit der Naturgesetze äußere – was ihn jedoch letztlich selbst nur noch zum „ungeklärten Ursprung" erklärt. Die Relevanz dieser Anderen hat, wenn zwar nicht vollständig, doch zumindest stark ihren selbstkonstruktionsbildenden Charakter einbüßen müssen. Die vorher so „realen" Geister und Götter wurden erst hier in das Reich der Imagination verbannt und somit erstmals als Ergebnisse menschlicher Fantasie gebrandmarkt.

Was immer sie vorher waren, hält den neuen Anforderungen nicht mehr stand – die Vernunft der Aufklärung durchdrang das Verständnis von der Rolle des Menschen als Herrscher über die Umwelt auf eine Art und Weise, dass nichts was sich dieser entzieht weiterhin Bestand haben könnte. Trotz aller Kontroversen um die Rolle der Aufklärung im historischen Kontext, besonders durch Nietzsche und Hegel – sowie später durch Marx/Engels, Horkheimer und Adorno, wirkt sich die Entsagung von der den Menschen bestimmenden Natur bis heute aus. Die Freiheitsbewegung der französischen Revolution als Kind der Aufklärung, hielt und hält bis heute die Ideale dieser Epoche aufrecht, wenn auch die darauffolgenden Schrecknisse und Verwerfung ihrer Ideale auch international zu einem Rückschlag dieser führten. Nichtsdestotrotz:

> „Die zunehmende Intellektualisierung und Rationalisierung bedeutet also *nicht* eine zunehmende allgemeine Kenntnis der Lebensbedingungen, unter denen man steht. Sondern sie bedeutet etwas anderes: das Wissen davon oder den Glauben daran: daß man, wenn man *nur wollte*, es jederzeit erfahren *könnte*, daß es also prinzipiell keine geheimnisvollen unberechenbaren Mächte gebe, die da hineinspielen, daß man vielmehr alle Dinge – im Prinzip – durch *Berechnen beherrschen* könne. Das aber bedeutet: die Entzauberung der Welt. Nicht mehr, wie der *Wilde*, für den es solche

Mächte gab, muss man zu _magischen_ Mitteln greifen, um die Geister zu beherrschen oder zu erbitten. Sondern technische Mittel und Berechnung leisten das. Dies vor allem bedeutet die Intellektualisierung als solche." (Weber 2011: 16-17)

So sind die imaginativen Anderen zum kontrollierbaren Konsumgut geworden, zu finden nur noch in Büchern oder Erzählungen, die jedoch keine mythischen Warnungen oder Weissagungen waren, sondern Freizeitbeschäftigung. Der imaginäre Andere war in eine Welt verbannt in der es nichts gab, außer Imagination. Er konnte einem nur gegenübertreten betrat man seine Welt und erfreute sich an ihm, und existierte nur als fantasievolle Idee in den Köpfen amüsierter Leser, Erzähler und Schriftsteller. Dem außerweltlichen Anderen wurde die Ebene seiner Existenz, über das Imaginäre hinweg, aberkannt. Die Grenzen seines Daseins waren die der Vorstellungskraft der Menschen geworden. Die Überwindung der „selbstverschuldeten Unmündigkeit" Kants als Befreiung von Herrschaft und Führung durch höhere Mächte sowohl imaginärer als auch immanenter Natur (vgl. Kant 1784), erklärt die Fantasie als Quelle von abergläubischer Furcht und weltfremder Knechtschaft. Die Vernunft erscheint als Befreier von alten „unsinnigen" Herrschern.

Zwar folgen diesem Zeitalter der reinen Vernunft schnell Gegenbewegungen wie „Sturm und Drang" oder Synthesen wie die „Klassik", dennoch entledigt sich keine dieser Strömungen der Prämisse einer Wirklichkeit die außerhalb dessen liegt, was dem Menschen erfahrbar ist. Emotionalität und Ästhetik mögen wieder mehr in den Fokus gerückt sein, doch die alten Götter und Geister sind, wenn überhaupt, nur noch Sinnbilder für in der Welt Vorfindbares – keiner jedoch mehr existent als für sich selbst in der Welt stehend.

Dietmar Kamper führt in seinem Werk „Zur Soziologie der Imagination" die auch hier passenden Worte Auguste Comtes auf, aus seiner Rede über den Geist des Positivismus:

> „anerkennt von nun an die Grundregel, daß keine Behauptung, die nicht genau auf die einfache Aussage einer besonderen oder allgemeinen Tatsache zurückführbar ist, einen wirklichen und verständlichen Sinn enthalten kann. Die Prinzipien sind selbst nur echtere, lediglich, allgemeinere und abstraktere Tatsachen, als die, deren Band sie bilden sollen. ... Die reine Einbildungskraft verliert dann unwiderruflich ihre alte geistige Vorherrschaft und ordnet sich notwendig der Beobachtung unter, so daß ein völlig normaler Geisteszustand herbeigeführt wird." (Comte 1994: 16)

2   Der imaginäre Andere in Zeiten von Film und Fernsehen

Die Entwicklung des Umgangs mit Imagination und Fantasie war jedoch mit dem Eintritt in die Aufklärung und des Aufkommens des Positivismus nicht abgeschlossen. Die fortschreitende Technisierung des Alltags (im Zuge der industriellen Revolution etc.) und somit auch der Unterhaltung, eröffnete eine Bühne für die imaginären „Anderen", welche sich über das Gespräch um sie oder die alten Bücher erhob. Mit diesem technischen Fortschritt im Unterhaltungsbereich, maßgeblich geprägt durch die Diffusion von Radios und Fernsehern in den Alltag, lassen sich neu aufkommende Prozesse und Phänomene beobachten, welche beschrieben werden müssen. Mit der Beschreibung dieser Prozesse und Phänomene lassen sich letztlich Theorien über das Verhältnis des Selbst zum Anderen aufstellen und vertiefen, sowie Fragen generieren inwiefern „Wirklichkeiten" und „Unwirklichkeiten" ineinander übergehen, bekräftigt oder aufgehoben werden. Kurz gesagt: inwiefern Realität formbar, zweifelhaft und uneindeutig erscheint und wie mit diesen Unklarheiten kalkuliert wird.

Eine bezeichnende Entwicklung, die diametral den Entwicklungen des bisher Beschriebenen gegenübersteht, ist eine Entwirklichung der Wirklichkeit (vgl. Kamper 1986). Kamper bezieht seine Aussage zwar auf die Forschungsgegenstände heutiger Wissenschaften, insbesondere der Soziologie, trifft mit seiner These jedoch ebenfalls den Kern dessen, was in dieser Arbeit besprochen wird. Das Natürliche, in der Welt Seiende, weicht subjektiven Tendenzen, unüberschaubaren Mengen an Vagheiten die erst durch fortwährende Interpretation überhaupt wieder ertragbar werden. Die Trennung von Fantasie und Vernunft zerfällt und das Flüchtige und Durchlässige bahnt sich seinen Weg. Die Herrschaft der Vernunft wird demaskiert als konsensuelle transindividuelle Fantasie (vgl. Kamper 1986). Die Vernunft als Befreier von den Ketten transzendenter Herren und böser Geister hat sich also selbst nur als einer von ihnen erwiesen. Die Macht des Menschen über die Natur kraft seiner Vernunft geht verloren und eröffnet die Grenzen wieder, die so scharf gezogen wurden, zwischen dem Land der Imagination und der hiesigen Welt. Imagination und Fantasie sind nicht die Befreier von der Vernunft, sondern erscheinen als einziger Ersatz und werden somit zur Zwangsläufigkeit – Wirklichkeit ist relativ, Natur wird zum Objekt der Interpretation, Erkenntnis wird kulturelles Produkt und Ware/Wert/Arbeit stehen abstrahiert vermittelt zueinander. Das Imaginäre „[..] hat die Durchschlagskraft einer archaischen Logik. Nicht erst in der neuen Supermacht der Massen-Medien (Fernsehen, Videos, etc.), sondern schon in der als Fortschritt gefeierten Abstraktion des Äquivalenten-Tausches steckt diese Gewalt der alten Götter." (Kamper 1986: 97) Die Basis des Einzugs der imaginären „Anderen", zurück in den Zustand, der mehr als reine Imagination ist, ist somit gelegt: Der Zweifel an der Verbindlichkeit der Wirklichkeit. Heutzutage ist der Fernseher in beinahe jedem Haushalt zu finden, das Angebot an Sendern ist so groß wie nie zuvor, und bietet einen ständigen Input an Informationen. Gleichzeitig hat sich mit der Alltäglichkeit des Fernsehens eine Quelle unendlich vieler imaginärer Anderer ergeben. Die schnöde Darstellung von Realität als „echte" Realität, mit dem weltlichen Anderen der ganz so ist wie wir, wäre eine undenkbare Form der Unterhaltung und somit nicht medien-wirtschaftlich von Bedeutung, da Tatsächlichkeit letztlich als Alltäglichkeit erscheint und diese zwangsläufig nicht „interessant" sein kann. Alle Darstellung basiert auf dem Zeigen idealer Versionen eines Alltags von Anderen, die sich signifikant vom entsprechenden Zuschauer unterscheiden und dies in der Darstellung unterstreichen und präsentieren – und somit sowohl negativen als auch positiven Erwartungen entsprechen. Die Darbietung imaginärer Anderer jedoch schafft ein Feld in dem der Zuschauer womöglich findet was er sucht. Es wird sich über die Wesen gewundert, es wird mit ihnen gefiebert und es wird über sie gesprochen. Die Darstellung moderner Fantasy-Formate spielt hier eine besondere Rolle. Darstellungen imaginärer Anderer im Stile von Schwarzwaldklinik, Scrubs, How I Met Your Mother, Breaking Bad sind bloße Abbilder des Alltags, die um die langweiligen Aspekte des Alltags bereinigt wurden und Idealrealitäten – wie bereits erwähnt – darstellen. Sämtliche Fantasy-Formate erweitern unseren Alltag jedoch mit Unmöglichkeiten. Diese Unmöglichkeiten, die in vor-modernen Geschichten einst zu finden waren. So erscheinen manche dieser Produktionen wie Märchen (voll und ganz getrennt von unserem Alltag), andere jedoch reißen diese Grenzen wieder ein. Das Fernsehen bietet eine Plattform der Alltäglichkeit für das Unmögliche. Die imaginären Anderen kehren zurück aus ihrer Märchenwelt in den Alltag der Menschen. Erstmalig kann einem der imaginäre Andere gegenübertreten, ohne dass man ihn herbeibeschwört im Gespräch über ihn, oder ihn mühsam zwischen den Zeilen in einem Buch suchen zu müssen – er kann mir, schalte ich den Fernseher ein, gegenübertreten. Er kann bereits etwas tun oder getan haben, von dem ich nichts weiß und wo es ihn hinführt ist mir unbekannt. Der imaginäre Andere erscheint plastisch, körperlich und regelgebunden an die Regeln seiner Welt.

Beobachtet man jedoch nun genauer die Tendenzen moderner Fantasydarstellungen kristallisiert sich heraus, dass nicht nur auf Grund seiner Beobachtbarkeit und der Unabhängigkeit vom einzelnen Konsumenten, der imaginäre Andere sich verändert – sondern auch in der Art und Weise seiner Herkunft. Während Alice noch in das Wunderland reisen musste um dem Fantastischen gegenübertreten zu können, müssen Buffy und die Brüder Winchester (Supernatural) bereits dafür sorgen, dass das Fantastische nicht die eigentliche Welt unterläuft oder gar überrennt.

Die ehemaligen Unmöglichen erscheinen in neueren Darstellung als plötzlich Immer-Da-Gewesene, nur gut verborgen und übersehen von uns – was letztlich dem Wesen vor-aufklärerischer Mythen wieder sehr nahe kommt. Gleichzeitig ist jedoch, als Überbleibsel der Aufklärung, die Plausibilisierung durch mindestens in sich geschlossene Konsistenz, bestmöglich jedoch sogar mit real anknüpfbaren Phänomenen herzustellen, um auch den letzten Zweifel, dass dies nur Märchen wären zu beseitigen. Einen ähnlichen Ansatz beschreibt Sebastian Holmer (2012), wenn auch in einem etwas anderen Kontext, mit der Anforderung an diese (fiktionalen) Welten nicht als Spiegel der diesseitigen Welt zu erscheinen, jedoch ihre Grundordnung aus dieser zu beziehen.

Da der Charakter dieses Anderen nicht gleicher Natur zu sein scheint, wie ein „realer" Anderer, jedoch auch nicht mehr der von vornherein gesetzten öffentlich erklärten Verbannung in das Reich der Fantasie vollständig betroffen ist, ist es notwendig einen Begriff zu finden der seiner speziellen Art gerecht wird. Dieser Form des Anderen möchte ich versuchen mit dem Begriff des imaginationsartigen Anderen gerecht zu werden. Die Bereitwilligkeit des Zuschauers sich diesen Fiktionen hinzugeben beschrieb Samuel Taylor Coleridge bereits 1817 als "[…] willing suspension of disbelief" (Coleridge 1847: 442). Dieses Konzept beschreibt die Bereitschaft des Konsumenten die fiktionale Wirklichkeit des Gezeigten, kurzfristig als tatsächliche Wirklichkeit anzuerkennen und somit in den Genuss des Dargestellten zu kommen. Der Vertrag zwischen Autor und Konsument besteht darin, gemeinsam (für den Moment des Konsums) die Unwirklichkeit des gezeigten abzubauen – durch innere Konsistenz und die Bereitschaft diese anzuerkennen. Zwar ist das Konzept grundsätzlich mit Bezug literarische Werke entwickelt worden, dennoch lässt es sich sehr passend auf moderne Medien übertragen. Verdeutlichen lässt sich dies an einer Passage aus Umberto Ecos „Im Wald der Fiktionen".

> „Die Grundregel der Auseinandersetzung mit einem erzählenden Werk ist, dass der Leser stillschweigend einen Fiktionsvertrag mit dem Autor schließen muss, der das beinhaltet was Coleridge, „the willing suspense of disbelief", die willentliche Aussetzung der Ungläubigkeit nannte. Der Leser muss wissen, dass das, was ihm erzählt wird, eine ausgedachte Geschichte ist, ohne darum zu meinen, dass der Autor ihm Lügen erzählt. Wie John Searle es ausgedrückt hat, der Autor tut einfach so, als ob er die Wahrheit sagt und wir akzeptieren den Fiktionsvertrag und tun so, als wäre das, was der Autor erzählt, wirklich geschehen." (Eco 1996: 6)

Beispiele für das Genannte finden sich in vielerlei Darstellungen moderner Zombies, Vampire und anderer fantastischer Figuren. Besonders die Darstellung von Zombies, teilweise auch die von Vampiren, wurde entmystifiziert und entweder durch das Ersetzen der magischen Komponente durch pseudowissenschaftliche Erklärungen vollzogen und/oder durch das Aufbauen einer hoch komplexen imaginären Realität, so dass die Existenz dieser Anderen, auf Grund ihrer Komplexität den einfachen Charakter der Imagination verliert und so als bisher nur „unbekannter" Teil der Alltagsrealität erscheint. Beispielhaft sein hier The walking Dead, Twighlight (auch von vorerst als Buch) sowie Die Herr der Ringe – Trilogie (ebenfalls Buch), Vielerlei Zombiedarstellung, wenn auch großteilig erst im Kino, dann doch sehr präsent in der Fernsehwelt, Buffy, Fringe, Vampire Diaries, Underworld Saga, Game of Thrones etc.

Alle genannten Beispiele finden sich entweder in der vom Zuschauer als „real" betrachteten Realität wieder und offenbaren ihre bisher verborgen gebliebene Existenz oder finden sich in völlig imaginären Welten wieder (z.b. Game of Thrones, Herr der Ringe), die gleichzeitig doch so komplex und widerspruchsfrei kompliziert erscheinen, dass sie einzig weit entfernt wirken, aber dennoch irgendwie in dieser Realität verankert.

Orcs, Vampire und Zombies finden ihren Rückzug in die Alltagswelt. Menschen und Menschengruppen handeln die Bedeutungen ihres Alltags anhand der Erwartungen dieser Figuren aus, sehen sie als Referenzpunkt und selbst diejenigen, die den imaginationsartigen Anderen kaum oder keine signifikante Bedeutung zuschreiben, sind gezwungen sie als Andere anzuerkennen und ihre Realität als diese zu bestätigen. Der imaginationsartige Andere erscheint wie eine, nimmt man hier Berger und Luckmann (2007) zur Hilfe, Institution, die als unabhängig reale „verdinglichte" Entität wirkt und ihren Erschaffungs- und Konstruktionsprozess zu überdauern scheint. Hier sei betont, dass er so erscheint; der Rückruf auf seine Imagination ist im Gegensatz zu Institutionen wie „Gesetz" und/oder „Umgangsformen" unendlich viel leichtfertiger. Der imaginäre Andere wirkt letztlich real und wirkt auch real in die Alltagswelt ein, verliert jedoch seine Verbindlichkeit und seine Bedeutung sofort im Moment der fehlenden Bereitschaft ihm diese Realität zu überlassen, im Gegensatz zu sozialen Institutionen besitzt er keine Mittel und keine Rechte, seine eigene Realität durchzusetzen und ist letztlich fast immer wieder leicht auf seinen Ursprung zurückzuführen. Bei einigen imaginationsartigen Anderen muss jedoch erwähnt werden, dass sich der imaginäre Anteil ihres Wesens nur noch mühsam durch Rückruf auf ihre Entstehung bestätigen lässt. Die Auseinandersetzung mit dem imaginären Anderen führt zwangsläufig in die Nähe des Thomas Theorems (vgl. Thomas 1928). Vieles dessen, was darin postuliert wird, wird in der hiesigen Auseinandersetzung implizit angenommen. Die realen Konsequenzen des Handelns, ausgerichtet oder ausgelöst an bzw. durch den imaginären Anderen und die dadurch ausgelöste Untermauerung bzw. Generierung der sozialen Realität des imaginären Anderen, bilden einen substantiellen Beitrag für die hiesige Besprechung des Themas.

Die Erhebung der einfachen Märchenfiguren in imaginationsartige Andere ist letztlich ein Prozess der Aufmerksamkeitskalkulation der Medienindustrie. Die gebotene Option der Realität des Mythos, ermöglicht eine Auseinandersetzung des Zuschauers mit dem imaginationsartigen Anderen über jedwede Darstellung hinaus. Aus dem Konsumprodukt „bewegtes ansprechendes Bild" wird der moderne Mythos von Monstern, Engeln, Vampiren etc. geschaffen, der auch noch weit außerhalb der Bildschirme und Leinwände ihre Realität zu behalten scheinen. Es scheint also, als würde das weiter oben beschriebene Konzept des „willing suspense of disbelief" auf die Spitze getrieben. Die Bereitschaft des Zuschauers, sich der Ungläubigkeit des Gezeigten hinzugeben, wird mit immer mehr Unterhaltung unterfüttert, die Authentizität des Gezeigten wird durch diverse Strategien gesteigert, um den Fiktionsvertrag solange wie möglich aufrecht zu erhalten. Der imaginationsartige Andere (als Inhalt des Vertrags) schafft es somit über seine eigentliche Darstellung, wie bereits erwähnt, hinweg als real anerkannt zu werden und letztendlich so alltagspräsent zu sein, dass der Aspekt der willentlichen Aussetzung (willing suspense) untergraben wird. Imagination wird, wie gesagt, zwangsläufig und somit bleibt keine Wahl mehr zur Aussetzung der Ungläubigkeit – der Zweifel an der „realen" Wirklichkeit, die Flut an Agenten des Zweifels und der Vertrag um Konsum und Genuss lassen einem letztlich nur noch die Alternative zum willentlichen Rückzug aus der Ungläubigkeit, insofern man bereit ist die Konsequenzen zu tragen. Der Rückzug aus dem Zweifel an einer „rationalen" Welt ist ebenfalls ein Rückzug aus dem Unterhaltungsvertrag sowie aus Gesellschaft aller Zweifler. Der Entschluss dem Zweifel zu widerstehen, setzt einem letztlich den schmähenden Blicken und Gesten jener aus, die aus dem Zweifel Sich und Andere schaffen. Dies zeigt sich in der Konstruktion imaginationsartiger Anderer, sowie in vielen anderen Bereichen dieses Zeitalters. Wer die Dialektik von Frau und Mann heute als „tatsächlich" postuliert, erlebt den strafenden Blick der Gender-Forscher, wer Schleifen- oder Stringtheorie (je nachdem) als tatsächlich postuliert, erlebt die strafenden Blicke der theoretischen Physiker und wer die Existenz von Zombies, Vampiren, Big Foot etc. ausschließt die strafenden Blicke all jener, die so fest im Zweifel am „Realen" stehen.

Die Popularität bestimmter Fabelwesen ist an die Konsumbereitschaft und die angemessene Darstellung ihres Wesens geknüpft. Grundlegend ist jedoch die Vermenschlichung des Wesens der imaginären Kreaturen. In offensichtlichster Form ist dies in aktuellen Darstellungen von Hexen und Vampiren zu finden, welche sich einzig durch besondere Fähigkeiten vom normalen Menschen unterscheiden, gleichzeitig jedoch ähnliche Bedürfnisse, Probleme und Lösungsstrategien vorweisen. Der Vampir als rumänischer Graf, fernab allen Alltags – der Vampir als Schauerfigur und als solche völlig imaginär – hat die Robe abgelegt, ist in sein Auto gestiegen, geht zur Highschool oder lebt als attraktiver junger Mensch unter anderen Menschen. Es hat sich des Weiteren herausgestellt, dass er nicht der einzige ist und eigentlich schon immer unter allen Menschen Vampire leben, mal tragisch mal leichtfüßig, jedoch nicht als Bestien, sondern als scheinbar maßgeblicher Bestandteil des Alltags. Der imaginäre Charakter schwindet mit der Vermenschlichung ihres Wesens, ihre schreckliche Absonderlichkeit, weicht einer tatsächlich vorstellbaren Alltäglichkeit. Subgruppen leben den Kult des Vampir-Daseins in aller Öffentlichkeit aus, die Gelüste und Bedürfnisse gleichen denen im Fernsehen und diese den alltäglichen Bedürfnissen. Nun stellt sich die Frage, ob sich der Imitator des Vampirs denn noch maßgeblich von diesem imaginationsartigen Anderen (dem Vampir) unterscheidet? Im Vampir findet sich der Mensch vollständig wieder, nur als eine scheinbar optimierte Variante seines Selbst, die jedoch mit jeder Selbstverständlichkeit einen Alltag mit den normalen Menschen gemeinsam haben. Was für den Vampir gilt, gilt in ähnlichem Maße auch für die meisten anderen imaginären Anderen in Film und Fernsehen, die Vermenschlichung steigt jedoch mit dem Grad der Popularität der Fabelwesen und umgekehrt. Diese Entwicklung jedoch erscheint naheliegend, da mit steigender Vermenschlichung die Einarbeitung in die Konstruktionsmechanismen von Einzelnen und Gruppen sehr viel leichter fällt. Die Konstruktion des Selbst anhand eines nahezu menschlichen Wesens findet mit sehr viel weniger Irritation statt als über eine Bestie. Die Erwartungserwartungen an ein Tier oder ein Monster sind so beschaffen, dass sie nicht als relevante Quelle für die Konstruktion eines Selbst geeignet sind (in den meisten Fällen). Der reinen Bestien wird die Möglichkeit eigene Erwartungen zu haben aberkannt und somit die Möglichkeit Reflexionspunkt eines Ichs zu sein. Knüpft man daran an, ist die Betrachtung eines weiteren, in letzter Zeit hoch populären imaginären Anderen, sehr interessant. Der Zombie als Gegenspieler der Menschheit findet sich schon seit vielen Jahren in der medialen Darstellung. Der einst durch finstere Magie und dunkle Zauber wieder erwachte Untote, findet sich nun in den meisten Fällen als durch ein neuartiges Virus auferstandene Leiche wieder – mit nicht mehr versehen, als den Eigenschaften der hirnlosen, gefräßigen, zerstörerischen Bestie. Das immer wiederkehrende Bild des Hungers nach Menschenfleisch prägt das Wesen seiner Gefährlichkeit. Das Konzept der Vermenschlichung ist hier problematisch anzuwenden, dennoch möchte ich versuchen über Umwege nicht völlig Distanz davon zu nehmen. Der Zombie erscheint oft als von Menschen selbst ausgelöstes Problem, durch den verantwortungslosen Umgang mit Wissenschaft, der Menschen wird durch den Menschen zum Monster korrumpiert. Die Menschlichkeit des Zombies wird durch den Zwiespalt zwischen seiner menschlichen Erscheinung und Vergangenheit und seiner Monstrosität mit konstruiert. Der Zombie als Zombie ist entmenschlicht, der Mythos des Zombies jedoch vollständig vermenschlicht. Die Vorstellung einer Zombieapokalypse ist so real, dass alltäglich Überlegungen über die Maßnahmen nach einer solchen Apokalypse getätigt werden, sowie der Umgang mit den Zombies, Angehörigen etc. diskutiert wird. Die Welt der Zombies ist eine, der Menschen, die bedroht wird. Jeder Zombie ist eine Identifikationsfigur, da sein Schicksal vorstellbar für jeden Konsumenten ist. Die Vermenschlichung des Zombies findet über Vorstellbarkeit seines Schreckens statt – so dass er nicht wie ein Vampir unbemerkt unter uns lebt und mit uns alles gemein hat, sondern dass seine Existenz so naheliegend ist, dass es uns fast schon wundert, dass es noch nicht soweit ist.

3   Formate und Strategien medialer Aussaat von Zweifeln am Tatsächlichen

Doch die Darstellung des Unmöglichen, eingearbeitet in ein vorstellbares Szenario, kann nicht ausreichen die Grenzen zwischen denen die es offenkundig nicht gibt und denen die es tun, einzureißen. Der Film oder die Episode, als abgeschlossene, mit sauberen Filmeinstellungen und auswendig gelernten Dialogen, ist die Keimzelle des imaginativen Anderen. Bliebe es bei dieser Darstellung wäre die Distanz zum tatsächlich existierenden Wesen zu groß. Zu unwahrscheinlich sind die Zufälle und Begebenheiten, zu offensichtlich die Konstruktion einer mitreißenden Geschichte. Dennoch sind, wie bereits erwähnt, der Kontext und die Welt, in der der Unmögliche sich bewegt, nur allzu bekannt und wahrscheinlich. Wie also wird der Schritt aus einer Welt, die der des Zuschauers gleicht, in die Welt gemacht werden, in der der Zuschauer lebt. Der Schritt also von der Darstellung einer „echten" Realität in eine tatsächlich „echte" Realität.

Diese Überwindung der unsichtbaren Grenze des Bildschirms findet natürlich nicht über die imaginationsartigen Anderen statt, sondern über die Erweiterung ihrer Realität auf Phänomene und Rätsel losgelöst von dem spezifischen Auftauchen in Filmen und Serien. Als Mittel dieser Entkopplung des Wesens von einem spezifischen Auftreten als bestimmter Charakter, dienen, dem medialen Auftreten der Figuren, nachgeschobene Aufklärungs- bzw. Verklärungsformate. Der imaginative Charakter des Anderen wird unter vermeidlich wissenschaftlicher Autorität auf die Probe gestellt. Historische Ereignisse und Aufzeichnungen werden mit möglichst starker Betonung auf wissenschaftliche Methoden analysiert und als Hinweise der Tatsächlichkeit des Anderen dramatisiert. Wacklige Videoaufnahmen, ungeklärte Verbrechen und unklare Zeugenaussagen entziehen dem imaginären Anderen langsam die Basis seiner Imagination. Die Infotainment-Formate schaffen ihren stetigen Erfolg über die Aussaat des Zweifels.

Einige Formate ersinnen vollständige Reportagen über Meerjungfrauen, Drachen, Aliens etc. und deren Fund mit meist nicht mehr als der Rechtfertigung, dass es sich hier um Science-Fiction handelt und die Grundannahmen sich letztlich doch auf wissenschaftliche Ungeklärtheiten zurückführen lassen.

Der Zuschauer wird mit dem Zweifel zurück gelassen, dass das, was einst ein Märchen war, doch – und zwar mit aufklärerischer Rationalität – nicht völlig der Fantasie entspringen kann. Der moderne Vampir, Werwolf etc. ist nicht nur über seine Nähe zum Zuschauer plötzlich weniger imaginär, sondern ebenso über das stetige Bestreben der Medienindustrie Futter für den Zweifel zu liefern. Die Identifikation und somit auch die Konsumbereitschaft, mit und für einen Anderen, der potentiell real sein kann und der erscheint, als könnte ihm begegnet werden oder sogar die Hoffnung offen lässt, selbst Teil seiner Geheimgesellschaften aus Anderen zu werden, die uns erst jetzt mit wissenschaftlicher Genauigkeit nicht mehr völlig unbestreitbar erscheinen, ist um ein vielfaches höher als es ohne diese Umstände wäre. Andere Formate hingegen wenden beträchtliche Geldsummen, Interviews und Reisen auf, um die mögliche Existenz von Fabelwesen endlich zu beweisen. Ganze Serienformate zielen auf die Entdeckung von Wesen ab wie Big Foot, Chupacabra, Sesquatch etc. Das Format selbst und die aufgewandten Mühen stärken den Glauben an das Unentdeckte, es scheint unvorstellbar, dass eine solche Menge an Ressourcen aufgewandt wird, für das von vornherein Imaginäre.

Der imaginäre Andere, der den Fernseher verlässt, bietet eine Vielzahl an Vermarktungsmöglichkeiten und Anknüpfungsmöglichkeiten völlig anderer Formate. Die Infotainment-Formate sollen hier nicht so erscheinen, als behandelten sie ausschließlich die Auseinandersetzung mit Fabelwesen und Ungeheuern – die Bandbreite der behandelten Inhalte ist weit gesteckt. Was jedoch die Infotainment-Formate auszeichnet ist der Zwang, die schnöden Fakten um unterhaltsame Unwahrscheinlichkeiten, Übertreibungen und Fiktionen zu erweitern. Über solche Formate erscheinen Reisen durch das Universum nahezu unvermeidlich, Pfandleiher, Goldsucher und Krabbenfänger als beneidenswerte Glücksritter und letztlich auch Vampire und Zombies als denkbare Phänomene. Die Infotainment-Formate, die für das Thema der imaginären Anderen relevant sind, beziehen ihre Ressourcen jedoch nicht ausschließlich aus wissenschaftlich ungeklärten Erscheinungen, sondern verklären selbst die Märchen – die einst den Bannkreis der imaginären Anderen bildeten und sie aus dem erlebbaren Alltag verbannten – zu verdrehten Hinweisen auf Wahrheiten, die vor dem Eintritt des Menschen in ein „rationales" Zeitalter gelegen haben.

4   Fazit

Die Rückkehr der fantastischen Anderen in diese Welt ist Phänomen und Motor einer veränderten Verbindlichkeit von Tatsächlichkeit im Sinne körperlicher Erfahrbarkeit. Der Zweifel daran nährt letztlich also eine ganze Industrie des Konsums, der Unterhaltung und letztlich der Wirklichkeitsbildung.

> *„Eines Tages wird man offiziell zugeben müssen, dass das, was wir Wirklichkeit getauft haben, eine noch größere Illusion ist als die Welt des Traumes."*
> Salvador Dali

Literatur

Berger, Peter L. und Thomas Luckmann. 2007. Die gesellschaftliche Konstruktion der Wirklichkeit: Eine Theorie der Wissenssoziologie. Frankfurt am Main: Fischer-Taschenbuchverlag.

Coleridge, Samuel T. 1847. Biographia Literaria Vol. II. New York: Wiley & Putnam.

Comte, Auguste. 1994. Rede über den Geist des Positivismus. Hamburg: Meiner.

Eco, Umberto. 1996 Im Wald der Fiktionen – Sechs Streifzüge durch die Literatur. München: Deutscher Taschenbuch-Verlag.

Holmer, Sebastian. 2012. Die Grenzen persistenter Welten – Strategien der immersive enviroments. S. 157-168 in: Gehlmann, Ulrich, 2008 (Hg.), Virtuelle und ideale Welten. Karlsruhe: KIT Scientific Publishing.

Kamper, Dietmar. 1986. Zur Soziologie der Imagination: München/Wien: Carl Hanser Verlag.

Kant, Emanuel. 1784. Beantwortung der Frage: Was ist Aufklärung?. Berlinische Monatsschrift 12:481-494.

Outram, Dorinda. 1995. The Enlightenment. Cambridge: Cambridge University Press.

Tappenbeck, Inka. 1999. Die Phantasie der Gesellschaft. Zur soziologischen Relevanz der Einbildungskraft. Würzburg: Königshausen und Neumann.

Weber, Max. 2011. Wissenschaft als Beruf. Berlin: Duncker & Humboldt.

William I. Thomas und Dorothy S. Thomas. 1928. The Child in America: Behavior Problems and Programs. New York: A. A. Knopf.

Profiting from Disaster: The Monopolist in Apocalyptic Fiction

Mary Manjikian

Thus far, analyses of apocalyptic fiction (or film or other cultural products) have tended to ask a set number of questions. First, we tend to ask about the nature of the threat that the organization or individual is facing and what that threat represents. That is, we tend to ask about the monster –the creature who hunts the protagonist, the cannibal who threatens to eat the protagonist, or the person responsible for precipitating the apocalypse in the first place. Next, we tend to ask and speculate about the social outcomes of the apocalypse. We describe and analyze the new social formations which are created and discuss how they differ from previous social formations. That is, we ask whether we have in fact truly reverted to a state of nature. Finally, we tend to ask questions about the ways in which the fiction of the apocalypse and the realities of our present situation rub up against one another, as we grapple with the question of how the imagined apocalypse might enlighten us or help us in understanding our present day threats, stressors and the way forward.[1]

In this analysis, however, I ask a new sort of question. It is my thesis that many apocalyptic novels actually contain more than one villain. There is the obvious villain – the cannibal or the monster, the not quite human creature who preys upon the hero or heroes as they adjust to their new society – as well as a secondary or tertiary 'monster' who is seldom examined. This character is the individual who often profits from disaster, quickly adjusting to the changed rules of the game, establishing a monopoly on the needed goods in the new economy, and moving into a position of power. In the newly created state of nature, he tends to occupy the top of the Darwinian pyramid.

Some analysts, like David Gilmore, would suggest that this fellow (and it is usually a man) is not in fact a monster – since in most cultures the monster is a supernatural

---

1   For more on these questions, see my earlier work *Apocalypse and Post-Politics: The Romance of the End* (Lanham, MD: Lexington Books, 2012).

being – a mythical or magical product of the imagination. Monsters, according to Gilmore are usually hybrids (humans who have metamorphosed, reappearing as half-human werewolves and vampires); often man-eating; disproportionately huge and possessing a quality of evil. In Gilmore's typology, individuals like Stalin or Hitler who are merely bad are not monsters. [2] In the apocalyptic novel or film, the true monsters thus include the bands of cannibals from McCarthy's 2006 novel *The Road*; the group known as 'the posse' in William Fortschen's *One Second After*, or the half-human and half-bat hybrid vampires in Justin Cronin's *The Passage*.

However, in contemporary apocalyptic fiction there is often a secondary actor, who, unlike the cannibal or the monster, is clearly a human being. And unlike the cannibal or the monster, the threat which he presents to the protagonist is often more subtle. He often does not directly transgress social norms and mores, and he often appears quite civilized. Here we can consider the description provided by William Kunstler in his novel *A World Made by Hand* of a man known as Bullock:

The men working around the new cane mill greeted Bullock enthusiastically. . it was hard to tell whether the workmen's enthusiasm on seeing their boss was that of free, happy men or of people who had to put on a face to authority . . . Being a world of its own, there was no way we outsiders knew what his people had to say about how things worked there, except that it pretty obviously wasn't a democracy. [3]

This secondary actor, regardless of where he may be identified in fiction, shares a number of characteristics: First, he is often better prepared than his compatriots for the apocalypse which has resulted. In some cases he has superior survival skills, honed, for example, through spending time in the military, as a prison guard or in some other profession where he traffics more frequently in a state of nature than the average person. He may be more risk-acceptant. Thus, he may be better equipped for the apocalyptic world as a result – not only mentally and physically, but also in terms of what he brings with him into the new world. (He likely owns a gun, for example). In some instances he is smarter than others and thus was able to forecast and predict the likely outcome of events long before they materialized. He thus anticipates disaster and acts preemptively. He may experience a sort of *schadenfreude* in seeing all of his anticipated outcomes come to fruition and may

---

2 In his typology, he also does not include does not include the physically deformed, freaks (though they were described as 'monsters' in the Middle Ages); the undead or witches and sorcerers (That is, anything that is either human or half-human). See Gilmore, David. 2003. *Monsters: Evil Beings, Mythical Beasts and All Manner of Imaginary Terrors.* *Philadelphia, PA*: University of Pennsylvania Press.

3 Kunstler, James. 2009. *World Made by Hand*. New York: Grove Press, p. 81.

enjoy reminding his compatriots that though they laughed at him during good times they are now dependent upon him in bad. [4]

In *A World Made by Hand*, we are told the following about Bullock:

> As the modern world came apart, and the local economy with it, Bullock took the opportunity to acquire at least eight other properties adjacent to the original family farm. . . Some of the owners had died off. Other sold out only to end up working for him. . Stephen Bullock had a comprehensive vision of what was going on in our society and what would be necessary to survive in comfort and I don't think he ever deviated from that vision for a moment. [5]

Sometimes this character is of a lower social class, which may be implicitly invoked to explain his brutality and his ability to survive in harsh circumstances. For this individual, then, the adjustment to the post-apocalyptic world is often easier since it represents less of a transition – from the state of nature found in America's inner cities to the state of nature created by the apocalypse; or from the state of nature found in combat in the military to the state of nature created by the apocalypse.

1   Introducing the Monopolist

It is my contention that this figure – who I refer to as the monopolist – is actually an archetype which appears in apocalyptic literature. The persistence of this figure thus tells us something about our own prejudices and presuppositions, our own values as readers, and our perception of the world around us. As Stone suggests, an archetype is

> A literary element or construct which by its traditional and universal validity, may bring certain especially powerful meanings, implications and overtones to the literary work in which it is used and hence to the reader's response to the work.[6]

---

4   I would argue that this self-same instinct can be identified in many of the television shows and publications that one can find online among the adherents of the 'prepper' community. These documents, which have been referred to as 'prepper porn' often describe the preppers hopes that the day will come when his fears of apocalypse will be realized and he will be vindicated. On that day, no one else will have enough, but he will have plenty. This sentiment appears in James Wesley Rawle's 2012 novel, *Survivors: A Novel of the Coming Collapse* (New York: Pocket Books).

5   Kunstler, p. 85.

6   Stone, Harry. 1959. "Dickens and the Jews," *Victorian Studies* 2(3):224.

In apocalyptic fiction, it is a rule that a monopolist always emerges – because power structures are ultimately always reestablished. Like the historic usurer, today's monopolist operates within a marketplace which is quickly established in the post-apocalyptic world. In this new post-apocalyptic world, characterized by chaos and shortage, many things ultimately end up being traded – including humans. Old practices are reintroduced – including slavery, sexual slavery, forced labor, labor camps, work farms and plantations. And in this new world, characterized by chaos and shortage, the monopolist acts quickly to corner the market on the goods that are most required to survive in the new world – water, or weapons, or land, or labor. In this new environment, the monopolist improves his position in society while everyone else goes backward. He often becomes the enforcer of martial law or the richest person in the village, accruing power through his access to resources or brute force. And while others appear to have been changed by the new environment in which they now live, the monopolist simply becomes more himself. He is the same person he was before the apocalypse – but his true character emerges. He quickly reads the situation, shows wit and cleverness in realizing the ways in which he must alter his behavior in the new situation, and is able to identify the fears and weaknesses of his opponents. Depending on the lens one uses, he either emerges as a skilled negotiator or as a new type of villain. [7]

In society, our relationship to the monopolist is complicated. For this reason, I hesitate to label him a villain, despite the fact that when he appears in post-apocalyptic literature, he tends to be described by others in the novel(s) as operating within a moral context where he is often simultaneously respected and feared. In the nonliterary world, however, we as analysts are divided about the utility and the morality of such individuals. Social psychologists in particular have been engaging in debates since early 2000's about the so-called "Machiavellian personality." These analysts are divided as to whether the so-called "high-Mach" individual is someone with high levels of emotional intelligence and interpersonal interaction skills, or whether he is actually suffering from a sub-clinical form of mental illness – of which Machiavellianism represents one leg of the "Dark Triad" of narcissism, Machiavellianism and psychopathy.[8] As Carr notes, even emotional intelligence itself has no implicit positive or negative value – Rather, as he notes, it depends

---

7   For more on the skilled negotiator reading, see Benjamin, Robert D.. 1995. "The medi-
    ator as trickster: The folkloric Figure as Professional Role Model," *Conflict Resolution
    Quarterly* 13(2): 131-149.
8   See Rauthmann, John F. and Gerald P. Kolar. 2012. "How 'dark' are the Dark Triad traits?
    Examining the perceived darkness of narcissism, Machiavellianism and psychopathy?"
    Personality and Individual Differences 53(7):884-889.

upon the end which it serves.[9] In some situations, one who displays self-interested, clever and cunning behavior and personality traits may be labeled a bully, while in other situations he or she might be prized as someone with good leadership skills. In his work, Ronald Deluge has examined great American presidents to argue that Machiavellians actually make great leaders. He notes that "high Machs function most effectively in stressful, unstructured and face to face competitive situations where their less emotionally involved 'cool detachment' and latitude for improvisation are advantageous."[10]

Again, in teasing out any sort of moral lesson, the distinction may rely on what the Machiavellian leader does with these skills – the ways in which they are deployed, the ends to which they are deployed, and the effects which the deployment of these skills has on others. While Deluge notes that Machiavellian presidents (he lists Franklin Roosevelt as the archetypal Machiavellian) were incredibly successful in getting legislation passed and moving the country forward, he does not engage with the other ends to which such skills might be put – including defending one's resources and gathering more resources, perhaps at the expense of one's neighbors. In addition, depending on one's own perspective of the world (post-apocalyptic and present-day) as either Hobbesian and Realist (characterized by an every man for himself philosophy in which survival is the ultimate goal) or Kantian and cooperative, the Machiavellian can be seen as either conforming to social and behavioral norms or violating them. Thus, we might think about such 'fantastical' characters as Philippe Weiss, the time monopolist in the 2011 film 'Out of Time' who figures out how keep himself and his family alive for over three hundred years in a society where time is rationed and most people run out and die before the age of forty as a result. (In post-apocalyptic fiction, many of the Machiavellians seem to share the fantastical trait of immortality. It appears to be the ultimate good towards which one can deploy one's resources in the hopes of achieving.)

Here the reader is left to decide for himself if Philippe is someone to be admired for his management skills or someone to be condemned because of the zero-sum nature of his operations, in which his extra years come at the expense of someone else whose life will inevitably be shortened as a result. Here, we can also ask if Philippe is truly a monstrous or fantastical being in a post-apocalyptic scenario, or whether he is simply an exaggerated version of a Wall Street banker in the present-day.

---

9   Quoted in Austin, Elizabeth, David Farrelly, Carolyn Black, and Helen More. 2007. "Emotional Intelligence, Machiavellianism and Emotional Manipulation: Does EI have a Dark Side?" *Personality and Individual Differences* 43(2007):179-189.

10   Deluge, Ronald J. 2001. "American Presidential Machiavellianism: Implications for Charismatic Leadership and Rated Performance." *The Leadership Quarterly* 12:339-363, p. 339.

We can also point to the following monopolists in apocalyptic fiction: Horace Guilder is a former death row prison guard who takes advantage of apocalyptic conditions in Justin Cronin's *The Twelve* to create an isolated penal colony where the citizens engage in forced labor. The bargain which he offers them is one of protection from the vampires which seek to kill them but the price is their freedom. In this new world he is the king. Stephen Bullock, in *A World Made by Hand*, utilized his superior intellect to read the situation before other people. He began buying up land and when we meet him in *World Made by Hand* he is in the process of building a plantation, offering people a "deal", the opportunity to enter into indentured servitude on his plantation. But if they do not take the offer, at least some of them will die – of exposure, disease or starvation. In the 2011 film The Book of Eli, a man called Carnegie rules over a small town by virtue of the fact that he controls an underground spring in a post-apocalyptic world where water is scarce. [11]

2   Monopolists: Realist and Moral Readings

It is my aim here to offer two readings of the monopolist in apocalyptic and post-apocalyptic fiction – a Realist reading and a moral philosophy reading. Each illuminates different facets of the monopolist's behavior and his relationship to his neighbors and community. Depending on the way in which one reads the actions of the monopolist, he can be seen either as a brave person who keeps order when order is lacking, or as a morally weak person who takes advantage of others' weakness and undermines the community as a result. In the conclusion, I suggest that the figure of the monopolist raises many questions which are relevant to readers today.

3   What would Hobbes Do?

A Hobbesian reading of the figure of the monopolist suggests that he can best be understood through the lens of realist international relations. The realist school of international relations assumes that the world is, in the words of Thomas Hobbes,

---

11   Aston, James and John Walliss. 2011. "The (Un) Christian Road Warrior: The Crisis of Religious Representation in the Book of Eli (2010): Critical Essay," *Journal of Religion and Film*. 15(1).

"Nasty, brutish and short." [12] Building on the work of Hobbes, the German political theorist Hans Morgenthau emphasized the way in which the international system lacked a central authority who could maintain structure and order. Writing after World War Two, Morgenthau described an anarchic world which lacked that authority, and noted that in its absence what prevailed was a self-help system in which each state should first and foremost make a commitment to its own survival. [13] In Morgenthau's realist world, individuals and nations do not make alliances because of values or friendships, but rather out of self-interest. In this system, policing and monitoring is necessary because it is not in any person's or state's nature to trust his neighbors. Alliances are fundamentally unstable and they do not always last long. Each state looks at every other state through a self-interested lens, asking not how we can help our neighbors but rather how we might exploit our neighbors in order to gain maximum utility from our relationship with them. Morgenthau's writings, however, have been described as a depiction of the world 'as it is.' Analysts who adopt this explanatory framework argue that the aim of the social sciences is not to moralize about how people should behave but to understand how people in fact do behave.

Many of the novels and films noted above implicitly use these Realist ideas in helping the reader to understand the events which take place. In the 2009 novel, *One Second After*, the US is the subject of an electro-magnetic pulse attack which wipes out all power supplies and communications infrastructures in the United States. As the result, chaos and starvation is the rule. Seeing an opportunity due to these circumstances, China sends troops to America's west coast, not to offer aid but rather to colonize any available land. Within the world view, these activities would not be condemned, but rather would be expected.

While China thus takes advantage of the chaos to establish a monopoly on land, the citizens of rural Montreat, North Carolina, take advantage of their own monopoly over the region's water supply. In this example, the towns of Winston-Salem and Durham, North Carolina have all sent their 'refugees' who have been stranded in those towns away, fearing that they will not have enough food for their own citizens. People who were stranded are now walking on the highways throughout North Carolina, looking for a town that will take them in. John, the main character, is serving as the main implementer of martial law in his mountain town of Montreat, North Carolina.

---

12 Hobbes, Thomas. 1651. *Leviathan*. Available at ttp://oregonstate.edu/instruct/phl302/texts/hobbes/leviathan-a.html (Accessed March 5, 2013).

13 Morgenthau, Hans, Kenneth Thompson and David Clinton. 2005. *Politics Among Nations*. London: mcGras-Hill Higher Education.

"We've got to prioritize," Tom said. "Security for one thing. I've got five hundred strangers from the interstate on my hands this morning. What the hell should I do with them for starters?"
No one spoke.
"Well, we can't just kick them out," Kate said.
John did not reply."
The conversation continues on.
"If we let them all in, it will cut in half the time we have before we run out of food," Charlie sighed, "And I doubt if they'll help us then."

In each of these tales, then, the figure of the monopolist calls attention to the fact those goods – like water – which were previously thought of as collective goods are redefined as individual goods when chaos threatens. The monopolist is thus often seen as taking or demanding more than his fair share of the goods which are in short supply. The assumption is that goods are in many situations zero-sum. In order for one individual or group to have a larger share (of food, or land, or minutes to live), someone else will find himself with less. In Justin Cronin's *The Twelve* this situation is spelled out in graphic detail, when Horace Guilder and his followers extend their own lives to hundreds of years through tapping the blood that runs in the veins of a human-bat hybrid that was created through a government experiment. Here, the creature is literally held down while he is fed upon by others who seek to borrow his immortality.

Scenarios involving the monopolist thus often raise questions about the limits to community. Depending on one's viewpoint, the leaders of Montreat, North Carolina can be seen as wise leaders who are brave enough to make distasteful moral decisions (like excluding others) in order to protect their citizens, or they can be seen as selfish individuals who refuse to share. In arguing for the morality and utility of their actions, one would thus stress the ways in which they fulfilled their obligations to their immediate social group, rather than condemning them for having failed in their obligations to the larger community.[14] Like scenarios which ask how many people should be allowed into a bomb shelter in the aftermath of a nuclear explosion, monopoly scenarios often force readers to grapple with the possibility that not everyone can be saved.[15] Those who save some individuals are thus often regarded as heroic, even if they do not save everyone.

---

14 For more on this point, see Schmidtz, David. 2000. "Islands in a Sea of Obligation: Limits of the Duty to Rescue", *Law and Philosophy* 19(6):683-705.

15 Here, see Singer, Peter and Renata Singer. 1995. "The Ethics of Refugee Policy," in James S. Fishkin and Robert E. Goodin, *Population and Political Theory*. New York: John Wiley and Sons.

4   Moral Philosophy: Coercion, Exploitation and the Monopolist

However, it is also possible for readers to decide that the monopolist *is* a sort of villain, and that his behavior violates too many community and human norms for it to ever be understandable. If we were to use this lens, we would likely begin with the notion of usury. Historically, when we begin to ask questions about monopoly and the control of resources, we often find ourselves implicitly referencing Judeo-Christian attitudes towards profit and moneylending. In his work, the medieval theologian Thomas Aquinas refers to the economic sin of speculation (or charging more for something than it was worth) as well as the sin of usury (charging predatory interest rates).[16] He notes that Aristotle also considered the matter in *The Politics*, concluding that the purpose of trade is for individuals to exchange commodities in order to receive that which they lack. However, Aristotle warned against simply piling up wealth for its own sake. [17] That is, from the beginning, thinkers like Aquinas understood that goods could serve both to build communities and to divide them, depending on the moral outlook of the person who possessed the majority of the goods.

If one considers the monopolist through this moral philosophy lens, one would consider thus not the ways in which the monopolist acts to protect his community, but rather the ways in which he interacts with his neighbors in this new world. From his position of monopoly he extracts concessions from his neighbors, and in the process violates or transgresses social norms. In particular, one can suggest that he fails to recognize the humanity of his neighbors. When he is approached by those who are in need, rather than responding to them as a fellow human, he treats them as inputs in a utilitarian or instrumental fashion. In Levinasian terms, one can say that he was shown the face of the other but he chose not to regard it, or to see his moral obligation towards that other.[18] In the words of the moral philosopher Garrett Cullity, the monopolist fails to display beneficence (defined here as the ability to display concern for others and to act out of that concern). He might thus be compared to (using an example of Cullity's) someone who stands

---

16 St. Thomas Aquinas in *Summa Theologica* II-II, q1. 77. Quoted in No Author, "Saint Thomas on the Ethics of Business Practices." Available at http://www.hyoomik.com/aquinas/negotiation.html (Accessed December 28, 2012).

17 Aristotle and Martin Irwin. 1999. *Nicomachean Ethics*, book V. New York: Pearson.

18 Agamben, Giorgio. 1998. *Homo Sacer: Sovereign Power and Bare Life* . Stanford, CA: Stanford University Press and Butler, Judith. 2006. *Precarious Life: The Powers of Mourning and Violence*. London: Verso, both discuss the philosophy of Levinas and our duty to the other.

next to a swimming pool where someone is drowning but who fails to rescue him.[19] While technically he did not drown (or starve) anyone, he failed in his duty to the community – leading to the same result.

However, in the monopolist's transactions he does not simply use raw force to take things away from people. Instead, often he encourages others to give or to give up things to him. In the transactions we see in these post-apocalyptic novels, the supplicant is invariably offered a choice – to surrender his autonomy, to concede to an agreement or to give up something in exchange for the monopoly good. The monopolist thus does not steal but rather engages in a form of coercion. In archetypal fashion, the monopolist of the post-apocalyptic novel operates by offering his neighbors a 'break' or a 'bargain'. (The so-called Faustian bargain or 'pact with the devil' is again another archetype which appears in many cultures and time periods).[20] Here, the moral philosopher Robert Nozick would describe such behavior as a form of coercion, where coercion is defined as a situation in which the more powerful person does not force a particular choice on the supplicant. However, he implicitly threatens the supplicant if he does not accept the choice he is being offered. (In, for example, offering to sell a person who is dying of thirst water at an inflated price, it is not seen as an ethically fair bargaining situation since the supplicant knows that if he does not agree to pay the inflated price he will die of thirst. The supplicant is thus being coerced to accept the bargain because the penalty of not doing so is so severe.)[21] In addition, it most cases it may cost the other party his self-respect. In this way, according to Nozick, community norms are violated since the monopolist does not recognize that these neighbors have inherent human rights and dignity. The principles of human rights explain that people should not be coerced into accepting bargains which might include offering their bodies in return for food. Thus, the bargain which Bullock offers to his neighbors, which in essence asks them to become slaves or indentured servants on his farm in return for food and protection could be perceived as wrong because it violates the morality of respect. To hitch another human being up to a plow and use him like farm equipment to work your fields can labeled as absolutely morally wrong, even if he consents to be used in this fashion.

---

19 Cullity, Garrett. *The Moral Demands of Affluence:* p. 16. See also Arthur Ripstein. 2000. "Three Duties to Rescue: Moral, Civil, and Criminal," *Law and Philosophy* 19(6):751-779.

20 For more on this point, see Levine, Herbert J. 1986. "Christian Myths and Jewish Archetypes," *Prooftexts* 6(2):185-188, p. 187.

21 This choice is spelled out in Nozick, Robert. 1969. "Coercion," pp. 440-472 in: Sidney Morgenbesser, Patrick Suppes and Morton White, eds., *Philosophy, Science and Method: Essays in honor of Ernest Nagel.* New York: St. Martin's Press), p. 459.

In a moral philosophy reading, the behavior which was previously described as the actions of a wily and clever trickster who uses his wit and cunning to outsmart all who oppose him is now reinterpreted as the employment of coercion and exploitation. And while R.D. Benjamin suggests that the modern day businessman could do well to emulate the trickster,[22] the moral philosopher Robert Goodin would instead emphasize the "unusually self-interested or advantage-seeking behavior" engaged in by the monopolist in his interactions with 'vulnerable others.' Here, the monopolist is not praised, but rather condemned as he is seen to be taking advantage of other's vulnerability.[23] Here, we can consider the situation in the 2009 film "The Book of Eli" where Carnegie 'offers' to buy Eli's Bible – but the implication is that if he doesn't sell then Carnegie will eventually kill him and take the Bible.

If we think back again to the example of the people of Montreat refusing to take in refugees we can also begin to ask questions about the norms regarding sharing. Here, from a moral philosophy perspective, it might be possible to condemn these individuals for a failure to cast their net more widely and to define community more broadly. It is possible to argue that in protecting their own interests they have failed to consider the common good.[24] One who argues from this perspective would suggest that it would still be preferable in a dire situation to ration resources so that there is enough for everyone. This principle explains why we are often appalled by scenes in apocalyptic fiction of people feasting while others starve (as in *World Made by Hand*); bathing and washing while others die of thirst (in *Book of Eli*) or living to be three hundred years old while others lives are cut brutally short (in In Time). Here, Robert Mayer suggests that exploitation is, at based, a failure of charity – since taking more than your fair share represents a norm violation.[25]

22 Benjamin, R.D. 1995. "The mediator as trickster: the folkloric figure as professional role model." *Conflict Resolution Quarterly* 13:131-149. Doi: 10.1002/crq.3900130207 (Accessed March 17, 2013).

23 Goodin, Robert. 2006. "Exploitation and Vulnerability: Taking Advantage of an Unusual Situation," in: Ruth Sample, *Exploitation: What it is and why it's wrong*. Lanham, MD: Rowman and Littlefield, p. 29.

24 Cullity. Garrett. 2009. "Demandingness and Arguments from Presuppositions," Pp. 8-34 in Timothy Chappell, ed., *The Problem of Moral Demandingness: New Philosophical Essays*. New York: Palgrave.

25 Mayer, Robert. 2007. "What's Wrong with Exploitation?" *Journal of Applied Philosophy* 24(2):137-150.

5   Monopoly in Real Life

The reason why the monopolist of apocalyptic fiction is so compelling to us, is because he is both fantastical and not fantastical. He may display fantastical characteristics such as immortality, but he may also remind us of real-life characters who exist today. If we glance back at history, we can identify those who emerge to take advantage of the economic situation in failed states or during crises such as civil wars. These individuals may loot resources from a developing country or use their positions as strongmen to coerce others into making unfair bargains.[26] The apocalyptic monopolist thus shares psychological and behavioral traits with 'real world' characters and thus allows us to interrogate the apocalyptic novel for what it says about our own society. (We might even argue that a failed state and a post-apocalyptic environment are perhaps not so very different.) Thus, for example, in suggesting that the time monopolist Philippe Weiss has managed to survive and prosper in a Darwinian environment, we can also ask whether or not our own present-day environment is not similarly Darwinian, and whether there are any characters like Philippe Weiss in our own environment today.

At the same time, however, one can argue that the post-apocalyptic monopolist character resonates with us as readers today because in addition to violating our expectations about how people should behave in a community, he also violates a modern norm that citizens of a community should not seek to profit from disaster. Nonetheless, it is not difficult to identify practices which occur in chaotic situations which can be characterized as exploitative or profiting from disaster. In fiction, we can point to situations where humans have been treated like farm animals, or forced to donate blood. And in 1996, when Hurricane Fran hit North Carolina, leaving one million people without power, we can point to a group of people who came from Goldsboro, North Carolina with a truck full of ice. But rather than offering aid to their neighbors, they proceeded to ask for twelve dollars per bag for ice, which is normally less than two dollars a bag. We can also find stories in the press about the 'spillionaires' who made money off of the British Petroleum oil spill which occurred off of the US Gulf coast in the summer of 2010. In the aftermath of this disaster, some individuals and groups charged outrageous prices for their participation in clean-up efforts (as well as falsely making claims against the company[27] and in 2006, the United States Federal Trade Commission carried out an investigation of

---

26 See, for example, Phillippe Le Billon. 2001. "Angola's Political Economy of War: The Role of Oil and Diamonds, 1975-2000." *African Affairs*, Vol. 100: 55-80.

27 Barker, Kim. 2011. "Spillionaires: Profiteering in the Wake of the BP Oil Spill," *Propublica (April 13, 2011). Available at* http://business-ethics.com/2011/04/13/1612-'spillionaires' (Accessed January 2, 2013).

gasoline price manipulation in the Post-Katrina environment after the New Orleans hurricane and flooding. This document referred to the "unconscionable, excessive or exorbitant prices" charged by speculators in the aftermath of the disaster. The ubiquitousness of these practices, especially in times of disasters – when goods are in short supply and life is more precarious than usual – explains why states have historically sought to regulate people's economic behavior, especially in times of disaster. In this century, most modern nations have strict rules and protocols in place regarding how much individuals may charge for goods like housing, gasoline and water in the aftermath of disaster, specifically to stem the behavior which the monopolist engages in. The conventional understanding which the state seeks to promote is that disaster in particular is a time when people should and will pull together and work for the collective good. The expectation is that people will utilize their skills for the community and abandon individual profit motives.

Today, we can identify laws in every state of the United States which specifically seek to outlaw practices of price gouging in disaster zones. In such a scenario, the state seeks to establish a norm that it is inappropriate to charge outrageous prices for a commodity like ice in the days following a disaster when people might require it to keep precious medicines like insulin cool, or to charge outrageous prices for other necessary items like diapers, baby formula and water. The language of this legislation is implicitly moral, with the use of terms like "unconscionable price rises" to describe these behaviors.[28]

In considering the fantastical, immortal monopolist of post-apocalyptic fiction, one can thus argue that he is either wily or unconscionable, depending on one's perspective, and the way in which one views one's own community, both pre and post apocalypse.

28　Lamont, Julien and Christi Favor. 2009. "Price Gouging in Disaster Zones: An Ethical Framework." *Social Alternatives* 28(1):49-54.

Das verhandelte Monster: Die Zugehörigkeit des fantastischen Anderen

Nina Schad und Marc-André Vreca

> *„Normen, Werte, Einstellungen sind nicht abstrakt
> erforschbar, ohne dass die zu erforschende wuselige,
> lebendige Welt damit euthanatisiert wird."*
> (Bude und Dellwing 2011: 23)

Unser Ziel in diesem Beitrag ist es, anhand von unterschiedlichen Darstellungen fantastischer Anderer aufzuzeigen, wie Prozesse der Normaushandlung in Fällen von statten gehen, in denen fantastische Andere accounts (Scott/Lyman 1968) als Kittpraktiken geben, sich erklären und rechtfertigen und sich so an die Normalität des Mainstreams anbinden, während andere fantastische Figuren diese Kittpraktiken gerade verweigern und sich so als das sich „Nicht-Erklärende" und damit als „Monster" in Scene setzen. Diese account-Aktivität dient dazu, Eigendefinitionen der sozialen Norm von Individuen oder Gruppen dazu zu verwenden, sich von der Normalität anderer abzugrenzen oder an sie anzubinden. Als Beispiel nutzen wir hier die amerikanischen Serie *True Blood*. Die Serie macht einen Graben auf zwischen jenen Vampiren, die ein gemeinsames Leben mit den Menschen ablehnen und diese lediglich als Beute betrachten und jenen, die die Definitionen der sozialen Norm des Mainstreams dazu nutzen, sich vom Monströsen abzugrenzen, indem sie sich vom Mainstream erklären und rechtfertigen. Wir betrachten Praktiken, mit denen versucht wird, eine gemeinsame Deutung der Geltung und des Inhalts einer sozialen Norm herzustellen und aufrecht zu erhalten. Dies wird durch Kittungsprozesse, wie Rechtfertigungen und Entschuldigen, versucht.

Interessant werden diese Praktiken an dem Punkt, an dem wir feststellen, dass Normen nicht für sich alleine stehen, abstrakte Grenzen einer Gruppe definieren und eine ihnen inhärente Bedeutung automatisch innehaben, sondern in konkreten

Situation immer wieder neu ausgehandelt werden müssen. Wie wir in der Literatur zu accounts bemerken, wird im Erklären und Rechtfertigen der Situation nicht nur Verantwortlichkeit verhandelt, sondern gleichwohl gegenseitige Zuschreibung von Zugehörigkeit: Im Anbieten und Akzeptieren von accounts wird handlungsprak-tisch ein Zusammengehören ausgemacht, das sich nur rhetorisch auf die geteilte Akzeptanz von Normen stützt, während die Inhalte dieser Normen gemeinsam mit der Verhandlung der Zugehörigkeit mitverhandelt werden, nicht abstrakt vorliegen.

Mit dem „Coming Out" der fantastischen Anderen wird eine Situation ge-schaffen, in der sich Menschen und Monster optisch gleichen. In ihrer „Natur" als „triebhafte" und „tierische" Wesen beschriebene Vampire zeigen nicht nur in ihrer Äußerlichkeit menschliche Züge, sondern sind im Gegensatz zum „wilden Biest" (wie zum einem Raubtier oder einem Kampfhund) für ihr Handeln verantwortlich, da sie reflektierend darüber kommunizieren können. Mit dieser Verantwortlichkeit geht eine Aushandlung der sozialen Rolle einher: Es geht nicht darum, nach den Regeln zu spielen, um nicht zum Außenseiter zu werden, sondern darum, dass alle Beteiligten gemeinsam die Bedeutung stützen, dass hier nach geteilten Regeln gehandelt *würde*.

1   Verhandlungen von Normen

> *„Eine soziale Norm ist eine durch soziale Sanktionen ab-*
> *gestützte Richtschnur des Handelns, wobei die Sanktionen*
> *entweder negative Sanktionen sind, die Bestrafungen für*
> *Regelverletzungen beinhalten, oder positive, die Belohnun-*
> *gen für exemplarische Regelbefolgungen zum Inhalt haben"*
> (Goffman 1982: 138).

Goffman bemerkt an dieser Stelle (1982), dass die Bedeutung einer Belohnung bzw. Bestrafung nicht im materiellen Wert dieser Begrifflichkeiten liegt, sondern vielmehr darin, was die Befolgung oder Nicht-Befolgung über den Einzelnen in Bezug auf seinen moralischen Status aussagt (S. 138). Das lässt darauf schließen, dass sich konform oder nichtkonform zu Verhalten heißt, „sich selber in Hinblick darauf [zu] begreifen, wer und was die Unterwerfung unter die Regel ihnen zu sein erlaubt und was Abweichungen für sie implizieren" (Goffman 1982: 141). Somit ist es auch das Image, welches bei einem Regelverstoß verletzt wird, „das des gegen die Regel Verstoßenden selbst" (Goffman 1982: 151).[1]

Es ist also wichtig, bei der Analyse von sozialen Normen den Prozess der Definition der Person, welche Normen befolgt oder gegen sie verstößt, mit einzubeziehen. Denn die Verwendung einer Norm in einem Interaktionsprozess beschreibt uns zugleich immer auch die Definition der Person, auf dessen Handeln die betreffende Norm angewandt wird, und als Person-in-Position ist diese Aushandlung eine, in der Zugehörigkeiten und soziale Plätze mitverhandelt werden.

Aber nicht nur das Individuum, dessen Verhalten als konform oder nichtkonform etikettiert wird, wird in diesem Prozess definiert, sondern ebenfalls die Partei, welche die Norm anwendet und somit den Zuschreibungspart an dieser Stelle einnimmt. So schreibt Goffman (1982) im Falle eines Regelverstoßes wird

> „von demjenigen, der seine Verpflichtung nicht einhält, [...] erwartet, daß er versucht, seinen Verstoß wiedergutzumachen, *und* daß er dem Prozeß der Korrektur angemessene Beachtung schenkt. Diejenigen, deren Erwartungen nicht erfüllt wurden, müssen deutlich machen, daß auf sie nicht zutrifft, was der Verstoß über sie aussagt, *und* daß sie in einer korrekten Beziehung zu dem sanktionierenden System stehen, was immer sie das kosten mag, denn versagen sie in der Berufung auf soziale Mechanismen, kann das ein ungünstigeres Licht auf sie werfen als der ursprüngliche Verstoß" (S. 144).[2]

Die Zuschreiber bzw. nach Goffmans Worten die „Opfer" versuchen also durch das Berufen auf die Norm und der damit verbundenen Zuschreibung von regelverstoßenden Verhalten auf die gegnerische Partei (dem „Missetäter") zu zeigen, dass das, was der Normenbruch über diese aussagt, keinesfalls mit ihren Selbstbildern in Verbindung gebracht werden darf. Ist die Zuschreibung eines Regelverstoßes durch die Opfer jedoch nicht erfolgreich, so kann dies, wie beschrieben, möglicherweise ein ungünstigeres Licht auf diese werfen, als es der als Verstoß definierte vorlaufende Vorfall getan hätte.

Diese Handlung (Zuschreibung eines Regelverstoßes) ist also wichtig, um die Grenzen der eigenen Gruppe bzw. des Individuums in der Situation zu demonstrieren, um somit die eigene Identität zu wahren. Somit können wir das zur Rechenschaft ziehen eines Individuums als eine Aussage über die Arten und Orte der eigenen Grenzen verstehen (Erikson 1978: 20f.), also als eine Eigen-Definition. Dabei stellen

---

1 Dabei ist anzumerken, „daß verschiedene Gruppen verschiedene Dinge als abweichend beurteilen" (Becker 1981: 3).

2 Goffman (1982) schreibt, dass Normen in zwei Arten auf ein Individuum einwirken. Zum einen „als eine Verpflichtung, die von ihm verlangt, etwas in bezug auf andere zu tun (oder zu unterlassen), und als eine Erwartung, die es veranlaßt legitimerweise zu antizipieren, daß andere etwas in bezug auf sie tun (oder unterlassen)" (S. 140).

sich die Grenzen der Identität eines Individuums bzw. einer Gruppe niemals als
völlig fest dar, „sie verschieben sich ständig, indem die Menschen der Gruppe neue
Möglichkeiten entdecken, die Grenzen ihrer Welt nach außen festzulegen, neue
Möglichkeiten, ihre eigene Position auf der Karte der sie umgebenden Kultur zu
bestimmen" (Erikson 1978: 22).

Ebenfalls werden bei der Verwendung einer Norm in einer konkreten Situation
nicht nur die beteiligten Individuen in ihrem Verhalten und in Bezug auf ihren
moralischen Status definiert, sondern auch die Norm selbst ist eine Konstruktions-
leistung, die innerhalb einer Interaktion geleistet wird (vgl. Dellwing 2014; Bude/
Dellwing 2011; Blumer 1973). Die Bedeutung einer Norm wird somit bei der konkreten Anwendung etikettiert (vgl. Dellwing 2014: 24, 33), wobei die Bedeutungen
„immerzu auf Situationen und Kontexte bezogen" (Bude/Dellwing 2011: 10) bleiben.
Die Füllung der Norm mit einer Bedeutung wird somit zu einem Werkzeug, mit
dem in der Interaktion das Verhalten eines Individuums beurteilt und eingeordnet
wird und zudem die eigene Person bzw. das Image der zuschreibenden Gruppe
definiert wird, wobei die Anwendung einer Regel im Interaktionsprozess zugleich
auch die Füllung dieser beschreiben soll (vgl. Dellwing 2014: 24).

Eine Norm lässt sich natürlich nicht beliebig definieren, denn sie beschreibt uns,
wie alle anderen Gegenstände unserer sozialen Welt, kein „leeres Objekt" (Dellwing
2014: 41f.). Alles, tritt es einmal in einem sozialen Raum auf, trägt sofort eine zugeschriebene Bedeutung, welche jedoch jederzeit umdefiniert werden kann (Dellwing
2014: 41; vgl. Blumer 1973). Die konkrete Situation, in der die entsprechende Norm
angewandt wird, gibt uns dabei den Interpretationsrahmen vor. Die Situation, in
der sich die einzelnen zugeschriebenen Bedeutungen lokalisieren, beschreibt uns
also die Grenzen, innerhalb dessen wir einen Interpretationsspielraum besitzen
(Dellwing 2014: 42)[3]. Eine Grenze können wir dabei so verstehen, dass nicht jede
Interpretation bzw. zugeschriebene Bedeutung von den beteiligten Individuen
mitgetragen werden wird. Sie muss plausibel bzw. „verstehbar" erscheinen und für
„richtig" in der konkreten Situation gehalten werden, denn erst der Kontext ist es,
der die Dinge verständlich macht (Bude/Dellwing 2011: 10)[4]. Die „Regeln, sofern

---

3   Fish (2011) bemerkt dabei: „Eine unendliche Vielzahl von Bedeutungen stünde nur
    zu befürchten, wenn Sätze in einem Zustand existieren, in dem ihre Bedeutungen auf
    beliebige Situationen zuträfen und sie nicht immer schon in bestimmte Situationen
    eingebettet wären" (S. 38).

4   So schreibt auch Fish (2011), dass „Worte [...] eine Bedeutung [haben], weil sie in einen
    Kontext eingelassen sind und entsprechend gehört werden". Und auch ein paar Zeilen
    später bemerkt er nochmals, dass „es [...] unmöglich [ist] sich einen Satz ohne Kontext
    auch nur vorzustellen" (S. 40).

sie effektiv sind, sind dies [also] deshalb, weil diejenigen, für die sie gelten, sie für richtig und berechtigt halten" (Goffman 1982: 141).

Somit stellen sich uns Normen als Bestandteile einer institutionellen Struktur dar, „innerhalb deren Äußerung gehört werden: nämlich als bereits organisiert, in Beziehung auf bestimmte vermutete Absichten und Ziele" (Fish 2011: 36f.). Daraus lässt sich schließen, dass es in einer konkreten Situation zu sein heißt, „im Besitz dieses oder jenes Gerüstes von Annahmen zu sein (was aktiv und passiv gemeint sein kann), im Besitz von Praktiken, die als relevant für bereits vorhandene Absichten und Zwecke verstanden werden" (Fish 2011: 48).

Aber auch Begrenzungen, die uns der Kontext, indem wir uns zu befinden glauben, vorgibt, beschreiben uns „lokale, interpretativ-kreative und damit immer auch wieder neu aushandelbare und überwindbare Erfindungen" (Bude/Dellwing 2011: 11). Auch sie sind Teil einer Konstruktion und keine „feste Regel" und demnach jederzeit verschiebbar, wodurch Annahmen und Praktiken, die wir in der betreffenden Situation vorerst voraussetzen, jederzeit anderen Platz machen können (Fish 2011: 49).

Des weiteren beschreibt Goffman (1982), dass Normenverletzungen bzw. -befolgungen für gewöhnlich als etwas symptomatisches verstanden werden, „sie werfen ein Licht auf die allgemeine Beziehung des Akteurs zu einer Regel und darüber hinaus auf seine Beziehung zu dem Regelsystem, von dem die fragliche Regel nur ein Teil ist" (S. 141), womit die Beurteilung des Handelns in Bezug auf eine Norm zugleich zu einer Beurteilung des moralischen Charakters der betreffenden Person wird.

Es wird (wenn eine erfolgreiche Zuschreibung stattgefunden hat) also für gewöhnlich davon ausgegangen, dass der Ausdruck eines Verstoßes oder Befolgung ebenfalls die allgemeine Beziehung zum Regelwerk unserer Gesellschaft abbildet, wenn das Individuum in diesem Fall als vollkommen „verantwortlich" für seine Handlungen gehalten wird.

Im alltäglichen Leben können wir diese Verantwortlichkeit (die dem „Täter" zugeschrieben wird oder eben nicht bzw. nur teilweise) als „moralische Verantwortlichkeit" (Goffman 1982) benennen, die im schlimmsten Fall, bei einer erfolgreichen Zuschreibung eines Normenbruches, von den Opfern so verwendet werden kann, dass sie sein „schlechtes Benehmen" als Ausdruck „seines schlechten Charakters" (Goffman 1982: 142) interpretieren.[5] In diesem Fall wird die Norm dazu verwendet,

---

5   Natürlich gibt es eine Reihe von Umständen, bei denen die fragwürdige Handlung des Individuums nachsichtig behandelt wird. So schreibt Becker (1981): „Einen Menschen, der gegen eine Verkehrsregel verstoßen oder auf einer Party ein wenig zu viel getrunken hat, halten wir trotz allem immer noch für unseresgleichen und behandeln seinen Verstoß nachsichtig" (S. 2).

um „abweichendes Verhalten" zu definieren und damit eine Außenseiterrolle zu konstruieren (vgl. Dellwing 2014: 33).

Schreiben wir also dem Verhalten eines Individuums erfolgreich „Normenbruch" zu (was natürlich eine reine Aushandlungssache bleibt), so haben wir es in der Regel mit dem Zuschreiben einer Außenseiterrolle zu tun. Somit wird die Füllung bzw. Anwendung der Norm in der konkreten Situation als Werkzeug dazu benutzt den „Missetäter" als nicht-zugehörig zu markieren.

Das Berufen auf eine Norm bzw. Regel stellt uns dabei eine Notwendigkeit für die erfolgreiche Zuschreibung einer Außenseiterrolle dar (Dellwing 2014: 33). Sie legitimiert die soziale Reaktion des Zuschreibers (die wie auch immer ausgedrückte Definition eines Regelverstoßes) und die Zuschreibung selbst (Dellwing 2014: 34). Die darauffolgende Sanktion (welche Form sie auch annehmen mag) stellt uns dabei eine Art „Übergangsritual [dar], bei dem der Einzelne von seinem gewohnten Platz der Gesellschaft entfernt und zugleich in eine besondere Abweichler-Position überwiesen wird" (Erikson 1978: 25).

Abweichung ist also eine Definition, die in der Situation erfolgreich über die Füllung einer Norm zugeschrieben werden muss. Oder noch genauer: „Der Mensch mit abweichenden Verhalten ist ein Mensch, auf den die Bezeichnung erfolgreich angewandt worden ist; abweichendes Verhalten ist Verhalten, das Menschen so bezeichnet" (Becker 1981: 8)[6] . Abweichendes Verhalten beschreibt uns demnach nicht, um es an dieser Stelle noch weiter auf den Punkt zu bringen, die Qualität einer Handlung bzw. des Verhaltens, sondern vielmehr

> „das Produkt eines Prozesses, der die Reaktionen anderer Menschen auf das Verhalten
> mit einschließt. Das gleiche Verhalten kann zu diesem Zeitpunkt ein Verstoß gegen die
> Regel sein, zu einem anderen nicht; kann ein Verstoß sein, wenn eine bestimmte Person
> dies Verhalten zeigt, und kein Verstoß, wenn eine andere es zeigt" (Becker 1981: 12).

Es gibt keine „objektiven Eigenschaften, von denen wir sagen könnten, daß sie allen abweichenden Handlungen gemeinsam wären, nicht einmal in den Grenzen einer bestimmten Gruppe" (Erikson 1978: 16)[7]. Abweichendes Verhalten beschreibt uns somit keine Eigenschaft, die einer speziellen Handlung bzw. Art des Verhaltens

---

6   Becker (1981) führt des weiteren an dieser Stelle auf, „daß *gesellschaftliche Gruppen abweichendes Verhalten dadurch schaffen, daß sie Regeln aufstellen, deren Verletzung abweichendes Verhalten konstruiert*, und daß sie diese Regeln auf bestimmte Menschen anwenden, die sie zu Außenseitern abstempeln" (S. 8). Daraus lässt sich schließen, dass Regeln ebenfalls dazu verwendet werden können, um bestimmte Individuen im Vorneherein auszuschließen und als Außenseiter zu markieren.

7   Des weiteren schreibt Erikson (1978) an dieser Stelle: „Dasselbe Verhalten kann den einen dem Gefängnis, den anderen der Heiligsprechung nahebringen, so sehr hängt

innewohnt, sondern sie ist eine Definition des betreffenden Verhaltens, welches von anderen Menschen zugeschrieben wird (Erikson 1978: 16).

Daraufhin hat das betreffende Individuum mehrere Entscheidungsspielräume, um mit dem „Regelverstoß" umzugehen, wovon wir uns an dieser Stelle mit zwei Spielräumen beschäftigen möchten, da diese im Verlauf dieses Beitrags an Signifikanz gewinnen werden. Zum einen hat das Individuum die Möglichkeit die betreffende Gruppe bzw. das betreffende Individuum, welches ihn eines Normenbruchs beschuldigt (und ihm zudem eine Abweichlerrolle zuschreibt), ebenfalls als Abweichler zu definieren (Becker 1981: 1), um somit sein eigenes Verhalten als „richtiger" zu definieren. Es startet somit einen „Gegenangriff" bzw. eine „Gegenbeschuldigung" (Goffman 1982: 158) und versucht „die Verantwortung teilweise oder ganz seinen Anklägern" (Goffman 1982: 158) zuzuschieben. In diesem Fall trägt er die Definition des bzw. der Zuschreiber nicht mit und versucht eine neue Definition der Situation bzw. eine neue Definition seines Handelns in der Interaktion durchzusetzen.

Auf der anderen Seite hat die betreffende Person die Möglichkeit durch Rechtfertigungen oder Entschuldigungen sich einen Weg (zurück) in die Gruppe zu bahnen. Denn die Anerkennung der begangenen Regelverletzung führt für gewöhnlich zur Anerkennung als Gruppenmitglied, als einen „Gleichen" (vgl. Becker 1981: 2), solang der Verstoß nicht als zu dramatisch verstanden wird. Mit diesem Verhalten kann somit (wieder) eine gemeinsame Normenwelt und Ordnung aufgebaut werden.

Über die Rechtfertigungs- und Entschuldigungsvokabulare kann das Individuum diese Anerkennung der Regel in einer sozial anerkannten Art und Weise ausdrücken. So kann das Individuum unter anderem mildernde Umstände aufführen, wie z.b. er wäre zu diesem Zeitpunkt etwas angetrunken gewesen oder er wäre in Gedanken gewesen und habe diese Handlung nur versehentlich vollzogen (vgl. Goffman 1982: 159f.). Andersherum kann er aber auch offen zugeben, dass er diese Tat begangen hat und sich für seine fragwürdige Handlung entschuldigen, womit sich das Individuum „in zwei Teile spaltet, in einen Teil, der sich eines Vergehens schuldig gemacht hat, und in einen Teil, der sich von dem Delikt distanziert und die Anerkennung der verletzten Regel bestätigt" (Goffman 1982: 162).[8] Somit zeigt das

---

die Qualität der Handlung als solche von den Umständen ab, unter denen sie vollzogen wurde, und von der Gestimmtheit des Publikums, das dabei zugegen war" (S. 16).

8   Goffman (1982) führt hierzu eine ausführliche Aufzählung von verschiedenen Ausprägungen von „Erklärungen", „Entschuldigungen" und dem „Ersuchen" (welches wir in diesem Beitrag außen vor lassen werden) auf. Ebenfalls zählt Goffman die „Gegenbeschuldigung" als eine Art des Rechtfertigungsvokabular auf, welches wir in diesem Beitrag jedoch als gegensätzlich zu den Formen der Entschuldigungen und der Erklärungen verstehen möchten, da dadurch nicht versucht wird auf Grundlage der Definition der

Individuum Reue und definiert die Zuschreibung von regelverletzenden Verhalten als völlig gerechtfertigt (vgl. Becker 1981: 2).

Egal mit welchen Vokabular das betreffende Individuum versucht, das Problem zu lösen, mit beiden erkennt es an (d. h. definiert mit), dass es sich bei seinem Verhalten um eine Regelverletzung gehalten hat. Bei einer Entschuldigung tut er es offensichtlich, bei einer Erklärung indirekt, indem er der Situation so begegnet, als wäre sein Handeln eben dies oder als könne man sein Verhalten dementsprechend „falsch" interpretieren. Man könnte sagen, „in beiden Fällen leben der Abweichler und sein besser angepaßter Widerpart mehr oder weniger in derselben Sinn- und Symbolwelt" (Erikson 1978: 29).

2   Das verhandelte Monster

In der Serie *True Blood* geht es im Allgemeinen darum, wie es wäre, wenn „Monster" mit uns (der menschlichen Gesellschaft) in Koexistenz leben würden. Die Serie spielt in der fiktiven amerikanischen Stadt „Bon Temps", Louisiana. „Vampire" sind an die Öffentlichkeit getreten und suchen nach einem Weg mit den Menschen friedlich zusammen leben zu können. Dies wird ihnen durch ein synthetisches Blut („Tru Blood") ermöglicht. Durch dieses „Blut" sind die Vampire nicht mehr darauf angewiesen menschliches Blut zu trinken, um ihr Überleben zu gewähren. Die Menschen, wie auch die Gruppe der Vampire sind zweigeteilt in ihrer Meinung, ob sie in Koexistenz zusammenleben wollen oder nicht. Nicht jeder Vampir sieht es in seiner Bestimmung „Mainstream"[9] zu werden, sich von synthetischem Blut zu ernähren und sich an der Werte- und Normenwelt der menschlichen Gesellschaft zu orientieren. Und auch anders herum protestieren einige Menschen gegen die Eingliederung der Vampire, so z.B. in Form der Kirche zur Vernichtung der Vampire („Fellowship oft the Sun"). Die Unterscheidung wird als account-Unterscheidung deutlich, darin, wer sich wem gegenüber erklärt und wer die Erklärung verweigert.

---

anderen Partei eine angepasste Rechtfertigung zu erbringen, um somit die Ordnung der Gruppe wieder herzustellen. Durch eine (erfolgreiche) Gegenbeschuldigung wird vielmehr der „Täter" zum „Opfer" transformiert und die Außenseiterrolle dem vorigen „Opfer" übergeben, der dadurch in die Täterrolle geschoben werden soll. So schreibt auch Goffman an dieser Stelle, das diese Art sich aus der Verantwortung zu ziehen „kaum korrektiv wirken kann" (S. 158).

9   Mainstream ist die Bezeichnung für die Vampire, die der „vampirischen Natur" abgesagt haben und ihre Menschlichkeit wieder zurück erlangen wollen. Sie versuchen sich den Menschen in ihrem Verhalten möglichst anzupassen und in „friedlicher" Koexistenz zu leben.

In diesem Sinne bietet das Format *True Blood* eine Bühne breiter Aushandlungsprozesse sozialer Normen, die sich sowohl innerhalb der einzelnen Gruppen als
auch zwischen diesen ergeben.

3 Öffentliche Zuschreibung von Normenbruch als Definitionsleistungen

Das Beispiel, welches wir in diesem Kapitel aufzeigen möchten, handelt von einem
Vampir, der in dieser Serie wohl das Paradebeispiel der selbst als „natürlich" defi-
nierten Vampirfraktion darstellt. Er lehnt das Zusammenleben mit der menschlichen
Gesellschaft ab und definiert das Verhalten der „Mainstream" Vampire als „reine
Fassade", welche die „wahre" Natur der Vampire vor den Menschen verdecken soll.

Russell Edgington unterbricht eine Nachrichtensendung, in der es gerade um
die Vampirrechtsdiskussion geht („Vampire Rights Amendment")[10]:
Russell Edgington kommt mit übernatürlicher Geschwindigkeit von links ins
Bild hinter den Nachrichtensprecher und reißt ihm mit einer Hand das Rückgrat
heraus, woraufhin dieser mit einem Keuchen nach vorn auf den Tisch kippt. Man
hört Schreie im Hintergrund, die von dem Kamerateam zu kommen scheinen.

In dieser kurzen Szene können wir zum einen eine Handlung (ausgeführt durch
Russell Edgington) und zum anderen die darauffolgende Reaktion auf diese
Handlung von anderen beobachten (durch das Kamerateam). Die Reaktion des
Kamerateams ist es, mit der wir uns an dieser Stelle beschäftigen werden, denn sie
beinhaltet eine Bedeutungszuschreibung in Bezug auf die betreffende Handlung.
Man könnte annehmen, dass es sich bei den Schreien des Kamerateams, um
eine „natürliche", ja instinktiv zu erklärende Reaktion handelt, jedoch ist genau
das Gegenteil der Fall. Die Darstellung von „Angst" ist eine routinierte Handlung,
welche wir erlernt haben und die zur Abgrenzung dient. Sie gibt somit zu verstehen,
„das ist nicht normal". Diese Darstellung ist sehr wichtig, um die „richtige" emo-
tionale Maske zu zeigen, um von anderen weiterhin als ein „normaler" und nicht
„verrückter" Mensch zu gelten. Die Handlung von Russell Edgington ruft bei dem
Kamerateam ein, um es mit Goffmans (1982) Worten auszudrücken, „Alarmzeichen"

---

10 Diese öffentliche im Fernsehen ausgestrahlte Diskussion über die Vampirrechte innerhalb
    der menschlichen Gesellschaft zieht sich durch die gesamte Serie. So können wir oftmals
    beobachten, wie Nan Flanagan (Sie ist ein über 800 Jahre alter Vampir und die offizielle
    Sprecherin der Vampir-League) als Repräsentantin der Vampire für die Koexistenz mit
    der menschlichen Gesellschaft auftritt und Reverend Steve Newlin als Repräsentant der
    Menschen und Anführer der Fellowship of the Sundazu Stellung bezieht.

hervor, welches dazu dienen soll, anderen Individuen zu verdeutlichen, dass hier etwas nicht in Ordnung sei und damit eine mögliche Bedrohung darstellt. Denn, „wenn ein menschliches [...] Individuum das Gefühl hat, daß etwas unnatürlich oder nicht in Ordnung ist, daß etwas los ist, handelt es sich um das Gefühl einer plötzlichen Gelegenheit oder Bedrohung in seiner gegenwärtigen Lage" (Goffman 1982: 319).

Wir können also schon an dieser Stelle die erste Anwendung einer Norm im Interaktionsprozess entdecken. Es sind die Schreie, die uns verdeutlichen, dass das Kamerateam der Handlung von Russell Edgington Normenbruch zuschreibt. Die Schreie stellen uns dabei eine durch Normen legitimierte Form der sozialen Reaktion dar. Zugleich verdeutlichen sie uns eine Abgrenzung von der betreffenden Handlung. Durch die Schreie wird gezeigt, dass es sich für die Personen, die diese Schreie in die Interaktion bringen, keineswegs um „normales" Verhalten handelt und sie somit gezwungen sind eine sozial anerkannte Reaktion zu zeigen, um sich von diesem „Delikt" abzugrenzen, um ihr Image als „anständige Menschen" zu schützen.

Das Bild wechselt vom Fernseher zu Nan Flanagan, welche gerade hoch zum Fernseher vom Trinken an einer Frau in ihrer Limousine schaut. Sie richtet sich schnell noch weiter auf, legt die Stirn in Falten und öffnet den Mund.

Auch Nan Flanagan zeigt uns hier ganz klar eine durch die Mimik ausgedrückte Abgrenzung von Russell Edgingtons Verhalten. Somit definiert auch sie sein Verhalten als gegen eine Regel verstoßend und definiert sich selbst als etwas anderes, als den Regeln folgend.

Das Bild wechselt wieder zurück zu Russell Edgington, welcher noch immer hinter dem Nachrichtensprecher mit dem Stück Wirbelsäule in der rechten Hand steht. „Does that help you decide, America?. (er beginnt zu schreien) Do not turn off the camera! (er wird wieder ruhig in der Stimme) You've seen how quickly I can kill". Er schiebt mit einer Hand den Nachrichtensprecher vom Tisch, welcher daraufhin auf den Boden fällt. Dann setzt er sich auf den Stuhl auf dem der Nachrichtensprecher gesessen hatte.
Das Bild wechselt zurück zu Nan Flanagan, welche immer noch mit dem gleichen Gesichtsausdruck auf den Fernseher schaut. Im Hintergrund ist von Russell Edgington aus dem Fernsehen zu hören: „Ladies and Gentlemen [...]"
Das Bild wechselt wieder zu Russell Edgington, welcher gerade die Arme ausbreitet und immer noch die Wirbelsäule in der Hand hält. „My name is Russell Edgington and I have been a Vampire for nearly (er lacht) 3.000 years.

Now (er beugt sich vor) the American Vampire League wishes to perpetrate the notion that we are just like you,(er richtet sich wieder auf) and I suppose in a few small ways we are. We're narcissists".

An dieser Stelle begeht Russell Edgington den ersten indirekten Angriff auf die Fassade der Anhänger der Vampir-League (der „Mainstream" Vampire), indem er den Menschen zuerst vorführt und sie darauf aufmerksam macht, wie schnell er töten kann *("You've seen how quickly I can kill")* und am Ende des Szenenausschnittes sagt, wie die Vampir-League versucht ein Bild zu konstruieren, dass Vampire wie Menschen wären (*„the American Vampire League wishes to perpetrate the notion that we are just like you"*), was mit der vorlaufenden Handlung nicht in Einklang zu bringen ist. Damit verdeutlicht er eine Diskrepanz zwischen dem was die Mainstream Vampire versuchen zu sein und dem was sie in seinen Augen sein sollten, womit er ihre „Fassade" diskreditiert (vgl. Goffman 1975)[11], die dazu dienen soll, „regelmäßig in einer allgemeinen und vorherbestimmten Art [...], die Situation für das Publikum der Vorstellung zu bestimmen" (Goffman 2011 [1969]: 23) und sie eines Normenbruchs in Bezug auf die vampirische Gemeinschaft bezichtigt.

Die Norm, die durch Russell Edgington in diesem kurzen Szenenabschnitt mit Bedeutung gefüllt wird (wie ein „wahrer" Vampir zu sein hat), wird also dazu verwendet, um das Verhalten der Anhänger der Vampir-League als regelbrüchig zu definieren und um zugleich sich selbst als regelbefolgend darzustellen, vor dem Publikum der menschlichen Gesellschaft.

Das Bild wechselt zurück zu Nan Flanagan, welche sich noch weiter aufrichtet und starr auf den Fernseher schaut. Im Hintergrund hört man Russell Edgington

---

11 Bei der Diskredition einer Fassade wird allgemein davon ausgegangen, dass ein Individuum (bzw. in diesem Fall eine Gruppe) in einigen oder wenigen Kreisen vorgibt etwas zu sein, was sie nicht ist. Goffman (1975) benennt dies als „eine Diskrepanz zwischen der aktualen sozialen Identität eines Individuums und seiner virtualen Identität" (S. 56). Das Individuum oder die Gruppe besitzt demnach eine Identität, die einigen bekannt sein wird, anderen wiederum aber nicht. Denen, den diese Identität nicht bekannt ist, wird eine andere Identität vorgespielt (die nach Goffman benannte „virtuale Identität"), was Goffman als „Täuschen" (1975) benennt. Mit dieser anderen Identität soll verdeckt werden, was das Individuum selbst als „abnormal" definiert. Denn, „wegen der großen Belohnungen, die die Tatsache als normal betrachtet zu werden, mit sich bringt, werden fast alle Personen, die die Möglichkeit haben, zu täuschen, dies auch bei irgendeiner Gelegenheit absichtlich tun" (Goffman 1975: 96). Durch diese Täuschung wiederrum wird die virtuale Identität zu einer Maske, die jederzeit der Gefahr ausgesetzt ist durch andere angegriffen und zerstört zu werden (vgl. Goffman 1975: 97). Diese Personen benennt Goffman (1975) als Diskreditierbare, als Personen, die etwas zu verstecken versuchen.

weiter reden: „We care only about getting what we want no matter what the cost, just like you. Global warming, [...]".
Das Bild wechselt wieder zu Russell Edgington, der ein leichtes Grinsen im Gesicht trägt: „perpetual war, toxic waste, child labor, torture, genocide. That's a small price to pay for your SUVs and (er wird immer lauter und schärfer in der Stimme) your flat-screen TVs, your blood diamonds, your designer jeans, your absurd, garish McMansions!"

Russell Edgington grenzt sich hier von den Menschen ab, indem er zuerst auf eine „ironische" Art und Weise, die anfänglich nur durch die Betonung zu hören ist (es ist Nan Flanagan zu sehen und Russell Edgington ist nur im Hintergrund zu hören), eine Verbindung zwischen Mensch und Vampir zieht („We care only about getting what we want no matter what the cost, just like you".). Als das Bild wieder Russell Edgington zeigt, der in seinem Monolog weiter fortfährt, wird dieser Eindruck von Ironie noch deutlicher, indem er einige soziale Gegenstände der menschlichen Gesellschaft mit der weiterhin hörbaren ironischen Sprechweise und gestischer Untermauerung dieser aufzählt. Er beendet seine Aufzählung in einem Ausdruck von „Wut", was seine Abgrenzung von der Menschheit noch mehr verdeutlicht.

Er macht uns somit an dieser Stelle deutlich, dass er die Menschen keinesfalls als „Gleiche" betrachtet. Er diskreditiert sie dafür in ihrem Glauben bzw. in ihren Selbstbildern, sie wären etwas „besseres" bzw. sie wären „richtiger" als die Vampire, womit er die Menschen, wie auch zuvor die mainstream Vampire, als Abweichler markiert.

Ebenfalls können wir an dieser Stelle behaupten, einen „Gegenangriff" bzw. eine Gegenbeschuldigung zu beobachten, in Bezug auf die öffentlich gemachte menschliche Abwehr gegen die Koexistenz mit den Vampiren, womit er die Zuschreiber von Außenseiterrollen (die Menschen, die sich gegen die Koexistenz aussprechen) ebenfalls als Außenseiter etikettiert.

Das Bild wechselt zurück zu Nan Flanagan, die die Brauen runter zieht, während Russell Edgington weiter spricht: „Futile symbols of permanence to quell your..." Es wird wieder Russell Edgington gezeigt, welcher nun die Wirbelsäule in seiner Hand leicht hin und her dreht. „quivering, spineless souls". Er schmeißt die Wirbelsäule hinter sich, lehnt sich dann nach vorn und kreuzt die Finger ineinander (die rechte Hand ist völlig mit Blut überdeckt). „But no. In the end we are nothing like you. We are (lacht und beugt die Hände nach außen) immortal because we drink the true blood. Blood that is living, organic and human (leckt das Blut von seiner Hand)".

In diesem Szenenausschnitt können wir beobachten, wie Russell Edgington die Unterschiede zwischen den Menschen und den „echten" Vampiren, wie auch die Unterschiede zwischen den Mainstream Vampiren und den „echten", noch weiter verdeutlicht. Dies tut er über verbales, wie auch gestischen Abgrenzen von der Menschheit und den Vampiren, die sich an diesen orientieren, um in Koexistenz mit ihnen leben zu können. Er verbalisiert es ganz deutlich: *„We are nothing like you. We are immortal* (hier grenzt er sich von den Menschen ab) *because we drink the true blood* (hier grenzt er sich von den Mainstream Vampiren ab)".

Durch seine äußerst ausdrucksvollen Gesten unterstreicht er das Verbale besonders dramatisch. Er spielt mit der Wirbelsäule in seiner Hand und schmeißt sie kurz darauf „achtlos", wie ein langweilig gewordenes Spielzeug, hinter sich. Ein dramatisierter Ausdruck von Respektlosigkeit, der den Statusunterschied zwischen Mensch und Vampir verdeutlichen soll.

Das Bild wechselt abermals zu Nan Flanagan, die den Mund schließt und während der kurzen Szene die Brauen immer weiter zusammen zieht, während Russel Edgington weiter redet: "And that is the truth the AVL wishes to conceal from you because, [...]"

Jedes Mal, wenn Nan Flanagan gezeigt wird, zeigt sie eine gar „empörte" Fassade, welche sie in diesen Szenenausschnitt ebenfalls kaum in ihrer Form verändert. Sie zeigt weiterhin eine Abgrenzung zu Russell Edgingtons Verhalten und somit ein Wahren ihres eigenen Images.

Das Bild wechselt wieder zu Russell Edgington, der nun immer lauter und schneller spricht: „[...] let's face it, eating people is a tough sell these days. So they put on their friendly faces to pass their beloved VRA but make no mistake – mine (er betont dieses Wort besonders und macht große Bewegungen mit dem rechten Arm) is the true face of vampires (dabei breitet er die Arme weit aus und fängt an zu grinsen)! (Pause, sein Grinsen verschwindet, danach betont er die Wörter scharf und lehnt sich nach vorn) Why would we seek equal rights? You are not our equals. We will eat you and after we eat your children".[12]

In diesem letzten Szenenausschnitt können wir einen direkten Angriff auf die Fassade der Mainstream Vampire beobachten. Er sagt es ganz deutlich: *„they put on their friendly faces"*; und zugleich: *„mine is the true face of vampires"*.

---

12   True Blood: Staffel 3; Episode 9 – „Everything is Broken"

Er definiert sich selbst als „wahre" Gestalt der Vampire bzw. sein Verhalten als „normal" für Vampire. Somit schreibt er sich nicht nur seine eigene Identität zu, sondern ebenfalls die der gesamten vampirischen Gemeinschaft, wodurch nachgelagerte Abgrenzungsreaktionen durch die Menschen oder die Mainstream Vampire, nicht nur ihn treffen müssen. So wurde z.b. in der darauffolgenden Folge der Serie gezeigt, wie vor dem Haus eines Vampires Menschen ein Holzkreuz anzündeten und Steine durch die Scheiben schmissen.[13]

4   Öffentliche „Kittungsstrategie"

In der darauffolgenden Episode versucht Nan Flanagan in einem Fernsehauftritt als Repräsentantin der Mainstream Vampire ihr Image und das der Gruppe zu retten und die entstandene Situation damit zu kitten.

> *„Look, I do not deny that this the heinous act of a madman. Russell Edgington is an extremist and a terrorist, but that's not because he is a vampire. It's because he is an extremist and a terrorist. He is one individual, just as Jeffrey Dahmer was an individual. And I certainly don't recall protests or a call to punish all human men after his at...".*[14]

Mit dem ersten Satz in diesem Beispiel definiert Nan Flanagan Russell Edgingtons Verhalten als regelbrüchig und macht damit eine Aussage über sich selbst und ihrer Beziehung zu den Regeln, wie auch über ihre Definition von Russell Edgington. Mit den darauffolgenden Sätzen versucht sie Russell Edgingtons Handlung auf seine Eigenart als Person zu verschieben, anstatt auf die „Tatsache", dass er ein Vampir ist[15].

Ihr Auftritt in Bezug auf Russell Edgingtons Verhalten hat damit eine Doppelfunktion zu leisten, denn zum einen muss sie Russell Edgington auf seinen Delikt aufmerksam machen (er diskreditierte die Fassade der Mainstream Vampire),

---

13 True Blood: Staffel 3; Episode 10 – „I Smell a Rat"
14 True Blood: Staffel 3; Episode 10 – „I Smell a Rat"
15 Auch hierbei handelt es sich um eine Zuschreibung. Sie wird jedoch im Gegensatz zu anderen Gegenständen in der öffentlichen Interaktion als eine Gegebenheit angenommen. Die „Vampire" selbst und die Menschen schreiben den Vampiren eine andere Natur als die der Menschen zu. Auch Nan Flanagan macht das in dem hier aufgezeigten Monolog deutlich, indem sie Russell Edgington als Vampir bezeichnet. Seine Handlung begründet sie jedoch nicht, wie Russell Edgington es im letzten Beispiel tat auf seine vampirische Natur, sondern auf seinen individuellen Charakter.

um zu zeigen, dass das was er zum Ausdruck brachte auf keinen Fall mit ihrem Selbstbild in Verbindung gebracht werden darf. Zum anderen muss sie sich von ihm abgrenzen, um von den Menschen nicht als seines Gleichen verstanden zu werden, was Russell Edgington mehrmals in seinem langen Monolog implizierte. Dies ist wichtig, da „die Natur eines Individuums, wie es sie sich und wir sie ihm zuschreiben, [...] durch die Natur seiner Gruppenanschlüsse erzeugt" (Goffman 1975: 141) wird.

So können wir hier beobachten wie Nan Flanagan zum einen, wie schon beschrieben, sein Verhalten als normbrüchig definiert und ihn im nächsten Schritt als Außenseiter markiert, um nicht als seines Gleichen zu gelten. Sie erklärt Russell Edgingtons Verhalten („*Russell Edgington is an extremist and a terrorist [...] He is one individual*"), womit sie ihn zu einer Einzelperson transformiert, wessen Verhalten somit nicht als typisch für die Vampirgemeinschaft verstanden werden darf und verdeutlicht darauffolgend, dass ihre eigene Person bzw. die Gruppe der Mainstream Vampire mit der Wertewelt der Menschen übereinstimmt, indem sie dessen Sanktionsmaßnahmen zustimmt („*And I certainly don't recall protests or a call to punish all human men after his at...*"). Sie tut es somit an dieser Stelle den Menschen gleich und definiert sein Verhalten als etwas „abscheuliches" [aus dem Englischen übersetzt („*heinous*")], als etwas abnormales und grenzt sich ebenfalls wie die Menschen im Namen der Vampir-League von diesem Verhalten ab.

5   Öffentliche Gegenreaktion

Als letzte Sequenz möchten wir die öffentliche, im Fernsehen ausgestrahlte, Gegenreaktion von Reverend Steve Newlin vorstellen, der als Repräsentant der menschlichen Vampirgegner auftritt.

> „*This heinous act of pure evil is a blessing, actually, because it finally reveals the true nature of these beasts to us all. And if I were less of a Christian, I would say, "Told you." (grinst). But, of course, I take no joy in this dark time*".[16]

Steve Newlin lehnt an dieser Stelle Nan Flanagans Definition von Russell Edgington ab (er nimmt keinerlei Bezug auf Nan Flanagans öffentlichen Auftritt). Er verwendet den als „Normenbruch" definierten Vorfall, um die gesamte vampirische Gemeinschaft zu definieren, was Nan Flanagan versuchte zu verhindern, indem

---

16   True Blood: Staffel 3; Episode 10 – „I Smell a Rat"

sie Russell Edgington als Einzelperson bzw. als kein Mitglied der vampirischen Gemeinschaft definierte. Er bedient sich dabei nur dieser einzigen Tat, um die gesamte Gruppe der Vampire als Außenseiter zu etikettieren bzw. als anders als die Menschen zu definieren, als etwas „abscheuliches" und „böses", was sanktioniert und ausgestoßen werden muss.

Somit werden hier, wie auch schon im Kapitel über den Begriff der Norm beschrieben, nur kurze Verhaltensmomente herausgehoben, um das betreffende Individuum und in diesem Fall zugleich auch die gesamte Gruppe zu dem das Individuum gezählt wird, als Abweichler zu markieren, indem diese Momente im Interaktionsprozess dazu verwendet werden zu beweisen „wer er wirklich sei" bzw. „wer sie wirklich seien" (Erikson 1978: 17).

Zugleich können wir natürlich auch hier wieder eine Eigen-Definition beobachten, denn so grenzt sich Steve Newlin (und seine Anhänger) von Russell Edgingtons Verhalten ab (und von der gesamten vampirischen Bevölkerung), womit er sich selbst als etwas anderes definiert.

6   Fantastische Ausschlüsse

Wir haben in diesem Beitrag gesehen, wie Menschen und fantastische Andere Normvokabular benutzen, um gemeinsame Identitäten auszuhandeln, die eigene Identität zu stärken und andere vom gemeinsamen Zusammenleben auszuschließen. Ziehen wir Cooleys *Looking-Glass Self* in Betracht, so ist eine Kommunikation von Identität mit einer Erwartung an die Erwartungen von anderen verknüpft. Accounts – Erklärungen, Entschuldigungen, Rechtfertigungen – tragen die Behauptung von fortgeführter Zugehörigkeit genauso in sich wie die Botschaft, den Urteilen jener, vor denen man sie liefert, unterworfen zu sein. Jede Darstellung von Identität und jeder Versuch, Zugehörigkeit herzustellen, gewinnen ihre Bedeutung erst durch die Erwartungen dieser Anderen.

Auch die Fremddefinition über Normen leistet eine Identitätsbehauptung. So erlauben uns Praktiken der Fremddefinition Identität zu verteidigen, in dem wir die von anderen zugeschriebene Identität ablehnen und wiederum darauf hinweisen, wie wir uns von anderen Personen unterscheiden. Stellen wir fest, wie ähnliche Taten eine andere Normbehauptung übergestülpt bekommen, so kommen wir nicht umhin festzustellen, dass Normen sich nur aus konkreten Situationen entwickeln, in dem sie, an den Kontext angepasst, zwischen verschiedenen Parteien ausgehandelt werden – und dass sie nicht von Zugehörigkeit trennbar sind. Ein wichtiger Punkt in diesem Kampf ist die Verantwortlichkeit, der immer ein Kampf um die

Verantwortlichkeit *vor einer Bezugsgruppe* ist. Wie es keine abstrakte Normordnung gibt, gibt es auch keine abstrakte Verantwortung, und die gemeinsame Aushandlung von Verantwortlichkeit verhandelt, welche Bezugsgruppe die Zielgruppe der account-Handlung ist. Wie bereits erwähnt wurden unsere Vampire als reflektierte Personen dargestellt, denen wir die Fähigkeit Verantwortung zu übernehmen zuschreiben; anders als einem bloßen Raubtier, einer Bestie. Personen und Gruppen können sich einander in eine Rechtfertigung zwingen, sobald andere Personen oder Gruppen ihnen Verantwortung zuschreiben; aber das reicht nicht aus. Im Vorwurf steckt die Erwartung, die weitere Zugehörigkeit zur Gruppe dramatisiert zu bestätigen, und zwar in der Anerkennung des Urteils und der Unterwerfung unter die Erwartungen, die dieses Urteil transportiert.

In der Ablehnung von accounts von Seiten jener, an die sie adressiert sind, liegt die Ablehnung des Versuchs des account-Gebenden, mit diesem account die Zugehörigkeit zu „retten"; in der Ablehnung, auf Herausforderungen mit accounts zu reagieren, liegt die Ablehnung der Zugehörigkeit zu jenen, die sie fordern, die Ablehnung der Idee, deren Urteil unterworfen zu sein (Dellwing 2014b). Der „Umweg" dieser Identitätsaushandlung geschieht über die Idee von Normativität und die Behauptung von Normen; wie alle Alltagsredeweisen ist das eine Abkürzung, die die Tiefe der Aushandlung sozialer Bedeutung in Herausforderungen und accounts unterschätzt.

In *True Blood* wurden solche Situationen zunächst durch das Auftauchen von Vampiren und schließlich durch die öffentliche Tötung eines Reporters thematisiert: Getrennt zwischen Gruppen, die vor einer Öffentlichkeit accounts geben und solche, die das meiden und so eine Form der „nackten Macht" an den Tag legen, die die Anpassung an Urteile der anderen Seite, auch eine noch so scheinbare, nicht länger zu einer wesentlichen Überlegung werden lässt. Sie ist nicht länger verantwortlich im Sinne des Wortes: Sie weigert sich, den Vorwürfen zu *antworten*. Personen oder Gruppen die im Prozess der Aushandlung in einer Verantwortungsrolle stehen, sehen sich nicht nur mit der Möglichkeit konfrontiert in eine Abweichlerrolle überführt zu werden; sie manövrieren sich in einer Rolle des Anderen.

Aber auch Anwerber, die zur Gruppe gehören wollen, müssen beweisen, dass sie die gemeinsame Realität der Gruppe teilen und tun dies praktisch nicht durch die Sozialisation in eine abstrakte Normordnung, sondern durch die erfolgreiche Aushandlung ihrer Zugehörigkeit in einer Dynamik, in der Herausforderungen vermieden und ihnen vor ihrer Aussprache durch Mitglieder zuvorgekommen wird und indem eventuell weiterhin aufkommenden Herausforderungen bescheiden und in einem Duktus der „Lernfähigkeit" begegnet wird. Das ist mit „Anpassung an Normen der Gruppe" nur sehr oberflächlich und abgekürzt beschrieben, da es in diesen Herausforderungen um situationale Positionsbestimmungen gegenüber anderen Mitgliedern der Gruppe geht, die nicht so statisch sind wie ihre Behauptungen das angeben müssen. *True Blood* liefert dazu exzellente Beispiele, da hier sowohl die Vampire im ständigen Kampf um Anerkennung in der menschlichen Gesellschaft stehen, aber auch Menschen, die mit den Vampiren sympathisieren ihre Stellung in der Gesellschaft riskieren; die Kehrseite der Weigerung, accounts zu liefern, ist, sie in antizipatorischer Sozialisation zu liefern. Im Alltag können wir solche Prozesse gut nachvollziehen; immer dann wenn „Neulinge" versuchen, Anschluss zu finden und immer dann, wenn Etablierte sich dazu entscheiden, den Neuling zu unterstützen. Beides sind Spiele die sie in die Randständigkeit treiben können, wenn ihre Versuche Zugehörigkeit zu generieren abgeschmettert werden.

Es sind deshalb verschiedene Strategien nötig, mit denen „Verantwortliche" in konkreten Situationen versuchen eine gemeinsame Realität zu generieren. Dies können Kittungsstrategien sein, in denen Personen versuchen, mittels Rechtfertigungen oder Entschuldigungen die soziale Ordnung ihrer gegenseitigen Zugehörigkeit wieder herzustellen. Sie erkennen dabei die Herausforderungen, getätigt oder antizipiert, der anderen an, bieten eine Erklärung, warum es zu dem Bruch kam, und geloben Besserung oder verweisen auf „Fakten" oder „Bedingungen" warum es in diesem besonderen Falle zu dem Ausscheren aus der Gemeinsamkeit kam. Sie nutzen also die Ressourcen der Situation, um ihr Ausscheren in einem größeren Kontext zu deuten und bieten eine Erklärung an, die einige wichtige Faktoren kommuniziert: Sie wissen, dass etwas geschehen ist, was (aus Sicht der Urteilenden, deren Urteil angenommen wird) nicht hätte geschehen sollen und wäre es eine andere Situation gewesen (oder aber auch sie in der Situation einer anderen Person, für die sie sich in der Verantwortlichkeit sehen), dann hätte die Situation einen anderen Verlauf genommen; es wäre kein Bruch entstanden. In *True Blood* ist das Nan Flanagan, der bemerkt: „Look, I do not deny that this the heinous act of a madman [...].", und sich damit von seinen Handlungen abgrenzt, um Zugehörigkeit kommunizieren. Schließlich kann die angeklagte Person aber auch in die Offensive gehen und einen Gegenangriff starten. Dies wird darüber erreicht, dass die Person die kommunizierten Normen der Angreifer nicht anerkennt. Sie wird in diesem Falle darauf hinweisen, dass ihr Handeln richtig und angemessen war. Hier wird keine Gemeinsamkeit gesucht, denn der anderen Partei wird nun zugeschrieben, in der Rolle des Abweichlers zu stehen – oder des Anderen, dessen Urteil nicht als wesentlich für die eigene Handlungsstrukturierung gelten muss.

Das sind, wie Robert Prus bemerkt (1987, 1996), generische soziale Prozesse: Sie sind bei weitem nicht nur im hier untersuchten Format zu bemerken. Es handelt sich um die Prozesse, mit denen Normen behauptet werden, um Zugehörigkeiten zu verhandeln. Unser Wissen um diese Form der Verhandlung ist eine notwendige Voraussetzung dafür, dass die Darstellungen in Formaten wie *True Blood* von Zuschauern verstanden werden können.

Literatur

Becker, Howard S. 1981. Außenseiter: Zur Soziologie abweichenden Verhaltens. Frankfurt am Main: Fischer Taschenbuch Verlag.
Bude, Heinz und Michael Dellwing (Hg.). 2011. Stanley Fish: Das Recht möchte formal sein. Berlin: Shurkamp Verlag.
Blumer, Herbert. 1973. Der methodologische Standort des symbolischen Interaktionismus. In: Arbeitsgruppe Bielefelder Soziologen (Hg.). Alltagswissen, Interaktion und gesellschaftliche Wirklichkeit, Band 1. Reinek: Rowohlt.
Dellwing, Michael. 2014 [im Druck]. Recht und Devianz als Interaktion: Devianz- und Rechtssoziologie in Prozessstudien.
Dellwing, Michael. 2014 [im Druck]. Resisting Alignment. Studies in Symbolic Interaction.
Erikson, Kai T. 1978. Die widerspenstigen Puritaner: Zur Soziologie abweichenden Verhaltens. Stuttgart: Klett-Cotta.
Fish, Stanley. 2011. Essays. In: Bude, Heinz und Michael Dellwing (Hg.). Stanley Fish: Das Recht möchte formal sein. S. 35-279. Berlin: Shurkamp Verlag.
Goffman, Erving. 1982. Das Individuum im öffentlichen Austausch: Mikrostudien zur öffentlichen Ordnung. Frankfurt am Main: Shurkamp Verlag.
Goffman, Erving. 2011 (1969). Wir alle spielen Theater: Die Selbstdarstellung im Alltag. 9. Auflage. München: Piper Verlag GmbH.
Goffman, Erving. 1975. Stigma: Über Techniken der Bewältigung beschädigter Identität. Frankfurt am Main: Suhrkamp Verlag.
Prus, Robert. 1987. Generic Social Processes: Maximizing Conceptual Development in Ethnographic Research. Journal of Contemporary Ethnography 16: 250-293.
Prus, Robert. 1996. Symbolic Interaction and Ethnographic Research. New York: SUNY.

J-Horror und K-Horror oder das Andere im asiatischen Horrorkino

Max Pechmann

Beginnen wir mit zwei Buchstaben: J und K. Beide besitzen nicht nur die Eigenschaft, dass sie hintereinander im Alphabet vorkommen. Auch in filmhistorischer Hinsicht stehen sie in unmittelbarer Verbindung. Zumindest dann, wenn man hinter beiden die Bezeichnung Horror anfügt. J-Horror und K-Horror, Horrorfilme aus Japan und aus Südkorea.

Beide Genres, jedenfalls die modernen Versionen davon, entstanden Ende der 1990er Jahre. In Japan nahm den Anfang „Ring" (1998), in Korea der Schulhorrorfilm „Whispering Corridors" (1998). „Ring" gilt bis heute als der erfolgreichste japanische Film überhaupt. Kein anderes filmisches Werk aus Japan hat bisher weltweit für solche Furore und für solch einen enormen Umsatz gesorgt wie diese Low-Budget-Produktion von Hideo Nakata. Es ist interessant, dass diese Ehre ausgerechnet einem Horrorfilm zukommt, wird dieses Genre in der öffentlichen Diskussion doch eher stiefmütterlich behandelt. Andererseits zeigt dies, dass der gesellschaftliche und ökonomische Einfluss von Horrorfilmen nicht unterschätzt werden darf, auch wenn viele (sogar sehr viele) Soziologen sich noch immer davor scheuen, sich mit Filmen im Allgemeinen und mit diesem Genre im speziellen ernsthaft auseinanderzusetzen.

In Horrorfilmen spiegeln sich nicht nur Urängste wider. Die Angst vor der Dunkelheit, vor seltsamen Geräuschen und davor, nachts aufs Klo zu gehen, sind im Grunde genommen sowohl instinktive als auch Kinderängste, welche diese Filme gezielt reizen. Die Effekte sind sichtbar und befinden sich dadurch an der Oberfläche des Filmgeschehens. Die Handlung als solche bedient jedoch völlig andere Ängste. Nämlich diejenigen vor dem Fremden, dem Anderen und dem Ungewohnten. Damit etwas anders, fremd und ungewohnt wird, muss sich etwas verändern. Es muss anders als „wie immer" sein. Und da haben wir schon den nächsten Fisch am Haken: Veränderungen in der gesellschaftlichen Wirklichkeit. Die soziale Wirklichkeit ist verbunden mit Alltagserfahrungen und diese wiederum

mit tagtäglicher Routine (vgl. Berger/Luckmann 1996). Es braucht nur zu einer
kleinen Veränderung kommen und schon führt dies zu Verwirrung und erhöhter
Herzfrequenz. Im extremsten Fall kann eine solche Veränderung bei Individuen
zu Angstzuständen führen, besonders dann, wenn nicht deutlich ist, warum es
zu dieser Routineunterbrechung gekommen ist oder welche Konsequenzen damit
verbunden sind. Diese Aspekte machen sich Horrorfilme ebenfalls zu eigen, um
bei den Zuschauern für Angst und Schrecken zu sorgen. Es gibt dabei exogene als
auch endogene Störfaktoren, die bei den Protagonisten und nicht weniger bei den
Zuschauern Angst hervorrufen. Es sind diese Faktoren, die das Andere in einem
Horrorfilm definieren. Sie verändern sich allerdings parallel zu gesellschaftlichen
und politischen Entwicklungen.

Hier zwei kurze Beispiele: Nehmen wir die Angst vor dem Ungewohnten und
Fremden in „Das Ding aus einer anderen Welt" (1951) und die Angst vor dem Ungewohnten und Fremden in „Texas Chainsaw Massacre" (1973) – der erste Film aus
dem Zeitalter der McCarthy-Paranoia, der zweite aus einer Zeit, als die USA einen
Krieg verloren hatte und von sozialen Bewegungen kritisch hinterfragt wurde. Der
erste Film drückt die Angst vor einer kommunistischen Unterwanderung aus, der
zweite die Angst vor der Verrohung der eigenen Gesellschaft. Das Andere ist in
den Filmbeispielen soziologisch jeweils unterschiedlich verortet. Kam „Das Ding"
noch von außen, so kommt Leatherface – von seinen Familienmitgliedern liebevoll
Baba genannt – von innen. Grund dafür sind unterschiedliche gesellschaftliche
Wahrnehmungsfaktoren. Die erste soziokulturelle Perspektive sieht die eigene
Gesellschaft als ideal an. Daher kann eine Gefahr, wenn sie überhaupt besteht,
nur von außen kommen. Die zweite Perspektive verneint diesen Idealzustand und
macht auf innergesellschaftliche Probleme aufmerksam. Die Gefahr kommt daher
von innen, ist quasi hausgemacht.

Der oder das Andere als soziologischer Faktor verleiht der jeweiligen Handlung
einen soziokulturellen Rahmen. Die Narration ist darin eingebettet, funktioniert
nur durch ihn. An den oben skizzierten Beispielen haben wir gesehen, wie dies bei
Filmen aus den USA von statten geht. Wir könnten natürlich gerne weiter darüber
plaudern, doch unser Thema beschäftigt sich nicht mit Hollywood-Filmen, sondern
mit japanischen und südkoreanischen Horrorproduktionen. Die Fragestellung,
mit der wir uns im Folgenden beschäftigen werden, bleibt jedoch dieselbe. Sie
lautet nämlich, wie bei Horrorfilmen aus Japan und aus Südkorea das Andere
definiert ist. Welche soziokulturellen Rahmenbedingungen gibt es, in welche die
Geschichten eingebettet sind, was uns unweigerlich zu der Frage führen wird, welche gesellschaftlichen Faktoren und welche sozialen Veränderungen Japanern und
Koreanern Angst machen. Dies soll zunächst an Beispielen aus Japan und darauf
an Beispielen aus Südkorea veranschaulicht werden. Bevor wir uns aber eingehend

damit beschäftigen, müssen wir uns vergegenwärtigen, wie beide Genres, d. h. J-Horror und K-Horror, eigentlich entstanden sind. Dies ist notwendig, um die nachfolgenden Darstellungen besser einordnen zu können.

1   J-Horror und K-Horror oder Die Wende im transnationalen Kino

Wenn man J-Horror und K-Horror mit einer Wende im transnationalen Kino in Verbindung bringt, so übertreibt man dabei kein bisschen. Die Transformationen in diesen beiden Produktionsländern beeinflussten und beeinflussen noch immer das Hollywood-Kino. Vor ein paar Jahren noch, als man lieber von World Cinema sprach, wenn man nicht-westliche Filmproduktionen meinte (manche Experten verwenden diesen Begriff weiterhin), galt die Vermutung, dass alles, was nicht US-amerikanisch ist, zumindest von den USA beeinflusst wird. Stillschweigend übernahmen die Filmtheoretiker dabei die Annahmen sozialwissenschaftlicher Modernisierungstheorien der 1950er und 1960er Jahre, welche genau dasselbe behaupteten und in den 70er Jahren von den Postmodernisten als eurozentristisch und konservativ entlarvt worden waren (Wehler 1975). Die Modernisierungstheorien, deren Vertreter selbst merkten, dass sie mit ihren Ideen gesellschaftliche Transformationen nicht mehr erklären konnten, wurden ad acta gelegt, was aber anscheinend bei manchen Filmtheoretikern vorbei gegangen ist. Dies beklagt zumindest Kathrin Newman in ihrer Einleitung zu dem Buch „World Cinemas, Transnational Perspectives" (2010). Sie fährt fort, dass es notwendig sei, dass sich die Filmtheorie verstärkt an den Theorien der Soziologie orientiere, wo man inzwischen von Multipler Modernisierung spricht und dabei nicht nur unterschiedliche Modernisierungsprozesse meint, sondern etwas, was die früheren Modernisierungstheoretiker nicht wahrhaben wollten: jede Gesellschaft, egal ob westlich oder nicht-westlich, modernisiert sich aufgrund endogener Prozesse. Diese Annahme entstand ca. in den 1990er Jahren, als parallel dazu die Globalisierungstheorie verstärkt in den sozialwissenschaftlichen und medialen Fokus rückte (Knöbl 2001). Shmuel Eisenstadt, der als Begründer der Theorie der Multiplen Modernisierung gelten kann, hat noch ein weiteres As im Ärmel. Denn ab einem bestimmten Entwicklungsgrad kommt es zwischen den Gesellschaften zu Interaktionen, die wiederum zu gegenseitigen kulturellen Einflüssen führen (Eisenstadt 2000). Die Betonung liegt hierbei auf *gegenseitig* (ein Wort, das den Vertretern der World Cinema Theory schwer im Magen liegt). Ab diesem Moment machen sich exogene Faktoren bemerkbar, die soziale Transformationen beeinflussen. Aus diesem Grund

schlich sich schließlich in die Filmtheorie der Begriff Transnational ein, der die
eurozentrisch geprägte World Cinema Theory ersetzte (Hunt/Wing-Fai 2008).
Und dies zu Recht, denn die World Cinema Theory kann nicht erklären, wie es
sein kann, dass zwei nicht-westliche Filmländer beginnen, mit ihren Produktionen
das westliche Filmschaffen zu beeinflussen. Doch genau das ist nun einmal Ende
der 90er Jahre geschehen.

Was diese Ausführung mit dem eigentlichen Thema zu tun hat? Sehr viel. Kehren wir zurück nach Japan und Korea. Wir befinden uns im Jahr 1998. Ein Mann
namens Hideo Nakata überredet ein paar Produzenten dazu, mit einem extrem
geringen Budget einen neuartigen Horrorfilm zu drehen (vgl. Kalat 2007). Exakt
zu diesem Zeitpunkt wurde die japanische Filmindustrie von einer Rezession
heimgesucht, viele Lichtspielhäuser mussten schließen. Im Grunde genommen
also schlechte Voraussetzungen, um ein neuartiges Projekt zu beginnen, in dem
es um ein unheimliches Video geht, welches demjenigen, der es sich anschaut, einen grausamen Tod bringt. Es handelte sich um eine Adaption eines Romans des
Thrillerautors Koji Suzuki. Die Produzenten gaben Nakata grünes Licht. Dieser
drehte innerhalb kurzer Zeit einen Film, der später unter dem Titel „Ring" (im
japanischen Original „Ringu") in die Filmgeschichte eingehen sollte. Der Erfolg
an den einheimischen Kinokassen war enorm. Nicht weniger erfolgreich waren
die Verkäufe ins Ausland, wo der Film allerdings nur vereinzelt in den Kinos lief,
sondern vor allem auf Videokassette und DVD vertrieben wurde (Lim 2009).

Doch was war das Neuartige an Hideo Nakatas Produktion? Japanische Horrorfilme, die vor den 90er Jahren gedreht wurden, zählen zu den Sexploitation-Filmen
(Balmain 2008). Extrem blutige Effekte, Vergewaltigungen und Folterungen prä-
gen diese Filme. Die meisten dieser Produktionen sind in Deutschland verboten.
Hideo Nakata ging einen völlig anderen Weg. Er drehte einen Film, in dem die
oben genannten Merkmale nicht vorhanden sind. Vielmehr handelt „Ring" von
einem subtilen Grauen, welches erst im Finale den Zuschauern präsentiert wird.
Allein schon aus diesem Grund funktioniert „Ring" vollkommen anders als seine
Genre-Vorgänger. Aber noch ein weiterer Punkt machte „Ring" zu etwas äußerst
Bemerkenswerten: sein soziokultureller Rahmen, welcher die Handlung bestimmt
und der vor allem japanische Männer das Fürchten lehrt. Doch dazu kommen
wir im folgenden Kapitel. Hier sei nur erwähnt, dass „Ring" ein völlig neuartiges
Konzept lieferte, welches danach zu einem internationalen Erfolgskonzept mutierte.
Die Produzenten, die vor „Ring" noch kurz davor standen, ihren Laden dicht zu
machen, saßen plötzlich mitten in einer Goldgrube. Es ist also kein Wunder, dass
von „Ring" zwei Fortsetzungen und ein Prequel gedreht wurden. Hinzu kam eine
Vielzahl ähnlicher Produktionen, von denen Takeshi Miikes „Audition" (1999)
international am meisten Aufsehen erregte.

Und wie sah die Wende in Südkorea aus? Vor den 1990er Jahren lag die koreanische Filmindustrie vollständig in staatlicher Hand. Koreanische Filme wurden
nur aus dem Grund in den Kinos gezeigt, da die Kinobesitzer vertraglich dazu
verpflichtet waren (Kim 2007). Gegenüber den Hollywoodproduktionen hatten
sie jedoch keine Chance und gingen sang- und klanglos unter. Dies änderte sich
zu Beginn der 90er Jahre, als die damalige Regierung begann, die Filmindustrie
zu privatisieren (Howard 2008). Aufgrund dieser Privatisierung bildeten sich drei
einflussreiche Firmen, die sogenannten Big Three: CJ Entertainment, Lotte Entertainment und Showbox (danach kam es zur Gründung weiterer Firmen wie Toillet
Pictures und Tube Entertainment, die jedoch im Verhältnis zu den drei Eckpfeilern
des neuen koreanischen Kinos weniger ins Gewicht fallen).

Der Wandel an den Kinokassen begann wie in Japan 1998. Bei der ersten
Produktion des neuen koreanischen Kinos handelte es sich ebenfalls um einen
Horrorfilm. Dies aus Kostengründen. Horrorfilme benötigen kein hohes Budget,
Produzenten gehen somit kein Risiko ein, denn die Kosten eines solchen Filmes
werden in der Regel wieder eingefahren. Macht der Film Gewinn, dann umso bes-
ser. Mit dem Erfolg von „Whispering Corridors" hatte jedoch niemand gerechnet.
Wie bei „Ring" lag dies zum großen Teil an der neuen Machart des Films (Shin
2013). Regisseur Park Ki-Hyeong orientierte sich bei seiner Produktion am Stil
italienischer Horrorfilme der 70er und frühen 80er Jahre (vgl. Pechmann 2008; Seo/
Pechmann 2012). Mit diesen Stilmitteln erzählte er eine Geschichte, die in einen
rein koreanischen soziokulturellen Rahmen eingebettet wurde. Der Film löste einen
Skandal aus (Kalat 2007). Denn im Gegensatz zu „Ring" geht es in „Whispering
Corridors" nicht um eine Frau, die aus einem Fernseher kriecht, sondern um Schülerinnen, die an ihrer Schule von Lehrern schikaniert und missbraucht werden – im
Vergleich zu „Ring" also harter Tobak. Auf diesen Film wird im entsprechenden
Kapitel noch genauer eingegangen werden. Nur so viel sei schon vorab verraten:
die koreanische Lehrervereinigung versuchte, den Film zu verbieten (Kalat 2007).
Ohne Erfolg. „Whispering Corridors" löste eine gesellschaftliche Diskussion über
das koreanische Schulsystem aus, welche bis heute anhält. Der Erfolg führte zu
weiteren Produktionen ähnlicher Machart. Zugleich begründete die Produktion
das Genre K-Horror. Davor wurden in Südkorea nur sehr vereinzelt Horrorfilme
gedreht, sodass man vor 1998 nicht wirklich von K-Horror sprechen kann (Choi
2011). Während sich das neue japanische Kino aus Erfolgsgründen auf das Horrorgenre konzentrierte, begann die koreanische Filmindustrie nach „Whispering
Corridors" unterschiedliche Genres zu bedienen. Man könnte fast schon sagen,
dass Südkorea in filmischer Hinsicht den USA den Krieg erklärte. Gleich die zweite
Produktion des neuen koreanischen Kinos mit dem Titel „Shiri" (es handelt sich
dabei um eine Mischung aus Action-Film und Politthriller) schlug Camerons

„Titanic" an den einheimischen Kinokassen (Howard 2008). Der nationale sowie internationale Erfolg des modernen koreanischen Films setzte sich von da an kontinuierlich fort. Letzter Höhepunkt war der Katastrophenfilm „The Tower" (2012), ein Remake des Hollywood-Klassikers „Flammendes Inferno" (1974), der sich seit Ende 2012 als der erfolgreichste koreanische Film aller Zeiten bezeichnen darf. Willkommen zur transnationalen Wende und damit im Zeitalter der gegenseitigen kulturellen Beeinflussung.

Doch einen Punkt haben wir bisher ausgelassen. Dieser beschäftigt sich mit der Frage, wie Hollywood auf die Veränderungen der japanischen und koreanischen Filmindustrien reagierte. Die Antwort darauf lautet: eigentlich so wie immer. Hat ein Nicht-Hollywoodfilm internationalen Erfolg, so wird sofort ein Remake davon hergestellt. Bei den japanischen und koreanischen Produktionen verhielt es sich jedoch etwas anders. Es wurden nicht nur Remakes hergestellt. Das japanische und koreanische Filmschaffen begann, Hollywoods Art und Weise der filmischen Narration zu beeinflussen. Wie der Filmhistoriker David Kalat betont, waren die Produzenten aus Hollywood von „Ringu" schier überwältigt (Kalat 2007). Denn Hideo Nakata lieferte mit seinem Film nicht nur eine für den japanischen Filmmarkt ungewöhnliche Produktion ab, sondern ein Werk, das durch seine soziokulturelle Mischung aus traditionellem Geisterglaube und postmoderner Lebenswelt Neuland betrat (Pechmann 2009).

2   Das Andere im J-Horror oder: Vor was fürchten sich japanische Männer am meisten?

Wenn die Filmwissenschaftlerin Mitsuyo Wada-Marciano (2011) behauptet, moderne japanische Horrorfilme seien zwar sozialkritisch, aber nicht feministisch, so hat sie sich anscheinend nicht genau mit J-Horror beschäftigt. J-Horror könnte man ohne weiteres als Sprachrohr der japanischen Gleichberechtigungsbewegung zuordnen. Das liegt nicht daran, dass sich der bekannte und stets provozierende Auteur Sion Sono, der vor allem im Horror- und Thrillergenre beheimatet ist, selbst als Feminist bezeichnet[1]. Es liegt daran, dass die Inhalte der Filme zum großen Teil feministische Standpunkte vertreten (Pechmann 2009).

Hierzu ein kleiner Vergleich. 1979 entstand der Film „Exzesse im Folterkeller", eine Adaption einer Hentai-Serie und zugleich ein Beitrag des japanischen Hor-

---

1   In einem Interview zu „Guilty of Romance" (2012) auf der bei Rapid Eye Movies erschienen DVD.

rorfilms, der ca. 20 Jahre vor der transnationalen Wende entstand. Man könnte ihn durchaus als einen Beitrag aus der sog. „Schmuddelfilm-Ära" bezeichnen. Seriöser ausgedrückt: bei „Exzesse im Folterkeller" überschneiden sich die Genres Horror, Thriller und Erotik. Die Handlung: Tatsuya hat in seinem Keller eine Folterkammer eingerichtet, um dort junge Frauen zu misshandeln. Als sein Vater ihn besucht, kommt es nicht etwa zur schockierenden Erkenntnis, dass sein Sohn ein Triebtäter und Serienmörder ist, sondern – ganz im Gegenteil – zu einer „Zusammenarbeit" zwischen Vater und Sohn. Denn Tatsyuas Vater hatte früher selbst Frauen gefoltert. Betrachten wir den Film aus einer soziologischen Perspektive. Die Frau ist dem Mann vollkommen untergeordnet, besitzt keine Rechte und ist somit dem Willen des Mannes ausgeliefert. Damit unterliegt sie den Bestimmungen des Patriarchats. Der japanischen Frauenforscherin Yasuko Imai zufolge gab es in Japan keine philosophischen oder moralischen Bestimmungen, welche sexuelle Bedürfnisse einschränkten (Imai 1991). Dies hatte zur Folge, dass Frauen zu einem bloßen Lustobjekt degradiert wurden. Diese Perspektive findet sich in den Hentais, den japanischen Erotik-Comics, wieder. Frauen sind das Opfer männlicher Gewalt. Doch statt sich gegen diese Gewalt zu wehren, löst diese bei ihnen sexuelle Lust aus (vgl. auch Bachmayer 1990). Dementsprechend erklärt dies auch die Visualisierung der Täter-Opfer-Beziehung in „Exzesse im Folterkeller" und anderer japanischer Filme jener Zeit. Die Frau wird auf eine Art sexualisiert, die für westliche Zuschauer ungewöhnlich ist, für japanische (männliche) Zuschauer (und für diese Klientel wurden diese Filme produziert) nichts anderes ist als eine Bestätigung ihrer soziokulturellen Perspektive – und damit ihrer gesellschaftlich konstruierten Wirklichkeit.

Stellen wir diesen Film Takeshi Miikes „Audition" (1999) gegenüber. Die Handlung: Der Filmproduzent Aoyama sucht eine neue Frau. Er besitzt eine konservative und damit patriarchale Lebenseinstellung. Die Frau, die er sich wünscht, soll folglich das machen, was er von ihr möchte. Dummerweise stößt er bei seiner Suche auf die hübsche Asami, die es den Männern unbedingt heimzahlen möchte. Die Konsequenz davon ist gegenüber „Exzesse im Folterkeller" um 180 Grad gedreht. Denn nachdem Asami Ayoma betäubt hat, packt sie ihr Folterwerkzeug aus. Hier unterliegt der Mann der Frau. Miike vermittelt dem Zuschauer zu Beginn seines Films ein patriarchales Weltbild, nur um dieses im Laufe der Handlung mehr und mehr zu hinterfragen. Eine feministische Perspektive tut sich auf, welche die Unterdrückung der Frau in der japanischen Gesellschaft anprangert.

In den Horrorfilmen, die vor den 1990ern gedreht wurden, bezieht sich das Andere z. B. nicht auf unsere zuvor erwähnten Geisteskranken in ihrem Hobbykeller, sondern auf die Frau als Sexualobjekt. Das Andere ist keineswegs unheimlich, sondern einfach ein Ding, mit dem die Männer tun und lassen können, was sie möchten[2]. Diese Rollenzuweisung wandelt sich Ende der 90er Jahre (Pechmann 2007). Zwar ist das Andere wiederum die Frau. Doch ist sie keineswegs mehr als Sexualobjekt definiert, sondern als ein Individuum, das sich gegen das Patriarchat wendet und gegen Unterdrückung und sexuelle Belästigung kämpft. Wenn man es auf den Punkt bringen möchte: das Andere im modernen japanischen Horrorfilm bezieht sich auf emanzipierte Frauen.

In der gesellschaftlichen Realität Japans überwiegen weiterhin patriarchale Vorstellungen und Regelungen. Zwar gehen etwa die Hälfte der erwerbsfähigen Frauen (2010 waren es 48,5%) einem Beruf nach, doch werden sie schlechter bezahlt als Männer. Auch gibt es nur wenige Abteilungsleiterinnen oder Firmenchefinnen. Wurden weibliche Angestellte in Japan früher „ofisu garu" (office girl) gerufen, so werden sie nun etwas respektvoller als „ofisu redi" (office lady) bezeichnet. Im Gegensatz dazu aber lautet die Bezeichnung des männlichen Angestellten seit jeher „sarariman" (salaryman). Der Begriff macht deutlich, dass in der japanischen Gesellschaft weiterhin der Mann als derjenige betrachtet wird, der das Gehalt für die Familie verdient. Männer sehen in dem Gehalt der Frauen eher eine Art Taschengeld, das sie sich hinzuverdienen (dürfen). Die Frau wird in ihrer Rolle als Arbeitnehmerin weiterhin unterschätzt. Dies änderte sich auch nicht durch das 1999 in Kraft getretene Gleichstellungsgesetz. Noch immer sind die Skepsis und die damit verbundene Opposition gegenüber emanzipierten Frauen in Japan sehr hoch. Emanzipierte Frauen gelten in Japan als äußerst suspekt, da sie die hierarchische Stellung des Mannes hinterfragen und damit Traditionen, welche das Alltagsleben seit Jahrhunderten bestimmen (vgl. Imai 1991). Aus Sicht japanischer Traditionalisten stiften emanzipierte Frauen Unruhe und stellen eine Gefahr für die gesellschaftliche Ordnung dar. So wurden Anfang der 90er Jahre emanzipierte Frauen beschuldigt, verantwortlich für den plötzlichen Rückgang der Wirtschaftskraft zu sein (Germer 2003).

Die Diskussion über Emanzipation und Feminismus wurde zusätzlich dadurch angeheizt, da Anfang der 90er Jahre der Begriff Gender in Japan Einzug erhielt (Germer 2003). Innerhalb der Sozialwissenschaften als auch innerhalb intellektueller Kreise wurde heftig darüber gestritten, was man mit diesem Wort anfangen soll. Immerhin, so ein paar Kritiker, lässt sich der Begriff sowohl für Frauen als auch

---

2 Klassische Geister- und Horrorfilme wie z.B. „Hausu" (1977) wurden kaum produziert. Die „Sasori"-Reihe (1972-1973) setzte sich dem damaligen Trend im Trash-Kino allerdings entgegen. Dort ist es eine Frau, die sich an den Männern rächt. Die Figur ist ebenfalls Sprachrohr der Frauenbewegung, wenn sie auch nicht explizit dem Horrorgenre zugerechnet werden kann (vgl. Pechmann 2012).

für Männer verwenden. Ein Streit über Definitionen entbrannte. Letzten Endes mündete die Debatte in der japanischen Genderforschung.

Der kurze Exkurs zeigt, dass die 1990er Jahre dem Feminismus in Japan Auftrieb gaben, dass aber zugleich der traditionelle Widerstand gegen emanzipierte Frauen kaum vermindert werden konnte. Der Film „Ring" entstand inmitten einer Phase, in der in Japan heftig über Emanzipation diskutiert und das Patriarchat seitens feministischer Gruppierungen stark kritisiert wurde. Wahrscheinlich aus diesem Grund wurde die Hauptfigur von Drehbuchautor Takahashi Hiroshi als Frau charakterisiert[3]. Die Reporterin Asakawa Reiko, so der Name der weiblichen Hauptfigur, versucht, nach ihrer Scheidung ihr Leben so gut es geht zu meistern. Sie recherchiert über eine Reihe sonderbarer Todesfälle, die, wie es sich später herausstellt, mit einer gewissen Sadako zu tun haben. Wer aber ist eigentlich Sadako? Diese Frau präsentiert in „Ring" das Andere. Sie lebte in einem kleinen Fischerdorf auf der Insel Oshima, wo sie durch ihre telepathischen Fähigkeiten für Unruhe sorgte. Um es etwas abzukürzen: Sadako wird als Person dargestellt, die sich den traditionellen Regeln der Gesellschaft nicht unterordnen, sondern ihr eigenes Leben führen möchte. Genau dies aber wird ihr zum Verhängnis. Sie wird zur Außenseiterin abgestempelt und für mehrere Unglücksfälle verantwortlich gemacht. Ein Wissenschaftler missbraucht sie für seine parapsychologischen Experimente. Er ist es auch, der Sadako tötet und in einen Brunnen wirft. Wenn man es genau betrachtet, verbirgt sich hinter Sadako nichts Unheimliches, sondern eine Tragik, die dadurch ausgelöst wird, da eine Frau sich nicht aus den patriarchalen Zwängen befreien kann, ohne negative Konsequenzen befürchten zu müssen. Doch im Film bleibt das auch für die Gesellschaft nicht ohne Folgen. Denn Sadako rächt sich an ihr mithilfe eines Fluches, der in Form eines Videos die Runde macht. Wenn wir die dramaturgischen Gründe beiseitelassen und nur die wesentlichen Aspekte aus soziologischer Sicht betrachten, so ist es interessant, dass zu den Opfern des Fluches Reikos Mann zählt, nicht aber Reiko selbst. Sie, als eine fast emanzipierte Frau, trägt den Fluch weiter, wird am Ende selbst zu dem Anderen, vor dem sich die (männlichen) Zuschauer fürchten.

Die Idee, eine Frau als Antagonisten zu präsentieren, ist keineswegs eine Erfindung der Produktionsleute von „Ring", auch nicht von Koji Suzuki, der die Romanvorlage dafür lieferte. Böse Frauen spielen in der japanischen Folklore seit jeher eine zentrale Rolle (Mitford 2007). Gemeint sind Hannyas, weibliche Gespenster, die sich an den Lebenden rächen. Unzählige japanische Geistersagen handeln von diesen unheimlichen Kreaturen. Ihr Aussehen ist durchaus einprägsam: sie tragen ein weißes Gewand und besitzen lange, schwarze Haare. Leser, die „Ring"

---

3   In Suzukis Roman ist es ein Mann, welcher der Spur des Videofluchs nachgeht.

und andere J-Horrorfilme bereits kennen, dürften gerade aufgehorcht haben. Die Verbindung zwischen der folkloristischen Beschreibung der Hannyas und dem Aussehen von Sadako, die ebenfalls in einem weißen Gewand auftritt und lange, schwarze Haare hat, deckt sich. Sadakos Erscheinen stimmt mit den Zeichnungen und den Beschreibungen der weiblichen Geister der japanischen Folklore überein. Das weiße Gewand symbolisiert einen unnatürlichen Tod bzw. eine tragische Vergangenheit. Die langen, schwarzen Haare beziehen sich auf eine wesentliche kulturelle Ordnung des feudalen Japans. Damals trugen Männer ihre Haare lang und offen. Frauen mussten ihre Haare fest zusammenbinden. Die Frauen, die sich nicht an diese Ordnung hielten, die also ihre Haare offen trugen, wurden als verrückt oder besessen bezeichnet und galten als gesellschaftliche Außenseiter (Mitford 2007). Auch Sadako und ihre unheimlichen Kolleginnen galten zu ihren Lebzeiten als soziale Außenseiterinnen, Sadako sogar als besessen. Nebenbei bemerkt, auch Asami in „Audition" trägt ein weißes Kleid und hat lange schwarze Haare. Diese Merkmale kennzeichnen fast alle „bösen" Frauen in modernen japanischen Horrorfilmen (Pechmann 2009).

Das Besondere an J-Horror ist also, dass sich in diesen Filmen der traditionelle Geisterglaube mit den Aspekten einer modernen Lebenswelt mischt. Aus soziokultureller Perspektive sind – sowohl in der japanischen Folklore als auch im modernen Alltag Japans – Frauen, die sich anders verhalten, aus der Gemeinschaft ausgegrenzte Personen.

Sie wollen noch ein weiteres Beispiel? Dann sehen wir uns einmal den Film „Inugami" (2001) an. Wir könnten uns natürlich auch mit „Tomie" (1998), „Shikoku" (1999), „Ju-On" (2000 – nicht der Junge, die Frau kriecht die Treppe herunter), „The Call" (2003) oder anderen J-Horrorfilmen befassen, doch würde dies zur Folge haben, dass ich ständig von weißen Gewändern, langen, schwarzen Haaren und der Übereinstimmung mit der Folklore schreiben würde. Sehen wir uns also „Inugami" an. Wieso? Weil dieser Film völlig anders konzipiert ist als die üblichen J-Horrorfilme. Wir haben hier keine Frau in einem weißen Gewand und ihre schwarzen Haare sind auch nicht so lang wie die von Sadako und ihren unheimlichen Freundinnen. „Inugami" floppte an den einheimischen Kinokassen, wurde im Ausland aber aufgrund seiner Ästhetik hoch gelobt. Der Grund für den finanziellen Misserfolg liegt darin, dass „Inugami" sich nicht den visuellen Regeln des J-Horror unterwirft, sondern ein fast schon klassisches Drama darbietet. Es geht um die Papierherstellerin Miki, die in dem kleinen Bergdorf Omine das Leben einer Außenseiterin führt. Eines Tages kommt Akira in das Dorf, um an der dortigen Schule eine Stelle als Lehrer anzutreten. Er verliebt sich in Miki. Diese wirkte bis dahin eher unscheinbar, blüht jedoch durch die Beziehung immer mehr auf. Dies bereitet den Bewohnern von Omine Sorgen. Denn Miki gehört zu den

Bonomyia-Frauen, deren Pflicht es ist, die Geister zu bewachen und damit das Dorf vor Unglück zu schützen.

„Inugami" ist ein überaus komplexer Film. Geister in weißen Gewändern und langen, schwarzen Haaren sucht man hier vergeblich. Der Grund dafür liegt darin, dass Regisseur Masato Harada keinen gewöhnlichen Horrorfilm drehen wollte. Ihn interessierte etwas völlig anderes: der Konflikt zwischen Tradition und Moderne. Wir haben auf der einen Seite das Dorf Omine mit seinen strengen Regeln, auf der anderen Seite Akira, der aus Tokio kommt und somit die Moderne symbolisiert. Miki gilt in dem Dorf nicht als Außenseiterin, weil sie Geister bewacht, sondern weil sie ihr durch Traditionen eingeschränktes Leben satt hat. Akira kommt ihr da sozusagen gerade recht. Denn mit seiner Hilfe kann sie immer wieder den strengen Regeln entkommen. Die Folge ihres Lebenswandels aber ist, dass die Gemeinschaft ins Chaos stürzt und zugrunde geht. In „Inugami" stehen sich patriarchal geprägtes Weltbild und der Wunsch nach Emanzipation gegenüber. Mikis Streitgespräche mit ihrer Familie, die sich darum drehen, endlich ein eigenes Leben führen zu dürfen, könnten genauso gut Bestandteil einer Fernsehdebatte über das Für und Wider von Emanzipation sein. Regisseur Harada nimmt hier eindeutig Stellung. Er zeigt, dass es nicht die Moderne ist, welche die Tradition zerstört, sondern dass vielmehr ein festgefahrenes Weltbild ein starres System schafft, das sich lieber selbst zerstört als Transformationen zulässt. Grund für die Aufrechterhaltung des Systems ist nicht etwa der Glaube daran, dass das System gut ist, sondern sind reine Machtfaktoren. In diesem Fall die Macht der Männer über die Frauen. „Inugami" spiegelt auf sehr direkte Weise den gesellschaftlichen Konflikt zwischen Patriarchat und Emanzipation wider.

Das Andere im modernen japanischen Horrorfilm steht für emanzipierte Frauen bzw. Frauen, die sich nicht in das vom Patriarchat geregelte System fügen wollen. Selbstverwirklichung steht im harten Konflikt mit durch traditionelle Regeln vorgefertigten Schablonen. Was eine Frau möchte und was sie zu sein hat, diese beiden Sichtweisen stehen sich unversöhnlich gegenüber. Die Frau, die sich nicht an die Regeln hält, gilt als böse. Nicht ohne Grund lautet der Titel eines Episodenfilms „Unholy Women" (2006). Die drei Kurzfilme handeln von Frauen, die versuchen, aus der Tradition auszubrechen, daran scheitern und nun als unheimliche Gestalten die Lebenden heimsuchen. Damit teilen sie das Schicksal von Sadako und allen anderen unheimlichen Frauen des modernen japanischen Horrorfilms. Die Anthologie fasst daher die soziokulturellen Merkmale, die J-Horror prägen, zusammen. Das Andere sind Frauen, die sich nicht an die traditionellen Regeln halten wollen. Für konservativ eingestellte Männer geht davon eine Gefahr aus, die ihren Alltag und die damit verbundene konstruierte Wirklichkeit bedroht. Daraus resultiert das Unheimliche. Für westliche Zuschauer mögen andere Aspekte das Gefühl der unheimlichen Bedrohung hervorrufen (Spuk als solcher ist in sämtlichen Kulturen etwas eher Unangenehmes), doch innerhalb des soziokulturellen Rahmens, der die Alltagswirklichkeit der japanischen Gesellschaft regelt, ist es das Ausbrechen aus dieser Wirklichkeit, das für Angst und Schrecken sorgt.

Betrachtet man das Andere aus einer allgemeinen Perspektive, so zeigt sich Folgendes: Traditionelle Gesellschaften sind geprägt durch scheinbar starre Systeme. Im Fall Japan wird dieses System durch eine patriarchale Herrschaftsstruktur aufrechterhalten. Diese Struktur besteht seit Jahrhunderten und hat sich kaum geändert. Aus Perspektive der konservativen Modernisierungstheorie der 50er und 60er Jahre müsste Japan ein großes Rätsel aufgeben, haben wir es doch mit einer modernen Gesellschaft zu tun, in der weiterhin starke traditionelle Faktoren fortbestehen. Die patriarchalen Strukturen sind innerhalb der Gesellschaft fest verankert. Die Folge davon ist ein soziales Ungleichgewicht auf Basis des Geschlechterverhältnisses. Die traditionellen Strukturen werden durch eine quasi-ideologische Sozialisation von einer Generation zur nächsten weitergegeben. Sie bestimmen den Alltag und die Alltagserfahrung, welche wiederum die gesellschaftliche Wahrnehmung beeinflussen und auf mentaler Ebene festigen. Alles, was dieser Wahrnehmung widerspricht, wird vom Patriarchat als störend empfunden. Es stellt eine Gefahr dar, die im schlimmsten Fall zu traditionellen Auflösungserscheinungen führen kann. Daher wird versucht, sozialen Störfaktoren mit aller Macht entgegen zu wirken. Individuen, die sich anders verhalten und daher nicht den traditionellen Normen entsprechen, werden als soziale Außenseiter abgestempelt. Zu diesen Störfaktoren zählt besonders der seit den 90er Jahren verstärkt aufkommende Emanzipationsprozess. Frauen wollen nicht mehr der traditionellen Frauenrolle entsprechen, sondern suchen sich andere Alternativen und Optionen, um ihre eigenen Lebenspläne und Zielvorhaben durchzusetzen. Dabei stoßen sie auf großen Widerstand, da ihr Verhalten das traditionelle Gefüge durcheinander bringt. Man könnte fast schon sagen, dass hierbei zwei Welten aufeinander stoßen. Auf der einen Seite das konservativ-traditionelle Patriarchat, auf der anderen Seite die moderne, emanzipierte Frau. Beides passt nicht zusammen. Entweder lösen sich die traditionellen Strukturen auf oder der Emanzipationsprozess kommt zum Erliegen. Die japanischen Horrorfilme machen diesen Konflikt zum Hauptthema ihrer Geschichten. Auch wenn sie, oberflächlich betrachtet, wie einfache Gruselgeschichten konstruiert sind, veranschaulichen sie einen Geschlechterkampf, bei dem zugleich ein einzelner Akteur einer ganzen Gesellschaft gegenübersteht. Bei diesem Akteur handelt es sich stets um eine emanzipierte Frau, die, eben weil sie emanzipiert ist, das traditionelle System und damit die patriarchale Herrschaftsstruktur in Frage stellt. Sie gilt also, aus einer rein konservativ-traditionellen Sichtweise, als ein sozialer Störfaktor. Die Folge ist: der Akteur bzw. die emanzipierte Frau wird bestraft, um eine soziale Transformation, die wegführt von dem bisherigen Status Quo, zu verhindern. Dieses Konzept findet sich jeweils in den Vorgeschichten, welche die Protagonisten im Laufe der Handlung aufdecken. Es definiert das Geheimnis, das hinter dem Spuk steckt. Emanzipierte Frauen erhalten dadurch die Rolle des Anderen in den entsprechenden Horrorfilmen. Aus Sicht des japanischen Patriarchats sind emanzipierte Frauen in der Tat anders, da sie sich den traditionellen Normen widersetzen, eine andere Lebenswelt konstruieren und, wiederum durch Sozialisation, diese an weitere Akteure und folgende Generationen weitergeben. Die Folge ist ein langsamer, aber kontinuierlicher Transformationsprozess, der Anhänger des konservativen Patriarchats äußerst unheimlich vorkommt, da er einhergeht mit dem Verlust von Macht.

3   Das Andere im K-Horror oder: Vor was haben eigentlich Koreaner Angst?

Vor was haben Koreaner Angst? Die Antwort darauf ist weniger eindeutig als bei den japanischen Horrorfilmen. Dort waren es emanzipierte Frauen und die damit verbundene Angst, dass Emanzipation die gesellschaftliche Ordnung zerstören könnte.

Koreanische Horrorfilme verbinden mit dem Anderen keine bestimmte Personengruppe. In dieser Hinsicht sind sie eher abstrakt. Sie beziehen sich vielmehr auf Institutionen und gesellschaftliche Probleme (vgl. auch Peirse/Martin 2013). Auch wenn, wie z.b. in „I saw the Devil" (2010) ein Serienmörder sein Unwesen treibt, so ist damit nicht der Mörder an sich gemeint, sondern das, was er verkörpert bzw. symbolisiert. Ähnlich verhält es sich mit anderen koreanischen Horrorfilmen. Bei den Schulhorrorfilmen ist nicht der Geist einer bestimmten Schülerin das Böse. Der Geist steht als Symbol für etwa ganz Anderes.

In koreanischen Horrorfilmen ist das Andere nicht das, was wir direkt wahrnehmen, also kein Serienmörder, kein Geist, kein Monster, sondern das, was mit diesen jeweiligen Figuren verbunden ist. Das Andere ist auf einer höheren und abstrakteren Ebene angesiedelt. Dies macht koreanische Horrorfilme schwerer verständlich als japanische Produktionen. Die Meinungen vieler westlicher Zuschauer kann man in einem Satz zusammenfassen: „Der Film war wirklich gut, aber um was ging es eigentlich?" Dieses Paradoxon lässt sich folgendermaßen erklären: Koreanische Horrorregisseure verleihen ihren Werken eine ungeheure Ästhetik wie man sie nur von den italienischen Meistern Mario Bava (z.B. „Die Stunde, wenn Dracula kommt", „Baron Blood") und Dario Argento (z.B. „Suspiria", „Inferno") kennt. In der Tat sind koreanische Horrorregisseure stark vom europäischen Horrorfilm der 60er, 70er und frühen 80er Jahre beeinflusst (Pechmann 2008). Filme wie „Whispering Corridors", „Apartment" (2006) oder „A Tale of two Sisters" (2004) veranschaulichen dies. Die in diese Ästhetik eingebettete Handlung ist, wie oben bereits erwähnt, durchzogen von abstrakten Bedrohungen, die den Konflikt bestimmen. Dabei konzentrieren sich die abstrakten Erscheinungen auf zwei soziale Phänomene: die Moderne und – speziell in Schulhorrorfilmen – das Schulsystem. Bei dem einen handelt es sich um einen gesellschaftlichen Zustand, bei dem anderen um eine Institution. Ohne weiter um den heißen Brei herumzureden, lässt sich folgendes sagen: sowohl der Zustand der Moderne als auch die Institution Schule werden in den Horrorfilmen stark kritisiert. Koreanische Horrorfilme sind also in erster Linie sozialkritische Filme. Innerhalb dieses Rahmens ist ihre Funktion ähnlich wie diejenige von z.B. „Nacht der lebenden Toten", „Last House on the Left" oder „Texas Chainsaw Massacre", also von US-Horrorfilmen, die Ende der 60er, Anfang der 70er Jahre in die Kinos kamen. Es geht darum, die Zuschauer wachzurütteln und ihnen zu sagen, dass die Gesellschaft meilenweit von ihrem Idealzustand entfernt ist.

Natürlich binden unzählige Horrorfilme sozialkritische Aspekte in ihre Plots ein. Horror mit Sozialkritik gleichzustellen, ist daher keine originelle Aussage. Speziell für Südkorea aber stellt dies durchaus etwas Besonderes dar, wurden doch fast vierzig Jahre lang sozialkritische Äußerungen mit Gefängnis und sogar dem Tod bestraft (vgl. Nahm 1996; Kalat 2007; Howard 2008). Daher war es koreanischen Regisseuren bis Anfang der 90er Jahre nicht möglich, sozialkritische Äußerungen in ihren Filmen unterzubringen. Der Grund für dieses Verbot lag darin, da in Südkorea bis Ende der 80er Jahre eine Diktatur herrschte. Nachdem das sogenannte „Hermit Kingdom" in den 80er Jahren des 19. Jahrhunderts durch Verträge mit westlichen Ländern und Japan geöffnet worden war, kam es gegen Ende des 19. Jahrhunderts zu einer Annektierung Koreas durch Japan. Diese Ära endete erst am Ende des Zweiten Weltkriegs und ist bis heute ein Streitpunkt zwischen beiden Ländern, da Japan bis heute seine Gräueltaten, die japanische Beamte und Soldaten in Korea begangen haben, nicht zugibt (Pechmann 2008). Dem Zweiten Weltkrieg folgte zwischen 1951 und 1952 der Koreakrieg, dessen Folge die Teilung des Landes in Nord- und Südkorea war. Statt zu einer Demokratisierung kam es in Südkorea jedoch zu einer Diktatur. Wie in jeder Diktatur, so waren vor allem die Intellektuellen den Machthabern ein Dorn im Auge. Vor allem links gerichtete Künstler, Schriftsteller und Filmemacher konnten ihre Tätigkeit nur im Untergrund ausüben (Kalat 2007). Dies änderte sich mit dem Ende der Diktatur. Viele der damaligen Regisseure, die nur im Verborgenen hatten arbeiten können, kamen nun an die Oberfläche. Man kann durchaus behaupten, dass diese Personengruppe mit einer enorm aufgestauten Wut in Erscheinung trat, der sie in ihren neuen Filmen Gestalt geben konnte. Dies ist der Grund, weswegen manche koreanische Filme eine fast schon exzessive Brutalität visualisieren, weswegen Sexszenen pornographisch inszeniert sind und weswegen vor allem Polizisten als dumm und inkompetent dargestellt werden. Regisseure in Südkorea möchten vor allem eines: provozieren.

4 Das Andere im südkoreanischen Schulhorrorfilm

Die Pioniere des modernen koreanischen Kinos trafen mit ihrer ersten Produktion die koreanische Gesellschaft mitten ins Herz. „Whispering Corridors" (1998) war, wie weiter oben bereits erwähnt, der erste Beitrag des neuen koreanischen Films („Shiri", der in finanzieller Hinsicht die „Titanic" zum zweiten Mal versenkte, erschien erst ein Jahr später). Der Film handelt von einer Mädchenschule, in der sonderbare Dinge vor sich gehen. Eine Lehrerin, die aufgrund ihres bösartigen Charakters von den Schülerinnen „Alter Fuchs" bezeichnet wird, hat aus unerklärlichen Gründen Selbstmord begangen. Kurz vor ihrem Tod hat sie herausgefunden, dass vor neun Jahren eine Schülerin namens Jin-Ju sich im Kunstraum das Leben genommen hat. Der Zwischenfall wurde bisher vertuscht. Merkwürdig daran aber ist Folgendes: laut den Unterlagen der Schulverwaltung besucht Jin-Ju noch immer die Schule. Statt die Polizei in die Angelegenheit einzuschalten, beschließt die Verwaltung, den Selbstmord der Schülerin und den der Lehrerin weiterhin zu vertuschen. Man befürchtet einen Skandal, der das Image der Schule stark beschädigen würde. Damit die Schülerinnen nichts ausplaudern, werden sie von den Lehrern durch harte Strafen eingeschüchtert. Dennoch versuchen drei Mädchen, hinter das Geheimnis der Selbstmorde zu kommen.

Der Film löste einen Skandal aus. Die koreanische Lehrervereinigung wollte den Film verbieten lassen, doch zum Glück scheiterten die Kläger vor Gericht und „Whispering Corridors" konnte weiterhin in den Kinos laufen. Regisseur Park Ki-Hyeong entzaubert in seinem Debut das koreanische Schulsystem. Er zeigt verantwortungslose Lehrer, die sich an den Schülerinnen vergehen und sie aufs übelste misshandeln, und Schülerinnen, die, da sie dem psychischen Druck nicht mehr standhalten, Selbstmord begehen. Lehrer, die innerhalb eines konfuzianisch geprägten Systems einen sehr hohen Stellenwert innehaben, werden zu Sadisten degradiert. Dieser Aspekt war es, der die Lehrervereinigung aufbrachte. Park Ki-Hyeong übertrieb bei den dargestellten sadistischen Neigungen der Lehrer keineswegs, sondern bezog sich auf seine eigenen Erfahrungen als Schüler und auf Berichte über die Zustände an vielen Schulen Südkoreas (Kalat 2007). Zwar gilt das

Land im Hinblick auf die PISA-Studie vorbildlich, doch das eigentliche Schulsystem wird von vielen Koreanern selbst als unmenschlich bezeichnet. Der Druck, der auf die Schüler ausgeübt wird, ist enorm und die Selbstmordrate dementsprechend hoch. Zwischen den Jahren 2007 und 2009 stieg die Selbstmordrate bei Schülern von 13,2 auf 15,3 pro 10000 Einwohner (Schwartzmann 2012). Die Prügelstrafe wurde in Seoul vor kurzem zwar abgeschafft, doch ist sie in den übrigen Provinzen noch immer Gang und Gebe (Kretschmann/Kollenberg 2011). Viele jüngere Eltern stehen diesen „Maßnahmen" inzwischen skeptisch gegenüber. Die ältere Generation dagegen hält die Prügelstrafe weiterhin für notwendig.

Der Originaltitel von „Whispering Corridors" lautet „Yeogogoedam", was übersetzt „Geistergeschichte aus der Mädchenschule" heißt. In diesem Fall ist es wichtig, die Bedeutung des Originaltitels zu kennen. Denn dieser führt uns zu einem weiteren Hinweis dafür, wie das Andere in koreanischen Schulhorrorfilmen charakterisiert ist. Die Handlung beinhaltet nicht nur eine offensive Sozialkritik, sondern zugleich Elemente urbaner Legenden. Urbane Legenden sind keine Erfindung des Horrorgenres, sondern eine Form moderner Folklore. Einer ihrer bekanntesten Erforscher ist Jan Harold Brunvald, der den Begriff urbane Legende mitbegründet hat. Seiner Definition zufolge sind urbane Legenden mündlich überlieferte Geschichten über außergewöhnliche Begebenheiten, die sich tatsächlich einmal zugetragen haben sollen und deren mündliche Verbreitung nur innerhalb moderner Gesellschaften stattfindet (vgl. Brunvald 2003). Als berühmteste Figuren gelten das Krokodil im Abwasserkanal und der verschwundene Anhalter, der gelegentlich mit einem Eisenhaken auftritt und ahnungslose Studenten aufschlitzt. Nicht weniger bekannt sind die Babysittererzählungen, die sich stets um eine Schülerin oder Studentin drehen, die in einem Haus auf die Kinder aufpasst. Währenddessen widerfahren ihr oder den Kindern grausame Dinge. Erzählt werden diese Geschichten vor allem von Jugendlichen oder jungen Studenten. Knotenpunkte dieser mündlichen Überlieferungen sind daher Schulen und Universitäten. Bei der obigen Erwähnung des Krokodils, des Anhalters und des Babysitters dürften Horrorexperten gerade aufgemerkt haben. Denn die Figuren der urbanen Legenden wurden zum Teil von Horrorregisseuren aufgegriffen und filmisch umgesetzt. Das Krokodil findet sich z.B. in dem Tierhorrorstreifen „Alligator" (1980) wieder, der Anhalter in „The Hitcher" (1986) und der Babysitter in „Halloween" (1978). Um es noch einmal zu betonen: das Besondere an urbanen Legenden ist, dass es sich hierbei um eine *mündliche* Überlieferungsform handelt. Vor Brunvalds Entdeckung wurde weithin angenommen, dass die orale Verbreitung von Legenden nur traditionellen Gesellschaften vorbehalten war. Märchen, Legenden und Sagen stammen nun einmal aus grauer Vorzeit und nicht von letzter Woche. Brunvald hat dieser Vorstellung ein Ende bereitet. Seine Forschungsergebnisse zeigen, dass es auch in modernen

Gesellschaften die Tradition der mündlichen Überlieferung von Legenden gibt. Urbane Legenden sind nicht auf die USA beschränkt, sondern treten in sämtlichen Industriestaaten auf, u. a. auch in Südkorea. Hier sind es vor allem Schülerinnen, die sich unheimliche Geschichten über verstorbene Mitschülerinnen erzählen. Es handelt sich um Gespenstergeschichten, deren Handlungsort sich auf die Schule konzentriert.

Die Schule als Institution bestimmt das gesamte Alltagsleben der Schülerinnen und Schüler in Südkorea (vgl. im Folgenden Pechmann 2005). Der Unterricht beginnt um acht Uhr und endet um sechzehn Uhr. Danach kehren die meisten Schüler nicht nach Hause zurück, sondern besuchen Nachhilfeschulen. Dieser Zusatzunterricht dauert bis spät abends oder nachts, sodass sehr viele Schülerinnen und Schüler erst gegen 23 Uhr oder sogar nach Mitternacht nach Hause kommen. Die Nachhilfeschulen sind notwendig, um die Prüfungen zur Mittel- und Oberstufe meistern zu können. Die Oberstufe dient allein dazu, sich durch gute Noten auf eine der Elite-Universitäten einschreiben zu können. Und dies wiederum ist notwendig, um später eine feste Anstellung in einer Firma zu bekommen. Der Alltag eines durchschnittlichen koreanischen Schülers besteht also in der Hauptsache aus Unterricht und auf das Hoffen, die nächste Prüfung zu bestehen. Dieses System erzeugt einen enormen psychischen Druck, dem nicht alle gewachsen sind, was uns wiederum zu den bereits erwähnten hohen Selbstmordzahlen führt. Die Selbstmorde dienen als Grundlage für die orale Legendenverbreitung. Kommt es zu ungewöhnlichen Todesfällen, so heißt es, dass bestimmt der Geist der und der Schülerin dahinter steckt. Oder es gibt das berühmtberüchtigte Gespenst auf der Toilette, das sich in jedem koreanischen Schulhorrorfilm wieder findet. Thema sind ebenfalls heimliche Liebesbeziehungen zwischen Lehrern und Schülerinnen, die Ursache sind für einen tragischen Tod aufgrund verschmähter Liebe. Die unglückliche Schülerin soll seitdem als Geist durch die Gänge der Schule wandeln. Die Gerüchte gleichen sich von Schule zu Schule. Ähnlich wie bei den oben genannten Anhalter- und Babysittergeschichten, handelt es sich hierbei ebenfalls um urbane Legenden.

Die oben genannten Merkmale, mit denen die koreanische Institution Schule eng verbunden ist, definieren das Andere in koreanischen Schulhorrorfilmen. Es ist die Schule als abstrakte Institution, welche die Schülerinnen in Form psychischer und physischer Gewalt bedroht. Das in Südkorea beliebte Subgenre des School Horrors zeigt, dass Schule als Institution keineswegs positiv empfunden wird, sondern vor allem einhergeht mit Angst und sozialem Druck. Der Film „D-Day" (2006) drückt dies überraschend direkt aus. Darin geht es um die Vorbereitung auf eine Abschlussprüfung. Yoo-Jin und ihre Mitschülerinnen versuchen verzweifelt, auf die bevorstehende Prüfung zu lernen. Je näher der Prüfungstag (D-Day) rückt, desto häufiger kommt es zu unheimlichen Zwischenfällen. Besonders Yoo-Jin

Max Pechmann

wird immer wieder von grausamen Visionen heimgesucht, in denen es um einen Brand geht, bei dem vor Jahren viele Schülerinnen ums Leben gekommen sind. In „D-Day" decken sich die Prüfungsangst und der damit verbundene Stress mit der Zunahme der unheimlichen Ereignisse. Das Finale mündet schließlich in einem zerstörerischen Chaos. Wiederum ist als das Andere die Schule als abstrakte Einheit, als übermächtige Institution, die über das Schicksal jedes Einzelnen bestimmt, charakterisiert.

Diese Charakterisierung dient als Grundlage sämtlicher koreanischer Schulhorrorfilme. Innerhalb dieses soziokulturellen Rahmens beschäftigen sich die Filme mit unterschiedlichen Bereichen des Schulalltags. Der Nachfolgefilm von „Whispering Corridors" mit dem Titel „Memento Mori" (1999; im Original: Yeoggeodam 2: Memento Mori – also wieder der Verweis auf die urbanen Legenden), richtet den Fokus nicht auf die Lehrer, sondern auf das Verhalten der Schüler. In den Klassen herrscht keineswegs Friede, Freude, Eierkuchen. Soziale Ausgrenzung von Individuen, die anders sind bzw. sich nicht der Norm anpassen wollen, ist dort an der Tagesordnung. Die beiden Regisseure Kim Tae-Yong und Min Kyu-Dong hatten eigentlich ein Drama im Sinn, doch auf Verlangen der Produktionsfirma mussten sie ihr Drehbuch in einen Horrorfilm umschreiben[4]. Es geht um die beiden Schülerinnen Hyo-Shin und Min-Ah, die ihre heimliche Liebesbeziehung in einem Tagebuch festhalten. Min-Ah aber distanziert sich immer mehr von ihrer Freundin, was dazu führt, dass Hyo-Shin sich vom Dach der Schule stürzt. Von da an kommt es in der Schule zu unheimlichen Zwischenfällen. „Memento Mori" ist ein äußerst komplexer Film, der sich einem erst nach mehrmaligem Ansehen erschließt. Dies führte dazu, dass er an den Kinokassen weniger Erfolg hatte als sein Vorgänger. Dennoch wurde er mehrfach nominiert und ausgezeichnet. Zugleich löste der Film – wie schon sein Vorgänger – einen Skandal aus. Da der Film Homosexualität zum Thema hat, mussten direkte Anspielungen darauf aus dem Film entfernt werden[5]. Das Andere in diesem Film ist nicht etwa Hyo-Shin, die als Geist die Schülerinnen aufmischt, sondern wiederum diese sonderbar abstrakte Bedrohung, die von der Schule als Institution ausgeht. Diese duldet keine Abweichungen von der Norm, sondern verlangt fast schon so etwas wie eine Gleichschaltung. Von dieser Gleichschaltung sind nicht nur die Schüler, sondern auch das Lehrpersonal betroffen. Der einzige Lehrer, der sich nicht an die Regeln hält und daher Hyo-Shins Verhalten nachvollziehen kann, verübt ebenfalls Selbstmord. Schuld daran ist also nicht das Schulgespenst, sondern das soziale System. Jede Form von Abweichung wird bestraft.

---

4 Darauf gehen beide Regisseure in einem Interview auf der 2004 bei ems erschienen DVD ein.

5 2004 erschien (nur in Korea) der dreistündige Direcor's Cut, bei dem die fehlenden Szenen wieder eingefügt wurden (die Kinoversion dauert 90 Minuten).

Während sich „Yeogogoedam 3: Wishing Stairs" (2001) mit dem Wunsch nach Erfolg beschäftigt, der unweigerlich mit dem sozialen Druck an den Schulen einhergeht, kehrt „Yeogogoedam 4: Voice" (2004) zurück zum Thema Ausgrenzung. Wiederum steht hier im Zentrum des Geschehens eine lesbische Liebesbeziehung, diesmal aber zwischen einer Musiklehrerin und einer Schülerin. Auch diese Beziehung endet in einer Tragödie, da sie von der Norm abweicht. „Yeogogoedam 5: A Blood Pledge" (2005) ist der bisher letzte Teil der erfolgreichen Schulhorrorfilmreihe. Hier nimmt sich Regisseur Lee Jong-Yong dem Thema Selbstmord an. Die Hauptursache dafür ist für ihn sozialer Druck, dargestellt durch eine Gruppe Freundinnen, die alles gemeinsam machen. Als sie planen, vom Dach einer Schule zu springen, springt eine von ihnen tatsächlich. Die Folge davon sind die üblichen Spukphänomene, die allerdings in Teil fünf drastischer ausfallen als in den vorangegangenen Filmen dieser Reihe.

Neben der Yeogogoedam-Reihe entstanden weitere Schulhorrorfilme wie etwa „Ghost" (2004), „Bunshinsaba" (2004), „Death Bell" (2008) und dessen Sequel „Death Bell 2: Blood Camp" (2010). Auch in den Filmen, die nicht der oben genannten Reihe angehören, wird die Schule als abstrakte Bedrohung definiert, die das Leben der Schülerinnen und gelegentlich auch der Lehrer schwer macht. Somit werden auch in diesen Filmen nicht die Geister oder – wie in den beiden „Death Bell"-Filmen – Psychopathen als das Andere charakterisiert, sondern die Institution Schule, die jene Zwischenfälle provoziert und somit zu einer Gefahr für die Schülerinnern und Schüler wird.

5   Das Andere in südkoreanischen Horrorthrillern

Durch die Beschäftigung mit den Schulhorrorfilmen haben wir soeben eine Seite der Medaille betrachtet. Sehen wir uns nun die andere Seite an. Vielleicht erinnert sich der ein oder andere Leser noch daran: es geht um den Zustand der Moderne, der ebenfalls als das Andere in koreanischen Horrorfilmen charakterisiert ist. Ein sehr schönes Beispiel dafür liefert der Kurzfilm „Memories" (2004) von Regisseur Kim Jee-Woon aus der Anthologie „Three...Nightmares". Der Film spielt in einer Neubausiedlung. Neubausiedlung auf Koreanisch bedeutet nicht noch mehr Reihenhäuser, sondern noch mehr Hochhäuser mit dreißig und mehr Stockwerken. Kims hervorragende Optik macht aus dieser Siedlung einen vollkommen tristen, kalten und anonymen Ort. In eine der neu entstandenen Wohnungen ist ein junges Ehepaar eingezogen. Die Frau ist kurz darauf spurlos verschwunden. Seitdem leidet der Mann unter unheimlichen Visionen, in denen eine sonderbare Gestalt durch seine Wohnung schleicht. Hier ist es notwendig, die Pointe des Films zu verraten, um den soziokulturellen Hintergrund besser nachvollziehen zu können (Spoiler-Hysteriker mögen mir daher diese Vorgehensweise verzeihen). Sung-Min hat seine Frau ermordet. Ihre Leichenteile hat er in eine Reisetasche gesteckt, die nun mitten im Wohnzimmer steht. Durch Rückblenden kommt heraus, dass sich das Ehepaar ständig gestritten hat. Der letzte Streit endete in einem Mord. Fassen wir die soziologischen Aspekte des Films zusammen: eine moderne Hochhaussiedlung, die durch Anonymität gekennzeichnet ist, ein Ehepaar, das sich im ständigen Konflikt befindet. Dies zeigt alles andere als ein positives Bild des modernen Koreas. Der Film präsentiert demnach kein aufpoliertes Arirang[6]-Image, das Touristen nach Korea locken soll, sondern ein überaus (selbst)kritisches Bild der modernen koreanischen Gesellschaft. Wie am Anfang des Kapitels bereits erwähnt, war es koreanischen Regisseuren aufgrund der in Südkorea herrschenden Diktatur nicht möglich, Gesellschaftskritik zu üben. Daher fällt diese nun, im demokratisch regierten Südkorea, offensiver und radikaler aus als in anderen Ländern. Die eher links gerichteten Regisseure lassen an der Gesellschaft kaum ein gutes Haar.

Die in „Memories" angedeutete Anonymität der Moderne findet sich bereits in „Sorum" (2001). Ein allein stehender Taxifahrer zieht in ein altes Wohnhaus. Zwischen den Bewohnern herrscht ein hoher Grad an Aversion. Zudem scheint so ziemlich jeder eine Macke zu haben. Besonders schlimm verhält es sich mit einer Frau, die am entgegen gesetzten Ende des Flurs wohnt. Aus ihrer Wohnung sind ständig laute Wortgefechte und anderer Lärm zu hören. Die Atmosphäre, die den ganzen Film beherrscht, wirkt extrem düster. Regisseur Joon Yong-Chan scheint jede Hoffnung verloren zu haben. „Sorum" zeigt Georg Simmels „Großstadt" in seiner extremsten negativen Auswirkung auf den Menschen: seelisch zerstörte Individuen, einen hohen Grad gegenseitiger Abneigung, eine Anonymität, die den Egoismus der einzelnen Akteure fördert (vgl. Simmel 2006).

Diese dramaturgisch verpackten Bilder finden sich als Momentaufnahmen der gesellschaftlichen Wirklichkeit im koreanischen Fernsehen wieder. Die Reportagereihe „Story", die freitags auf dem Sender SBS ausgestrahlt wird, konzentriert sich auf die Schattenseite der koreanischen Gesellschaft. Diese Reportagen sind keineswegs zu vergleichen mit den marktschreierischen Dokumentationen im deutschen Privatfernsehen. Es sind nüchtern und objektiv gehaltene Berichte über zerstörte Großfamilien, Betrug und heimtückische Morde. Stets wird dabei die Frage gestellt, wie es zu solchen tragischen Zwischenfällen kommen konnte. Die Antwort ist immer dieselbe: die Gesellschaft als Ganzes krankt. Eine Aussage, der koreanische (Horror)Regisseure ohne weiteres zustimmen würden.

---

6   Damit ist der koreanische Auslandssender Arirang gemeint.

Im Sang-Soo, der nicht als Horrorregisseur gilt, dessen Filme („Das Hausmäd-chen", „Taste of Money") sich aber stark an der europäischen Schauerromantik orientieren, verweist auf dieselben negativen Merkmale der Moderne, dargestellt jeweils am moralischen Verfall einer Großfamilie.

Nehmen wir noch als ein letztes Beispiel den Skandalfilm „I saw the Devil" (2010). Regie führte, wie auch bei „Memories", Kim Jee-Woon. Es geht um einen Psychopathen, der nachts jungen Frauen auflauert, um sie auf sadistische Weise umzubringen. Kyung-Chul, so der Name des Serienmörders, arbeitet tagsüber als Schulbusfahrer. Mit demselben Wagen entführt er nachts seine Opfer. Hier zeigt Kim gekonnt die „Schizophrenie" moderner Gesellschaften. Ein Grundelement für das Funktionieren einer Gemeinschaft ist Vertrauen. Daher auch der Job als Schulbusfahrer. Die Eltern vertrauen Kyung-Chul ihre Kinder an. Ausgerechnet ein Psychopath übernimmt die Verantwortung für die verletzlichste Seite der Ge-sellschaft. Natürlich ist hierbei der Film nicht ohne Ironie. Unabhängig von seinen Stilmitteln, welche die Handlung des Films prägen, hinterfragt der Regisseur den Begriff Vertrauen und welchen Wert dieser innerhalb einer modernen Gesellschaft noch hat, in der sich aufgrund zunehmender Individualisierung Menschen gegen-seitig aus dem Weg gehen. Kims bösartiger Kommentar hierbei ist, dass Leute, die fremden Personen naiv vertrauen, schlichtweg die Dummen sind. Hier haben wir wiederum einen überaus negativen Blick auf die moderne Gesellschaft.

Koreanische Horrorregisseure behaupten nicht, dass früher alles besser gewe-sen sei. Davon sind sie, als Opfer einer Diktatur, weit entfernt. Sie konzentrieren sich auf den Modernisierungsprozess als solchen. Dieser verändert Werte und Normen oder löst sie im extremsten Fall auf, um sie durch andere zu ersetzen. Die Individuen werden durch diesen Prozess voneinander losgerissen, was z.B. unweigerlich zur Auflösung von Großfamilien führt. Doch auch die Kernfamilie ist diesem Prozess ausgesetzt. Die Scheidungsrate in Südkorea ist extrem hoch[7]. Der Individualisierungsprozess führt zu Entfremdung, was besonders für eine auf traditionelle Werte pochende Gesellschaft als extrem negativ empfunden wird. Das Vertrauen in den Anderen ist nicht von Anfang an vorhanden, sondern muss erarbeitet werden. Daraus resultiert eine Angst vor *dem* Anderen, d.h. in diesem Fall konkret vor anderen Mitmenschen. Modernisierung ist verbunden mit traditionel-len Auflösungserscheinungen. Die durch traditionell geprägte Werte und Normen konstruierte Sicherheit wird abgelöst von einer auf der Mikroebene angesiedelten gesellschaftlichen Unsicherheit. In diese Kerbe schlagen koreanische Horrorfilme

---

7   Laut Korea Times vom 15.05.2007 hatte Südkorea 2007 die dritt höchste Scheidungsrate auf der Welt.

wie „Say Yes" (2001), „The Uninvited" (2003), „Spider Forest" (2004) und andere Kombinationen aus Horrorfilm und Psychothriller.

Aus rein sozialwissenschaftlicher Perspektive sind Modernisierungsprozesse normal und unumgänglich. Modernisierung bedeutet nichts anderes als sozialer Wandel und dies wiederum bedeutet, dass sich etwas verändert. Die Gesellschaft muss sich diesen Transformationen anpassen, um weiterhin funktionieren zu können. Für eine Gesellschaft (wie eben Südkorea), die sich selbst als homogen betrachtet und damit als eine Art große Familie, ist dies eine gesellschaftliche Katastrophe. In Südkorea gelten traditionelle Werte als Basis für eine funktionierende Gesellschaft. Der Modernisierungsprozess löst diese Werte zunehmend auf. Die Frage aber ist, wohin führt dieser Prozess? Und genau diese Frage macht vielen Südkoreanern Angst. Somit werden die Moderne und die damit verbundenen Prozesse in koreanischen Horrorfilmen als das Andere charakterisiert. Sie werden als äußerst negativ empfunden, als Fehlentwicklungen, welche den Zusammenhalt der Gesellschaft bedrohen. Folgt man der Kapitalismuskritik des Regisseurs Im Sang-Soo, so macht sich der Kapitalismus in Südkorea traditionelle Werte zunutze, indem er sie pervertiert, was unweigerlich zu Ausbeutung und Dekadenz führt. Kim Jee-Woon hinterfragt den gesellschaftlichen Wert von Vertrauen. Dabei geht er nicht auf Georg Simmels These ein, dass Vertrauen in modernen Gesellschaften erarbeitet werden muss (Simmel 1908), sondern betrachtet diesen Aspekt als reine Farce. Die beiden Filme „Sorum" und „Memories" zeigen Individualisierung quasi in ihrem Endstadium: Individuen, die als vollkommene Einzelwesen vor sich hin leben. Ein Bild, das sich auch in „Der flexible Mensch" (1998) des Soziologen Richard Sennet wieder findet, der in dem letzten Kapitel seines Buches auf den Zustand völliger Individualisierung eingeht.

Gerade weil koreanische Horrorfilme diese als Fehlentwicklungen empfundenen Transformationen aufzeigen, sind sie für die koreanische Gesellschaft unverzichtbar, da sie im Grunde genommen unglaublich moralisch sind. Moralisch in dem Sinne, da sie auf die negativen Seiten der gesellschaftlichen Veränderung hinweisen und somit die Rezipienten dazu verleiten, nach besseren Alternativen zu suchen.

Ähnlich wie am Ende des J-Horror-Kapitels, soll auch hier versucht werden, die Erkenntnisse auf einer allgemeinen Ebene zu beleuchten. Geschichten sind nur dann interessant, wenn sie von Konflikten erzählen. Die Konflikte spiegeln in der Regel aktuelle soziale Probleme wider. Speziell Horrorfilme greifen aktuelle innergesellschaftliche Konflikte auf, um als eine Art Mahner auf soziale Fehlentwicklungen aufmerksam zu machen. Wie oben bereits erwähnt, macht dies Horrorfilme zu Texten, welche den Rezipienten eine moralische Sicht auf die Dinge vermitteln. Aufgrund der dargestellten Gewalt neigen manche Pädagogen dazu, Horrorfilme als unmoralisch zu verurteilen (ohne, dass sie sich dabei die Mühe machen, zu versuchen, diese Filme zu verstehen). Doch das Gegenteil ist der Fall. Horrorfilme pochen, auf eine ähnliche Art wie Märchen, auf die Moral der Zuschauer. Mit dieser Moralvermittlung geht parallel eine Kritik an der Gesellschaft einher. Die Kritik verweist dabei auf das Andere im Horrorfilm. Im modernen koreanischen Horrorfilm ist das Andere allerdings kein greifbares Ding. Das Andere ist auf einer abstrakten Ebene angesiedelt: zum einen wird das koreanische Schulsystem kritisiert, zum anderen der Modernisierungsprozess, der den Zusammenhalt der Gesellschaft gefährdet. Der primären Sozialisation folgt in jeder Gesellschaft die sekundäre Sozialisation, in der theoretisches Wissen und bestimmte Fertigkeiten vermittelt werden. Während in der primären Sozialisation koreanische Kinder von ihren Eltern verhätschelt werden, werden sie in der sekundären Sozialisation von einer Institution bedrängt, die nichts anderes zulässt, als zu lernen, sodass für Freizeitbeschäftigungen oder Hobbys so gut wie keine Zeit bleibt. Das System konnte sich aus dem Grund etablieren, da hierbei konfuzianische Werte eine sehr zentrale Rolle spielen. Lernen wird innerhalb des Konfuzianismus als eines der höchsten Pflichten betrachtet. Da die koreanische Gesellschaft konfuzianisch geprägt ist, wird diese Pflicht noch immer als wichtigste Regel empfunden. Hierbei ging der Konfuzianismus jedoch eine Verbindung mit dem Kapitalismus ein, was dazu führte, dass sich das Lernen zu einem reinen Wettbewerb transformierte. Eine Folge davon ist – wie in der kapitalistischen Wirtschaft – Konkurrenz. Koreanische Regisseure betrachten genau diesen Aspekt als eine pervertierte Form der konfuzianischen Regel. Denn Lernen dient nicht mehr dazu, den Geist zu erweitern, sondern sich in die „Fänge" eines kapitalistischen Systems zu begeben und im schlimmsten Fall dabei unterzugehen. Die Schule als Institution und damit als Vermittlerin der sekundären Sozialisation wird zu einer Bedrohung. Dies macht sie zu etwas Befremdlichen, das mit negativen Emotionen verbunden ist. Im koreanischen Horrorfilm erhält sie die Rolle des Anderen, eine abstrakte, mit unheimlichen Eigenschaften versehene Gefahr. Wie oben bereits erwähnt, gelang es tatsächlich, eine Diskussion über das Schulsystem zu starten, was zeigt, dass die Botschaft der Schulhorrorfilme als gelungener Kommunikationsakt bewertet werden kann.

In K-Horrorfilmen wird der Prozess der Modernisierung als negativ bewertet und daher als bedrohlich dargestellt. Im Gegensatz zu japanischen Horrorfilmen, die sich auf den Aspekt der Emanzipation konzentrieren, bewerten sie moderne Frauen keineswegs negativ. Es geht um den Modernisierungsprozess als Ganzen, der, ähnlich wie in Georg Simmels Skizze der Großstadt, zu Entfremdung und Aversion führt. Traditionelle Gefüge lösen sich auf, was zu Konflikten in Großfamilien und zwischen den Generationen führt. In dem umstrittenen Film „Bedevilled" (2010) zeigt die Anfangssequenz eine vollkommen verrohte Gesellschaft. Eine Straßenszene zeigt Männer, die eine Frau brutal zusammenschlagen. Später wird die Protagonistin von Jugendlichen mit einem Messer bedroht. Der Film „Possessed" (2008) zeigt eine zerstörte Familie, in der die Mutter einem religiösen Wahn verfallen ist, der Vater nicht mehr nachhause kommt und die Tochter keine Lust hat, ihrer Mutter bei ihren Problemen zu helfen. Modernisierung wird gleichgesetzt mit Entfremdung, Verlust von Vertrauensmechanismen und der Zunahme sozialer Konflikte. Dies lässt Modernisierung als etwas Unheimliches erscheinen.

6   Schluss

Filme spiegeln die Gesellschaft wider. Damit schaffen sie virtuelle Realitäten, die Aspekte der abgebildeten Gesellschaft besitzen. Folglich handelt es sich um Artefakte mit einer soziokulturellen Bedeutung. Soziologen, die Filmanalyse nicht überflüssig finden, sondern sich die Mühe machen, Filme zu analysieren, werden schnell herausfinden, dass sich Filme hervorragend dazu eignen, Gesellschaftsanalyse zu betreiben. Die abgelichtete Lebenswelt verweist auf dieselben sozialen Probleme, Konflikte und Transformationen des realen Alltags einer Gesellschaft. Natürlich muss man sich hierbei vergegenwärtigen, dass dieser Alltag sich von Kultur zu Kultur unterscheidet. Dieses wesentliche Merkmal übersehen die Vertreter der World Cinema Theory, was zu verzerrten Analyseergebnissen und falschen Aussagen über die jeweiligen Filmindustrien führte. Untersucht man Filme, so sollte man sich daher an die Annahmen der Transnational Cinema Theory halten, die eine große Ähnlichkeit mit den Annahmen der Theorie der Multiplen Modernisierung aufweisen. Das heißt, jede Gesellschaft entwickelt sich endogen, was zu einer Vielzahl von Modernisierungsprozessen führt. Mit diesem Hintergedanken ist es möglich, Spielfilme aus unterschiedlichen Kulturen unvoreingenommen zu analysieren. Das Ergebnis sind Einblicke in verschiedene Gesellschaften, ihre Probleme und Konflikte, ihre Modetrends, Riten und viele andere Merkmale.

Speziell Horrorfilme zeigen auf, was den meisten Mitgliedern einer Gesellschaft Angst bereitet. Wahrscheinlich klingt dies zunächst banal, bekommt aber einen ganz andere Bedeutung, wenn man sich vergegenwärtigt, dass Ängste in einer Gesellschaft verbunden sind mit sozialen Transformationen. So findet sich z.B. die Angst vor einer zunehmenden Technisierung in Filmen wie „Terminator", „Hardware" (M.A.R.K. 13) oder „Death Machine" wider. Vertrauensverlust, der einhergeht mit einer zunehmenden Individualisierung, führt zur Angst vor anderen Mitmenschen. Aus dem Bekannten wird der Unbekannte. Und damit der Andere. Die mit dieser Transformation verbundenen Ängste finden sich in diversen Psychothrillern wieder.

Grund für soziale Transformationen sind Modernisierungsprozesse, die traditionelle Gefüge auflösen und durch neuartige soziale Interaktionen ersetzen. Dabei verändern sich auch moralische Einstellungen. Moralische Vorstellungen prägen die Alltagswelt einer Gesellschaft. Sie regeln das Handeln der einzelnen Akteure und liefern plausible Erklärungsmuster dafür, wieso bestimmte habitualisierte Tätigkeiten so sind wie sie sind (vgl. Berger und Luckmann 1996). In traditionellen Gesellschaften dienen nicht selten religiöse oder mystische Regeln als Erklärungshilfen. Im Laufe eines Modernisierungsprozesses werden diese durch rationale Erklärungen ersetzt. Habitualisierte Tätigkeiten liefern den Individuen innerhalb einer Gesellschaft Sicherheit. Das stets wiederkehrende Gewohnte ist auch Grundlage dafür, dass Menschen ihre Gesellschaft als real annehmen. Beides zusammen formt eine Gleichförmigkeit, die wiederum Basis für ein kulturell geprägtes Weltbild ist.

Soziale Transformationen sind in dieser Hinsicht geradezu heimtückisch. Denn sie kratzen an dem durch Gewohnheit geprägten Weltbild. Sie sorgen für Unruhe und damit für Ängste. Es entsteht eine Angst vor dem, was anders ist. Denn dieses bedroht die Sicherheit. Da niemand vorhersehen kann, wohin soziale Transformationen führen, sorgen diese vor allem bei konservativen Akteuren für pessimistische Zukunftsaussichten. Die Folge davon: eben diese Akteure wollen verhindern, dass sich etwas verändert. Greifen wir hierfür wieder unser Beispiel der Emanzipation in Japan auf. Japan ist ein Patriarchat. Das heißt, die moralischen Vorstellungen sind patriarchal geprägt. Etwas salopper formuliert: Die Regeln begünstigen den männlichen Teil der Gesellschaft und unterdrücken den weiblichen Teil. Der in Japan von statten gehende Emanzipationsprozess ist eine soziale Transformation, die diese traditionellen Regeln hinterfragt. Schon allein dadurch werden das bisherige Weltbild und daher der japanische Alltag und die damit verbundenen Gewohnheiten gefährdet. Es entsteht Angst, da etwas Ungewohntes geschieht. Das, was Angst bereitet, ist das Andere. Hier in Form emanzipierter Frauen, die das patriarchale Weltbild kritisieren und gesellschaftliche Alternativen aufzeigen. Diese Angst vor dem Anderen spiegelt sich nun in den japanischen Horrorfilmen wider. Da Horrorfilme zugleich immer eine Form von Sozialkritik darstellen (vgl. Pechmann 2009), weist J-Horror nicht auf die Schlechtigkeit emanzipierter Frauen hin (dies wäre ja eine konservative Sichtweise), sondern auf die Unterdrückung emanzipierter Frauen, wodurch das patriarchal geprägte soziale System in Japan hinterfragt wird.

Auf eine ähnliche Weise verarbeiten koreanische Horrorfilme Ängste, die durch Transformationen im Alltag entstehen. Obwohl sie ein äußerst kritisches Bild der modernen koreanischen Gesellschaft entwerfen, sind sie keineswegs konservativ. Mithilfe dieser Darstellungsweise üben koreanische Horrorregisseure Gesellschaftskritik. Die Gründe dafür wurden bereits im entsprechenden Kapitel aufgeführt. Sie weisen jedoch darauf hin, dass die Entfremdung, die ein wesentlicher Bestandteil von Modernisierungsprozessen darstellt, sich nicht nur auf der Mikroebene bemerkbar macht. Dieser Prozess findet auch auf der Mesoebene statt und führt zu einer Entfremdung zwischen Institutionen und Individuen. Eine Folge davon ist, so die Kritik der Regisseure, eine „Pervertierung" des Systems. So erhält die Institution Schule einen kafkaesken Beigeschmack und wird zu einer abstrakten Bedrohung für solche Schüler und Lehrer, die sich nicht dem System anpassen wollen.

Das Andere in japanischen und koreanischen Horrorfilmen ist, wie wir gesehen haben, unterschiedlich verortet. In Japan steht das Andere für eine konkrete Personengruppe, nämlich emanzipierten Frauen. Emanzipierte Frauen bereiten vor allem Männern Angst, da sie ihren traditionell geprägten Machtanspruch und dadurch das soziale System hinterfragen.

In koreanischen Horrorfilmen dagegen ist das Andere etwas Abstraktes. Es bezieht sich nicht auf bestimmte Personen oder Personengruppen, sondern auf gesellschaftliche Zustände und Institutionen. Daher sind diese Horrorfilme für ein westliches Publikum schwerer zu verstehen als japanische Horrorfilme.

Sowohl J-Horror als auch K-Horror sind zwei verschiedene Formen von Gesellschaftskritik. Während J-Horror traditionelle Werte kritisiert, durch die Frauen daran gehindert werden, sich selbst zu verwirklichen, und damit eindeutig eine emanzipatorische Stellung beziehen, übt K-Horror eine gesamtgesellschaftliche Kritik, die teilweise verbunden ist mit einer Kritik am Kapitalismus. Da Gesellschaften keine starren Systeme sind, sondern sich ständig weiter entwickeln oder, wie Zygmunt Bauman behauptet, fließend sind (Bauman 2003), wird es immer wieder neue soziale Probleme oder Veränderungen geben, welche den Individuen Angst bereiten. Daher wird das Andere im japanischen und koreanischen Horrorfilm nicht immer dieselbe Form besitzen, sondern sich parallel zu den tatsächlichen Transformationen verändern.

Literatur

Bachmayer, Eva .1990. „Gequälter Engel. Das Frauenbild in den pornographischen Comics". S. 205-225 in: Ruth Linhart und Fleur Wöss (Hrsg), *Nippons neue Frauen*. Hamburg: Rohwohlt
Balmain, Colette. 2008. *Intodruction to Japanese Horror Films*. Edinburgh: Edinburgh University Press
Bauman, Zygmunt. 2003. *Die flüchtige Moderne*. Frankfurt a. Main: Suhrkamp.
Berger, Peter und Thomas Luckmann. 1996. *Die gesellschaftliche Konstruktion der Wirklichkeit*. Frankfurt a. Main: Fischer.

Brunvand, Jan Harold. 1981. *The vanishing Hitchhiker. American Urban Legends and their Menaings*. New York: Norton & Company

Choi, Jinhee. 2011. „A Cinema of Girlhood: Sonyeo Sensibility and the Decorative Impulse in the Korean Horror Cinema".S. 39-56 in: Choi, Jinhee and Wada-Marciano, Mitsuyo, *Horror of the Extreme. Changing Boundaries in Asian Cinema*. Hongkong: Hong Kong University Press.

Eisenstadt, Shmuel. 2000. *Die Vielfalt der Moderne*. Weilerswist: Velbrück.

Germer, Andrea. 2003. *Historische Frauenforschung in Japan – Die Rekonstruktion der Vergangenheit in Takamure Itsues „Geschichte der Frau" (Josei no rekishi)*. Iudicium Verlag: München

Howard, Chris. 2008. „Contemporary South Korean Cinema: National Conjunction and Diversity. In: Hunt, Leon/Wing-Fai, Leung (Eds.). 2008. *East Asian Cinemas. Exploring Transnational Connections on Film*. New York: Tauris

Hunt, Leon und Leung Wing-Fei. 2008. „Introduction".S. 1-13 in: Dies. (Eds.), *East Asian Cinemas. Exploring Transnational Connections on Film*. New York: Tauris

Imai, Yasuko. 1991. „Vor dem Tagesanbruch für Frauen. Ein sozialhistorischer Essay". S. 419-444 in: Ruth Linhart (Hrsg), *Onna da kara – Weil ich eine Frau bin. Liebe, Ehe und Sexualität in Japan*. Wien: Milena Verlag

Kim, Mee-Hyun. 2007. *Korean Cinema. From Origins to Renaissance*. Seoul: Communication Books

Knöbl, Wolfgang. 2001. *Spielräume der Modernisierung*. Weilerswist: Velbrück

Lim, Bliss Cua. 2009. *Translating Time. Cinema, The Fantasic, and Temporal Critique*. London: Duke University Press.

Mitford, Algernon B. 2007. *Das alte Japan*. Köln: Anaconda

Nahm, Andrew C. 1996. *Korea. Tradition and Transformation*. Seoul: Hollym

Newman, Kathleen. 2010. „Notes on transnational Filmtheory: decentered subjectivity, decentered capitalism." S. 3-11 in: Kathleen Newman und Natasa Durovicova (Eds.), *World Cinemas, Transnational Perspectives*. New York: Routledge.

Pechmann, Max. 2005. „Ursprung und Entwicklung des südkoreanischen Bildungssystems." S. 155-168 in: Patrick Köllner (Hrsg), *Korea Jahrbuch 2005*. Hamburg: Institut für Asienkunde

Pechmann, Max. 2007. „Japans böse Frauen." *Japan Magazin* 2:13-15.

Pechmann, Max. 2008. *Koreas Modernisierungsproblem*. Saabrücken: Verlag Dr. Müller

Pechmann, Max. 2008. „Unheimliche Schulmädchen und ungebetene Gäste. Horrorfilme aus Südkorea.", *Phantastisch!* 2:26-31.

Pechmann, Max. 2009. „Wieso sind Japans Frauen böse? Auf welche Weise japanische Horrorfilme sozialen Wandel widerspiegeln.", *Soziologie Heute* 7:16-24.

Pechmann, Max. 2009. "Schrecken als Sozialkritik. Der postmoderne Horrorfilm am Anfang der 70er Jahre", *Phantastisch!* 2:21-31.

Peirse, Alison und Daniel Martin. 2013. "Introduction". S. 1-20 in: Dies. (eds.), *Korean Horror Cinema.*. Edinburgh: Edinburgh University Press

Sennet, Richard. 1998. *Der flexible Mensch. Die Kultur des neuen Kapitalismus* Berlin: Berlin-Verlag

Simmel, Georg. 1908. „Das Geheimnis und die geheimen Gesellschaften". S. 287-288 n: Ders., *Soziologie. Untersuchungen über die Formen der Vergesellschaftung.*. Berlin: Duncker & Humblot

Simmel, Georg. 2006. *Die Grosstädte und das Geistesleben*. Frankfurt a. M.: Suhrkamp

Shin, Chi-Yun. 2013. „Death Bell *and Highschool Horror.*" S. 131-141 in: Alison Peirse und
    Daniel Martin (Eds.), *Korean Horror Cinema.*. Edinburgh: Edinburgh University Press
Wada-Marciano, Mitsuyo. 2011. "J-Horror. New Media's Impact on Contemporary Japanese
    Horror Cinema.". S. 15-38 in: Jinhee Choi et al. (Eds.), *Horror of the Extreme.*. Hong
    Kong: Hong Kong University Press
Wehler, Hans-Ulrich. 1975. *Modernisierungstheorie und Geschichte.* Göttingen: Vanden-
    hoeck und Ruprecht

Internetquellen

Kretschmer, Fabian und Malte E. Kollenberg. 2011. „Pädagogik in Südkorea. Schülerauf-
    stand im Land der Pauker". *http://www.spiegel.de/schulspiegel/paedagogik-in-suedkorea-
    schueleraufstand-im-land-der-pruegelpauker-a-757959.html*
Pechmann, Max. 2012. „Sasori. Zwischen Kunst und Provokation". In: *Film und Buch. Magazin
    für Film und Literatur.* 1/2012. S. 22-26. *http://filmundbuch.wordpress.com/2012/05/22/
    erstausgabe-von-film-und-buch/*
Pechmann, Max und Jung-Mee Seo. 2012. „Die unheimliche Gesellschaft. Horrorfilme aus
    Südkorea." S. 4-17 in: *Film und Buch. Magazin für Film und Literatur.* 1/2012.. *http://
    filmundbuch.wordpress.com/2012/05/22/erstausgabe-von-film-und-buch/*
Schwartzmann, Nathan. 2012. „Korea: Suicide – Leading cause of death among teenagers."
    In: http://asiancorrespondent.com/81056/the-statistics-on-youth-suicide-in-korea/

The Combat Veteran as a Monstrous Other

Jimmie Cain

Writing in 1984, T. Van Putten and J. Jager asserted that "'History has shown war veterans to be a problem to society'" (qtd. in Blank 2). Although Putten and Jager were at the time addressing the clinical debate over post-traumatic stress disorder (PTSD) as a valid diagnosis for the psychological problems afflicting American Vietnam veterans, their comments could have been made in reference to combat veterans in every era and in all nations. As Leah Wizelman contends, the symptoms of PTSD were described some 4000 years ago by Homer in the *Iliad* and have gone under such monikers as "'soldier's heart' during the American Civil War, 'shell shock' during World War I, and 'combat fatigue' during World War II'" (1-2). Whatever the appellation, the stress of combat has left untold veterans virtually incapable of reintegrating into civilian society. According to Stanley Krippner and Daryl S. Paulson, "PTSD not only is a traumatic stress disorder, but also is one of the results from a combatant's isolation from home and community," and this sense of isolation leads many veterans to "feel utterly abandoned and alone, cast out of the divine system that sustains life. From that moment on, a sense of alienation and disconnection" affects every aspect of their lives once they return from war (6). As a consequence of such feelings, many veterans, especially those who served in a failed or lost war, such as German soldiers after World War I and American soldiers returning from Vietnam, see themselves as marginalized, pushed to the fringes of society by a civilian populace that views them with fear, antagonism, and/or disdain.[1] Such are the changes that combat engenders in veterans that to

---

1   In Shakespeare's *Henry V*, just such a distrusted, marginalized veteran is described:
     Why, 'tis a gull, a fool, a rogue, that now and then goes to the wars, to grace himself
     at his return into London under the form of a soldier. And such fellows are perfit in
     the great commanders' names, and they will learn you by rote where services were
     done—at such and such a sconce, at such a breach, at such a convoy; who came off
     bravely, who was shot, who disgrac'd, what terms the enemy stood on; and this they

civilians they often appear upon their return from war as nothing less than monstrous, fantastic beings.

A definition of the fantastic especially useful here is that formulated by Tzvetan Todorov in *The Fantastic: A Structural Approach to a Literary Genre*. For Todorov, the truly fantastic work must manifest "three conditions":

> First, the text must oblige the reader to consider the world of the characters as a world of living persons and to hesitate between a natural and a supernatural explanation of the events described. Second, this hesitation may also be experienced by a character; thus the reader's role is so to speak entrusted to a character, and at the same time the hesitation is represented, it becomes one of the themes of the work—in the case of naïve reading, the actual reader identifies himself with the character. Third, the reader must adopt a certain attitude with regard to the text: he will reject allegorical as well as "poetic" interpretations. (33)

Depictions of combat veterans in literature and art clearly adhere to the first two of Todorov's "conditions." As will be shown, returning veterans inhabit the everyday world, yet their interactions with this world defy the conventions of expected or acceptable behavior and thus create disruptions in perceived reality. Moreover, characters constantly confront failed expectations (i.e. the veterans shocked and disappointed at their reception by civilians and the civilians disoriented and frustrated by the animosity manifested by veterans). The distorted, grotesque representations of physically and psychologically damaged veterans rendered in painting, photography, and sculpture further reinforce the sense of disorientation readers/viewers encounter when they engage with narratives chronicling the experiences of returning veterans.

A pre-eminent authority on the topic of the combat veteran's difficulties assimilating into civilian society and how society comes to regard the veteran as an "otherworldly" figure is Jonathan Shay, author of *Achilles in Vietnam: Combat Trauma and the Undoing of Character* (1995) and *Odysseus in America: Combat Trauma and the Trials of Homecoming* (2002). An expert in the causes and treatment of PTSD, Dr. Shay serves as a consultant to the United States Department of Defense and has developed methodologies to better help veterans cope with trauma. In *Odysseus in America: Combat Trauma and the Trials of Homecoming*, Shay sees in Homer's

---

> con perfitly in the phrase of war, which they trick up with new-tun'd oaths; and what a beard of the general's cut and a horrid suit of the camp will do among foaming bottles and ale-wash'd wits, is wonderful to be thought on. But you must learn to know such slanders of the age, or else you may be marvelously mistook. (3.6.67-81)

In *Mayhem: Post-War Crime and Violence in Britain, 1748-53*, Stephen Brumwell has documented similar fears engendered by demobilized sailors and soldiers among a later generation of British civilians.

Odysseus an analogue for the traumatized veteran attempting to reenter civilian life. Virtually echoing Putten and Jager's estimation of returning veterans, Shay notes at the outset of his study that

> I shall conceal none of the ugly and hateful ways that war veterans have sometimes acted toward others and themselves during their attempts to come home and be at home. To the ancient Greeks, Odysseus' name meant "man of hate" or "he who sows trouble." Indeed, some veterans have sown trouble in their families. (2)

Shay goes on to enumerate the major causes for the tensions that arise between veterans and civilians, drawing parallels between Odysseus' interactions with the peoples he encounters during his ten-year journey home to Ithaca and the behaviors Shay has documented in Vietnam veterans. This taxonomy provides a useful means to explain how and why some veterans are feared and relegated to the margins of civilian society, most particularly Shay's diagnostic classifications titled "Odysseus Among the Rich Civilians," "Pirate Raid: Staying in Combat Mode," and "Witches, Goddesses, Queens, Wives—Dangerous Women."

No matter the label or the era, combat stress results in a common set of behaviors observed in veterans. Krippner and Paulson describe these behaviors among contemporary veterans thusly:

> Besides flashbacks, common symptoms of PTSD among veterans include hypervigilance, dejection, panic attacks, substance abuse, inappropriate acting out, unaccountable episodes of rage, depression, and cycles of anxiety and guilt (guilt often fuels anxiety, and this anxiety fuels additional guilt). (11)

Anticipating the return of World War II veterans in 1944, George K. Pratt touches on a similar set of concerns:

> First, if he has been in the service any length of time, the problem of functioning on his own once more, unsupported by the group of which he had become a welded part; second, the problem of adjusting to the disillusionment of discovering that the folks back home are just humans after all, and not the idyllic creatures his nostalgic-ridden mind had envisioned in a foxhole in Normandy; third, his conviction that no one who had not been "over there" possibly could understand how he feels about things, with resulting loneliness, insecurity, and sense of isolation—these are a few of the broad, general problems of adjustment the returned soldier has to face. (13)

Clearly, whatever the war, the returning veteran feels cut off from, if not abandoned by, the society that sent him or her to war. Shay explains this chasm between veteran and civilian in part as resulting from the veteran's distrust of or animosity toward those who have lived out the war in the relative security and comfort of home, especially those who have profited from the veteran's hardship and suffering. In the chapter titled "Odysseus Among the Rich Civilians," Shay writes that the "opposition between *thumos* and *gaster*, heart and belly, is also that between wartime and peacetime, between different civilian perceptions of the men they send to fight for them and the men who return home to them" (12). Shay goes on to contend that when "we are in fear of the enemy, nothing is too much or too good for the 'greathearted spirit' (*thumos*) of our fighting men; when they return as veterans we see their needs as greedy, demanding, uncultivated belly (*gaster*)" (13).

In *The Great War and Modern Memory*, Paul Fussell describes this tension between British troops in World War I and those safely ensconced at home:

> It was not just from their staffs that the troops felt estranged: it was from everyone back in England. That division was as severe and uncompromising as the others generating the adversary atmosphere. The visiting of violent and if possible painful death upon the complacent, patriotic, uncomprehending, fatuous civilians at home was a favorite fantasy indulged by the troops. (86)

Siegfried Sassoon, Fussell notes, was so angered at the "fatuous" civilians lounging in relative comfort that he wanted "to see them crushed to death by a tank in one of their silly patriotic music halls" (86). Moreover, the end of hostilities did little "to unite the vision of those who had fought with that of those who had (as they imagined) watched." Robert Graves and Alan Hodge wrote that "'It must... be emphasized... that by the end of 1918 there were two distinct Britains:... the Fighting Forces... and the Rest, including the Government'" (qtd. in Fussell 89). What the troops encountered upon their return from war would only exacerbate this lingering anger and disillusionment.[2] This was particularly so for German troops in 1918.

Unlike their American, British, and French cobelligerents, who were greeted with parades and celebrations, German veterans confronted a rather distant and distrustful citizenry. In his history of the Weimar era, Eric Weitz writes of the troops returning from the front, "A defeated army on its return home is never a pretty sight. The bandaged wounds, the missing limbs, the hobbled walk on crutches

---

2   In his novel *Under Fire* Henri Barbusse records a similar attitude among French troops toward civilians living safely and comfortably well behind the lines. Describing the village in which his unit is quartered during a lull in the fighting, Barbusse notes that The sight of this world has revealed a great truth to us at last, nor could we avoid it: A Difference which becomes evident between human beings, a Difference far deeper than that of nations and with defensive trenches more impregnable; the clean-cut and truly unpardonable division that there is in a country's inhabitants between those who gain and those who grieve, those who are required to sacrifice all, all, to give their numbers and strength and suffering to the last limit, those upon whom the others walk and advance, smile and succeed. (254)

seem even more ghastly shadowed by the sullen mood of the bedraggled soldiers" (7). Wolfgang Schivelbusch suggests that the fact of defeat itself had much to do with civilian perceptions of the returning army:

> Just as skirmishes affect battles and battles affect wars, defeat at the front has reper-
> cussions on the home front. Clausewitz, who witnessed the aftermath of Napoleon's
> defeat of Prussia at Jena-Auerstedt in 1806, again provides a memorable commentary:
> "The effect of all this outside the army—on the people and on the government—is
> a sudden collapse of the most anxious expectations, and a complete crushing of
> self-confidence. This leaves a vacuum that is filled by a corrosively expanding fear,
> which completes the paralysis." (7)

Erich Maria Remarque documents the bitter experiences of Germany's returning World War I veterans in his novel *The Road Back*, the sequel to his war novel *All Quiet on the Western Front*. His narrator, Ernst, records the disappointment of their indifferent reception by a populace grown weary of war and distrustful of warriors.

> Listlessly we trudge onward. We had pictured our entry into our own country after
> the long years out there rather differently from this. We imagined that people would
> be waiting for us, expecting us; now we see that already every one is taken with his
> own affairs. Life has moved on, is still moving on; it is leaving us behind almost as
> if we were superfluous already. This village, of course, is not Germany; all the same,
> the disappointment sticks in our gizzard and a shadow passes over us and a queer
> foreboding. (40-41)

Unfortunately, this village is but a harbinger of what is to come for these veterans.

Compounding their despair, Ernst and his fellow veterans must negotiate a life among Shay's "Rich Civilians," who either have no realistic conception of the war or who steadfastly refuse to acknowledge the needs of the veterans. A dinner party held by his uncle shortly after Ernst's return exemplifies this point. Ernst is bewildered by his fellow guests, who seem to him to inhabit an alternate reality, a realm in which the horrors of the war and the abominations visited upon the front line troops never took place. Most irritating of the participants is Uncle Karl himself, who was a "chief paymaster during the war" (111). When Uncle Karl appears for dinner wearing spurs, Ernst wryly quips, "It is often so with these army-office pen-pushers—they are prone to swords and spurs" (112). Much to Ernst's delight, the meal includes pork chops, a delicacy that he has not had in "a power of time." Reverting to battlefield behavior, Ernst props "both elbows on the table, the bone in my two hands, my fingers covered in grease, gnawing off the last scraps of the chop.—But the others are eating cleanly with knife and with fork" (116). Ernst is momentarily embarrassed by his table manners, but the ensuing conversation invokes his ire and makes plain the gulf between combatant and non-combatant:

> But there is anger too in my embarrassment,--anger against this Uncle Karl, now beginning to talk so loudly of war loans; anger against all these people here that think so much of themselves and their smart talk; anger against this whole world. Living here so damned cocksure with their knickknacks and jiggery-pokery, as though the monstrous years had never been when one thing and one thing only mattered,--life or death, and beyond that nothing. (116-117)

The remarks of the other members of the party only reinforce Ernst's hesitancy, his sense that he and they have experienced radically different realities. Among them is an accountant "explaining how, if only we had held out a bit longer, the war would have been won," a comment which leads Ernst to contemplate how "[s]uch bilge makes me almost sick; any soldier knows that we had no more munitions and no more men—and that's all there is about it." Next to the accountant sits a woman "talking about her husband who was killed, and from the way she goes on, one might think it was she had been killed and not he." The remaining guests concern themselves with "securities and peace terms, and all of them, of course, know much better what should be done than the people who actually have to deal with the matter" (115). When the meal ends, Ernst makes a hasty exit, infuriated that among civilians "the fact that the same vapid, self-satisfied spirit as of old should still be lording it here and giving itself airs." To his dog Wolf, who had likewise served at the front, Ernst says, "'Those are not our sort. We would get along better with any Tommy, with any front-line Froggy than with them'" (117). Much to his dismay, Ernst finds himself no less at odds with his immediate family.

Although his family has made every effort to make Ernst feel at home—a "Welcome Home" banner, flowers, a meal on the table, "everything gay and jubilant" (68)—Ernst feels out of place. Here, too, he is something of a stranger in a strange land. His exchanges with his father reveal just how much of an alien Ernst has become. For example, when his father asks him to "'tell us about your experiences,'" Ernst thinks to himself "No matter how I rack my brains, nothing suitable occurs to me. A man cannot talk about the things out there with civilians, and I know nothing else" (69). Later, his father chides him for being "so fidgety," to which Ernst responds "'I think perhaps I've forgotten how to sit on a chair for so long at a stretch. We didn't have them out at the Front; there we just lay about on the floor or wherever we happened to be" (71). Ernst cannot adequately communicate to his father, or any other civilian for that matter, how the war has left him and his fellow veterans virtually incapable of leading normal lives. Their war experiences, it would seem, have rendered them unfit for conventional peace time existence:

We had pictured it all otherwise. We thought that with one accord, a rich, intense existence must now set in, one full of the joy of life regained—and so we had meant to begin. But the days and the weeks fly away under our hands, we squander them on inconsiderable and vain things, and when we look around nothing is done. We were accustomed to think swiftly, to act on the instant—another minute and all might be out for ever. So life now is too slow for us; we jump at it, shake it, and before it can speak or resound we have already let go again. We had Death too long for companion; he was a swift player and every second the stakes touched the limit. It is this that has made us so fickly, so impatient, so bent upon the things of the moment; this that now leaves us so empty, because here it has no place. And this emptiness makes us restless; we feel that people do not understand us, that mere love cannot help us. For there is an unbridged gulf fixed between soldiers and non-soldiers. (165)

Toward the end of the novel, Ernst's father queries him about his long-term goals. Ernst has tried his hand at teaching in a small country school, but the routine and monotony of rural life have driven him back to the city. Concerned with Ernst's apparent lack of motivation, his father labors to convince Ernst to seek gainful employment, but Ernst is unmoved. His thoughts detail the extent to which the war has made him unlike his father and civilians in general:

I listen to him sympathetically but am bored. How strange that this man on the sofa here should be the father who formerly regulated my life! Yet he was not able to look after me in the years out there; he could not even have helped me in the barracks—any N.C.O. there carried more weight than he.—I had to get through as best as I could by myself and it was a matter of entire indifference whether he existed or not. (26)

Ernst's relationship with his mother, though more cordial, is equally as problematic as that with his father. She openly complains that "'[he is] quite strange to [her] sometimes'" and that he has "'become very restless.'" She is especially shocked by his occasional reversion to the vulgarity common among soldiers, a trifling complaint that reveals the divide between mother and son:

Changed! I think bitterly, yes, I have changed!—What is it you know of me now, Mother? A mere memory, nothing but the memory of a quiet, eager youth of the days that are gone. You must never know, Mother, never know of these last years; never even wonder what they were like... A hundredth part would break your heart—you, who tremble and are shocked by the impact of a mere word, one word that has been enough to shatter your picture of me. (144)

Further alienating mother from son is Ernst's loss of faith. During a rather benign conversation with his mother, Ernst suddenly feels "dejected" and asks of her, "'What was the good of it all, Mother?'" In what must have struck Ernst as a mindless platitude, she answers, "'It must have been for some good, Ernst. The

Father in heaven knows, you may be sure of that'" (111). Though Remarque ends the chapter after this line, the suggestion is that Ernst's mother's words have fallen on deaf ears. His behavior forces his parents to question whether he is the son they sent to war or some stranger who has assumed his place in their family. A similar sense of disorientation occurs in "Soldier's Home," Ernest Hemingway's depiction of another World War I veteran, an American in this instance, whose homecoming is as problematic as Ernst's.

Harold Krebs, Hemingway's protagonist, manifests many, if not most, of the same behaviors as Ernst. Having returned home well after "the greeting of heroes was over," Harold is welcomed, if at all, indifferently much unlike the veterans who "had all been welcomed elaborately on their return"; such a lukewarm reception is due to the fact that by the time Harold arrives, "the reaction had set in" (170). And, he, like his German counterparts, too falls into a rather pointless, restless life spent "sleeping late in bed, getting up to walk down town to the library to get a book, eating lunch at home, reading on the front porch until he became bored, and then walking down through the town to spend the hottest hours of the day in the cool dark of the pool room" (171). Krebs' parents, as do Ernst's, worry about his apparent purposelessness in life. Thus his mother tells Harold that she and his father fret that he has lost his "'ambition,'" that he has not "'got a definite aim in life'" (174). His mother opens this conversation by observing that "'God has some work for everyone to do... There can be no idle hands in His Kingdom,'" to which Harold, who before the war had attended a Methodist college, blandly responds, "'I'm not in His Kingdom'" (173). Undeterred, she appeals to what she assumes to be a typical interest among young American men; she announces that his father, a real estate agent who routinely reserved the family car solely for himself, "'is willing for [Harold] to take the car out.'" When this news fails to elicit much of a response, his mother, frustrated in her inability to get through to the Harold she knew before the war, asks, "'Don't you love your mother, dear boy?'" To her dismay, Harold says, "'No... I don't love anybody'" (174). Though a member of the victorious armies who defeated Germany, Harold nonetheless exhibits the same behaviors that so troubled German civilians.

The many antagonisms between veterans and civilians illustrated above find expression in the visual arts as well as in literature. In the introduction to *Glitter and Doom: German Portraits from the 1920s*, Rewald Sabine notes that veteran painters such as Otto Dix and George Grosz, who "were marked for life by the war," helped to create a new movement in art so as to expose the sobering realities confronted by the returning troops.³ In the works of Dix and Grosz, civilian viewers discover their erstwhile heroes transformed into monstrous creatures. A frequent subject for both artists is the invalided soldier, who, Eric Weitz makes painfully clear, was an all-too-common sight:

> All told, roughly 2 million German men were killed and 4.2 million wounded in World War I. Around 19 percent of the entire male population were direct casualties of the violence of the war. Many of the survivors lived the rest of their lives with appalling physical and psychological wounds. Some were spirited away by families or attempted of their own volition to endure life in bitter isolation from society. Yet the war-wounded, masks covering faces that had been blown away, dark glasses covering blinded eyes, wheelchairs replacing the gait of the walker, were everywhere visible on the streets of Germany's cities and towns in the postwar decade. (8-9)

According to Rewald, of "the one and a half million German soldiers who returned permanently disabled from World War I, approximately eighty thousand were amputees. Thus war cripples selling matches or begging were a common sight in the streets" (54). As a consequence, almost wherever they turned, Germans confronted invalids such as those painted by Dix in *Skat Players*, 1920, and by Grosz in *Gray Day*, 1921. Dix shocks viewers with his scene of three former officers, all of whom have lost legs and arms, playing cards. One holds his cards in his mouth, another between the toes of his one remaining appendage, and the other in his mechanical hand. As Rewald elucidates, Dix "crammed the picture with diabolically realistic details":

> the painted ersatz blue cloth of the jacket of the player who wears the Iron Cross; the mechanical jaw replacement made of silver-foil paper... the black eye patch covering an absent nose; the huge motionless glass eye; the stitched-on rubber patch showing a copulating couple; the spiffy hairdos confected from patches of hair; the starched white collars and ties; and the nubby tweed of two figures' suits. One player sports a cuff link on the shirtsleeve he wears on his leg, which serves as an arm. (56)

George Grosz's *Gray Day*, though not as dramatic or visually assaulting as Dix's *Skat Players*, offers further comment on the life of the invalided veteran in German society.

An amputee missing his right arm, the veteran depicted in *Gray Day* is one of the approximately 24,083 veterans who lost arms; another estimated 54,953 lost

---

3 Rewald writes "Burnt out and disillusioned, they had been to hell and back and looked at their surroundings and their countrymen with new eyes—soberly, sometimes cynically and even ferociously. They turned to a matter-of-fact realism that crystallized as Neue Sachlichkeit, or New Objectivity, which was the most vital of the various post-Expressionist styles that developed in Germany after the war" (3-4).

one or both legs. Appropriately, Grosz's painting was inspired by an event that occurred three years earlier in 1918 when a mob of war cripples had marched to the war ministry in Berlin demanding treatment that had been promised by the government but not delivered (Rewald 57).[4] The one amputee inhabiting Grosz's stark cityscape ambles toward the right of the frame still clad in his army uniform and supported by a walking stick in his left hand. The other figures include a faceless industrial worker carrying a shovel over one shoulder as he trudges toward the factory in the background. Dominating the foreground is a figure of particular distaste to both Dix and Grosz: the bureaucrat. For Grosz, bureaucrats "were interchangeable villains, whether they wore steel helmets, officers' caps, or, as here, bureaucrats' too-tight bowler hats" (Rewald 58). This singular specimen is particularly loathsome:

> This municipal officer looks stupid, narrow-minded, and smug. His crossed piglet's eyes behind the pince-nez see no farther than the tip of his fleshy nose. Dueling scars evoke past fraternity days. The imperial colors of the black, white, and red ribbon on his lapel and the mustache in the style worn by the exiled Kaiser stamp him as a reactionary nationalist. (Rewald 58)

Grosz, as Matthias Eberle explains, hoped to capture the "ugly, obsese, dumb, and arrogant faces" of those whom he singled out in his personal correspondence as the "'millions of people [who] exist so mindlessly, so unable to see what is really happening, people who have had the wool pulled over their stupid eyes ever since their school-days, whose minds have been stuffed with the attributes of ignorant reaction, such as God, Fatherland, militarism'" (24-25). Principal among these types for Grosz were "military men, industrialists, clergymen, compliant newspapermen, politicians, teachers" (Eberle 25).

Grosz's *Pimps of Death*, 1919, and *I Shall Exterminate Everything around Me That Restricts Me from Being the Master*, 1921, are illustrative of these types. Moreover, these paintings suggest that just as the war has converted warriors into fantastic, otherworldly beings in the perspective of the noncombatants to whom they return, for the veterans, the war has rendered their civilian counterparts equally as alien and

---

4   Remarque describes a similar scene in *The Road Back*. Hundreds of invalided veterans stage a parade to protest government inaction. The blinded, whose "eyelids are withered and closed: only a narrow strip of the lower lid still protrudes a little, blotched, wet, and red like a dim, cheerless dawn" lead the parade (268). The amputees follow:
     Some already have artificial limbs that spring forward obliquely as they walk and strike clanking on the pavement, as if the whole man were artificial, made up of iron and hinges. Others have their trouser legs looped up and made fast with safety pins. These go on crutches or sticks with black rubber pads. (269)

disturbing to them. In *Pimps of Death*, for example, two obese, uniformed officers stand in the foreground apparently guarding their domain, in this instance a city alley. Behind them, skeletons clad in uniform caps and flowing robes scurry about the alley, looking furtively over their shoulders at the officers, as would a prostitute fearful of a vengeful pimp. Most provocatively, Grosz has given these pimp officers "the features of the two most powerful men in Germany during World War I: at right the seventy-two-year-old Paul Von Hindenburg, who had been chief of staff of the German army since 1916, and at left the fifty-four-year-old Erick Ludendorff… his quartermaster general" (Rewald 206). Grosz's later work, *I Shall Exterminate Everything around me That Restricts Me from Being the Master*, caricatures an even more loathsome figure: the war profiteer. According to Rewald,

> [t]he fat, vulgar factory owner with the snout of a pig and neck of a bull shown here epitomizes the industrialists who grew rich and powerful by producing weapons or other materiel for the war. One hand rests on his fat paunch, the other holds a fat cigar evoking a penis. Faceless laborers toil in the background. (208)

The militarists, industrialists, bureaucrats, and teachers who so antagonized Grosz come in for equal derision by Remarque. Aside from Uncle Karl, the "army-office pen pusher," Ernst and his fellow veterans have lost all respect for "the bureaucrats [who] all have their jobs still—These pen-pushing Napoleons are invincible" (152) and especially for the schoolmasters who urged them to enlist. Prior to the war, Ernst and his classmates "may have made fun of them, [but they] believed in them" (121). But at present, Ernst and his colleagues "know life now better than they; we have gained another knowledge, harsh, bloody, cruel, inexorable" (122). When the principal during his remarks at the opening of school alludes to their fallen classmates as "'twenty-one warriors [who] have met the glorious death of arms; twenty-one heroes [who] have found rest from the clamour of battle under foreign soil and sleep the long sleep beneath the green grasses," the assembled veterans break into "booming laughter" and indignation. After one veteran tells the principal and his fellow faculty that "'they were not killed for you to make speeches about them,'" Ernst sees the masters as "a lot of scandalized old hens." Of the school masters, only the two veterans among them remain "calm" (125).

Remarque derides profiteers as well. Ernst and his contemporaries are thus enraged by the profiteers who enriched themselves at home while the troops struggled and died at the front. During one of his frequent, aimless strolls, Ernst chances upon a recently opened "ginshop," the Hollandische Diele, "the largest and fanciest in town" (203). The doorman just happens to be an acquaintance, Coporal Anton Demuth. From Demuth Ernst learns that a corrupt Food Office Inspector has provided the establishment with "a dozen or so geese," a delicacy outside the reach of the general population conscribed to strict food rationing. Inside the café, Ernst, whom Demuth greets as "'you old scarecrow,'" sees a fantastic world inaccessible to the vast majority of Germans at the time:

> Soft, warm light over the tables, long trailers of bluish cigar smoke floating through it, carpets glowing, shining porcelain, gleaming silver. Women seated at the tables, surrounded by waiters, and beside them men who do not appear to be sweating in the least, nor are they even embarrassed. With what wonderful self-possession they give their orders! (204-205)

Ernst momentarily finds the scene enchanting, "this rich, colorful glimpse of life." But, he soon dismisses his reverie as "nothing—merely a few profiteers disgorging their money. But we lay too long out there in filthy holes under the ground not to feel sometimes a passionate, almost insane craving for luxury and elegance shoot up in us" (205).

Rounding out Remarque's critique of the pampered profiteer is the incidental character Bartscher, whom Ernst meets at the Café Grager, "the profiteers' haunt" where black market transactions involving "truck-loads, of tons, of butter, herrings, bacon, flasks, dollars, gulden, stocks and shares, and figures" take place "into the small hours of the morning" (286-287). Among the nouveau riche clad in "English-made suits and new hats," Bartscher, who shares many attributes with the profiteers depicted by Grosz, stands out with "the protruding belly, the brown check suit, the gold watch chain and the wide, red face" (290). When Ernst's fellow veteran Albert discovers that Bartscher has coerced his former girlfriend into a sexual relationship, Albert shoots Bartscher. The subsequent trial features a number of veterans who speak on behalf of Albert, lambasting the judicial system and civilian populace for turning their backs on the veterans. Instead of providing help, one veteran remarks,

> you left us alone in that worst time of all, when we had to find a road back again.You should have proclaimed it from every pulpit; you should have told us so when we were demobilized; again and again you should have said to us: 'We have all grievously erred! We have all to find the road back again! Have courage! It will be hardest for you, you left nothing behind you that can lead you back again! Have patience!' You should have shown us again what life is! You should have taught us to live again! But no, you left us to stew in our juice! You left us to go to the dogs! (327-328)

Little wonder, then, that the shooter should feel no remorse "'for killing a fellow who has smashed in pieces everything he had in the world, when for four years he has had to shoot down innocent men'" (325). Clearly, a disruption in perceived reality has occurred between veterans and civilians.

Though separated by some fifty years and a very different kind of war, America's Vietnam veterans shared much with German World War I veterans. They, too, felt isolated and cut off from their civilian counterparts, who enjoyed the comforts of home while they languished in the swamps and jungles of Southeast Asia. Perhaps even more pronounced than the tension between soldiers and civilians in earlier wars, the schism that resulted during the increasingly unpopular Vietnam War exacerbated veterans' sense of being alienated and disdained by noncombatants. In the preface to his 1978 Vietnam War memoir, former Army lieutenant Frederick Downs recounts an event in 1968 shortly after his discharge from service and enrollment in the University of Denver that illustrates the bitter antimony between civilian and veteran at the time. An amputee, Downs was accosted one day on campus by a fellow student who pointed to his prosthesis and asked, "'Get that in Vietnam?'" When Downs answered in the affirmative, the response he received was maddening: "'Serves you right.'" Stunned, Downs could only stand there "too confused with hurt, shame, and anger to react." Downs' tale and others like it have given rise to an almost unquestioned assumption that Vietnam veterans were subject to unceasing harassment by civilians on their return to the United States. One reputedly common act cited as proof of this ongoing hostility was the accusation that war protesters frequently spat upon uniformed troops. As Jerry Lembeck contends in *The Spitting Image: Myth, Memory, and the Legacy of the Vietnam War*, the spat upon veteran was an image fomented by the Nixon administration in an effort to discredit veterans who protested against the war. By promoting an image of Vietnam veterans as "crazy, prone to violence, and otherwise disabled by the war," the administration did have some success in blunting the anti-war message of organizations such as Vietnam Veterans Against the War, but, unfortunately, the campaign redounded against all veterans by amplifying "the trauma of the veterans' war and postwar experience, and increased their isolation from mainstream America" (Lembeck 4-5). The portrayal of Vietnam veterans on television and in film only reinforced these impressions about them.[5]

Films such as *Taxi Driver* (1976), *Coming Home* (1978), *Born on the Fourth of July* (1989), and a number of entries in the *Dirty Harry* series of films (namely *Magnum Force*, 1973, and *The Enforcer*, 1976) play on this cultural currency depicting Vietnam

5   According to Lembeck,
      in these stories we see Vietnam veterans pictured in uniformly unhealthy ways. Well into the 1980s, the vast majority of filmic representations show veterans as dysfunctional or disabled. The few exceptions are either portrayals of political veterans, which are flawed in their own way, or romanticized portrayals borrowed from World War II-era films. From the late 1970s on, Hollywood produces more and more films portraying anti-war hostility towards soldiers and veterans. (9)

veterans as either sociopaths or invalids. Yet, perhaps no film more thoroughly employs the trope of the maligned and distrusted veteran than *First Blood* (1982), based on David Morrell's 1972 novel of the same title and featuring John Rambo, a violent Vietnam veteran famously portrayed on film by Sylvester Stallone. The quintessentially misunderstood and mistreated veteran, Rambo troubles civilians because of their inability to see the man and not the stereotype of the aimless, troublesome veteran. A prisoner of war brutally tortured by his captives, Rambo purposely pursues a life of unmolested freedom. Described by Morrell as having "[t]rouble getting to sleep, waking with the slightest noise, needing to sleep in the open, the hole where they had kept him prisoner fresh in his mind," Rambo leads a desultory existence, moving aimlessly from one small town to another, avoiding people as much as possible (14). While passing through Morrison, Kentucky, he is spotted by Chief of Police Wilfred Teasle, who immediately labels him as a troublemaker. When Teasle escorts him to the edge of town and tells him to keep going, Rambo decides he has been mistreated enough and vows "[i]n fifteen goddamn towns this has happened to me. This is the last. I won't be fucking shoved anymore" (16). Even though Rambo intends merely to stop in Morrison for provisions and then move on, his ill treatment unleashes a rage that results in the death of his antagonist as well as his own and many others also. Rambo's rage is akin to that of Ernst and his fellow veterans at their civilian counterparts, and it grows as lethal as that which leads to the death of Bartscher.

Larry Heinemann's 1979 novel *Paco's Story* depicts another displaced Vietnam veteran who leads a similarly nomadic existence, trying to live among an indifferent and at times hostile civilian populace. Early in the novel, Paco Sullivan has been released from a Veterans Administration hospital and is making his way across the country, no definitive destination in mind. As he prepares to step off of a bus at the end of the line, another passenger happens to notice Paco. Her ensuing thoughts summarize the prevailing stereotypes associated with traumatized veterans:

> She sees Paco for only an instant... his cane as thin as a pencil and his eyes the points of pins, and instantly, vividly remembers her own son come home from the Korean War in nineteen and fifty-three, standing in the doorway of their old shotgun house in those baggy, travel-dirty khakis of his; who said not a word about the war; who was ever after morose and skittish, what folks round about miscalled lazy and no-'count; who had ever since lapsed into a deep and permanent melancholy. (42)

Paco's immediate goal is to find work. As he ambles about town seeking gainful employment, Paco learns all too well how the stereotypes described above place barriers between him and civilians. For example, the local haberdasher, Charles Holland, turns him away because "that cane, those roughened clothes, and that funny look in his eyes (they all got it, don't they?) wouldn't sell so much as one decent pair of shoes." Adding to Holland's distrust of Paco is that "a body hears too many stories as to how they get to acting so peculiar" (84). Paco has no better luck finding work at Henning's Barbershop. As Paco walks away dejectedly after his latest rejection, Henning eyes Paco with suspicion and remarks to his clients "'Them Vietnam boys sure do think you owe them something, don't they?'" (85). Henning's words unequivocally exemplify Shay's distinction between *thumos* and *gaster*, for he undoubtedly conceives of Vietnam veterans as the latter, "as greedy, demanding, uncultivated belly" (13).[6]

James Griffin, the protagonist in Stephen Wright's 1983 novel *Meditations in Green*, is even less capable of reintegrating into civilian society than Paco. Deeming himself "a spook," like a spy he initiates each day with a "reconnaissance" of his neighborhood. The day ends with Griffin at his "post" seated "atop a public trash can. Same can, same corner, same attitude" (4). Invariably, his attempts to go "out on patrol" among the denizens of the city fail, and he is forced back to his bunker:

> It wasn't overfed shoppers and wired account executives I needed to stare at. In fifteen minutes I was back. I replaced the lock on the door, unplugged the phone, covered the windows with plastic garbage bags. (71)

Beside the drug addiction Griffin imports from Vietnam, what most distances him from his fellow citizens is their unwillingness to listen to him, to comprehend the trauma and suffering of veterans. Accustomed to a life of plenty and immediate gratification, American civilians

> have no staying power for this sort of enterprise. They bitch, they moan. They want palaces in every dewdrop or what's the point. Then there's the awareness problem.

---

6   No less a figure than George S. Patton, Jr., expressed a similar disdain for the needs of veterans in the summer of 1932 regarding the Bonus Expeditionary Force, some seventeen thousand impoverished World War I veterans who had gathered in Washington, D.C., demanding redemption of bonus certificates issued to them by Congress in 1924. In a number of letters to his sister Nita, Patton termed these veterans "revolutionists," "a disgrace," and complained that "instead of breaking their damned heads," politicians had attempted to bargain with them (qtd. in Hirshon, 206-207). Eventually, at the orders of General Douglas McArthur, Patton sent the cavalry to disband the protestors and destroy the shanty town they had erected on the capitol lawn. In the ensuing melee, two veterans were killed. Among the veterans attacked with bayonets and tanks was Joe Angelo, a highly decorated enlisted man who had saved Patton's life during the war. As one of Patton's biographer notes, "[g]iven his wealth and his slight study of social and political problems, Patton's attitude toward the Bonus Marchers is understandable" (Hirshon, 208-209).

> Problem is they don't really want it, awareness. To be aware is to, well, suffer, can't
> escape the masters. Instead, they want happiness, little fixes of delight. (88)

This unwillingness to listen, to be aware of the realities of war is a common refrain
in memoirs and novels by veterans. Ernst learns this fact when he tries to tell his
aunt about the lice that infested the troops:

> "For heavens' sake!" She puts a finger to her lips and makes a face, as if I had uttered
> God only knows what obscenity.—But then they are like that.—Heroes we may be,
> but one mustn't mention one word about lice. (113)

Norman Bowker, a character in Tim O'Brien's *The Things They Carried*, likewise
encounters this reluctance to listen on his return from Vietnam. Intuiting that his
former friends, acquaintances, and neighbors are uncomfortable in his presence,
Norman spends a good deal of his time circling the "seven-mile loop" around a
local lake, "feeling safe inside his father's big Chevy" (137). In the course of his
travels, Norman envisions conversations he would like to have if people would only
listen to him. For example, he longs to share with someone his anguish over the
death of his friend Kiowa, who drowned in a feces-laden rice patty, a "shit field."
He imagines telling the story of Kiowa's death to his ex-girlfriend, Sally Kramer,
now Sally Gustafson. But he soon realizes the impossibility of doing so, for Sally
"would've said, 'Stop it. I don't like that word,'" exhibiting the same unwillingness
to bear witness to the depravity engendered by war as Ernst's aunt and mother (145).
Norman comes to see Sally as representative of the vast majority of civilians who
wanted to forget the war and to put out of mind the deep and lasting trauma of the
returning veterans. Had someone been willing to listen to him, Norman "would have
explained how his friend Kiowa slipped away that night beneath the dark swampy
field. He was folded in with the war; he was part of the waste"; unfortunately, he
"could not talk about it and never would" (153).[7] The actual Norman Bowker, O'Brien
informs readers in a section titled "Notes," later hanged himself in his hometown
YMCA, driven to his death by undiagnosed and untreated symptoms of PTSD (155).

Norman's trauma, his psychological scar, renders him unsuitable for polite
civilian company. Others, such as Paco Sullivan and James Griffin, bear physical
scars as well, which further isolate them from their civilian peers. Though they are
not as grotesquely disfigured as Dix's skat players, they nonetheless appear to others
as deformed, frightening beings. Paco, the only survivor of a platoon obliterated

---

7   The titular chapter/story in the collection features another woman, Martha, the erstwhile
     love interest of Lt. Jimmy Cross, who like Sally Gustafson refuses to listen to the truths
     about war. Although she corresponds regularly with Lt. Cross, "she never mentioned
     the war.... She wasn't involved" (24).

by friendly artillery fire, "looked like someone had taken off after him with one of those long-handled mallets you tenderize meat with" (24-25). So pronounced are his injuries that the "dust-off medics slipped him into a spare body bag" anticipating his death in transit to a field hospital (24). He undergoes multiple surgeries, which leave him covered in an assortment of scars:

> many razor-thin surgical scars, the bone-fragment scars (going every which way) the size of pine-stump splinters, the puckered burn scars (from cooked-off ammunition) looking as though he's been sprayed with a shovelful of glowing cinders, the deadened, discolored ring of skin at the meatiest part of his thigh, where the Bravo Company medic wound the twisted tourniquet. (170)

The residual pain he endures is "godawful," the slightest movement a burden, for "the pain shoots straight up his legs and thighs into his back and arms (he can hear the pins and screws grinding against the bone some nights ...). The very tips of his fingers tingle as though someone has pricked them" (170). Not even the "muscle relaxers and anti-depressants" he takes "to the point of a near-helpless stupor" can alleviate the "suffocating uncomfortability that is more or less the permanent condition of his waking life" (35-36). His scars and walking stick have reduced him to "a gimp" (173) in the eyes of the civilian world. James Griffin, too, bears the unmistakable scars of his service. Though not as badly maimed as Paco, James nonetheless endures the constant burden of a mangled leg. His daily reconnaissance requires him

> diligently to push the leg uptown and down, in sun and snow, through needles and cramps. It seemed to change size from day to day in phase with its own moods, its own dreams. On bad days, when it dragged behind me like a sea anchor, the blocks telescoped outward, the pavement all slanted uphill... (5)

James finds temporary relief in the prescribed and illegal drugs he ingests with alarming frequency which, unfortunately, only make his reentry into civilian life more problematic.

Just as Dix and Grosz captured the physical and psychological anguish of veterans and depicted the source of their animosity toward civilians in painting, so too have Vietnam veterans. Works on display at the National Vietnam Veterans Art Museum in Chicago share many themes and images with the paintings of World War I German veterans. The invalided veteran, for example, finds expression in a number of pieces. Distilling the distress of the traumatized veteran grappling with the symptoms of PTSD are such fantastic art pieces as Richard Bartow's *A View Across the River for VVet Andy and His Heart Attacks Because He Couldn't Talk and Nobody Would Listen Anyway!!!*, 1989, which depicts the violent mood swings attending PTSD victims. The focus of the painting is a solitary male figure whose face is rendered in three expressions. Facing left is a placid visage turned downward as if lost in contemplation. Next to this is face peering forward, mouth slightly agape. From this face another emerges, tinged in red, mouth opened wide as though screaming in pain or anger. The painting evokes the despair, despera-tion, and anger of veterans such as Norman Bowker who want to iterate the source of their trauma but are denied speech by uncaring civilians. Another work, *This Is How It Works*, 1996, by Ned Broderick, is a canvas presenting a painting of a young man's upper torso and head, both marked by an assortment of wounds. In the open space surrounding the portrait are to be found superimposed bullets and shell fragments, the sources of the wounds inflicted. Under the superimposed bullets and fragments are written descriptions of the munitions and the types of wounds they cause. Randolph Harmes also captures the pain of injury in two very disturbing works that combine painting, sculpture, and overlaid materials. In *Ritual Suicide Mask* and *Dulce Bellum Inexpertis* (Fig. 1), 1979, composed of wood, gauze, thread, and paint, Harmes presents gruesome figures with parallels to Dix's *Skat Players*. A single eye peers out of gauze bandages in the first work, the other eye hidden beneath scar tissue. Below the gauze is displayed an open mouth and teeth set in a painful grimace. In the companion piece, the eyes are closed, the eyelids of one eye sutured shut. Once again, the mouth is open, revealing an upper row of teeth, and, likewise, the expression is one of pain. Richard Russell Yohnka (Fig. 2) has on display a series of paintings and pastel renderings that illustrate both the mental and physical traumas experienced by Vietnam veterans. In *I'm Hit*, 1979, *The Survivor*, 1981, and *This Is How You Died (The End)*, undated, Yohnka has chosen to depict both injured and uninjured stripped of skin, their musculature exposed. His color pallet, ranging from violent red to garish orange, reinforces the contorted expressions of pain and agony on each figure's face. In another painting, *Echoes*, undated, Harmes replicates Bartow's methodology, displaying a face captured in multiple expressions of suffering set against a starkly black background.

The art produced by Vietnam veterans also captures the indifference of "Rich Civilians." Eve Sinaiko, editor of *Vietnam: Reflexes and Reflections*, the official catalog of the National Vietnam Veterans Art Museum, describes the indifferent, sometimes inhospitable reception many Vietnam veterans experienced, a reception very similar to that experienced by returning German veterans of World War I:

> When their tours of duty ended, American soldiers returned from the field with little preparation and no welcome. Flying from "the War" to "the World" virtually overnight, sometimes directly from battle sites, they changed into civilian clothes and rejoined civilian life with shocking abruptness, and in a silence ringing with animosity. America was sharply divided politically between critics and supporters of the war, and veterans were themselves a battleground between the two positions. (14)

Fig. 1[8]

Fig. 2

8   Alle Bilder mit freundlicher Genehmiging des NATIONAL VETERANS ART MUSEUM in Chicago.

Ned Broderick's *The Wound*, 1978, hints at this awkward, tense homecoming. Centered on a rectilinear canvas measuring approximately 70 x 28 inches, the image of an infantryman with reddened, glowing eyes making his way through a tangle of vines and roots is the focus of the picture. Superimposed over the canvas is a torn and shredded American flag parted down the middle to expose the painted figure beneath. Overall, the picture suggests the possibility that the war has torn America asunder, that the veteran is walking toward an uncertain future upon his return home. Another Broderick work, *Hi Mom... I'm Home*, 1994, continues this theme of troubled reunions. Something of a picture within a picture, the canvas consists of a centered square painted in black, brown, and green featuring a face obscured by shadows. Surrounding this square, the rest of the canvas is painted in shades of red and bears the imprint of two palms, as if viewers were staring at someone staring back at them through a door, perhaps a screened door, against which the caller is leaning. The painting implies that the viewer, perhaps Broderick's mother or any generic mother of a Vietnam veteran, will not recognize her son, that her son has been bloodied or that he has lost himself in the bloody business of war. In his dealings with Vietnam veterans, Shay has observed that, as in the case of Ernst and his mother and Harold and his, many veterans cannot reconcile with their mothers on their return. More than once, he has interviewed veterans who revealed to him that their mothers had told them "'You're not my son!'" or "'Better you died over there than come home like *this*'" (2).

As might be expected, cognates of Grosz's villainous bureaucrats, industrialists, and officers also appear in the art works of Vietnam veterans. The painting *Westy and Friend*, 1978, by Michael Kelley recalls Grosz's *Pimps of Death*. Filling virtually the entire canvas are two figures, General William Westmoreland, commander of Military Assistance Command Vietnam, roughly equivalent to General Von Hindenburg, and standing next to him the Grim Reaper. The two stare at each other knowingly, suggesting that they are partners in death. Reinforcing this impression, death has an arm draped around Westmoreland's shoulders, as though he were embracing an old friend. Scott Neistadt's *War Games* (Fig.3) , 1983, combines the rapacious greed of the war profiteer with the callous vanity of the high command. Seated around a Monopoly board are four obese, medal-bedecked officers wearing sun glasses and engaged in a game of chance. In this instance, however, Park Avenue has been replaced on the board with such destinations as Banana Republic, El Salvador, Thailand, Cambodia, Laos, and place names for major battles in Vietnam; Go to Jail, likewise, has given way to Hanoi Hilton, the notorious prison housing downed American pilots. The officers sit before a background made up of photographs of significant events that occurred in the war, such as the summary execution in Saigon of a suspected VC infiltrator during the Tet Offensive of 1968.

Fig. 3

The officers picture represent, from left to right, bear the insignia of an African warlord, an American general, a Communist Chinese officer, and a Latin American dictator. Judging from their facial expressions and close proximity to each other, the four seem to be playing an amiable game amongst friends. Unfortunately, the stakes they play for, as noted on the cards set before them, are potentially deadly to the common soldier. They include Get Out of the Hanoi Hilton and Assigned to the 101st Airborne. Finally, David Alan Sessions' *Contained War* (Fig. 4), 1976, twenty composite pieces combining watercolors and photographs, indicts the comfortable, profitable lives civilians led while the war raged. To achieve an ironic affect, Sessions juxtaposes images of war with those of peace and plenty. In one frame, a soldier bathed in sweat and staring anxiously off into the distance is set beside a smiling, buxom nude adorned solely with a long strand of pearls. Another frame displays a family of four dressed for travel and surrounded by suitcases waving cheerfully; behind and next to them are images of soldiers at war. Yet another frame pictures a weary Marine incongruously placed in a well accoutered living room, a rather expensive color television set behind him.

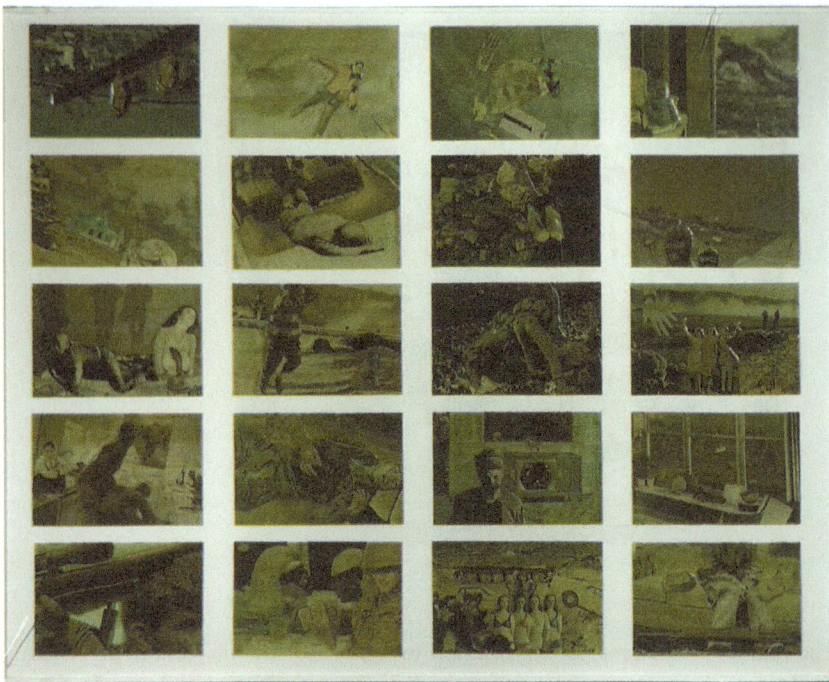

Fig. 4

Most certainly, combat veterans must overcome an array of obstacles to fully rein-
tegrate into civilian society. Their distrust of and anger at noncombatants perceived
to have sat out the war in comfort and/or to have profited at the veteran's expense
often isolate them from others. Civilians, moreover, are frequently repelled by and
disdainful of veterans, whose injuries and sometimes bizarre behaviors render them
fantastical and alien. Many of these behaviors, such as the restlessness of Ernst and
the anger he and his fellow veterans harbor toward civilians, grow out of one other
symptom of combat trauma described by Shay. In the chapter "Pirate Raid: Staying
in Combat Mode," Shay contends that another way that "combat soldiers lose their
homecoming" is by refusing to readapt to civilian life: "having left the war zone
physically—they may simply *remain* in combat mode, although not necessarily
against the original enemy" (20). Unfortunately, this inability to revert to peace
time existence quite often "smoothes the way into criminal careers afterward in
civilian life" because a "criminal career allows a veteran to remain in combat mode,

use his hard-earned skills, and even to relive aspects of his experience" (Shay 31). Eric Schnieder, author of *Vampires, Dragons, and Egyptian Kings: Youth Gangs in Postwar New York*, substantiates Shay's claim:

> War has frequently led to a postwar increase in violence in domestic society. An analysis of the effects of war on domestic homicide has shown that most nations have suffered a substantial postwar increase in their homicide rates. This relationship has held regardless of whether the nation won or lost the war, suffered major or lighter casualties, or encountered postwar prosperity or depression. (71)

Schneider explains that veterans returning to New York after World War II provided gangs with "more sophisticated weapons" and taught younger gang members "more elaborate tactics" to employ during gang rumbles. Aside from "German Lugers" brought home as war trophies, gangs began to deploy "rifles, bayonets, and even hand grenades" (71). Such tactics as "feints and sorties" and "war parties engaged in pincer movements to trap their enemies" became the norm (73). As might be expected, "returning Vietnam veterans supplied leadership, tactics, and weapons to the gangs that began reorganizing in the 1970s" (228).

Albert's killing of Bartscher in *The Road Back* may thus be seen as instance of staying in combat mode. Sociologists Dane Archer and Rosemary Gartner have theorized that "war legitimizes violence: acts that in peace time would be considered horrific are described as heroic because they are sanctions by the state" (qtd. in Schneider, 71). One of the veterans addressing the court during Albert's trial lends credence to Archer and Gartner's observation, pointedly asking,

> Do you think then that four years' killing can be wiped off the brain with the flabby word 'Peace' as with a wet sponge?—We know well enough we cannot shoot up our private enemies at will, but once let anger take us and we are confused and overpowered, think then where it must land us! (325-326)

Stan, a Vietnam veteran described by Stephen Sonnenberg in *The Trauma of War: Stress and Recovery in Viet Nam Veterans,* offers another example of how "Staying in Combat Mode" leads to criminal behavior. Years after the war, Stan walked into a clothing store dressed in his uniform and medals and brandishing an automatic rifle. He held the staff and customers hostage for hours before surrendering to police (3). During his interrogation by the police and his discussions with defense attorneys, Stan admitted that after his separation from service "he never felt he got on tract," losing job after job because his supervisors "were frightened by the thinly disguised rage they saw in him." Subsequent testimony establishes that Stan was "Staying in Combat Mode":

Stan often felt strange; in fact he often felt as though he were back at the ambush, though in reality he might have been taking a walk, talking to a friend, or watching television. At times this strange feeling blended into a sense of déjà vu, as if he was doing something he had done before. This, too, occurred at times most notable for being unremarkable, like when he was driving a car. (5)

Criminal behavior, however, is but one iteration of "Staying in Combat Mode."

Vietnam veteran and Pulitzer Prize winning journalist Philip Caputo has written that in combat "the communion between men is as profound as any between lovers" (xvii). The existence of unit memorial organizations which sponsor annual reunions testifies to the undying love shared between soldiers bloodied in war. These groups and gatherings offer veterans the opportunity to share memories and to maintain a brotherhood of sorts; for some, these reunions provide brief respites of peace and tranquility in otherwise frenetic and chaotic lives. During combat, soldiers learn to rely on each other for security, compassion, and understanding. Moreover, they learn a set of skills that sets them apart from their civilian compatriots. Shay lists the "strengths, skills, and capacities acquired during prolonged combat"; among them are "[t]he capacity to respond skillfully and *instantly* with violent, lethal force" and "[v]igilance, perpetual mobilization for danger" (21). An innate attraction to fellow veterans, to the virtual exclusion of civilians, and hyper-vigilance—the state of constantly being on edge—may thus also be seen as attributes of "Staying in Combat Mode." And, once more, literature offers relevant examples.

Shortly after returning home, Ernst is overcome with an urge to be "marching again, side by side, cursing or resigned, but all together" with the men of his war time unit. Feeling virtually trapped by his family, Ernst "[s]tealthily" eyes the clock every few seconds (73). During their conversation after their return from the front, Ernst and Albert come to the realization that they "'can't bear to be alone,'" that "'[o]ne doesn't seem to have any idea where one belongs here'" (160). In an effort to cheer up Albert, Ernst reminds him that "'you've got us, haven't you?'" (161). Not even a former love interest can save Ernst from his perpetual peregrinations and desire for the comradeship experienced at the front. Recognizing that "war has ravaged this country of my memories also," Ernst concludes that "[t]here is nothing for it; I must go forward, march forward, anywhere; it matters nothing, for I have no goal" (193). Harold Krebs exhibits a similar restlessness and is also only at ease in the presence of veterans. As formerly noted, Harold leads a rather pointless life, passing his time venturing between library, home, and pool hall (171). And, like Ernst, Harold finds momentary comfort in the presence of other veterans, for "when he occasionally met another man who had really been a soldier and they talked a few minutes... he fell into the easy pose of the old soldier among other soldiers" (171). In lieu of the company of veterans, Harold seeks joy in reading historical accounts "about all the engagements he had been in"; they remind him that "[h]e had been a good soldier. That made a difference" (172).

Paco Sullivan, too, discovers a temporary sense of peace and security in the company of combat veterans. When he does finally land a job, he works as a dishwasher at the Texas Lunch, a restaurant owned and operated by Ernest Monroe, "a WWII Marine" (97). Ernest identifies Paco as a veteran the moment he walks in the restaurant, recognizing as only a veteran or a trained therapist could "Paco's 1,000-meter stare,[9] that pale and exhausted, graven look from head to toe" (95). What strikes civilians as indicators of possible "trouble," Paco's scars and mannerisms are to Ernest tokens of shared sacrifice, of a brotherhood of arms. Thus, when Paco tells Ernest "'I was injured in the war,'" Ernest unhesitatingly lifts his shirt to reveal "the crescent-shaped scar on his right chest" (103). Other than Ernest, Paco feels kinship with but one other person, Jesse, a drifter who stops by the restaurant at closing time one night and regales Paco and Ernest with tales of his "tour with the 173rd *Airborneski*! Iron fucking Triangle, Hobo Woods, the Bo Loi Woods," all sites of major battles in Vietnam (152). Griffin similarly is drawn like a moth to flame to other veterans. Aside from his erstwhile girlfriend "Huey," an abbreviation of Huette and the name given to the ubiquitous helicopter employed in a variety of tasks in Vietnam, Griffin's sole companion is "Trips," with whom he served in the Army Security Agency (37). Accustomed to the constant vigilance and the need to be perpetually ready for action, Paco and Griffin tend toward the restlessness and lack of purpose seen in Ernst and Harold as well. Paco spends life moving from town to town. The novel ends with his realization that "[w]hatever it is I want, it ain't in this town; thinking, Man, you ain't just a brick in the fucking wall, you're just a piece of meat on the slab" (209). Griffin, it should be remembered, remains on constant alert, reconnoitering the city where he has taken up residence over and over again, retreating at the end of each exhausting, pointless day to his bunker and a drug-induced stupor. All of these characters share another attribute of those who stay too long in "Combat Mode": flashbacks and nightmares.

Perhaps as repellant and fantastic to civilians as the physical scars borne by veterans is their habit of reverting to war time behavior, either consciously or not. Leah Wizelman recounts the fears of a wife living with a returned Iraqi War veteran. Seemingly trapped in the perpetual vigilance demanded by combat, the veteran exhibits behaviors which confound his wife:

---

9   As defined in the online *Urban Dictionary*, the "1000 Yard Stare, or the 2000 Yard Stare, was a symptom of battlefield stress and exhaustion. It became named so during World War II, because the victim would become unresponsive and stare 'a thousand yards off.'"

he started doing a lot of... hole digging in the yard, so he would have a place to hide if he needed to. He also made a plastic and framework structure between our back door and the alley so that he could carry the trash out without anyone watching him. He was very jumpy. Every time a car drove by, he always looked to see who it was and if they stopped. He had trouble going to Wal-Mart because he couldn't check all the doors and see all the people at the same time, and he had a lot of trouble being in public places. Before he went to Iraq, he wasn't that way. (16)

She goes on to state that he "was having flashbacks and really bad dreams"; in one particular nightmare, "he was in Iraq and a lady was standing at the corner. But instead of holding an Iraqi baby, she would be holding one of our granddaughters" (17). Stuck in "Combat Mode," this veteran "is now very leery, very suspicious, and he sometimes is scary because he gets so angry so quickly, and he won't explain to you that he's having flashbacks" (18). Undoubtedly, the veteran and his wife inhabit different worlds and realities.

Remarque's Ernst cannot escape memories of the war either. Gazing out his bedroom window, Ernst spies a "pair of undergarments... dangling on the line." While contemplating this most domestic of images, "another scene rises up away beyond it: fluttering linen, a solitary mouth organ in the evening, a march up in the dark—and scores of dead Negroes in faded blue greatcoats, with burst lips and bloody eye—gas" (71). Ernst can find no refuge from his memories. While reclining on a sofa for a short nap, he "hovers between waking and dream and weariness." Images of war intrude on his slumbers, and the sound of "distant gunfire floats in, shells pipe over softly, and the tinny ringing of gongs sounds nearer, announcing a gas attack" (140). Eventually, the "gas alarm of the trenches resolves into the subdued clatter of dishes which [his] mother is setting out cautiously on the table" (141). Not even nature, the preserve of his youth, offers any solace. While strolling beside a brook gathering minnows in a jar, which he carries "cautiously... as if [he] had caught [his] childhood in it," a "spasm of alarm" overcomes him, forcing Ernst to "crouch down in mad fear... ready to sprint forward and take shelter behind a tree" (146-147). His bucolic romp spoiled by flashbacks, Ernst reverts to "Combat Mode" and imagines how he might prepare his surroundings for combat:

There the railway embankment cuts through the fields and is lost again in the thicket. One could build dugouts there, I think to myself—good deep ones with concrete roofs— then extend the line of trench to the left, with cover saps and listening posts—and over there a few machine guns—no, two would be enough, the rest in the wood—then practically the whole terrain would be under cross fire. The poplars would have to come down, so as not to give the enemy artillery a point to register on—and behind there, on the hill, a couple of trench mortars—Then let them come! (147)[10]

When he does sleep, Ernst invariably dreams of the war. During his teaching tenure in a rural village, he is quartered with a farmer and his wife, who learn firsthand how violent Ernst's dreams can be. Caught up in a particularly horrifying nightmare in which he struggles in vain to elude a British captain whom he has fatally injured with a hand grenade, Ernst fights to free himself. Once he escapes his assailant's grasp, he grabs a rifle, fires, and runs for cover. But before he goes very far, a "blow to [his] knee" fells him, and his screams awaken him. Upon recovering consciousness, he sees his startled hosts before him:

> The farmer and his wife are there before me. I am lying half on the bed and half on the floor. The farmer beside me is picking himself up. I am desperately clutching a walking stick in my hand as if it were a rifle. I must be bleeding somewhere; then I see it is only the dog licking my hand. (251)

Standing next to his wife trembling with fear, the farmer massages his wounds and complains to Ernst that "you nearly murdered me" (252).

Paco and Griffin too are haunted by a variety of dreams and nightmares. Paco experiences a whole catalog of night visions. Often they are "escape dreams" which involve "being chased, sweating and breathless, into a large and spacious warehouse with a paving-stone floor crisscrossed with narrow ore-cart tracks... enormous whitewashed skylights overhead, and dusty cobwebs hanging down as thick as Spanish moss" (138). On other nights, he endures "dreams of waiting rooms—the passenger lounge of a ferry boat, say." This particular boat "rolls and scuds along in the heavy chop" as it "makes its way through the contrary currents between high, rugged cliffs of a deep fjord (whitewashed with streaks of guano as thick as candle drippings)," the older passengers "plainly ill and troubled" by the boat's unsteady progress (140). These are followed by "execution dreams." Paco is among a group of soldiers "bound with leather thongs twisted and looped around their necks and knotted severely around their wrists in back" imprisoned in "a small room of bare concrete, as crowded as a rush-hour elevator, everyone stuffy, hot and itchy" awaiting medics to administer a lethal injection (141-142). Paco's most recurrent

---

10 Paul Fussell records a similar notion in his World War II memoir *Doing Battle: The Making of a Skeptic*. Over a twenty-three year commute between Princeton and New Brunswick, New Jersey, Fussell traveled a "long stretch of absolutely straight two-lane road, with, at the end before it turned, a small hill covered in shrubbery." Each time Fussell noticed this hill, he thought "it a perfect position for an antitank gun, should Princeton ever be attacked" (237).

dream, however, is a dream "of what it would have been like to leave Vietnam on his own two feet." Though on its face this dream suggests the possibility of escape and salvation, it has a sinister element that would horrify most civilians and recalls Sassoon's wish to bring the war home to England: accompanying Paco on his return to America is "the 2nd squad of the 2nd platoon humping along a flat orange road in full battle dress, bristling with guns and ammunition—radios, LAWS, claymores, frags, and all" (143). Similarly, Griffin's nocturnal imaginings often deny him "that elusive treasure: a good night's sleep." So pronounced are his dreams and nightmares that differentiating consciousness from unconsciousness becomes a laborious task:

> The interludes in my consciousness were uncharitably brief. I'd often wake in the dank hollows of early morning, passing as instantaneously as the hysteria. The sheets wrapped so tightly about my legs were made of plastic. Hands, under my arms, were dragging me over rough ground. My heart pounded as though some stranger were trapped inside, lost, suffocating. I would force myself to concentrate on surrounding objects. Gradually the bunker would melt back into a desk, the chair would lower its weapon. When dawn came at last, filling the room with fluid light, I would drift off into an uneasy imitation of sleep, holding between nervous eyelids a child's wish that every vessel, no matter how unsound, might one day ride to the shores of a place where everything was filled with light, even rocks and bones and dreams. (20)

Perhaps the most revealing account of how flashbacks, dreams, and nightmares impinge on consciousness and engender violent behavior among veterans, Tim O'Brien's novel *In the Lake of the Woods* describes the mental breakdown of John Wade, a Vietnam veteran who participated in the My Lai massacre in March, 1968. Wade enters politics on his return to Minnesota, winning the race for lieutenant governor, and, as the novel opens, standing for the United States Senate (5). However, when knowledge of his participation in the massacre becomes public, Wade suffers a resounding loss, which triggers a series of flashbacks and nightmares so profound that he apparently kills his wife Kathy during a psychotic episode. In doing so, Wade enacts another of the traits Shay identifies among combat veterans.

In the section of his study titled "Witches, Goddesses, Queens, Wives—Dangerous Women," Shay argues that traumatized combat veterans commonly manifest "hostility and habitual disrespect toward women"; these "negative attitudes toward women are a continuing obstacle to veterans feeling at home" (65). A number of factors contribute to this behavior. Although Shay focuses almost exclusively on Vietnam veterans, his observation that "many young men had their first sustained experience with sex in the demeaning and dangerous context of prostitution" (70) is applicable to veterans of all wars and helps to explain why veterans would harbor ill will toward almost all women upon their return. For many veterans, the prostitute emerges as a fantastic substitute for the women they left at home. Ernst clearly finds intercourse with prostitutes to be demeaning and distasteful. Reduced to what Paco would term "a piece of meat," Ernst and his fellow soldiers when given a chance to visit a brothel prior to returning to the front are first "examined" by a corpsman and given "an injection of a few drops of protargol" to ward off infection while being lectured by a "sergeant major... that the fee was three marks and that on account of the crush ten minutes was all the time" allowed them (208). Once ushered into a prostitute's chamber, Ernst is further revolted:

> The man who had been before me stumbled out and I stepped into the room. It was low and dark and reeked so of carbolic and sweat.... .There was a dish with pink water on a chair and in the corner a sort of camp bed, on which was spread a torn sheet. The woman was fat and had on a short, transparent chemise. She did not look at me at all, but straightaway lay down. (208-209)

When Ernst demures, the prostitute makes "gestures to rouse" him, gestures he finds "gross, repulsive" and which compel him to lay "down only the money beside her and [go] out hastily" (209). Such interactions render Ernst virtually unfit for love after the war. Contemplating the possibility of a courtship as a means out of his depression, Ernst imagines the difficulties that might arise were he to approach a woman in civilian life:

> What could I do anyway, even supposing I might dine with a woman like that? I should only be able to stare at her, that's all. I couldn't even eat without getting into a mess.... And then at night—I wouldn't have even the faintest notion how to begin! Not that I am altogether ignorant of women, of course, but what I do know I learned from [war time companions]. With such ladies as these that would clearly never do. (206)

Harold Krebs finds himself in much the same position vis-à-vis women as Ernst. One of Harold's favorite pastimes, other than playing pool and reading histories of WWI, is to "watch [young girls] from the front porch" day in and day out. However, although "he wanted a girl... he did not want to have to work to get her" (171). This is so because he "learned... in the army" that when "you were really ripe for a girl you always got one" (172). A photograph of Krebs taken just after the war while he is still in Europe shows "him on the Rhine with two German girls and another corporal." Significantly, the "German girls are not beautiful," the implication being that the relationship is clearly not amorous, that these young ladies have exchanged sexual favors for compensation, perhaps food, cigarettes, soap, or any other item unavailable to them in defeated Germany.[11] Thus, Ernst's and Harold's reluctance

---

11 It should be remembered that in *All Quiet on the Western Front* Remarque describes a tryst between putative enemies, German soldiers and French women, that follows a sumptuous meal provided by Paul Baumer and his fellow soldiers.

to form lasting relationships could well be a consequence of what Shay terms a "*disappointment*" veterans experience when they attempt to assuage their trauma with sex: "if the momentary relief found in sex from the after-effects of combat did not last, then the woman must have taken that relief away from the veteran for some sinister or self-serving reason" (73).

As might be expected, the prostitute as a figure denoting "disappointment" and danger appears in the works of such painters as Otto Dix. Prostitutes were a common sight in postwar Germany, thousands of women having been thrown into abject poverty by the loss of a father or husband. In Berlin alone, some 100,000 prostitutes plied their trade (Rewald 68). Dix dedicated a number of canvases to the subject of prostitutes, rendering them in forms inhospitable to desire, as fantastic creatures who defy expected conventions of femininity. Two of his earliest pieces, *The Salon I* and *The Salon II*, 1921, depict prostitutes as debased, repellant creatures. *Salon I* shows four prostitutes seated about a table awaiting the next customer. Garishly attired in an odd mixture of revealing lingerie and incongruous ribbons, tiaras, and feathers adorning their heads, they include nubile teenagers and withered hags. In the foreground, a rather portly middle-aged woman looks beckoningly toward the viewer while fondling one of her exposed breasts. The other prostitutes exhibit expressions of boredom and indifference. *Salon II* offers an even less appealing cast of characters. Once again four prostitutes inhabit the canvas. All are naked, displaying hideously malformed bodies as they stand before a potential client. Another work by Dix, *Three Prostitutes on the Street*, 1925, illustrates what must have been a familiar street scene in Weimar Germany. As Rewald notes, the painting reveals the "repertoire of gestures [that] signaled a prostitute's availability":

> The prostitute on the right clutches a large, red phalluslike umbrella handle that points to a vulva-shaped ornament on her green hat. Her emaciated colleague in the center trails a long transparent red widow's veil... grasps a matching red pocketbook, and cups her hand provocatively on her hip, causing one of the straps on her chemise to slip off her shoulder. The older woman holding a tiny, ugly dog on the left has just passed them... She is identified as a prostitute by little except her red leather gloves, which perhaps signal some special service. (68)[12]

Another grouping of three prostitutes, *Three Wenches*, 1926, can be read as a "parody of the Three Graces," for these "three protagonists are misshapen, ugly, and debased, rather than the traditional personifications of grace, beauty, and chastity" (Rewald 72). The pen and ink drawing *Prostitute and War Wounded*, 1923, conflates

---

12 In *Voluptuous Panic: The Erotic World of Weimar Berlin*, Mel Gordon catalogues eight varieties of "outdoors" and nine varieties of "indoors" prostitutes operating in Berlin alone (P. 27-31).

the images of the diseased prostitute and the grievously mutilated veteran. An elderly, pock-marked prostitute, eyes glazed over and lips pursed, stands next to a man who has lost his left eye and whose right cheek has been torn away, a jagged scar running from his right ear to what remains of his mouth. Both are mutilated, the prostitute by the ravages of venereal disease, the veteran by the munitions of modern war. A later work, *Metropolis (Triptych)*, 1928, expands upon this image of the prostitute and the veteran, "the outcasts of Weimar society" (Rewald 212). In the center panel, Dix has tuxedo clad men, representing the nouveaux riche—perhaps war profiteers—frolicking with flamboyantly attired prostitutes to the strains of a jazz band. Flanking this scene in the left and right panels, disabled veterans still wearing their uniforms gaze upon the revelers. In the left panel, the veteran, who has lost both legs, props himself up on rudimentary crutches and prostheses and hovers over a fellow veteran who has fallen to the ground just at the entrance to the club. A prostitute about to enter looks at him over her shoulder, her expression that of indifference or even ridicule. The right panel features a veteran with graver injuries, for in addition to missing both of his legs, he has also lost his nose and wears a crude mask to hide his deformity. He sits at the foot of a staircase begging for alms from a line of prostitutes descending to join the festivities. As might be expected, none pay him any attention.

Dangerous and untrustworthy women, prostitutes or not, likewise play significant roles in Vietnam narratives. Paco lives across the hall from a young woman, Cathy, who, though not a prostitute in the literal sense of the word, "disappoints" Paco, nonetheless. A nursing student and niece of the couple who rent Paco a room, Cathy goes out of her way to torment him. She is what soldiers commonly term a "prick tease," for Cathy intentionally behaves so as to sexually arouse Paco without any intention of fulfilling his desire. Each night after work, Paco enjoys a cigarette and a "jar of orange drink" while sitting on "the smooth concrete stoop" of the Texas Lunch across the way from his boarding house. And, like clockwork, each night he sees Cathy "parading around in threadbare cotton underwear, bra and underpanties" in her room, the vision partially obscured by the "dilapidated, sheer drapes" covering her open window (146). "Speculating about the bulge in his pants," she stands before her open window "knowing full well she will catch Paco's attention" (148). Not content with mere flirtation, Cathy initiates a game of sorts with Paco. When she hears "the click of his cane on the asphalt" signaling his approach, Cathy holds her door open, "her head and shoulders poked into the hall... the front of her shirt... nearly unbuttoned... enough light shining down her front to be teasing, enticing." But, just as he struggles to climb the stairs to her room, she shuts the door (167-168). In an ultimate act of coquetry, Cathy piques Paco's longing by flaunting her sexual escapades with her boyfriend Marty:

Now Cathy heard Paco fiddle with the key in the lock; heard him fumbling around in his dingy little room; smelled the very beer on his breath. And so now with each slippery thrust she stretches her thin little neck and exhales audibly toward the window. She pulls Marty-boy's pale, shuddering hips—clawlike, with sedately manicured nails—and sways from side to side with her heels spiked into the mattress. Then she's swinging her legs in the air—the hairs glittering—now staccato, now languidly, in a fresh surfeit of pleasure; now pummeling the small of his back in a frenzy with callused points of her heels (with her thin, pinkish tongue between her teeth and a slaphappy grin on her face, as though to say, I get a nice little kick from teasing that gimp, but the fucking is nice and I love it, too). (172-173)

Paco discovers just how cruel Cathy's teasing is when he happens upon her diary and reads "How could I have ever thought it might be fun to sleep with him? Unc says that creeps like him are best got rid of, and is going to start working on him" (206).

In the art works of Vietnam veterans, the image of woman as a dangerous temptress is also manifest. David Sessions' *Contained War*, 1976, it should be recalled, is populated with nudes or scantily attired women in provocative poses mingled with armed warriors, helicopters, fighter jets, and other images of combat. This juxtaposition of alluring women and war lends itself to a number of interpretations. The women depicted might possibly denote the "round eye" Western women many Vietnam veterans longed for and sought vicariously in the embrace of Vietnamese prostitutes. Also, the suggestion could be that they are women akin to Sally Gustafson, lovely to behold but unwilling to engage veterans in meaningful, honest relationships. Or, the implication could be that while soldiers toil at war, their women are at home, frolicking with the "Rich Civilians" who have escaped conscription. Another multi-panel piece, *The Castrator* (Fig. 5), 1983, by Kenneth Willhite, features the image of an alluring Vietnamese woman centered among depictions of mutilated corpses and soldiers holding M-60 machine guns and other weapons. Willhite apparently hopes to intimate that the lithesome, smiling female is as much a castrator as the weapons pictured; she may well symbolize the oft repeated "rumor" that Vietnamese prostitutes "were Viet Cong cadres, who put razor blades or broken glass in their vaginas" (Shay 70).[13] One of the most troubling of the Works on display at the National Veterans Art Museum, formerly known as

---

13 In "'She Was the Enemy': The Prostitute in Vietnam Veteran Poetry," Jeff Sychterz
    contends that this fear of Viet Cong prostitutes
        articulates two fears, a traditional fear of the emasculatory power of the woman's
        body and the fear of the Vietnamese people. Engaged in a guerilla war against an
        enemy supported by and indistinguishable from much of the population, American
        soldiers came to distrust and brand the Asian body as essentially hostile, especially
        the female body that, on a biological level, seemed desirable and necessary to satisfy

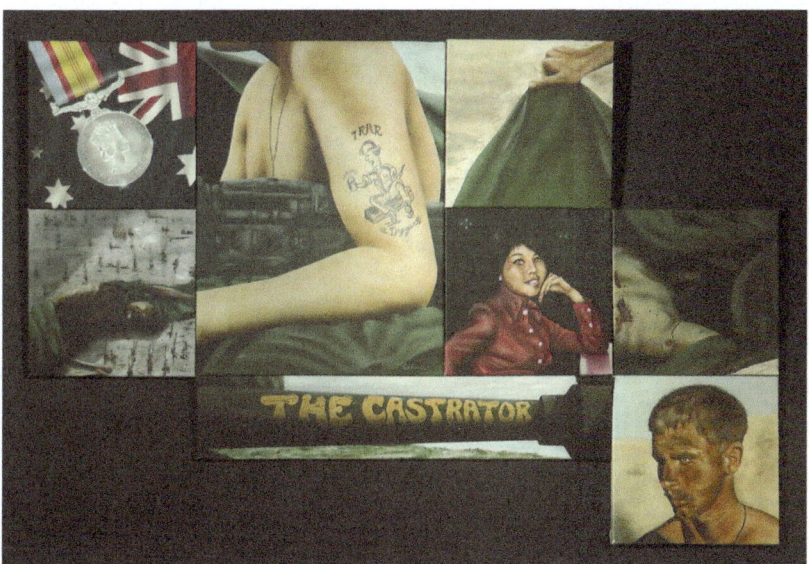

Fig. 5

the National Vietnam Veterans Art Museum, however, is Joseph Fornelli's *Dressed to Kill*, 1965. A representation of the potential lethality of women, the brass sculpture is of a possibly Asian female head, but instead of hairs, fifty-caliber shell casings sprout from her scalp. Finally, Farris Parker's *Children Reaching and Playing: Canned Food in the Fence* (Fig. 6), 1983, reiterates the theme of sex for barter expressed in Hemingway's "Soldier's Home." Though the brightly-colored canvas is dominated by three fully armed soldiers, the left margin of the scene is occupied by three Vietnamese girls rendered in erotic poses. Two girls cast "come hither" glances at the viewer; the third, her back turned and underwear exposed, reaches for something, perhaps food. Placed immediately above the three soldiers and in the background, a young woman, arms spread and legs apart as if inviting penetration, appears to be falling from the sky. All three women seem to be purposefully distracting the soldiers from their mission, the implication possibly that they are attempting to lead the troops into an ambush or to divert their attention while their compatriots slip away. In either case, they pose a threat, as do the VC prostitutes rumored to populate brothels accommodating American forces in Vietnam.

male sexual needs. As an agent of castration and death, the prostitute stands as the most emblematically Vietnamese of those bodies. (133)

Fig. 6

Undoubtedly, returning combat veterans have struck civilians as "problems to society" for as long as wars have been fought. Radically transmogrified by combat, veterans often manifest behaviors and bear wounds that upend the expectations civilians harbor about their erstwhile "heroes," obliging them, to quote Todorov, "to hesitate between a natural and a supernatural explanation" (33) for the changed beings they encounter. And, though Americans today make a great show of honoring returning veterans, evidence of tensions between veterans and civilians continue to appear. The very popular HBO series *True Blood* and *Boardwalk Empire*, for example, feature prominent characters rendered threatening by their experiences in combat. In Charlaine Harris' *Dead until Dark*, the first in the series of novels that inspired *True Blood*, Bill Compton, the vampire love interest of Sookie Stackhouse, admits that he fought for the Confederacy during the American Civil War. When Sookie asks him to give a talk to her grandmother's memorial group the Descendants of Glorious Dead, Bill's gruff response reveals that "he wasn't happy" (36) to be reminded of the war. A lesser character, Terry Bellefluer, "had had a bad war in Vietnam"; so traumatized is Terry that "acting normal was even harder for him" (96) than for the protagonist, Sookie, whose ability to read others' minds makes her an object of suspicion in Bon Temps, Louisiana. The sinister character Richard Harrow of *Boardwalk Empire* is more frightening still for reason of his horribly disfigured face—like the figures painted by Dix and Grosz, he has been injured in World War I and wears a prosthesis to obscure his missing eye and cheek—and his deadly skill as a marksman, a skill honed in the trenches of the Great War. And, in the realm of politics and public policy, a growing exhaustion with the interminable and costly War on Terror has led to the rise of groups who wish to wind down the war and slash military expenditures—the Veterans Administration budget in particular-- even though doing so will only exacerbate the already lengthy delays that veterans afflicted with brain injuries and PTSD must endure to receive treatment. Is it outside the realm of possibility, then, to wonder if the veterans returning today from Iraq and Afghanistan will soon come to be seen as "problems" as they grow increasingly angry at the "Rich Civilians" who prospered while they fought, as they revert to "Combat Mode" in times of stress, and as they interact with the "Dangerous Women" in their lives?

Works Cited

Barbusse, Henri. 2010. *Under Fire*. Radford, VA: Wilder Publications.
Blank, Arthur S., Jr., M.D. "Irrational Reactions to Post-Traumatic Stress Disorder and Viet Nam Veterans." *The Trauma of War: Stress and Recovery in Viet Nam Veterans.* Eds. Stephen Sonnenberg, M.D.; Arthur S. Blank, Jr., M.D.; and John A. Talbott, M.D. Washington, D.C.: American Psychiatric Press, Inc., 1985. 69-98. Print.
Brumwell, Stephen. *Mayhem: Post-War Crime and Violence in Britain, 1748-53*. New Haven, CT: Yale UP, 2013. Print.
Caputo, Philip. *A Rumor of War*. 1977. New York: Henry Holt, 1996. Print.
Downs, Frederick. *The Killing Zone: My Life in the Vietnam War*. 1978. New York: Norton, 1993. Print.
Eberle, Matthias. "Neue Sachlichkeit in Germany: A Brief History." *Glitter and Doom: German Portraits from the 1920s*. Ed. Sabine Rewald. New Haven, CT: Yale UP, 2006. 21-38. Print.
Fussell, Paul. *Doing Battle: The Making of a Skeptic*. Boston: Little Brown, 1996. Print.
---. *The Great War and Modern Memory*. 1975. New York: Oxford, 2000. Print.
Gordon, Mel. *Voluptuous Panic: The Erotic World of Weimar Berlin*. Expanded ed. Los Angeles: Feral House, 2006. Print.
Harris, Charlaine. *Dead Until Dark*. New York: Ace Books, 2001. Print.
Heinemann, Larry. *Paco's Story: A Novel*. 1979. New York: Farrar, Straus, Giroux, 1986. Print.
Hemingway, Ernest. "Soldier's Home." *The Bedford Introduction to Literature*. 7th ed. Ed. Michael Meyer. Boston: Bedford/St. Martin's, 2005. 170-175. Print.
Hirshon, Stanley P. *General Patton: A Soldier's Life*. New York: Harper Collins, 2002. Print.
Krippner, Stanley, and Daryl S. Paulson. "Post-Traumatic Stress Disorder Among U.S. Combat Veterans." *Mental Disorders of the New Millennium, Vol. 2: Public and Social Problems*. Ed. Thomas G. Plante. Westport, CT: Praeger, 2006. 1-23. Print.
Lembeck, Jerry. *The Spitting Image: Myth, Memory, and the Legacy of Vietnam*. New York: NYUP, 1998. Print.
Morrell, David. *First Blood*. 1972. New York: Grand Central Publishing, 2000. Print.
O'Brien, Tim. *In the Lake of the Woods*. 1994. New York: Penguin, 1995.
---. *The Things They Carried*. 1990. New York: Broadway Books, 1998. Print.
"1000 Yard Stare." Def. 2. *Urban Dictionary*. Web. 16 August 2013.
Pratt, George K., M.D. *Soldier to Civilian: Problems of Readjustment*. New York: McGraw-Hill, 1944. Print.

Remarque, Erick Maria. *The Road Back*. Trans. A. W. Wheen. New York: Fawcett Colum-
bine, 1931. Print.

Rewald, Sabine, ed. *Glitter and Doom: German Portraits from the 1920s*. New Haven, CT:
Yale UP, 2006. Print.

Schivelbush, Wolfgang. *The Culture of Defeat: On National Trauma, Mourning, and Recovery*.
2001. Trans. Jefferson Chase. New York: Metropolitan Books, 2003. Print.

Schneider, Eric. *Vampires, Dragons, and Egyptian Kings: Youth Gangs in Postwar New York*.
Princeton, NJ: Princeton UP, 1999. Print.

Shakespeare, William. *The Life of Henry the Fifth*. *The Riverside Shakespeare*. Boston:
Houghton Mifflin Co., 1974. 935-975. Print.

Shay, Jonathan, M.D. *Odysseus in America: Combat Trauma and the Trials of Homecoming*.
New York: Scribner, 2002. Print.

Sinaiko, Eve, ed. *Vietnam: Reflexes and Reflections; The National Vietnam Veterans Art
Museum*. New York: Harry N. Abrams, Inc., 1998. Print.

Sonnenberg, Stephen M., M.D. "Introduction: The Trauma of War." *The Trauma of War:
Stress and Recovery in Viet Nam Veterans*. Eds. Stephen M. Sonnenberg, M.D.; Arthur
S. Blank, Jr., M.D.; and John A. Talbot, M.D. Washington, D.C.: American Psychiatric
Press, Inc., 1985. 1-12. Print.

Sychterz, Jeff. "'She Was the Enemy': The Prostitute in Vietnam Veteran Poetry." *Studies in
American Culture*. 36.1 (Oct. 2013): 125-148. Print.

Todorov, Tzvetan. *The Fantastic: A Structural Approach to a Literary Genre*. Trns. Richard
Howard. Cleveland: The Press of Case Western Reserve Univ., 1973. Print.

Weitz, Eric D. *Weimar Germany: Promise and Tragedy*. Princeton, NJ: Princeton UP, 2007.
Print.

Wizelman, Leah. *When the War Never Ends: The Voices of Military Members with PTSD and
Their Families*. New York: Rowman & Littlefield Publishers, Inc., 2011. Print.

Wright, Stephen. *Meditations in Green: A Novel of Vietnam*. New York: Charles Scribner's
Sons, 1983. Print.

Verzeichnis der Autorinnen und Autoren

Floris Bernhardt ist Student im Master Soziologie an der Universität Kassel. Er interessiert sich besonders für die Emergenzen des Miteinanders und für die Rolle des Fernsehens als eines der zentralen Medien unserer Zeit.

Jimmie Cain is Professor of English at Middle Tennessee State University. Areas of specialization include war and literature, Victorian literature, and modern European literature. Research interests include Bram Stoker, Terrence Malick, Thomas Pynchon, and Charles Bukowski. He is at work on an essay titled "*True Detective* and the Vietnam in Us," which investigates how the 2013 season of the HBO series *True Detective* manifested significant instances of the American public's inability to dispel the traumatic memories of the Vietnam War.

Michael Dellwing ist wissenschaftlicher Assistent an der Universität Kassel. Er forscht zu den Themenfeldern Fernsehsoziologie, Recht und Devianz, Psychiatriesoziologie, Ethnografie und soziale Interaktion. Seine Habilitationsschrift untersucht den Nexus von Produktion, Publikum und Inhalt in seriellen Formaten. Er ist Herausgeber der Neuauflage von Howard Beckers *Außenseiter,* (gemeinsam mit Heinz Bude) einer deutschen Ausgabe von Beiträgen von Herbert Blumer, und Autor (mit Robert Prus) einer Einführung in die interaktionistische Ethnografie.

Ursula Ganz-Blättler lehrt Soziologie der Unterhaltung an der Universität St. Gallen und ist spezialisiert auf die Erforschung serieller Erzählstrukturen im intermedialen Verbund. Sie hat einen allgemeingeschichtlichen und insbesondere medienhistorischen Hintergrund und war vor ihrem Wiedereinstieg in den akademischen Betrieb viele Jahre als Zeitungsmitarbeiterin tätig. Sie verfolgt derzeit mehrere Buch- und Filmprojekte vor dem Hintergrund einer systemtheoretisch fundierten Theorie des Erzählens.

Martin Harbusch ist Doktorand am Fachbereich Gesellschaftswissenschaften der Universität Kassel, an dem er zum Thema „Narrative sozialer Exklusion" promoviert. Zudem ist er seit 2010 Lehrbeauftragter dieses Fachbereichs. Seine Seminare und Arbeitsschwerpunkte liegen in den Bereichen Sozialstrukturanalyse und Exklusionsforschung, Wissenssoziologie, symbolischer Interaktionismus und Psychiatriesoziologie. Mit Michael Dellwing ist er Herausgeber des Bandes „Krankheitskonstruktionen und Krankheitstreiberei – Die Renaissance der soziologischen Psychiatriekritik", der 2013 erschien.

Franziska Lienert hat an der Universität Zürich in Ethnologie promoviert und Filmwissenschaft studiert. Ihr Spezialgebiet ist die Karibik mit Schwerpunkt afrokaribische Religionen, deren vielschichtiger Pantheon es ihr besonders angetan hat.

Mary Manjikian is an Associate Professor in the Robertson School of Government. She has taught courses in comparative politics, international relations theory, national security affairs, terrorism, politics and the media and environmental politics. She published two books in 2012: *Threat Talk: Comparative Politics of Internet Addiction* and *Apocalypse and Post-Politics: The Romance of the End*. Her third book is *Barring the Door: The securitization of Property Squatting in Western Europe*.

Arno Meteling lehrt neuere deutsche Literatur an der Universität zu Köln. Seine Arbeitsfelder sind die deutsche Literatur des 18. bis 21. Jh.s, Filmtheorie und -geschichte, Medientheorie und Comicforschung. Sein aktuelles Forschungsprojekt beschäftigt sich mit Imaginationen des Krieges. Veröffentlichungen: „Monster. Zu Körperlichkeit und Medialität im modernen Horrorfilm" (2006), „Die Unsichtbarkeit des Politischen. Theorie und Geschichte medialer Latenz" (2009) (zus. mit Lutz Ellrich/Harun Maye), „Comics and the City: Urban Space in Print, Picture and Sequence" (hg. zus. mit Jörn Ahrens), „‚Previously on …' – Zur Ästhetik der Zeitlichkeit neuerer TV-Serien" (hg. zus. mit Isabell Otto/Gabriele Schabacher) sowie „The Parallax View. Zur Mediologie der Verschwörung" (hg. zus. mit Marcus Krause/Markus Stauff).

Max Pechmann studierte und promovierte in Heidelberg. Zu seinen Forschungs-schwerpunkten zählen u. a. Filmsoziologie, koreanische und japanische Popkultur und Globalisierung. Mehrere Artikel über filmsoziologische Themen erschienen in dem Fachmagazin *Soziologie Heute*. Er ist tätig als freier Autor (z. B. *KOR, Rauhnacht*) und gibt seit 2012 das e-Magazin *FILM und BUCH* heraus. Kontakt: filmundbuch@web.de.

Gerrit Retterath studierte Soziologie an der Universität Kassel. In seiner Master-Arbeit „Smalltalk und Schweigen" widmete er sich dem Umgang mit Fremdheit in Mitfahrgelegenheiten per Auto. In seiner Dissertation möchte er sich dem Bereich des kollaborativen Konsums widmen. Aktuell arbeitet er als Lehrbeauftragter und als wissenschaftliche Hilfskraft im Fachgebiet Soziologische Theorie an der Universität Kassel.

Nina Schad studiert im Master Soziologie an der Universität Kassel. Der Schwer-punkt ihrer Arbeit liegt in der ethnografischen Forschung und dem symbolischen Interaktionismus. Ihr besonderes Interesse im Rahmen dieser Sichtweisen gilt dabei dem Bereich der Dienstleistungsbeziehungen, denen sie ihre Bachelor-Arbeit widmete. Auch ihre Masterarbeit plant sie in diesem Forschungsbereich zu schreiben.

Petra Schrackmann, lic. phil., studierte Deutsche Sprach- und Literaturwissenschaft, Europäische Volksliteratur und Englische Literaturwissenschaft an der Universität Zürich. 2008–2013 arbeitete sie als Assistentin am Institut für Populäre Kulturen (nun Institut für Sozialanthropologie und Empirische Kulturwissenschaft – Popu-läre Kulturen) der Universität Zürich, wo sie derzeit als Lehrbeauftragte tätig ist. Buchveröffentlichung: *„An Awfully Big Adventure!" J. M. Barries „Peter Pan" im medialen Transfer* (2009); Dissertationsprojekt zum Fantastischen in neueren Kinder- und Jugendliteraturverfilmungen. Forschungsinteressen: Fantastik (u. a. Götter, Vampire, Werwölfe, Zombies), Adaptionen, Kinder- und Jugendmedien, Fanfiction und Fandom, Comics.

Florian Schumacher ist Direktor der Global Studies Programme an der Univer-sität Freiburg. Seine Schwerpunkte liegen in der Kunstindustrie, Globalisierung, Bildungssoziologie und Subkulturtheorien. Seine Veröffentlichungen beinhalten „Nationaler Habitus. Zur Entstehung und Entwicklung nationaler Identitäten" (2013) und „Das Ich und der andere Körper. Eine Kulturgeschichte des Monsters und des künstlichen Menschen" (2008).

Alexander I. Stingl is a research faculty with the Center for Science, Technology and Society at Drexel University, Philadelphia, PA. He is also a visiting, collaborating, and consulting researcher with the Social Science Faculty of the University of Kassel, the Center for Logic and Philosophy of Science at the Vrije Universiteit Brussels, the Institute for General Medicine, University Clinic Erlangen-Nuernberg, and contract instructor at Leuphana University Lueneburg. He has written and co-authored books, chapters, and articles in science&technology studies, sociology, philosophy, media archeology, history of science, and cultural analysis. His most recent publication, co-authored with Sabrina M. Weiss and Sal Restivo, is 'Worlds of ScienceCraft' (Ashgate), his new book 'The Digital Coloniality of Power' (Lexington) is forthcoming in 2015. Under the umbrella frame of "The political and historical ontology of biodigital citizenship", he is presently working on nearly a dozen different research projects on the body, biomedicine, digital culture, decoloniality, radical Otherness, transmediality, nomadic statehood, semantic agency, and radical democracy.

Alessandro Tietz hat Spaß an Soziologie und studiert im MA an der Uni Kassel. Sein Interesse liegt im Bereich der Game Studies, sowie der Körper- und Raumsoziologie und der Soziologie des Fantastischen. Der Bevorzugte Blickwinkel ist der des symbolischen Interaktionismus, der Zugang zum Interessenfeld am liebsten ein ethnographischer.

Michael Toggweiler arbeitet am Institute of Advanced Study in the Humanities and the Social Sciences, Universität Bern. Studium der Sozialanthropologie, Neueren Geschichte und Philosophie. Lizentiatsarbeit zum Thema des Monströsen (2006). Assistent und Doktorand am Institut für Sozialanzhropologie, Universität Bern (2007-2012). Dissertation über neuzeitliche anthropologische Diskurse anhand der Figur der „Pygmäen" (abgeschlossen 2012). Forschungsschwerpunkte: (Post)strukturale Anthropologie, Geschichte der Anthropologie, Geschichte des Wissens, Reiseberichte, Identität-Differenz-Alterität, Kulturtransfer, das Monströse und Anormale. Derzeit Koordinator der Graduiertenschule der Philosophisch-historischen Fakultät Bern.

Bernhard Unterholzner studierte Medienwissenschaft und Osteuropäische Geschichte in Potsdam, München und Budapest. Derzeit arbeitet er an seiner Dissertation zum Thema „Technische Monster. Vampire als mediale Ereignisse der Moderne."

Marc-André Vreca studiert Soziologie an der Universität Kassel. Im Laufe seines Studiums hat er sich auf den symbolischen Interaktionismus und die ethnografische Forschung spezialisiert. Dabei liegen seine thematischen Schwerpunkte in den Bereichen Game Studies, Internet, Fernsehen, Professionalität und Alltagssoziologie.

Sabrina Weiss is a Visiting Assistant Professor at the Science and Technology Studies department at Rochester Polytechnic Institute and a PhD candidate in Science and Technology Studies at Rensselaer Polytechnic Institute. She holds a M.S. in Bioethics from Albany Medical College and a B.S. in Science, Technology and Society from Stanford University. Prior to attending graduate school, Weiss served as a naval officer overseas in Japan, worked with political and nonprofit organizations, and coached high school speech and forensics in her hometown of Seattle, WA. She is interested in interdisciplinary and intersectional approaches to health and life ethics, especially regarding food, interspecies relationships, and body perspectives.

The manufacturer's authorised representative in the EU is Springer
Nature Customer Service Centre GmbH, Europaplatz 3, 69115 Heidelberg,
Germany. If you have any concerns regarding our products, please
contact ProductSafety@springernature.com

Printed and bound by CPI Group (UK) Ltd, Croydon, CR0 4YY

27/04/2026

02097645-0002